河北省社会科学基金项目
河北省社会科学重要学术著作出版资助项目

世纪之交，我们站在时代的入口，亟待着文化价值系统的重构，并深感任重道远；而重新阐释和挖掘中国传统哲学的意义世界，促使其精神的现代转生，是现代性文化价值体系确立过程中不可或缺的重要一环。

《中国哲学青年学术文库》正有志于这一文化精神的担当，精心筛选了一批在中国哲学博士论文基础上撰写而成的优秀著作。在这里，聚集着一批活跃于中国传统哲学研究领域的青年学人，他们贵于创新，展现和昭示着未来。我们希冀本文库的出版，有助于他们对中国传统哲学做出新的开掘，从中发现一片新的精神世界；我们也诚邀更多的博士俊杰加入到我们的文库行列，祈盼庶几能推出一批学术新人。

顺物自然

SHUNWU ZIRAN

中国哲学青年学术文库

ZHONGGUO ZHEXUE QINGNIAN XUESHU WENKU

王素芬 著

——生态语境下的庄学研究

人民出版社

序

李振纲

建构和谐的生存世界已成为 21 世纪的一个综合性、全球性的问题。它虽然是针对社会经济发展中越来越严重的生态破坏、环境污染、能源危机、资源匮乏等生存困境而提出的一种现实对策，但实际上可以归约为一种处理人与自然关系的深层哲学理念。温故而知新。老庄道家哲学思想中蕴涵着丰富而深刻的敬畏自然、关爱生命、天人合一的古代生态意识，这种古老的生存智慧，虽然不能为解决现代人所面对的生存困境提供现成答案，然而对于谋求建构现代和谐生存世界，纠正现代人生存方式、生活态度上的偏执，仍是极有价值的思想文化资源。王素芬博士的学位论文《顺物自然——生态语境下的庄学研究》，立足于现代生态问题意识和古为今用的文化继承原则，对庄子哲学进行新的理论诠释，无论对于庄子道家思想的现代转换，还是对于现代生存困境问题的理论回应，均具有现实意义和理论价值。

一

道家"天人合一"的基本精神是人与自然的和谐。此种精神最深刻的含义之一,是承认自然界是一个有机的生命整体,其"生命意义"具有内在性。换句话说,自然天道作为人类生命和一切生命之源的,本身就是一种内在的"善",这种内在的"善"所具有的非人工所能代替和改变的"自然"之德,构成人类所追求的生存世界的价值本原。生活在古代社会环境的先民对"天"常怀有一种深深的敬意。春秋战国时期,哲人视阈中的"天"已经从宗教神学的"主宰之天"转变成具有内在生命意义的生存世界的本原。孔子说:"天何言哉,四时行焉,万物生焉。天何言哉!"(《论语·阳货》)四时运行,万物生长,这是自然的基本功能,一个"生"字,明确肯定了自然界内在的生命意义。在孔子看来,天与人的生命意义是密切相关的,人应当像天那样善待生命,善待一切事物。这样,"天"就不仅具有自然意义,而且具有生命和价值意义。"天"不仅是万物的生命本原,而且是人的道德性命的价值真源、终极依托。孔子心目中的圣人,都是懂得敬天法天的智者,如其言:"唯天为大,唯尧则之。荡荡乎!民无能名焉。"(同上)这里既有宗教上的情感体验,又有伦理学上的价值诉求。儒家把自然山水看做有生命、有灵性的存在,并与人的仁智德性联系起来(智者乐水,仁者乐山),绝不可看做是一种简单的比附,而是古人获得生命存在终极关怀的需要。老庄道家把儒家所敬畏的"天"进一步净化提升为更本初、更自然、更切近的"道"——无情感、无目的、内在于天地万物之中的绝对真实的生命本原。"道"或"自然"所表征的这种生命本真之境,庄子理解为宇宙间最恒久的真、最崇高的善、最纯粹的美。《庄子·大宗师》云:"夫道有情有信,无为无形;可传而不可受,可得而不可见;自本自根,未有天地,自古以固存;神鬼神帝,生天生地;在太极之先而不为高,在六极之下而不为深,先天地生而不为久,长于上古而不为老。"这里所说的"自本自根"

的道,不仅是天地万物之所以存在的根据,也是天地万物生生不息的生命本原。此种生命本原,作为万物生命的终极境遇,不需要被给予、被规定,所以说"自本自根";它内在于万物,是一种内在的、绝对自足的善,所以能"神鬼神帝",成就一切,生成一切,化育一切。从天地星斗,到泰山昆仑,从自然到人生,都无不体现着此生命本真之"道"的旋律与气息。庄子说:"天地有大美而不言,四时有明法而不议。万物有成理而不说。圣人者,原天地之美而达万物之理。是故至人无为,大圣不作,观于天地之谓也。"(《庄子·知北游》)用"道"的观点看世界,就是立足于自然主义原则,承认万物生命价值的内在性,防止人类理智的狂妄与僭越。《庄子·在宥》云:"何谓道?有天道,有人道。无为而尊者,天道也;有为而累者,人道也。"庄子始终认为,天道高于人道,"自然的"世界比"人化的"世界更真实、更公正、更永恒、更合理;"无为而尊"的自然原则较之"有为而累"的人为原则具有绝对的价值优越性,人类不要以自己的偏见、爱好去破坏自然的和谐。大自然的"天籁"之音,是天地万物顺其性情由哀而发的和声,它比任何有为而发、为我而吟的音乐都更加真实地表现了宇宙生命的律动。人只有和光同尘,乘乎天钧,托命大道,把自己融化在自然的怀抱中,独与天地精神往来,才能找到生命的本原。在庄子道家看来,人性化于社会却源于自然。人类生存离不开自然天道,而自然天道赋予人的也绝不仅仅是一个生物学意义上的肉体,而且包含人的"灵性"、"德性"、"美感"、"纯洁"、"个性"、"自由"等人文精神潜质。所以,尊重和敬畏天地自然,这是庄子哲学给现代人的最深刻的启示。

二

　　庄子哲学的又一要义是立足于"道通为一"的生命整体性世界观,尊重天地万物生命存在的多样性。庄子说:"天地一指也,万物一马也。"(《庄子·齐物论》)"以道观之,物无贵贱"(《庄子·秋水》)。庄子道家始终认为,天地万物与我们人类一样,都具有存在的合理性,天地万物的生命与人类生命息息相通,理应受到尊重。庄子认为,万物在本质上是平等的,没有贵贱之分的。事物的大小,彼此、美丑、是非、生死都是从有限的观点看问题作出的区别,如果站在"道"的高度,用无限的观点看问题,万物的差别便毫不足道了。在庄子看来,因其所大而大之,则万物莫不大;因其所小而小之,则万物莫不小。换句话说,每一个东西都比它小的东西大,也都比它大的东西小。所以,"天地与我并生,而万物与我为一"(《庄子·齐物论》)。事物的大小美丑皆是如此。大与小,美和丑,都是因人的主观成见造成的偏见,客观上并没有绝对的大与小、美和丑的界限。事物都是它所是的那个样子,故云:"道行之而成,物谓之而然。恶乎然,然与然;恶乎不然,不然与不然。物固有所然,物固有所可;无物不然,无物不可。故为是举莛与楹,厉与西施,恢诡谲怪,道通为一。"(同上)这种万物平等的观点,庄子叫做"齐物"。庄子十分反对人类用自己的尺度对待千差万别的生命世界,从不把人类的偏执强加于自然万物。长期以来,庄子的"齐物"思想一直被指责为相对主义。今天看来,这种相对主义中蕴涵着极为可贵的万物平等的生态智慧。从"以道观之"的形上视阈出发,庄子进而提出"兼怀万物"的主张。他说:"以道观之,何贵何贱？……泛泛乎其若四方之无穷，其无所畛域。兼怀万物，其孰承翼？是谓无方。万物一齐，孰短孰长？"（《庄子·秋水》）"兼怀万物"意味着平等地对待天地间的一草一木，并让它们平等地融入人的生存境遇里。天地万物的生命整体性是庄子哲学对宇宙存在本质的一种根本性见解。这种生机论世界观教会人们珍惜宇宙的和谐，尊重大自然生命创造的多样性。它使人懂得，自然万物是人类的朋友，在本质上有与我们平等存在的权利。在道家"天人合一"哲学传统下，中国人养成了一种近乎泛神论的世界观。在他们看来，万物皆有灵性，皆有生命，不仅与宇宙的生命本体（道）息息相通，而且具有各自的个性。如果我们人类以为只有自己的生活方式是最好的，企图将万物都纳入自己的生活模式中，用人的价值观统治一切，那将破坏大自然的和谐，将宇宙的整体生命打成片断，这就从根本上违背了自然天道的生命本性，更谈不上可持续发展了。

三

在世界近代史上，"人类中心主义"的生存价值观始终居于支配地位。它作为西方现代化运动的精神支柱，其基本特征是在人与自然的关系上，始终坚信人是主体，人是目的，人是主宰，自然界只是被用来为"人"服务的对象。在他们看来，自然界只是一个机械的物理世界，没有"存在的目的性"或内在价值，其价值是由人的"需要"来定义和派生的。然而，他们忽略了一个事实，人的欲望是无止境的，这一点确实不同于动物。这就形成一种恶性循环：人的"需要"越是增长，对自然界的掠夺就越是加剧，终于造成了全球性的生存危机。当代西方关注生态伦理、倾心环境保护的学者蕾切尔·卡逊说:"我们冒着极大的危险竭力把大自然改造得适合我们心意,但却未能达到目的! 这确实是一个令人痛心的讽刺。"①由于科学技术的快速发展导致工具理性的傲慢,人类越来越远离自然,似乎遗忘了造化万物的大自然的无穷魅力和神奇力量。了解是拯救的开始。要从根本上摆脱"人类中心主义"的困扰,调整不合理的生存方式,就必须重新确认人与自然之间的生命整体性关系,真正搞明白人在自然界中的地位、责任和义务。庄子时代,人与自然的对立远不像现在这么尖锐,当时也不会有"人类中心主义"的提法,但是庄子却以哲学家的敏锐,从最初人类心智行为与自然状态的分离可能出现的"恶",洞察到或预言了当今人类正在遭遇的悲剧。《大宗师》载:子祀、子舆、子犁、子来四人因能够超越生死的困惑成为莫逆之交。一日子来有病,喘喘然将死,子犁前往探视。子犁问:伟大的造化要把你变成什么呀? 是鼠肝还是虫臂呀? 子来回答了下面的话:"父母于子,东西南北,唯命之从。阴阳于人,不翅于父母;彼近吾死而我不听,我则悍矣,彼何罪焉! 夫大块载我以形,劳我以生,佚我以老,息我以死。故善吾生者,乃所以善吾死也。今大冶铸金,金踊跃曰'我且必为镆铘!'大冶必以为不祥之金。今一犯人之形,而曰'人耳! 人耳!'夫造化者必以为不祥之人。今一以天地为大炉,以造化为大冶,恶乎往而不可哉!"(《庄子·大宗师》)这则寓言是说,人与老鼠、昆虫之类都是天地造化的结果,从生命本质上看并没有不同。生生死死属于自然变化,并没有什么可怕。死后变成鼠肝或是虫臂,也无法自己决定,因而也不必计较。一旦人类有了"人"的自觉,懂得自己是人,不再安于天地造化的自然状态,这就埋下了"不祥"的种

---

① [美]雷切尔·卡逊:《寂静的春天》,科学出版社 1979 年版,第 254 页。

子。对此,庄子有极深刻的预警:小心千百年后把原本和谐共生的世界打成碎片!《庄子·马蹄》载:"马,蹄可以践霜雪,毛可以御风寒。吃草饮水,翘足而陆,此马之真性也。虽有义台路寝,无所用之。"庄子在《齐物论》中曾说"万物一马也",这里"马"只是本真生命世界的一个象征。伯乐治马而害马,正犹人类以自我为中心而害天下。自从人类懂得用心智巧术把多样性的"自在的世界"变成单一化的"为我的世界",这就预设了"以人灭天"使万物失去本性而痛苦的悲剧。《庄子·骈拇》云:"凫胫虽短,续之则忧;鹤胫虽长,断之则悲。"回过头来看当今已成为危害人类生存根本问题的"生态危机",何尝不是这种"截长续短"所带来的悲忧。庄子也不否认,人对自然的控制,或许是出于好心,但有时会把事情弄得更糟。又云:"昔者海鸟止于鲁郊,鲁侯御而觞之于庙。奏九韶以为乐,具太牢以为膳。鸟乃眩视忧悲,不敢食一脔,不敢饮一杯,三日而死。此以己养养鸟也,非以鸟养养鸟也。"(《庄子·至乐》)鲁侯用最尊荣的方式款待海鸟,爱鸟之心非不深也,但他不是根据鸟的习性来养鸟,而是根据自己的爱好来养鸟,其结果与他的愿望恰恰相反。人类把自己的利益和需要强加于自然,也常常发生这样的情况。《应帝王》中"日凿一窍,七日而浑沌死"的悲剧,与伯乐治马、鲁侯养鸟的寓言同一理趣。庄子认为,要回归人与自然的和谐,从根本上说,必须改变人的生存方式或生活态度。庄子说:"鱼相造乎水,人相造乎道。相造乎水者,穿池而养给;相造乎道者,无事而生定。故曰:鱼相忘乎江湖,人相忘乎道术。"又云:"泉涸,鱼相与处于陆,相呴以湿,相濡以沫,不如相忘于江湖。"(《庄子·大宗师》)江湖象征自然和谐的生存世界。鱼游乐在江湖里,用不着濡呴之爱;待到江湖的水干涸了,"相濡以沫"也不过苟延残喘而已!当今人类面对着"生态困境"而呼唤关爱生命,多么像庄子笔下的泉涸之鱼!

"忘"是一种恬淡自然的生活方式或生活态度。人类一旦懂得放弃高于万物的优越感,平息急功近利的心态,脚下就是"江湖"!

四

　　人类中心主义的一个特征是对技术所代表的工具理性盲目乐观。在他们看来,技术或者说"生产力"的发展,不仅促进了社会的进步,而且标志着人的主体地位的提高。运用工具改变自然,役使万物,是人类独有的优越性。殊不知,技术是把双刃剑,它既会给人类带来福祉,也会给人来带来灾难,关键在于如何运用和为何而用。对技术可能给人类带来的"恶",庄子两千年前就有过深刻的警惕和批评。《庄子·天地》篇中汉阴丈人羞为桔槔的寓言就揭示了这一点:"子贡南游于楚,反于晋,过汉阴,见一丈人方将为圃畦。凿遂而入井,抱瓮而入灌。搰搰然,用力甚多而见功寡。子贡曰:'有械于此,一日浸百畦,用力甚寡而见功多。夫子不欲乎?'为圃者仰而视之曰:'奈何?'曰:'凿木为机,后重前轻,挈水若抽,数如泆汤,其名为槔。'为圃者忿然作色而笑曰:'吾闻之吾师,有机械者,必有机事;有机事者,必有机心。机心存于胸中,则纯白不备;纯白不备,则神生不定;神生不定者,道之所不载也。吾非不知,羞而不为也。'子贡瞒然惭,俯而不对。"在庄子看来,表现人类改变自然之能力的"机械"之类,是戕害天地生命本性(天机)的利器。自从人类懂得依靠心智制造工具之后,人与自然"以天合天"的生命本真之境便有了隔膜,有了对立,时常发生矛盾龃龉。工具使人自居为主体,把周边的一切变成满足自己欲望和野心的对象。机械无生命,无灵性,唯一的本性是周而复始不停步地运转和宰制。当人运用工具宰制对象,最大限度地满足自己功利性目的时,无意中反而被工具所控制、所支配,成为冷冰冰的工具的附属品。这就是由机械带来的"机事"和"机心"。19世纪中叶,人类杰出的思想家马克思所批判的资本主义固有矛盾引发的劳动异化和人被工具、技术所主宰、所捆缚的工具、技术"异化",直到今天,不仅没有克服,而且愈演愈烈。以网络为纽带的现代技术已成为天罗地网,人类对技术的依赖和被束缚,简直到了无孔不入的地步。说到底,不改变近代以来日益被体制化的工具主义生存方式和功利主义生活态度,人类就无从摆脱为"机械"—"机事"—"机心"所控制的命运。在日益强化的工具理性的压迫下,包括人与自然在内的天地万物生命一体性生存境遇不断被机器的运作规律和框架、节奏打成碎块。这种不断向外宰制、征服,追求"用力寡而见功多"的工具主义生存态度,从来都有一个似乎不证自明的理由来支撑,那就是工具的进步,增强了人改造自然、征服环境的能力。汉阴丈人的寓言的确具有令人从层层迷雾中醒悟的呼唤力。张祥龙用海德格尔的现象学理论诠释庄子的天道观,认为庄子的"道"是一种"生成境遇"下的终极视阈,据此对庄子的反工具主义作出了高度评价。张祥龙指出:"在海德格尔之前,还没有哪个西方的大思想家看到这种历史动因的不必然之处,或可反思之处。然而,老庄在两千多年以前,面对'十百人之器'和桔槔这样的机械,就已透视到人类今天和未来的神生不定'道之不载'的局面。这不能不归于中国古人以这个世界为终极存在的基本态度,特别是老庄对于人的生存境遇本身所具有的终极意义的敏感。"①与

---

① 张祥龙:《海德格尔思想与中国天道——终极视域的开启与交融》,三联书店1997年版,第323—324页。

老子一样,庄子也把历史和文明异化的原因归罪于"知识"、"巧利"和技术,这并没有参透历史的本质。然而,在两千多年前能够预警到工具理性或机械可能给人类生存带来的"恶",这对于现代人谋求技术或工具理性的合理运用,不失为一种深刻启迪。

以上述说了庄子哲学所蕴涵的古代生态意识的主要方面。对这些问题,王素芬同志的《顺物自然——生态语境下的庄学研究》博士学位论文,在认真研读先秦诸子文献、特别是反复精读《庄子》文本的基础上,广泛阅读和吸收现代国外生态哲学、生态伦理学、生态社会学等学术成果及国内外庄学研究成果,不畏艰难,焚膏继晷,孜孜苦读,潜心思索,进行了深入系统的研究,并且在一些重要问题上能够不落俗套,另辟蹊径,提出自己的见解。论文完成后,在答辩前、答辩中受到几位校外评审专家和答辩组的一致好评,顺利通过答辩。庄子思想研究,一向是中国文化与哲学研究中的热点和难点,后学者似难以为继或涉足。论文选题之初,曾窃自为其忐忑,此时方觉如释重负。本书在吸收外审专家和答辩导师组意见和修改建议的基础上,几经修改,即将出版。作为论文指导教师,十分欣喜,乐观其成。本书当然还存在不尽如意之处,有些观点还值得商榷或继续探讨。愿王素芬博士在现有研究基础上,锲而不舍,百尺竿头,更进一步,今后能够在道家哲学研究方面取得更好的成绩。是为序。

李振纲

2011 年元月 6 日于河北大学紫园

目 录

目
录

3 ◉

第五章　人生之困——庄子人生哲学的生态学解读

导　论

　　"生态语境"的流行是以人类对自身实践活动负面价值的深切反思和翻然醒悟为前提的,它源于生态危机的全球化、生态运动的日益高涨和生态理论的不断深化,后现代哲学和现代文明的生态转向则对其起了推波助澜的作用。现代文明的生态转向需要异质文化的支持,作为异于西方文化又具有浓郁生态学特质的庄子哲学与此要求可谓一拍即合。因此,在生态语境下诠释庄子哲学,同时满足了时代发展的"生态转向"和"东方转向"的双重要求。国内外很多学者都从不同的角度和立场阐释了庄子哲学与生态哲学的相关和契合,尤其是与深层生态学的一致,虽然理解见仁见智,或深或浅,或多或少,但都表明了这一问题的价值性和前沿性。

　　本书尝试对庄子的生态智慧做一较为全面的现代诠释,希望这一工作可以为庄子哲学研究提供一个新的视角,并为生态理论发展、进而为缓解生态危机提供一些可资借鉴的中国传统文化资源。

一、生态语境研究的问题视阈

　　生态危机的全球化和生态运动的方兴未艾是生态视阈产生的现实基础,生态理论的日益深化和后现代哲学的推波助澜是生态视阈确立的理论基础,现代文明的生态转向是生态视阈下庄学研究的契机和推动力量。

(一)生态危机的全球化

就人类认识所言,地球是唯一存在生命的星球。而地球得以产生并具备蕴涵生命的条件,却基于许多概率极小的偶然性,如地球近日点必须处在目前这个位置上,再远一点或近一点,气温的变化都将使生命灭绝;地球对空气分子的引力,必须保持目前这个水平,再大一点或小一点,空气分子便会变成其他形态或脱离地球,生命就无法存在。就地球的外部环境而言,如果临近地球的木星或土星再大一点或小一点,也将对地球轨道进而对地球上的生命产生致命的影响。就浩瀚的宇宙而言,地球就像大海中的一颗水珠、空气中的一粒尘埃,一颗小行星的撞击都可能让它寿终正寝。在无数不可测的因素威胁下,地球的存在、地球环境得以保持以及人类的出现实在算是一个奇迹。认识到这个奇迹的来之不易,人类实在应该感到庆幸。庆幸之余,理应是我们对地球及其环境的珍惜而不是危害。万幸的是,人们的记忆中地球很少受到来自宇宙其他星体的伤害;不幸的是,越来越多的伤害却来自地球养育的人类。

不过,人类产生之初的"幼儿时节",对地球环境并不构成实质的威胁。人类文明最早大都是农业文明,由于生产规模狭小,生产技术落后,人们对生态的破坏十分有限,生态问题没有被提到议事日程上来,犹如庄子所说的"屦适忘足"(《庄子·达生》)①。但

---

① 《庄子》原文所据版本为:陈鼓应的《庄子今注今译》(全三册),中华书局1983 年版,2007 年北京第 10 次印刷。参考文本为:(清)郭庆藩撰,王孝鱼点校,《庄子集释》(全三册),中华书局 1961 年版,2008 年北京第 12 次印刷。

随着人类的羽翼渐丰,尤其是从 19 世纪开始特别是 20 世纪以来,伴随着科技革命、工业生产的现代化和全球化的进程,全球生态环境问题日益突出,资源匮乏、环境恶化、生物多样性减少等因素把人类推到了生死边缘。与自然生态危机相伴而生的是精神生态危机,两者相伴而生、相互推动。为求锦衣玉食、华堂名车,我们失去了洁净的空气、清澈的溪水、浩瀚的森林、广袤的草原……也失去了感恩的心态、仁爱的情怀、恬淡的心境,即人类为获得丰富的物质资料所付出的代价不仅仅是环境的恶化和资源的耗竭,同时还有自身精神家园的日渐贫瘠和荒芜。心态与生态是人类文明始终存在的两大主题,心态关乎人与自然、人与社会、人与他人、人与自身的和谐发展与繁荣共享,生态关乎人与自然、人与社会、人与他人、人与自身的共同生存和诗意栖居。培育人与自然共生共荣的良好心态、维护和谐平衡的自然生态已成为当今社会最为迫切的任务。在科学家用技术为环境治理提供服务的同时,人文学者也开始从精神层面对自然生态和人文心态的关系问题进行深入的思考。

(二)生态运动的方兴未艾

历史上曾经发生过三次大规模的由浅入深的生态运动或生态文化运动。

第一次是 20 世纪 60 年代出现在欧美国家的生态运动。它以 1962 年蕾切尔·卡逊(Rachel Carson)的《寂静的春天》的出版和 1968 年"罗马俱乐部"的成立为标志,他们向人们证明了生态危机的存在。当时主要是环境污染问题,这就是所谓的第一次人类环境危机。面对这一问题,1972 年在瑞典斯德哥尔摩召开的联合国人类环境会议(United Nation Conference on the Human

Environment)是国际社会就环境问题召开的第一次会议,它标志着全人类对环境问题的觉醒,标志着人类已经认识到人类文明向生态文明转向的重要性和紧迫性。这一时期的"绿色运动"成为早期生态运动的特定称谓。此后,许多国家相继成立了环境保护的专门机构并制定了一系列保护环境的法律。1973年,联合国环境规划署成立。这次生态运动是发达国家为了解决自身环境危机而在政治、经济、文化等领域开展的一场革命,是对西方工业文明造成的环境恶化问题的应急性反应,主要是探讨如何处理危机和摆脱困境的具体策略。经过一系列的努力,西方发达国家的城市环境污染问题基本得到了控制和解决,所以,在80年代早期和中期,环境保护运动是比较沉寂的。

第二次是20世纪80年代在世界范围内开展的环境保护运动。这次环保运动源自第二次人类环境危机。与第一次环境危机相比,这次危机从范围上开始具有全球的性质,虽然发达国家的城市环境污染问题基本得以解决,但人们却发现,广大发展中国家的环境污染程度却日益严重,资源短缺、生物多样性减少、人口暴增等问题日益凸显,地球生态系统遭到全面破坏。这一时期发表了《世界自然资源保护大纲》(1980)、《我们共同的未来》(1987)等重要文献,人类迎来了环境保护运动的新纪元。这一时期更多的是对技术理性的批判。

第三次是20世纪90年代,生态运动进入了更深入的政治和文化层面。伴随着现代工业和科技的发展,全球性的生态危机愈益严重。面对这一境况,世界范围的环境保护运动势头更加强劲。1991年《北京宣言》发表,1992年在里约热内卢召开的联合国环境与发展大会以及大会通过的《里约环境与发展宣言》(又称《地球宪章》)标志着全球环境保护运动进入了新纪元。世界各国人民的生态意识愈益增强,走可持续发展道路成为人们的自觉选择,"只有一个地球"的概念成为共识。1997年,全球1575名科学家发表的《世界科学家对人类的警告》中说:"人类和自然正在走上一条相互抵触的道路。"这一时期,人们更加注重环境保护的国际合作以及维护国际环境正义,比如,国际化的高层环境保护会议日益增多,虽然难以达成具体政策上的一致,但却说明在维护地球生态重要性和急迫性这一点上还是有共识的。此时的生态运动逐渐演变为对现代文明的反思、批判以及如何转向、重建的文化运动,反思的结果是人类文明必须从工业文明向生态文明转向。

总体来看,生态运动和生态文化运动是相伴而生的,既是一个生态保护运动,也是一个生态伦理或生态哲学的建构过程。今天的生态运动已是一个自然科学与社会科学相渗透、生态理论理论与生态实践相结合、批判和反思现代工业文明与建构生态文明相结合的深层文化运动。

(三)生态理论的日益深化

生态运动在根本上是一种伦理精神的自觉,所以,生态理论的深化表现为向伦理学和哲学等深层精神领域的进展。这可以从生态学研究范围的逐渐扩大和生态哲学的发展演变上略见一斑。

1.生态学的发展演变

生态学的发展经历了一个研究范围逐渐扩展的过程,大体分为四个阶段:"生物个体生态学、生物种群与群落生态学、生态系统生态学、以研究人类活动为主导的人与生物圈相互作用的科学。"①"生态学"(Ecology)这一概念是德国生物学家恩斯特·海

---

① 周鸿编著:《人类生态学》,高等教育出版社2002年版,第2页。

克尔(E. Haeckel)于 1866 年首次提出的,他把生态学定义为"研究(任何一种)有机体彼此之间以及与其整体环境之间是如何相互影响的学问"①,即生态学是作为研究生物与其环境关系的学科而出现的。20 世纪 50 年代以后,生态学研究的范围逐渐扩大。美国生态学家奥德姆(E. P. Odum)于 1956 年提出生态学是"研究生态系统的结构和功能的科学"的思想,1975 年又提出生态学是"综合研究有机体、物理环境与人类社会的科学"②的观点,即生态学既研究生物与其环境的关系,也研究自然生态系统和人工生态系统。人类生态学的发展经历了一个逐步深化的过程。"在生态学文献中有'以生物为主体的生态'这样的概念……也有'以人为主体的生态'这样的概念。这是人类生态学研究的对象。"③伴随着全球性生态危机的出现,人口、资源、环境和发展的矛盾日益尖锐,人类生态学得到了进一步细分,细分也意味着研究的深化,主要分为生态经济学、生态政治学、生态社会学、生态伦理学、生态哲学、生态美学、生态批评、生态文学等研究领域,它们研究的焦点在于人与自然的关系这一共同的主题。

2. 生态哲学的发展演变

严格说来,生态哲学(ecological philosophy)和环境哲学(environmental philosophy)、生态伦理学(ecological ethics)和环境伦理学(environmental philosophy)四个概念是有区别的,从外延上看,"生态"比"环境"具有更为广泛的意义,"哲学"比"伦理学"具有

---

① [美]纳什著,杨通进译:《大自然的权利》,青岛出版社 1999 年版,第66—67 页。
② 李博:《生态学》,高等教育出版社 2000 年版,第 3 页。
③ 余谋昌:《生态文化论》,河北教育出版社 2001 年版,第 132 页。

更为广泛的意义。但在一般学术著作中,四个概念大都是在同一意义上交替使用的。比较来看,由于与环境相关的国际性学术杂志和协会更多的是用"环境"而不是"生态"一词来命名,所以,环境哲学、环境伦理学比生态哲学、生态伦理学用得更多一些。本书更多地用"生态哲学"一词,以和本研究主题相吻合。

生态哲学是建立在生态学、生态伦理学等基础上的新兴哲学,是面对严峻生态环境危机而对人与自然关系进行思考的观点和理论的总和,其着眼点是可持续的人与自然的和谐发展。与生态运动、生态学发展的理路相一致,生态哲学也经历了一个孕育、形成、确立、发展的过程。

生态哲学孕育于19世纪中叶。虽然这一时期的生态伦理思想不够系统,但对生态哲学的形成和发展产生了深远的影响。19世纪美国的自然主义者、文学家、哲学家亨利·大卫·梭罗(Henry David Thoreau),他在《瓦尔登湖》等著作和200多万字的日记中贯穿着一个重要的思想:对他人和他物的慈善应该是人类唯一值得赞美的美德,简朴的生活有助于人与自然关系的和谐以及人的精神上的完善。虽然当时并不被人们关注,但却被后人称为"日趋复杂和成熟的生态哲学"[1]。19世纪英国著名哲学家怀特海(Alfred North Whitehead)提出的有机体哲学理论,实质上是一种具有生态学性质的世界观和价值观。作为美国早期环保运动的领袖,约翰·缪尔(John Muir)主张对自然的最好保护是防患于未然,即避免破坏自然的行为发生,这是一种深层次的环保行为,具有生态中心论的倾向。1919年,被誉为"20世纪最伟大人物"

---

① [美]唐纳德·沃斯特著,侯文蕙译:《自然的经济体系——生态思想史》,商务印书馆1999年版,第82页。

的法国哲学家阿尔贝特·施韦泽(Albert Schweitzer)第一次提出了著名的"敬畏生命"的思想,它要求像敬畏自己的生命意志一样敬畏所有的生命意志,这种敬畏是一种内在的道德诉求,而不是某种外在的规范约束。施韦泽指出:"过去的伦理学则是不完整的,因为它认为伦理只涉及人对人的行为。实际上,伦理与人对所有存在于他的范围之内的生命的行为有关。只有当人认为所有生命,包括人的生命和一切生物的生命都是神圣的时候,他才是伦理的。"①"从西方哲学——伦理学发展逻辑的角度来看,讲敬畏生命伦理学是西方和人类道德进步的一个里程碑的实质在于:它是对近代欧洲'人为自然立法'的主体性伦理学传统的超越,是 20 世纪西方敏感的思想家对近代工业化过程的深入反思,体现了东西方思想在现代文明基础上的融合趋势。"②1949 年,美国生态学家奥尔多·利奥波德(Aldo Leopold)提出了"土地伦理"的概念以及从伦理上关心地球的"大地伦理学",这被看成是生态伦理学比较完备的形态,为现代生态伦理的建构提供了最重要的精神资源。值得注意的是,施韦泽和利奥波德认为,人类之所以具有敬畏生命的德行和回报土地的本能,是因为人类的本能之爱,其本体论的依据不能不说带有非理性的神秘主义色彩,而且是站在以人为中心的角度来考虑对待"生命"和"土地"的问题,因此并未摆脱"人类中心主义"的思维方式。1962 年,美国生物学家蕾切尔·卡逊的《寂静的春天》发表,使得公众对环境问题给予了前所未有的关

---

① [法]阿尔贝特·施韦泽著,陈泽环译:《敬畏生命》,上海社会科学院出版社 2003 年版,第 9 页。

② [法]阿尔贝特·施韦泽著,陈泽环译:《敬畏生命》,上海社会科学院出版社 2003 年版,第 11—12 页。

注。虽然严格说来卡逊并没有提出完整的生态伦理学的观点,但因其影响巨大,现在人们把她看成是西方生态运动的里程碑式的人物。1967年,美国历史学家林恩·怀特(Lynn White)在《科学》杂志上发表了《我们生态危机的历史根源》的论文,指出生态危机的根源在于西方人犹太教——基督教认为人应该"统治"自然的观念。要摆脱生态危机,必须寻找一种新的"信仰",这种精神寻求工作应该由专门的一门学科——探讨人与自然关系——来进行,而生态哲学正是这样一门学科,所以生态哲学可以说是应运而生。1968年,罗马俱乐部成立,它的第一个研究报告是《增长的极限》,认为人类的发展将在21世纪的某个时候达到极限。其观点虽然带有悲观的色彩,但确实唤起了人类的忧患意识,而且此俱乐部对于全球生态环境问题的认识论、价值观方面的深层思考对生态文明的发展具有很重要的方法论启示。

20世纪70年代是生态哲学的形成时期。在此以前,西方的环境伦理学家往往是站在人类中心主义的立场来探讨环境伦理问题。在此以后,伴随着全球性生态危机的加剧,"人们对环境问题的高度关注,以及哲学家们想用其智慧来解决时代课题的热情空前高涨,一门全新的哲学学科——环境哲学——诞生了"①。环境哲学形成的标志,是这一时期一系列有关生态哲学研究成果的问世,主要有如下:1974年由威廉姆·布莱克斯通(William T. Blackstone)编辑出版的《哲学与环境危机》,这是1971年美国佐治亚大学组织的关于环境问题第一次哲学会议的论文集,也可以说是哲学关注环境问题的起始,不过,其总体基调是人类中心主义

---

① [美]纳什著,杨通进译:《大自然的权利》,青岛出版社1999年版,第147页。

的。1972年,斯坦利、古德洛维奇和哈里斯编辑了第一部以纯哲学语言讨论动物权利的著作《动物、人与道德:关于对非人类动物的虐待的研究》。1973年,澳大利亚哲学家罗特利在第十五届世界哲学大会上发表了《是否需要建立一种新的伦理——环境伦理》的论文,这是"第一篇正式提出建构一种超越人类沙文主义的新的环境伦理的哲学论文"①。1973年,挪威哲学家阿伦·奈斯(Arne Naess)在国际哲学期刊《探索》(Inquiry)上发表了《浅层生态运动和深层、长远的生态运动:一个概要》,这是一篇具有里程碑意义的论文,把生态学分为浅层生态学(Shallow Ecology)和深层生态学(Deep Ecology),深层生态主义也就由此产生。② 早期的浅层生态主义主张利用人类对自然的爱来缓和人与自然的紧张关系,用新的符合社会目的的技术来消解科学理性中技术原则的过度膨胀,避免环境危机的日益加重,促使生态环境复苏,但其最终的解决之道依赖的仍然是技术方法和建立在近代科学理性之上的形而上系统,依然没有摆脱人类中心主义和技术中心主义的立场。这种方法只能预防而无法有效控制对环境的破坏。深层生态主义作为对浅层生态主义的否定和超越,提出了非人类中心主义、自然中心论的观点,指出现代生态危机实质是一种文化危机,需要人们深层价值观、社会制度以及人的行为方式的综合变革。如果说浅

---

① 何怀宏主编:《生态伦理——精神资源与哲学基础》,河北大学出版社2002年版,第315页。

② 由于受主流生态哲学的排挤,最初影响并不大,但是进入80年代以后得到迅速发展,很多著名的理论家如美国的德韦尔和塞欣斯、澳大利亚的福克斯都加入到了发展和传播深生态学的行列。时至今日,深层生态学的影响还在不断扩大,已经成为西方环境伦理思潮中的一处亮点。(参见李培超:《伦理拓展主义的颠覆——西方环境伦理思潮研究》,湖南师范大学出版社2004年版,第141页。)

层生态伦理的中心原则是人类必须敬畏生命,那么深层生态伦理的中心原则就是人类必须把自身消融于自然界,把生态伦理学的任务归结为研究大自然固有的内在价值。需要注意的是,并不存在严格意义上的浅层生态学和深层生态学的对立,许多生态学者可能同时具有两种思想。1974 年,斯通出版了《树木拥有地位吗?走向自然客体的法律权利》一书,成为非人类中心主义生态伦理学的主要文献。1974 年,约翰·帕斯莫尔(John Passmore)出版了关于环境问题的著作《人对自然的责任:生态问题与西方传统》,他希望人们能够从审美的角度感受自然,从而学会关心我们生存的世界,这一观点得到了诺顿(B. Norton)、哈格洛夫等人的支持。1975 年,霍尔姆斯·罗尔斯顿(Holmes Rolston)在国际学术期刊《伦理学》上发表了《生态伦理存在吗》的论文,作为生态伦理学的力作,首次区分了原发型环境(生态)伦理与派生型环境(生态)伦理,前者即利奥波德的大地伦理,后者则是建立在人的利益基础上的生态伦理,并且得出了后者注定是要失败的结论。1975 年,澳大利亚哲学家皮特·辛格(Peter Singer)出版了被称为动物权利运动"圣经"的《动物的解放》,揭开了这一运动的序幕。与辛格齐名的哲学家汤姆·雷根(Tom Regan)也对这一问题进行了深入的思考,其《为动物的权利辩护》(1983)被认为是"目前从哲学角度最彻底的反思(动物的权利)这一问题的著作"①。

　　20 世纪 80 年代是生态哲学的确立时期。这一时期,许多哲学家、思想家开始有了比较完整的生态哲学的理论体系。主要著作有:1980 年,唐·曼尼森(Don Mannison)等三位澳大利亚哲学

---

① [美]纳什著,杨通进译:《大自然的权利:环境伦理学史》,青岛出版社1999 年版,第 173 页。

家的《环境哲学》论文集；1981 年，斯科利穆卫斯基（Henryk Skolimowski）的《生态哲学：设计新的生命策略》；1983 年，罗伯特·埃利奥特（Robert Elliot）和阿伦·加雷（Arran Gare）编辑出版了《环境哲学》，深层生态学家比尔·德韦尔（Bill Devall）和乔治·塞欣斯（George Sessions）出版了被称为深生态运动宣言的《深层生态学：物质自然仿佛具有生命》；1985 年，威廉姆·迪伏（William Devall）和乔治·塞欣斯出版了《深层生态学》，全面表达了深层生态学的哲学理念和原则；1986 年，霍尔姆斯·罗尔斯顿出版了《哲学走向荒野》的论文集，他赞美荒野，并把荒野看做自然内在价值的发生源；1988 年，罗尔斯顿出版了专著《环境伦理学：大自然的价值以及人对大自然的义务》，这是非人类中心主义环境伦理学的经典之作，它标志着生态哲学的基本确立。罗尔斯顿强调生态时代的伦理责任应该是包括自然在内的整个生态圈，把存在物也当做与人并列的目的来对待。"环境伦理学超越了康德的伦理学，超越了人本主义伦理学，因为它把存在物也当做与人并列的目的来对待。环境伦理学在道德上更具慧眼。他们既能从自己的角度，也能从其他存在物的角度来欣赏这个世界。"①罗尔斯顿把他的哲学取名为"走向荒野"的哲学，所谓"荒野"，是指没有被人类开发利用的自然，即原生态的自然。深层生态学把保持荒野的自在性作为环境伦理学的最高诉求，成为其将理论诉诸现实的根基和焦点。1989 年纳什出版了《大自然的权利》，唐纳德·爱德华·戴维斯（Donald Edward Davis）出版了《生态哲学》。这些哲学著作的问世标志着生态哲学在哲学领域的进一步发展以及学

---

① ［美］霍尔姆斯·罗尔斯顿著，杨通进译：《环境伦理学：大自然的价值以及人对大自然的义务》，中国社会科学出版社 2000 年版，第 464 页。

术地位的初步确立。1978 年,《环境伦理学》(*Environmental Ethics*)杂志在美国创刊。1989 年,"环境哲学研究中心"(The Center Environmental Philosophy)在美国正式成立,环境哲学研究的学术影响不断扩大。总体上看,这一时期的现代生态哲学得以基本确立,初步形成了人类中心主义和非人类中心主义(以动物解放或权利论、生物中心主义与生态中心主义为主)两大流派。

20 世纪 90 年代生态哲学研究成为学术研究的热点之一。如果把"20 世纪 70 至 80 年代的建构视为环境伦理学的百家争鸣期,那么,20 世纪 90 年代以来的建构则可视为环境伦理学的深化与整合期"①。这一时期生态哲学的发展具有关注环保实践、注重各流派的沟通与整合、注意各民族文化传统中生态智慧的对话和交流等特点。主要表现为,有关生态哲学的国际性研究学会开始建立,如 1990 年在美国成立的"国际环境伦理学会"(International Society for Environmental Ethics),1998 年在美国创立的"国际环境哲学联合会"(International Association for Environmental Philosophy)。此外,一些相关学术杂志开始创办,主要有 1992 年在美国创刊的《环境价值》(*Environmental Values*),1996 年创刊的《伦理学与环境》(*Ethics and Environment*)等。一些有关生态问题的专业性网站也纷纷创立。一些大学开设环境哲学的课程并出版教材,1993 年美国出版了第一部关于生态哲学的教材《环境伦理学:环境哲学入门》。有关生态哲学的论文和著作也大量出版,主要有诺顿的《走向环境主义者的联盟》(1991),米希尔·西默曼(Michael Zimmerman)等编的《环境哲学:从动物权利到激进生态学》(1993),罗尔斯顿的《保护自

① 何怀宏主编:《生态伦理——精神资源与哲学基础》,河北大学出版社 2002 年版,第 322 页。

然价值》(1994),西尔万(Richard Sylvan)和贝内特(David Bennett)的《绿色伦理学》(1994),布朗与奎布勒主编的《伦理学与 21 世纪议程:全球共识的道德意蕴》(1994),考里克特与罗切阿(F. J. R. Rocha)的《地球最高伦理:走向重建的后现代环境哲学教育》(1996),约翰·帕特逊(John Patterson)的《回归自然:一种道家环境哲学》(1997),彼得·韦克(Peter C. Wyck)的《原始的荒野:深层生态学与人类主体消失》(1997),阿提费尔德的《全球环境的伦理学》(1999),安东尼·威士顿(Anthony Weston)的《环境哲学导论》(1999),普杰曼的《全球环境伦理学》(2000),等等。

21 世纪,生态哲学的研究日益繁盛,推动着生态哲学研究不断深化和扩展,也将对保护地球生态环境给予积极而有效的影响。

(四)后现代哲学的推波助澜

后现代哲学作为反现代弊端的颇具声势的思想潮流,对我们反思现代工业文明、建设现代生态文明起着推波助澜的作用。20 世纪 90 年代以来,后现代主义思潮对人文社会科学的影响日益深化,探讨后现代思想与环境伦理学之间的关系也成为环境伦理学家们关注的重要话题,"后现代思想是彻底的生态主义的,它为生态学所倡导的持久的见识提供了哲学意识形态方面的根据"①。

后现代哲学发生在 20 世纪 60 年代,影响遍及整个西方世界,是至今仍在西方哲学舞台上唱着重头戏的思想运动。王治河认为,后现代哲学产生有着深刻的时代背景,其现实基础是以过程化和多

---

① ［美］大卫·雷·格里芬编,王成兵译:《后现代精神》,中央编译出版社 1998 年版,第 227 页;转引自何怀宏:《生态伦理——精神资源与哲学基础》,河北大学出版社 2002 年版,第 324 页。

元化为特征的信息化后工业社会;其自然科学依据是现代自然科学如爱因斯坦的相对论、海森堡的不确定性原理、哥德尔的不完全性原理等所揭示的现实事物的相对性、非确定性、不完全性,这些打破了近代哲学赖以建立的力学和数学两大科学支柱;其哲学基础是西方的文化传统,后现代哲学与传统哲学只是形式上的对立,实质上都是对人与现实关系的反思,现代西方文明与现代化是按照理性人的设计进行的,然而现代化的实现既是理性的实现,同时又是非理性的实现,人类历史上任何阶段的不合理现象都没有如今现代化的西方社会多,因此,对传统哲学展开追问,重新审视思维与存在的关系,便势在必然。①"自19世纪末至20世纪尼采和福柯等先后宣布上帝之死和人之死以后,不少西方学者逐渐对哲学终结问题达成共识:西方哲学在整体意义上面临前所未有的质疑、否定与拆解。"②

"后现代哲学所讲的'后现代'(Postmodern)主要不是指'时代化'意义上的一个历史时期,而是指一种思维方式。"③按照美国哲学家大卫·雷·格里芬(David Ray Griffin)的观点,存在着"破坏性的或解构性的后现代主义"和"建设性的或修正性的后现代主义"的分别。但从总体上看,作为一种文化思潮,后现代哲学是对人类实践和人类自身进行反思的思想运动,是对资本主义的文化批判;作为一种思维方式,是对传统的以划一思维和二元对立思维为特征的思维方式的挑战和扬弃,它坚持一种流浪者的思维,一种专事摧毁的否定性思维。后现代哲学用一个未知的、不确定的、

---

① 参见王治河:《后现代哲学思潮研究》增补本,北京大学出版社2006年版,第23—24页。

② 唐代兴:《生态理性哲学导论》,北京大学出版社2005年版,第3页。

③ 王治河:《后现代哲学思潮研究》增补本,北京大学出版社2006年版,第5页。

复杂的、多元的世界概念取代了传统的给定的世界概念,在此基础上,提出了确定是相对的、不确定是绝对的思想。大胆的标新立异,彻底的反传统、反权威精神,是这种思想方式的灵魂。这与肇始于笛卡尔的以肯定和建设为特征的现代主义哲学形成了鲜明的对照。后现代哲学最重要的一个理论贡献是促使我们重新省察包括人与自然的关系在内的人与世界、人与人的关系。①

20世纪80年代以来,后现代主义与环境伦理学的关系成为西方理论界关注的话题。瑞默曼的《为地球的未来而抗争:激进生态学与后现代》(1994)从后现代主义角度对深层生态学、生态女性主义和社会生态学进行了探讨。马克思·奥斯切拉格(Max Oelschlaeger)在其主编的《后现代环境伦理学》(1995)一书中认为,环境伦理学中蕴涵着后现代主义的主题,或者说存在着"后现代环境伦理学"的理论倾向。"后现代思想是彻底的生态主义的,它为生态学运动所提倡的持久的见识提供了哲学和意识形态方面的根据。"②这主要表现在:首先,后现代主义中的语言学的转向为后现代环境伦理学的形成提供了重要的契机,离开了语言就无法充分地表述和表达后现代环境伦理学。其次,环境伦理学还运用结构主义的方法,从生态危机入手分析社会结构的弊端,提出社会改革的政治要求;从探讨生态危机根源出发来揭露社会正义的缺失,从而提出建立稳定和谐的社会是解决生态危机的最终选择的理论构想;同时强调自身的实践品格和应用性特征,主张面对现实问题,反对空疏

---

① 参见王治河:《后现代哲学思潮研究》增补本,北京大学出版社2006年版,第2—10页。

② [美]大卫·雷·格里芬编,王成兵译:《后现代精神》,中央编译出版社1998年版,第227页。

和形式化的东西。再次,后现代主义对传统哲学思维模式的批判和解构,为环境伦理学突破传统伦理学的理论界域提供了重要启迪。①

需要指出的是,后现代哲学在促进了生态哲学或环境伦理学发展的同时,其本身也存在着重大理论缺陷和困难。其一,由于过分强调多样性、差异性和不确定性,后现代哲学在思想方法上也陷入了形而上学。其二,由于遵从了"均一性的逻辑",后现代主义哲学客观上否定了进步的观念。认为一切时刻、一切东西都具有同样的价值,这势必抹杀事物的独特性,否认历史的前进发展。其三,过分执著于否定性、流动性和破坏性,则有陷入否定主义、虚无主义和无政府主义多元论的危险。笛卡尔式的传统怀疑主义是不怀疑自我的,而后现代主义连自我也不放过,所以无可避免地陷入了悲观主义。②

(五)现代文明的生态转向

近代以来,笛卡尔的"我思故我在"强化了"我"的主体地位,使整个世界失去了其自然的性质,变成了由这一主体支配并赋予其价值的客体。这种思维模式一方面使得现代科学技术迅速发展,并在此基础上建立了工业化和现代化的社会生活;另一方面,它的理性至上的本体论、二元对立的思维模式、人类中心主义的价值观、予取予求的方法论也造成了生态危机的日益全球化和严峻化。为阻止全球性生态危机的蔓延,使人类文明得以延续,现代文明需要进行从人类中心主义的"笛卡尔模式"向非人类中心主义

---

① 参见李培超:《伦理拓展主义的颠覆——西方环境伦理思潮研究》,湖南师范大学出版社2004年版,第23页。

② 参见王治河:《后现代哲学思潮研究》增补本,北京大学出版社2006年版,第27—28页。

的"生态文明范式"的转向。①

---

① 关于生态文明的具体特征,可以从诺顿对生态世界观的说明来做一阐
释。诺顿是现代(或弱式)人类中心主义者,他从三个方面说明了生态世
界观(诺顿自称为理性世界观)的主要内容:(1)人类的生存和发展依赖
于整个生态系统,人类进化是在复杂的令人难以置信的、相互联系的有
机系统中进行的,这种生物学和生态学的理念为生态世界观提供了本体
论基础;(2)生态世界观不仅给人们提供了一种本体论,还给人们提供了
一种方法论,即自然界是极其复杂的信念使得人们在接受和评估知识时
都持一种谨慎和怀疑主义的态度,我们理解的越多就越发现我们已经理
解的是如何少,这种生态世界观及其怀疑论是对笛卡尔的认识论敲响的
丧钟;(3)包含上述本体论和认识论原则的世界观要求我们在评估自然、
确定自己的目标时,采取一种谦卑的态度。因为自然生态系统是如此的
复杂多样,以致常常超出我们的理解能力,因此,必须保持高度的谨慎。
"这种生态世界观的本体论和方法论提出了一种积极的价值观——与自
然和自然过程协调的价值观。在这种价值观看来,以模仿自然过程的方
式而行动是善的;那些促进自然过程的变化、从而增加其多样性的行为
(如果不打断自然过程)是善的;那些引进缓慢的变化、从而使得自然能
够适应的行为是善的。那些威胁着这些自然过程、打乱现有的运行良好
的自然秩序、引进不可逆变化的行为是恶的"。总之,诺顿认为,环境主
义者们都接受上述生态世界观,他们都相信,与荒野和野生物种的接触
可以改变人的意识,世界观的这种改变足以创造出一种新的本体论、新
的认识论和新的价值观。如果他们还相信,以这种方式产生的新的非物
质主义的价值客观上优于它们所取代的那些物质主义和消费主义的
价值观,那么,他们就会因荒野、野生物种(包括濒危物种)和自然环境的
转化价值而珍惜它们。以这种人类中心主义为基础,他们就会主张,荒
野、自然环境和所有的物种都应加以保护,而不管他们是否相信,荒野和
物种具有内在价值。"野生物种和自然生态系统的转化价值为人们保护
它们提供了恰当的理由,这与自然是否拥有内在价值无关。……这就是
保护物种的一以贯之的、完整的论据。它承认,物种具有满足人的需要
的价值,同时也强调,对野生物种的体验能够启发人们进行反思,从而净
化人的需要价值。这些体验影响着、也支持着那些反对物质主义和消费
主义的生活方式的理想。"(何怀宏主编:《生态伦理——精神资源与哲学
基础》,河北大学出版社 2002 年版,第 353—355 页。)

1. 理性本体论向生态本体论的转变

人类中心主义认为，人的本质规定在于人有理性，因此人是自然界的主人，可以给"自然界立法"，其他缺乏理性的存在物只具有工具价值。理性至上构成了人类中心主义的本体论根源。其中科技理性导致的唯技术主义论把技术变成了人类征服自然、支配自然的工具，它使人类获得了空前的力量、财富和"自由"，同时也给人类带来了前所未有的问题和危机。人类一方面陶醉于这种对自然的胜利，另一方面又不得不接受自然界的报复，咀嚼着生态危机的苦果。如果说工业文明把技术的作用和人类的主体能动性充分表现了出来，那么生态危机则使人类开始认识到技术的局限和自身的脆弱。在自然环境受到严重破坏的同时，技术进步也使得人类失去了对自然的感激、忏悔、敬畏和谦卑之心，造成了人类精神世界日益深刻的危机，这种危机实质就是理性的危机，是科技理性僭越了"价值理性"的危机。

非人类中心主义认为，理性至上的本体论存在着严重的缺陷。以澳大利亚生态哲学家 W. 福克斯(W. fox)为代表的当代环境伦理学家指出，各式各样的人类中心主义都有其理论上的共同缺陷。一是在经验上站不住脚，因为现代科学证明人类并非宇宙中心。二是在实践上是有害的，这种观念造成了严重的生态危机。三是在逻辑上混乱，并非每个人都完全具有理性、自我意识等，而有些动物也具有人类的某些特征。四是在道德上应该被拒斥，一种完整的伦理学不应仅限于人类，还应包括非人类。五是与明智的开放性理论不符，是一种狭隘的利己主义观点。① 余谋昌认为，人类

---

① 参见夏显泽:《天人合一与环境问题》,云南大学出版社 2006 年版,第 18 页。

中心主义价值观在哲学上是不深刻的,在价值观上是不全面的,在道德上具有不完善性,在实践上已使人类陷入困境。① 所以,非人类中心主义是对现代性社会科学理性原则的根本性批判和反思,主张生命(和生物的含义常常相同)或生态中心主义的立场,把理性至上的本体论扩大深化为"生命本体论"②、生态本体论或"荒野"(罗尔斯顿语)本体论。

2. 主客二分认识论向主客一体认识论的转变

在认识论上,人类中心主义坚持的是"主客二分"的思维方式,又称"笛卡尔思维方式",这是一种绝对主义认识论。这一思维模式将人视为与自然对立的主体,把自然视为人类征服和改造的对象。从普罗泰戈拉"人是万物的尺度"到柏拉图用"理念论"进一步确立"主客二分";从亚里士多德认为自然界"大部分都是作为人的美味,为人们提供衣物以及各类器具而存在"到培根"知识就是力量";笛卡尔的"我思故我在"开创了近代哲学把思维和存在、主体和客体对立起来的新时代,康德又进一步指出人是目的、人要为自然界立法的观点,使得主客二分的思维模式变得愈益强势。基督教也是所有宗教中最以人为中心的宗教,世界是上帝创造的,但只有人是按照上帝的形象创造的,人对大自然的统治是上帝的意旨。罗素在《西方哲学史》中指出:"笛卡尔的哲学……完成或者说接近完成了由柏拉图开端而主要因为宗教上的理由经基督教发展起来的精神、物质二元论……笛卡尔体系提出精神界

---

① 参见杨通进、高予远编:《现代文明的生态转向》,重庆出版社 2007 年版,第 102—103 页。

② [法]阿尔贝特·施韦泽著,陈泽环译:《敬畏生命》,上海社会科学院出版社 2003 年版,第 5 页。

和物质界两个平行而彼此独立的世界,研究其中之一能够不牵涉另外一个。"①这种主客二分的思维模式无疑标志着人类发展过程的自觉,对于确立人的主体性、促进科技和社会的发展具有进步的历史意义,是人类进步的标志。由于这种巨大的推动作用使得人类中心主义对这种思维方式推崇备至。但是,这种二元对立思维方式的弊端也是显而易见的,它忽视了作为客体的自然的整体性、发展性和内在价值,导致了日益严重的生态危机。"现在,深刻化的地球规模的环境破坏的真正原因,在于将物质与精神完全分离的物心二元论西方自然观,以及席卷整个世界的势头。"②此外,为什么主客一定要二分而不是统一,显然也缺乏让人信服的理论和现实的依据,"黑格尔曾经理直气壮地谈到,绝对精神之骏马在奔驰的过程中难免要践踏许多无辜的小草。然而,能否既让马儿好好地赶它的路,又让可爱的小草在阳光下自由自在地生长呢?这就是后现代哲学家提出的另一个重要的问题。"③"如何寻找第三条发展之路,如何体现'双赢',如何发展才能'功在当代,利在千秋',这些是后现代主义思想家和生态主义思想家殚精竭虑所思考的问题。"④

非人类中心主义坚持的是"主客一体"的思维方式,这是一种相对主义或怀疑主义的认识论。随着系统论、信息论、量子力学、

① [英]罗素著,马元德译,《西方哲学史》下册,商务印书馆1988年版,第91页。
② [日]岸根卓郎著,何鉴译:《环境论——人类最终的选择》,南京大学出版社1999年版,第199页。
③ 王治河:《后现代哲学思潮研究》增补本,北京大学出版社2006年版,《前言》第4页。
④ 王治河:《后现代哲学思潮研究》增补本,北京大学出版社2006年版,第334页。

协同学、混沌学等现代科学的发展,主客二分的思维方式正日益失去其科学基础,后现代哲学就是对主客二分思维方式的一种否定。生态哲学也主张,在认识论意义上,主体是唯一的,人是认识事物的主体。但在本体论的意义上,主体不是唯一的,事物本身是它自己的主体。世界的存在是人与社会、自然的复合生态系统,他们之间相互联系、相互作用,是一个不可分割的动态整体。人们应该扬弃以主体(人)和客体(自然)为基础的立场,确立主体和客体或人和自然休戚与共的意识。余谋昌认为,从生态哲学看来,"一切事物与一切事物有关",是一种"关系实在论";一切事物和现象又都是运动和变化的,也是一种"过程实在论";而且,生态系统是一个整体,又是一种"整体论世界观";生态世界观不强调首要、次要之分,不强调以什么为中心,所有的生态因素都是相互联系的,是互补的。美国学者卡拉扬所说的:"我们最终要放弃首要和次要之分;并把首要与次要的地位颠倒过来"①,就是一种主客一体的认识论。由此看来,老庄强调天人合一的主客一体的思维方式是非常具有现代意义的思想资源。

3. 自然工具价值论向自然内在价值论的转变

人类中心主义坚持自然工具价值论的立场。按《韦伯斯特新世界大辞典》的定义:"人类中心主义(anthropocentric)(1)把人视为宇宙的中心实体或目的;(2)按照人类价值观来考察宇宙中的所有事物。"刘湘溶把以人为中心的价值论概括为"三个一切"的价值论,即"一切以人为中心,或一切以人为尺度,为人的利益服

---

① 余谋昌:《可持续发展观与哲学范式的转换》,杨通进编:《现代文明的生态转向》,重庆出版社 2007 年版,第 99 页。

务,一切从人的利益出发"①。既然只有人有理性、只有人是主体,所以价值也是对人而言的,价值是客体所具有的满足主体需要的某种属性。离开人和人的利益,自然界谈不上"价值",它只是人类实现自身价值的工具。评价自然物是否有价值以及价值的大小以其是否能够满足人的需要以及在多大程度上满足人的需要为标准,也只有人才有享受道德关怀的权利。

非人类中心主义主张一种自然内在价值论的立场。内在价值(Intrinsic Value)是一个含义较为复杂的概念。西方伦理学家一般是在四种不同的意义上来使用这一概念的:一是能直接给主体带来愉悦感受的内在价值,这种意义上的内在价值离不开有意识的评价者;二是因内在属性而拥有的内在价值,这是指一个客体因其"内在属性"而具有的价值,某种事物是否拥有这种价值和在什么程度上拥有这种价值完全依赖这一事物的内在本性;三是独立于评价者的主观评价的内在价值,这是一种客观价值,即一个客体所拥有的独立于评价者的评价属性;四是作为目的的内在价值,这是一种非工具性的价值。西方伦理学中广泛使用的"天赋价值"(Inherent Value)大多是指第四种意义上的内在价值:即一个存在物只要把自己当做一个目的本身来加以维护,它就拥有天赋价值,而且这种价值是一个存在物从它存在的那天起就拥有的。具体来看,一个自然存在物,只要它拥有生物学意义上的自我繁衍能力,生态学意义上的自我维持倾向,控制论意义上的自动平衡功能,它就是一个拥有自身目的的、具有天赋价值的存在物。② 该理论认

---

① 余谋昌:《走出人类中心主义》,《自然辩证法研究》1994 年第 7 期。
② 参见何怀宏主编:《生态伦理——精神资源与哲学基础》,河北大学出版社 2002 年版,第 303—305 页。

为,在价值论上,不仅人是价值主体,生命和自然界也是价值主体;不仅人具有内在价值,具有生存权利,是生存权利的主体,而且生命和自然界也具有内在价值,也具有生存权利,也是生存权利的主体。人、生命和自然界的内在价值和外在价值的统一,是主客统一的一个方面,具有不可分割的性质。① 庄子哲学建立在"道"的意义上的整体主义的思维方式就是一种极具内在价值论的生态智慧。

4. 予取予求的方法论向"有限度的生存"转变

从理性至上的本体论、主客二分的认识论、以人为中心的价值论出发,人类发展出了一种经济主义——消费主义——享乐主义的生产和生活模式。人对待自然的态度和方法只能是为所欲为、予取予求。无论是早期的对自然"怎么都行"的绝对主义方法论还是后来追求"可持续发展"的相对主义方法论,其实都是人类中心主义价值观的体现。而深层生态学主张多样性的自然具有自身(内在)价值,所以人类应该"有限度的生存"。老庄哲学极力主张"知足"、"知止"的消费方式和注重精神层面的思想与这种深层生态学的思想具有很深的契合之处。

不过,需要指出的是:人类中心主义和非人类中心主义是西方环境伦理学争论的主题,但关于人类中心主义要分清言说的层次。何怀宏认为:一是认识论(事实描述)意义上的:人所提出的任何一种环境道德,都是人根据自己(而非山羊或狮子)的思考而得出来的,都是属人的道德。这种意义上的人类中心主义是不能反对的,否则会自相矛盾。二是生物学意义上的:人是一个生物,他必

---

① 参见余谋昌:《可持续发展与哲学范式的转换》,杨通进编:《现代文明的生态转向》,重庆出版社 2007 年版,第 100—102 页。

然要维护自己的生存和发展,正如狮子以狮子为中心,人也以人为中心。这种意义上的人类中心主义是反对不了的,因为没有人的生存和延续这个前提,道德问题就无从谈起。三是价值论意义上的:认为只有人是道德关怀的对象,人是唯一具有内在价值的存在物。这种意义上的人类中心主义的论争在逻辑上是可能的,非人类中心主义反对的就是价值论意义上的人类中心主义,因为,只有在价值领域,人才有选择的自由和可能,而且这种自由是以人的存在为前提的。①

二、庄子哲学生态语境转换的可能性

庄子哲学生态语境转换的可能性在于,在庄子生活的年代,人与自然、人与社会、人与人的紧张或对立程度日益加剧,作为一个无比关心人类生存的思想家,庄子对人类生存环境给予了极大的关注并进行了深刻反思,形成了一系列具有生态学意义的思想观点,而西方生态哲学的深入发展急需异质文化的支援,这就为庄子哲学生态语境的转换提供了契机。

(一)庄子哲学的生态学特质

庄子生活在战国时期,这是一个社会动荡、思想混乱的社会大变革时期,由于人口和城市的发展、频繁的战争使得环境的破坏也非常严重,人们生活在异常的不安定和困苦之中,是一个"死者以

---

① 参见何怀宏主编:《生态伦理——精神资源与哲学基础》,河北大学出版社 2002 年版,第360—362 页。

国量乎泽,若蕉,民其无如矣"(《庄子·人间世》)的悲惨时代。庄子的忧患意识远远超过其他先秦诸子,他对当时的社会、人生和生态困境进行了敏锐而深刻的思考。虽然庄子和现代社会所面临的困境程度、科技发展水平以及思考的理论性和系统性都不可同日而语,但两者所遭遇的生态、社会和文化等方面的困境是相似的,相对于各自的时代来讲,甚至可以说庄子所处时代的悲困程度超越了现代社会,这使得庄子思想带有浓郁的生态学特质,促成了其与现今深层生态学相契合的本体论、天人论、认识论、技术观和人生观等思想体系的形成。也就是说,虽然庄子哲学和生态哲学所产生的时代不同,但两者在困境意识、困境程度和对困境的思考方面是可以参照和比较的。

庄子哲学是以"道"为基础建立起来的。道是庄子哲学的根基,道具有本根性、整体性、同质性、超越性、自然性等特点,这些特点决定了庄子哲学的生态学特质:道的本根性表明,道是自然万物价值的创造者,价值既属于人类也属于非人类;道的整体性表明,人作为自然界的一部分在价值量上并不比非人类多或少;道的同质性表明,人类和非人类的价值在质上没有贵贱之分;道的超越性表明,由于"道"的关照,世间万物的价值和美与人类的感受无关,人应该带着爱、尊重和赞美去对待天地万物;道的自然性(或自为性)表明,宇宙万物的产生、发展、消失是道的"自生"、"自化"的结果,事物的价值是内在的价值,与人的需要和评价无关。道的特点还直接决定庄子哲学所采取的顺物自然、无为为益、处物不伤的生态方法论和知足知止的资源利用观。此外,庄子强调在道的基础上的"人与天一"(《庄子·山木》)即人与自然的合一,反对"以人灭天";强调认识的相对性和是非善恶美丑在道的意义上的"齐一"性质;主张体道之知和通道之技,反对世俗之知和工具之技,对工具理性进行了批判和反思;在人生观上具有强烈的困境意识和悲剧意识以及对于自然自由的强烈渴望,这对于现代社会加强忧患意识,注意人们心态、世态以及生态的维护具有宝贵的价值。这些思想和现今的深层生态学思想很是一致。深层生态学家奈斯认为深层生态学的最高准则"自我实现"与"道"是相通的。① 科利考特(J. B. Collicott)把道家思想称为"传统的东亚深层生态学",澳大利亚环境哲学家西尔万和贝内特在详细比较道家和深层生态学后得出结论说:"道家思想表现出了一种生态学取向,其中蕴涵着深刻的生态意识,它为'顺应自然'的生活方式提供了实践基础。"②雷毅认为:"先秦道家思想蕴涵着丰富的深层生态思想,成为现代西方深层生态学的理论先导。"③蒙培元认为:"中国哲学是深层次的生态哲学"④,"庄子哲学有一套比较完整的生态理念"⑤。

　　总之,庄子哲学的生态学特质为在现代生态语境下诠释庄子哲学提供了理论前提以及情感和心理基础。此外,庄子哲学的博大精深和极强的抽象性、概括性、包容性,也给人们诠释其生态智慧与当今生态哲学的契合留下了极大的空间。

---

① 参见李培超:《伦理拓展主义的颠覆——西方环境伦理思潮研究》,湖南师范大学出版社 2004 年版,第 150 页。

② 转引自朱晓鹏:《道家哲学精神及其价值境域》,中国社会科学出版社 2007 年版,第 237—238 页。

③ 雷毅:《深层生态学思想研究》,清华大学出版社 2001 年版,第 78 页。

④ 蒙培元:《人与自然——中国哲学生态观》,人民出版社 2004 年版,《绪言》第 1 页。

⑤ 蒙培元:《人与自然——中国哲学生态观》,人民出版社 2004 年版,第 218 页。

（二）生态哲学发展对异质文化的渴求

面对生态危机,人类的生态意识开始普遍觉醒,在全球层面都展开了如火如荼的环境保护运动,并在世界范围内确定了一系列旨在保护环境、寻求可持续发展的技术和政策层面的努力,这些都为现代文明的生态转向提供了强有力的支持。但是,日益严重的生态危机既表明了人与自然的严重疏离和对抗,也从更深的层面表明了现代文明的困境和危机。严峻的现实表明,自然的危机需要人文领域的支持,即通过对传统文明观念的反思与批判,重建一种人与自然、人与社会、人与他人、人与自我和谐发展的生态文明模式。

生态问题日益全球化,对全球环境问题的解决也需要世界各民族文化中的生态伦理资源的支持,实现各种生态智慧的对话、交流和沟通,何况西方传统的人类中心主义遭遇了一系列的理论困境,这说明生态文明模式的建立需要寻求一种不同于西方传统文化和思维方式的新的精神资源。而我国传统文化中具有丰富的生态学思想,尤其是道家独特的生态意识和深刻的生态智慧以及注重整体直觉的思维方式,虽有别于西方传统哲学,但却与现代生态哲学相通,这为生态哲学的完善和发展进而对认识和缓解生态危机提供了可资借鉴的思想资源。众多国外思想家和科学家也都看到了中国哲学中道家思想的生态智慧对认识和缓解当今环境危机的作用。对中国哲学的生态伦理学研究,是由法国哲学家阿尔贝特·施韦泽首倡的,他提出的"敬畏生命"的伦理学原则无法从以基督教为核心的西方文化传统中获得理论支持,于是将视野投向了与西方文化异质的东方。施韦泽系统研究过印度和中国的思想传统,尤其表现出对中国传统哲学的浓厚兴趣,其思想体现出了中西文化的一种融合。一些著名思想家如历史学家汤因比、哲学家罗素等,在多种场合也都表达过对道家文化的推崇,海德格尔对道家文化也有着浓厚的兴趣且其后期思想与道家有着密切的联系①。德韦尔和塞欣斯在其《深层生态学·序言》中曾指出:"许多哲学家和神学家正在为我们的时代呼唤一种新的生态哲学。然而,我们相信,我们也许并不需要某种哲学,而是重新唤醒那些非常古老的哲学,重新唤醒我们对地球智慧的理解。"②德韦尔和塞欣斯还认为,"当代深层生态主义者已经从道家的经典《老子》和13世纪日本佛教大师道元的著作中发现了灵感。"③生态伦理学会主席霍尔姆斯·罗尔斯顿甚至说:"西方人也许应该到东方去寻求人与自然协调发展的模式……除非(且直到)中国确立了某种环境伦理学,否则,地球上不会有地球伦理学,也不会有人类与地球家园的和谐相处;对此我深信不疑。"④

尽管不能把庄子哲学等同于现代意义上的生态科学和生态哲学,但由于人与自然关系紧张程度的相似性以及由此导致的理论上的相通性,决定了两者在基本精神和文化气质上的一致性,使得庄子哲学具有了向生态语境转换的可能性。

---

① 一些学者对庄子和海德格尔的相关思想进行了比较研究,如那薇的《道家与海德格尔相互诠释——在心物一体中人成其人物成其物》(商务印书馆2004年版)等。

② 何怀宏主编:《生态伦理——精神资源与哲学基础》,河北大学出版社2002年版,第511页。

③ 余谋昌:《生态哲学》,陕西人民教育出版社2000年版,第212页。

④ [美]霍尔姆斯·罗尔斯顿著,杨通进译:《环境伦理学:大自然的价值以及人对大自然的义务》,中国社会科学出版社2000年版,《前言》第7页。

三、国内外生态视阈下庄学研究现状及评价

(一)国内生态视阈下庄学研究现状
1. 国内生态哲学研究现状

与欧美国家相比,我国关于生态哲学的研究起步稍晚。20 世纪 80 年代开始,环境哲学成为国内学术界关注和研究的热门课题。但是直到 90 年代环境伦理学作为一门正式学科才得以诞生。由于国内生态学的发展和生态保护的需要,1994 年成立了中国环境伦理学会并召开了首届年会。

国内在生态哲学建立初期(当然包括后期)一直进行的一项工作就是翻译介绍西方学者的一些有关著作,如吉林人民出版社的《绿色经典文库》,将一些久负盛名的绿色经典著作进行了系统的翻译和推介工作,包括美国作家亨利·梭罗的《瓦尔登湖》、奥尔多·利奥波德的《沙乡年鉴》、蕾切尔·卡逊的《寂静的春天》、巴里·康芒纳的《封闭的循环》、丹尼斯·米都斯的《增长的极限》、芭芭拉·沃德等的《只有一个地球》、约翰·缪尔的《我们的国家公园》、卡洛琳·麦茜特的《自然之死》、霍尔姆斯·罗尔斯顿的《哲学走向荒野》等。此外,其他的出版社也相继出版了一系列的国外生态学家的著作,不再一一列举。这些著作对生态伦理学的学科性质、研究对象、研究目的、生态伦理主体、"人类中心主义"、自然的价值和权利、道德共同体、动物的权利、人与自然的关系等内容都做了阐发,为国内生态哲学的形成和发展提供了基本的文献资料。

从 90 年代开始,相继出版了一系列有关生态哲学的著作。在对西方伦理学进行"扬弃"的过程中,尝试建构适合中国国情的生

态哲学体系,表达自己对生态哲学的理解。主要成果有:1994年刘湘溶的《生态意识论——现代文明的反省与展望》、李春秋和陈春花的《生态伦理学》,1995年佘正荣的《生态智慧论》、叶平的《生态伦理学》、余谋昌的《惩罚中的醒悟——走向生态伦理学》,1999年余谋昌《生态伦理学——从理论走向实践》、徐嵩龄的《环境伦理学进展:评论与阐释》、刘湘溶的《生态文明论》,2000年钱俊生和余谋昌的《生态哲学》、林娅的《环境哲学概论》,2001年余谋昌《生态文化论》、杨通进的《走向深层的环保》、李培超的《自然的伦理尊严》、王正平和周中正的《现代伦理学》、廖福林的《生态文明建设理论与实践》、雷毅的《深层生态学思想研究》,2002年何怀宏主编的《生态伦理——精神资源与哲学基础》、甘绍平的《应用伦理学前沿问题研究》,2004年王正平的《环境哲学》、李培超的《伦理拓展主义的颠覆——西方环境伦理思潮研究》,2005年彭锋的《完美的自然》、唐代兴的《生态理性哲学导论》,2006年曹孟勤的《人性与自然:生态伦理哲学基础反思》,2007年刘本炬的《论实践生态主义》、孙道进的《环境伦理学的哲学困境——一个反拨》、傅治平的《第四文明:天人合一的时代交响》,2008年王耘的《复杂性生态哲学》、杨通进等主编的《现代文明的生态转向》等。此外,有些学者还结合中国传统文化,对中国传统哲学中的生态智慧进行了有意义的阐发,比如从儒、释、道、墨、法等不同角度进行生态意义上的阐发,为环境伦理学提供了精神资源。这方面的论著和论文非常多,不再一一列举。

这些著作分别从不同的角度对生态哲学进行了探讨,取得了很多有意义的成果。钱俊生、余谋昌主编的《生态哲学》,不再局限于生态价值观和伦理观的角度,而是侧重于生态哲学本身的内容体系,分别从生态自然观、生态经济观、生态社会观、生态价值观、生态伦理学、生态文明观、生态美学等方面具体阐述其内容和发展。何怀宏主编的《生态伦理——精神资源与哲学基础》，探讨了国内外历史和现实的有关生态伦理的各种思想和资源，展示了有可能支持这一思想的各种信仰体系、宗教思想和各种审美与价值观念，并对当今出现的各种形式和内容的生态哲学理论进行了阐释。王正平在其《环境哲学》中，对环境哲学兴起的原因、主要内容、中西环境哲学智慧，对人类中心论和非人类中心论的主要观点，以及生态男女平等论、生态神学、生态马克思主义等都做了详尽的研究。曹孟勤的《人性与自然：生态伦理哲学基础反思》，通过厘清人类中心主义和非人类中心主义的种种论争，分析生态危机的实质是人性的危机，由此论证人性是生态伦理的哲学基础，人性只有与自然相结合，生态伦理才能成为关爱自然界的人性的自我展现。刘本炬的《论实践生态主义》侧重对马克思主义生态观的探索，试图建构马克思主义生态哲学的理论框架和逻辑体系。王耘的《复杂性生态哲学》，对生态哲学的历史发展、主要内容（古代、近代理论中的自然观，现代性理论与生态哲学，复杂性理论与生态哲学）、面临的困境及其未来发展等问题进行了探讨。孙道进在其著作《环境伦理学的哲学困境——一个反拨》中对环境伦理学面临的哲学困境进行了全面的探讨，指出无论是浅层生态学还是深层生态学都面临着哲学上的困境。① 值得一提的是，少年

---

① 生态运动是正在形成的生态伦理学和生态哲学的主要载体，从浅层生态学（运动）到深层生态学（运动）的转变意味着生态哲学的发展，不过，"发展"并不说明后者一定优于前者。事实上，深层生态学本身也面临着自身的逻辑难题——其"整体论思想难以摆脱个体论的诘难"，"如果深层生态学不完善自身整体论的知识背景，这样一种哲学将内外交困，四面楚歌"（王耘：《复杂性生态哲学》，社会科学文献出版社2008年版，第38页）。

失学、出身农家却一直致力于哲学之思的唐代兴，其著作《生态理性哲学导论》在人们普遍责难西方传统哲学思维方式的理性、二元论及形而上学是全球生态危机的根源的大背景下，却"举起了高扬理性和形而上学的旗帜，他所高扬的又正是西方传统理性和形而上学，即是说，当时下很多人热衷于说西方理性和形而上学不行了的时候，他却执著地说西方传统理性和形而上学中那些东西行，并把这些精选出来的东西用做他生态理性哲学的根据"①。即把现代人们普遍反对的观点作为立论的依据来表达自己独特的形上之思，汤一介认为此书"开创了'生态'问题和理性问题研究的一个新领域，是一个很有创建性的研究"②。

总体上看，中国生态哲学的发展主要表现为：一是研究队伍的扩大、研究领域的日益广泛；二是一系列富有价值的论著和论文的出版发表；三是有关环境哲学和人类生态学等课程进入了教育领域，有关生态保护的宣传和立法力度日益加强，人们的生态保护意识和行动都有了很大的进步。但是，就目前我国生态哲学的总体研究现状看，其不足也是显而易见的：一是大多停留在对西方生态伦理思想的脉络和流派的介绍上，尚没有形成具有中国特色或自成一体的生态哲学或环境伦理学的理论体系。二是对中西生态伦理学研究在时代背景、思维传统和文化背景上的差异缺乏系统的说明，这导致了在研究过程中的浅显和片面。三是在如何系统挖掘和整理中国传统文化中的生态学资源、如何把西方生态伦理与

---

① 高楠：《理性生存的执著追问》，载于唐代兴：《生态理性哲学导论》，北京大学出版社 2005 年版，第 4 页。

② 唐代兴：《生态理性哲学导论》，北京大学出版社 2005 年版，汤一介《序》，第 1 页。

中国传统文化有机结合并与当前生态保护的实践有效结合上还没有充分的研究,对于生态环境的改善缺乏实际价值。在某种程度上可以说,这些研究"在很大程度上还处于将传统资源做肢解的、片段性的处理并与西方深层生态学进行简单的比附或机械附会的阶段"①。四是存在着夸大中国哲学生态智慧的倾向,认为中国的儒、释、道以及诸子百家的生态智慧可以解决现在的生态问题以及生态哲学面临的理论困境,但是却缺乏有力的理论和现实论证及对其作用的辩证说明。

2. 国内庄学研究现状

古往今来,研究庄子的著作非常丰富,且仁者见仁、智者见智。关于庄子其人及其生卒年、故里与生平事迹,《庄子》一书的分篇、作者、写作年代、庄子的思想渊源即庄子与其他思想家以及地域文化的精神联系等问题,可谓众说纷纭,莫衷一是。

20 世纪上半叶是中国学术思想新旧交替、中西交融的时期。在这一时期,庄学研究基本上有两条路径:一是因袭前代乾嘉朴学之余绪,对《庄子》进行梳理考证,或采取以儒释解庄的方式解读庄子,主要成果有:王先谦的《庄子集解》(1925)、阮毓崧的《庄子集注》(1930)、高亨的《庄子新笺》(1935)、武延绪的《庄子札记》(1932)、奚侗的《庄子补注》(1917)、马叙伦《庄子义证》(1922)、朱桂曜的《庄子内篇证补》(1935)、蒋锡昌的《庄子哲学》(1935)、刘文典《庄子补正》(1939)、王叔岷《庄子校释》(1947)、曹受坤的《庄子哲学》(1948)等。此外,廖平的《庄子叙意》(1910)、《庄子新解》(1921)和钟泰的《中国哲学史》(1934)等加强了儒庄的结合,杨文会的《南华经发隐》(1904)则注重以佛理来阐释庄子,而

---

① 祁海文:《生态美学·传统资源·美育》,《美学》2004 年第 2 期。

章太炎的《庄子解诂》(1953)和梁启超的《老孔墨以后学派概观》(1920),在以佛解庄的同时注意了和现实的结合。这一时期庄子研究的重点仍在于考据,缺乏深入系统的理论研究。二是借西学东渐之风,运用西方话语体系来诠释《庄子》,表现出了以研究者为主的方式,如严复的《〈庄子〉评点》(1953)、胡适的《中国哲学史大纲》(1919)、冯友兰的《中国哲学史》(1985)、金岳霖的《论道》(1940)等。也有一些学者致力于《庄子》的现实意义,如康有为、梁启超比较注重庄子的自由和平等的思想,陈独秀、鲁迅等表现出了对庄子个性自由的欣赏。一些学者如胡适、叶国庆、支伟成、张贻惠、郎擎霄、胡哲敷、宗白华、林语堂等对庄子的人生哲学和科技观持或批判或阐扬的态度。①

1949年至改革开放以前,一些学者开始用马克思主义研究庄学,一些知名学者如冯友兰、金岳霖、贺麟、汤用彤、朱光潜等,纷纷改变自己的学术格调,开始了以马克思主义为指导的研究思路。1957年至1964年形成了一个庄子研究的热潮,1962年8月,《哲学研究》编辑部将有代表性的文章汇编成《庄子哲学讨论集》予以出版,基本上反映了当时的讨论情况和主要观点。这一时期,学术界关于庄子的讨论主要集中在庄子与《庄子》书、庄子哲学的性质及骨架、庄子的认识论、庄子的阶级属性和历史地位、庄子和阿Q精神等问题上,学者们观点鲜明,但分歧很大。尽管学者们具有较好的哲学修养,在庄学研究上取得了一定成绩,但是,由于种种因素的限制,庄子哲学研究终究留下了简单化、程式化、泛政治化的缺憾。尤其是大批判式的庄子研究,产生了相当恶劣的影响,使学

---

① 参见熊铁基主编,李宝红、康庆著:《二十世纪中国庄学》,湖南人民出版社2006年版,第80—225页。

术研究的价值晦而不彰。与此同期,港台地区的专家学者大都能立足于学术立场著书立说,庄学研究的成果非常突出。根据方克立先生主编的《中国哲学史论文索引》(1994)第五册对 1950 年至 1980 年港台地区庄学论文所作的索引,这一时期港台有关庄子研究的论文达 120 篇、著作约 50 部。对大陆学术界产生广泛影响的代表性著作主要有钱穆的《庄子纂笺》(1957)、方东美的《中国哲学之精神及其发展》(1984)、徐复观的《中国艺术精神》(1984)等。①

改革开放以后,社会生活的多元化影响到对庄学的研究,形成了对《庄子》的多元解读。改革开放以来兴起的"文化热"的焦点集中在中国传统文化是否适合现代化建设的需要、有没有现代价值等问题的讨论上。20 世纪 90 年代出现的"国学热"开始侧重于发展传统文化的优秀成分,重新阐释传统典籍。其中庄学研究备受关注,成为中国哲学史上一个高峰时期。与此同时,由于港台没有经历过"文化大革命"等政治斗争,庄学研究有着与大陆不同的发展道路。随着中国内地的改革开放,港台与内地的学术交流日益频繁,港台地区的庄学研究成果也被逐渐介绍到大陆。尽管港台与大陆社会环境不同,但无论是对《庄子》文本的考据性研究,抑或对《庄子》义理的发挥,其间已无重大区别。此一时期庄学研究的特点主要表现在:

一是研究队伍扩大、成果丰富。研究队伍不断扩大,形成了老、中、青的学术梯队,研究成果也十分丰富。据统计,"这一时期共出版庄学专著 130 余种……从 1980 年至 2000 年这 20 年间,关

---

① 参见熊铁基主编,李宝红、康庆著:《二十世纪中国庄学》,湖南人民出版社 2006 年版,第 225—287 页。

于《庄子》研究论文即达 1200 篇左右,平均每年近 60 篇。"①比较
有代表性的学术专著主要有:张恒寿的《庄子新探》(1983),上编
是对《庄子》内、外、杂篇的考证,下编主要论述庄子的哲学思想和
阶级基础。刘笑敢的《庄子哲学及其演变》(1988),上编注重考
据,依据汉语词汇的使用特征,采用全面统计的方法计算词语和内
容的出现情况,借以考证内篇与外杂篇的同异和先后;中编从范
畴、学说、总体三个方面来剖析庄子的思想体系;下编则论述了庄
学演变。虽然后来其本人认为自己的研究方法与所得结论尚有需
商榷之处,但此著作无论是研究方法还是研究内容都有许多创造
性的贡献。崔大华在《庄学研究》(1992)中,考论了庄子其人其
书,从自然哲学、人生哲学、社会思想、认识结构等方面探讨了庄子
思想,并对庄子思想与中国历代思潮等都进行了详尽的阐述,其内
容丰富、逻辑严谨,实为研究庄学的力作。陈鼓应的《老庄新论》
(1992)提出了一些异于一般学界的观点,如认为老庄所创始的道
家是中国哲学的主干,中国传统哲学的最主要概念和范畴多源于
道家,老学先于孔学,老子的思想视野和哲学的深刻程度远胜于孔
子,庄子是古代最有自由性和民主性的哲学家,庄子思想对否定权
威、独断和教条具有很强的现实意义。颜世安的《庄子评传》
(1999)对庄子生命哲学的研究独树一帜,引人注目,其新见解在
于以隐者传统和道家思想为背景,重新解释了庄子的游世思想和
道论。王博的《庄子哲学》(2004)分别对内七篇进行了自己的解
读,并对庄子的重要概念如道、德、天、命、心、齐物、逍遥、无情等做
了简释。该书一出版即获得学术界和读者的好评。澳大利亚国立

---

① 熊铁基主编,李宝红、康庆著:《二十世纪中国庄学》,湖南人民出版社
2006 年版,第 288 页。

大学名誉教授、著名学者柳存仁对该书的评价是："大著《庄子哲学》，读来赏心悦目，可以说是近年罕见的一部好书。此书文字流畅，意自己出，并且七篇配合如出一手，甚可敬佩。"著名学者、台湾大学哲学系教授、《道家文化研究》主编陈鼓应读了该书后认为："每一个读《庄子》的人都应该读"。徐克谦的《庄子哲学新探》（2005）借鉴当代语言哲学和阐释学的某些理论和方法，对《庄子》中的重要哲学概念做了细致的分析，对庄子的道论、语言观、自由观、美学观以及它们相互之间的内在联系进行了具体的考察和研究，并且对庄子哲学的特质从新的角度进行了阐释。杨国荣的《庄子的思想世界》（2006）以史与思的统一为进路，在分析庄子哲学的内在主题、理论张力及思想脉络的同时，又注重在总体上展示其深沉的哲学内涵和独特的理论品格，具有很强的哲学思辨性。王建疆的《澹然无极——老庄人生境界的审美生成》（2006）在批评新儒家、新道家和其他美学家关于人生境界的基础上，通过对老庄人生境界的考察，发现了老庄貌似自相矛盾的思想背后的生成论美学思想，揭示了老庄人生境界向审美境界生成的机制。韩林合的《虚己以游世——〈庄子〉哲学研究》（2006）采取了一种全新的写作方式，打破《庄子》原书的形式，将其中所有相关段落重新排列于作者的解释系统之相关部分，并在这样的系统中解释《庄子》一书中的人生意义问题和治世问题。姚曼波的《庄子探奥》（2008）广泛深入地探索了庄子学说产生的历史渊源、哲学特质、理论体系、研究范畴、历史影响等，并从东西方哲学的比较中凸显庄子学说的特色及其对人类发展的深远意义，提出了富有原创性的见解。此外，张松辉的《庄子考辨》（1997）和《庄子疑义考辨》（2007）、王德有的《以道观之——庄子哲学的视角》（1998）、舒金诚的《中国古代智慧的殿堂——深宏奇特的〈庄子〉哲学》

（1998）、陈绍燕等的《庄子哲学的批判》（2009）等著作都是匠心独运、颇有建树的重要学术著作。

二是研究领域广泛、关注现实。注重从多视角、从现实社会问题的视阈研究《庄子》，是庄学研究愈益突出的特点。以往的庄学研究中，学者们更多地把注意力集中在对庄子其人、其书以及庄子思想本身，使得庄学研究成为脱离现实的纯学术问题，而在一段时期内的庄学研究又具有很强的政治色彩，使得庄学研究的价值未得到充分发掘。改革开放以来，伴随着社会生活的变化以及一些全球性问题的产生，人们开始从现代问题的视阈诠释庄子思想的现代价值。庄学研究由政治转向了学理，由一元步入了多元。研究领域十分广泛，涉及养生学、处世、自然科学、旅游、环境保护、管理、心理学、政治学、教育学、逻辑思想和思维方式等领域，形成了对庄子多元解读的繁荣局面，充分反映出庄学研究者的开拓意识与时代精神。

三是注重《庄子》的通俗化和大众化。长期以来，大陆对传统典籍或持批判、拒斥的态度，或由于其文言文的晦涩难懂而持敬而远之的态度，这使得国学典籍的影响日益淡化，人们的国学功底更无从谈起。为了满足人们了解中国传统文化的欲望和传统文化需要走入现实社会生活的要求，一些学者开始致力于传统典籍的通俗化和大众化的工作。其中，陈鼓应的《庄子今注今译》（1983）在《庄子》注译中最受欢迎、最具影响力。欧阳景贤和欧阳超的《庄子释译》（1986）、刘建国和顾宝田的《庄子译注》（1993）、杨柳桥的《庄子译话》（2007）、流沙河的《庄子现代版》（2007）等，也都是推进《庄子》通俗化和大众化的重要著作。另外，南怀瑾的《庄子南华》（上下）（2007）、王博的《无奈与逍遥——庄子的心灵世界》（2007）是由讲课记录整理出版，内容更为通俗，更加适合对庄子哲学的理解和普及。值得一提的是,台湾漫画家蔡志忠1986年的首部古籍漫画作品《漫画庄子》,一经面世即广受读者欢迎,其影响至今不衰,还被翻译成二十几种文字(1994年被选入日本的高中课本),成为国内外上至成人下至儿童都可以轻松阅读的古典书籍,在通俗化和普及化方面开创了先河。这种漫画的形式不仅给观众带来赏心悦目的阅读享受,其价值更在于使庄子思想得以广泛传播,让人们在一种轻松愉快的形式下领略庄子思想的博大精深,给人以精神上的浸染和影响。

3. 国内生态语境下庄学研究现状

20世纪90年代以后,人们更多的关注从《庄子》中寻求对我们建构生态文明、良好世态、健康心态等有启发、有帮助、可资借鉴的思想资源。比如:董光璧的《当代新道家》(1991)提出,英国李约瑟、美国卡普拉、日本汤川秀树等著名自然科学家是当代新道家的代表人物;胡孚琛的《道学通论》(1999)指出,新道学包括道家、道教、仙学等内容。沈善增的《还吾庄子》(2001)一书,被周锡山评论为"新道家的奠基之作"。黄山文化书院编辑出版的《庄子与中国文化》(1990)是1989年10月全国首届庄子学术研讨会论文集。1990年7月,在湖北省襄樊市隆重召开了"道家(道教)文化与当代文化建设"学术讨论会,着重探讨了道家文化与当代文化建设的关系。萧萐父指出,道家思想的很多方面,如社会政治观、道德伦理观、文化价值观以及思维方式、人格境界、审美情趣、养生等,都富有可以发掘并重新评定的现代意义。① 崔大华在其《道家

---

① 参见萧萐父:《"道家(道教)文化与当代文化建设"学术讨论会开幕词》,《武汉大学学报》(人文科学版)1991年第1期。

思想及其现代意义》中指出①,道家自然主义的精神生活方式有益于、有助于人类进步产生的精神要求,而且,道家思想中对自然、社会和人本身都有许多深入准确的洞察,蕴涵着许多理论生长点和与不同思想体系甚至异质文化之间的观念融合点。尤其是当代西方学者为解决他们在科学、哲学和宗教等文化领域内遇到的某些困难的理论问题以及后工业化社会与自然尖锐对立的社会问题而向东方思想探寻时,能在道家思想中获得某种答案。白本松和王利锁在《逍遥之祖——〈庄子〉与中国文化》(1995)中探讨了庄学对中医学理论的影响;王均裕和张淑珉编著的《庄子与现代人生》(1995)对庄子和现代人生做了通俗化的解读;冯达文的《道——回归自然》(1996)介绍了道家思想及其在各个方面的引申和发展并对道家思想在现代社会精神生活中的意义做了总结和说明;龚建平的《自救与放达——道家的人生智慧》(1998)指出,道家因其对生命存在处境的永恒主题进行探索而具有永恒的价值;黄正雨编著的《自然的箫声——〈庄子〉》(1999)认为庄子思想的核心是对人生的理想境界和实践方法的思考;王凯的《逍遥游——庄子美学的现代阐释》(2003)从逍遥游的心灵、语言、人生和生态维度对庄子的美学思想进行了阐释;刁生虎的《庄子的生存哲学》(2007)从庄子对人生、生死、语言、天人、宇宙、物化、科技、生态和思维等方面,探讨了其理论内容和现代价值。朱晓鹏的《道家哲学精神及其价值视域》(2007)分为上下两篇,上篇主要从本体论、认识论、方法论、美学及历史观等方面阐释了老庄思想,下篇主要从道家思想的生态伦理意蕴、道家与西方现代生态伦理学的"东方转向"、道家思想的基本精神及其现代意义等角度探讨了道家

---

① 崔大华:《道家思想及其现代意义》,《文史哲》1995 年第 1 期。

思想的现代价值。李振纲的《生命的哲学——〈庄子〉文本的另一种解读》(2009),把《庄子》内外杂33篇作为一个整体,放在大生命视阈下进行了"后现代性"诠释,给人们提供了一种新的学术视角,让哲学问题和现实问题、古代哲学与现代生活"对话",借以激活《庄子》哲学中存在的后现代意识,对实现《庄子》哲学研究范式的创新极具启发意义。此外还有葛荣晋的《道家文化与现代文明》(1991)、王泽应的《自然与道德:道家伦理精神精粹》(1999)、唐雄山的《老庄人性思想的现代诠释与重构》(2005)等。也有学者对庄学与道教和佛教的关系进行了研究。对于庄子与道教关系的研究主要侧重于庄子思想在道教发展过程中的地位和作用方面,著名学者任继愈在其《中国道教史》(1989)、崔大华在其《庄学研究》(1992)以及其他研究中都有很具体的论述。进入90年代以后,研究道教与生态的著作主要有,张继禹的《道法自然与环境保护:兼论道教济世贵生思想》(1998)、蒋朝君的《道教生态伦理思想研究》(2006)、蔡林波的《助天生物——道教生态观与现代文明》(2007)、赵芃的《道教自然观研究》(2007)、傅凤英的《二十世纪中国道教学术的新开展》(2007)等。其中蒋朝君的《道教生态伦理思想研究》对道教中生态伦理思想进行了卓有成效的探讨,此书从道教生态伦理的哲学和宗教信仰基础、道教生态伦理的规范和准则、道教生态伦理在实践中的表现三方面展开研究,力图开创道教生态伦理的研究范式,建立"道教生态伦理"的理论框架结构。关于庄学与佛教关系的研究,主要集中在庄子思想与中国佛教的关联以及庄学与佛学的比较,主要体现在崔大华的《庄学研究》(1992)、徐小跃的《禅与老庄思想》(1992)、陈鼓应主编的《道家文化研究》(1992)等著作以及一系列相关论文中。此外,还有大量的论文也对庄子哲学的各个方面做了卓有成效的理论和现实探讨。

总体上看,国内生态语境下庄学研究涉及的领域十分广泛。从具体的角度讲,涉及人生、生死、语言、天人、宇宙、物化、科技、生态和思维各个方面;从大的方面看,涉及本体论、认识论、方法论、美学及历史观等内容。

(二)国外生态视阈下庄学研究现状
1.国外生态哲学研究现状

西方环境伦理思潮有多种派别,其观点和理论分歧也很明显。不同的学者分别从不同的角度对其进行了划分,主要有:

有学者根据环境伦理学所确定的道德关怀范围,把环境伦理学分为四大流派:即人类中心主义、动物解放/权利论、生物中心主义和生态中心主义。(1)人类中心主义。主张人只对人自身(包括其后代)负有道德义务,只有人才具备成为道德顾客的资格①;人对人之外的其他自然存在物的义务,只是对人的一种间接义务,即人们损害环境的行为之所以错误是因为会危及他人的生存。根据其对人的利益的强调程度及其对大自然所抱态度的差异,又有

---

① 道德代理人与道德顾客:道德代理人类似于传统伦理学的道德主体概念,只有那些心理健全、具有一定理性的人才具备成为道德代理人的资格,那些不能用理性控制其行为的人,如婴儿、精神病患者、痴呆症患者等不是道德代理人。道德顾客与传统伦理学的道德对象概念有些接近,是指那些道德代理人对之负有道德义务和责任、且可以对之作出正确或错误行为的存在物。传统伦理学认为,只有人才有资格成为道德顾客,道德代理人和道德顾客的外延是相等的;人类中心主义的环境伦理学也认为,只有人才有资格成为道德顾客,但认为道德顾客的外延远远大于道德代理人;非人类中心主义环境伦理学也认为道德顾客的外延远远大于道德代理人,且认为许多非人类存在物尽管不是道德代理人但也是道德顾客,这样就把更多的自然存在物纳入了道德关怀的范围。(何怀宏主编:《生态伦理——精神资源与哲学基础》,河北大学出版社2002年版,第299页。)

强式人类中心主义和弱式人类中心主义之分。(2)动物解放/权利论。主张人不仅对人负有义务,人还对动物也负有直接的道德义务,因为动物(至少其中的高等动物)也具备成为道德顾客的资格,即人们伤害动物的行为之所以是错误的,并不是因为会伤害他人而是因为给动物带来了不必要的痛苦或侵犯了动物的基本权利。根据其是从目的论还是道义论的角度来理解人对动物所负有的义务,动物解放/权利论又区分为以皮特·辛格为代表的"动物解放论"和以汤姆·雷根为代表的"动物权利论"。(3)生物中心主义。以阿尔贝特·施韦泽和保罗·泰勒的"生命平等论"以及古德帕斯特、阿提费尔德(Robin Attfield)为代表。主张人的道德义务范围并不只限于人和动物,人对所有的生命都负有直接的道德义务;所有的生命都具备成为道德顾客的资格。(4)生态中心主义。主张人不仅对生命负有义务,对那些由生物和无生物构成的生态系统也负有直接的道德义务,生态系统也具备成为道德顾客的资格。西方环境伦理学大致是从三个角度来理解人对生态系统的义务的。以阿尔多·利奥波德为代表的"大地伦理学",把生态系统理解为一个共同体,把人视为这个共同体的成员;人对其所属的共同体负有直接的道德义务,因而人对生态系统负有直接的道德义务。以阿伦·奈斯、德韦尔和塞欣斯为代表的"深层生态学"认为,人的存在与整个自然环境是密不可分的,生态系统也是人的"大我"的一部分;人是由"大我"和"小我"(生物学意义上的自我)组成的整体。如果"小我"具有内在价值,那么"大我"也具有内在价值;人有义务关心"小我",也有义务关心"大我";环境的稳定是人的自我实现的一个必要组成部分。以霍尔姆斯·罗尔斯顿为代表的"自然价值论",则从传统的价值论出发,认为自然生态系统拥有内在价值,这种内在价值是客观的,不能还原为人的主观偏好;人负有保护和促进具有内在价值的存在物的义务,因而人也有义务维护和促进具有内在价值的生态系统的完整和稳定。①

有学者从总体的角度把环境伦理学划分为浅层生态学和深层生态学。因为众多学者都认同道家哲学与深层生态学的契合和一致,所以,在此简要介绍一些深层生态学的相关理论。深生态学的理论由于广泛涉及其他各种理论和精神资源,因此具有综合性的显著特征。② 深层生态学的最高准则是"自我实现"(Self realization)和"生物中心的平等"(Biocentric Equality)。③ "生物中心的平等"和"自我实现"辩证统一于认识"自我"的发展过程中。随着对"自我"范畴认识的扩展和深化,"自我"不再仅仅局限于生理和心理上的"我",也不再局限于人类本身,而是和自然万物融为一体,这是一种"生态自我",是人类最终的"自我实现"。在这样一个万物一体的境界中,万物平等,人和自然万物没有高低贵贱之分,从而实现了"生物中心的平等"。而这种"人与天一"的"道"境也正是庄子所追求的。奈斯曾经提出过深层生态学的八项主张,也被称为深层生态学的基本纲领:(1)地球上任何人类或非人类的其他生物的繁荣都有其内在价值,非人类生物的价值不取决于其对短浅的人类目的的有用性;(2)生物形式的丰富性和多样性就是他们自身的价值,并将促进地球上的人类和非人类的繁荣;(3)除了满足最基本的需求外,人类没有权利减少这种丰富

---

① 参见何怀宏主编:《生态伦理——精神资源与哲学基础》,河北大学出版社2002年版,第307—308页。
② 鉴于深层生态学的这种综合性,本书在引用西方环境伦理学家或生态学家的观点解读庄子哲学时就不会仅仅局限于深层生态学家的观点。
③ 参见李培超:《伦理拓展主义的颠覆——西方环境伦理思潮研究》,湖南师范大学出版社2004年版,第147页。

论

性和多样性;(4)目前人类已过多干涉了非人类世界,而这种情况还在快速加剧;(5)人类和人类文明的繁荣与人口的大幅度减少并不矛盾,非人类生物的繁荣也需要数量上的减少;(6)生活条件的极大改善要求应对策略上的相应改变,这些也会影响到经济、技术和意识形态的结构;(7)意识形态结构的改变主要是指重视生活质量(在条件本身的固有价值),而不是指保持高的生活水平,也就是说对于大与巨大之间的区别将会有很丰富的认识;(8)赞成以上几点的人有义务直接或间接地参与作出必要变化的尝试。①

也有学者从更为广泛的层面上,认为西方环境伦理学从理论上基本可以归为三类:人类中心主义、非人类中心主义和可持续发展伦理观。其中,人类中心主义包括强人类中心主义与弱人类中心主义(如浅层生态学);非人类中心主义包括动物解放论(P. Singer)、动物权利论(T. Reagan)、生物中心论(A. Chweitzer, P. Tayler)、大地伦理学(A. Leopold)、深层生态学(A. Naess)以及更为激进的穆瑞·布奇(M. Bookchin)的社会生态学与生物区域论(J. Dodge)等;可持续发展伦理观往往被生态中心主义者批评为"人类中心主义",或被人类中心主义者引为同道,不过,它也的确显示出对人类中心主义和生态中心主义有所"扬弃"的特征。人类中心主义与非人类中心主义主要表现为对"人与自然之间伦理关系"认知的对立,非人类中心主义与可持续发展伦理观主要表现为对"受人与自然关系影响的人与人之间伦理关系"认知的区别。来自传统基督教的环境伦理观的启示,主要作用于传统人类中心主义,并在现代环境伦理学中主要起着负面的警示性作用;来

---

① 参见王耘:《复杂性生态哲学》,社会科学文献出版社 2008 年版,第 27—28 页。

自东方文化(儒、释、道)的环境伦理观的启示,主要作用于生态中心主义与可持续发展伦理观,并在现代环境伦理学中主要起着正面的积极意义的作用。不过,由于生态中心主义只强调人与自然的矛盾而忽视了人与人的矛盾,只注意了发达国家的利益而忽视发展中国家的利益,所以,无论从理论上还是实践上,在发达国家极具影响力的"生态中心主义"在发展中国家却未得到普遍认可。鉴于西方生态中心主义理论与实践的局限性,产生了可持续发展伦理观,它对生态中心主义与现代人类中心主义都有所扬弃,这是一种理论上更为完善、理论与实践具有内在一致性的伦理体系。它认为,影响当代环境问题的是人与自然、人与人两类地位同等的矛盾;这两类矛盾的解决应立足于可持续发展理论;环境破坏的深层原因是代内人类贫富对立所显示的不公正、不平等、不正义,并强调反贫困的优先重要性以及发达国家和地区在解决环境问题方面应承担历史责任和现实义务。在人的行为层面,主张用"理性生态经济人"取代传统市场经济理论塑造的"理性经济人",这"理性生态经济人"除具备职业与生活所需的知识外,还需具有与其相关的生态环境知识和环境伦理素养。其思想观念和行为规范包括:人地和谐的自然观;生态安全原则;综合效益原则;公平与正义原则;共赢竞争方式;整体主义方法论。[①] 余谋昌也主张,"走可持续发展道路是人类走向未来的绿色道路。在实施可持续发展战略的过程中,人类必须遵循可持续原则、和谐原则和公正原则"[②]。

[①] 参见徐嵩龄:《论现代环境伦理观的恰当性——从"生态中心主义"到"可持续发展"到"制度转型期"》,《清华大学学报》(哲学社会科学版)2001 年第 2 期。

[②] 余谋昌:《可持续发展与哲学范式的转换》,杨通进编:《现代文明的生态转向》,重庆出版社 2007 年版,第 96 页。

2. 国外庄学研究现状

对国外庄学研究状况的了解主要通过一些间接文献资料获得。

从刘韶军的《日本现代老子研究》(2006)及网上查到的有限资料看,日本学者对道家思想的研究相对较多,但由于我国学术界在研究老庄思想时文化上的自我优越感,以及一些外在条件的限制,导致我们对日本学界关于老庄的研究所知甚少,反而是日本对我国学者的研究更为关注和熟悉。日本学者中研究老庄哲学的主要有小柳司气太(1870—1940)和日本战前研究老庄哲学影响最大的武内义雄(1886—1966)、津田左右吉(1873—1961)等。20世纪50年代以后,研究老庄哲学的杰出代表是木村英一(1906—1981)、赤塚忠(1913—)、池田知久(1942—)等。总体上,日本学者的研究特点主要是"重实证,重史料"、"根据史料的分析论断,有时虽然不免一些臆测,但总体来说都是用史料说话,而不是随意地根据自己的想法而发议论",而且"在搜集资料上达到了尽量没有遗漏的地步,在论述自己的观点时,对于其他学者的已有成果,非常尊重,一般不做重复性的研究,除非自己在同一个问题上确有自己独到的研究,才肯写成论文和著作。"①因此,一个日本学者一生中不可能出版很多学术专著,也使得其研究老庄思想的著作相对较少。但是,日本学者重实证、重创新的严谨务实的学风是值得借鉴的。

美国是当今世界上最大的"中国学"(也称"中国研究"或"汉学")研究基地之一,很多问题的探讨处于世界"中国学"的前沿,但是可查到的国内出版物很少。目前掌握的资料主要有《海外中

---

① 刘韶军:《日本现代老子研究》,福建人民出版社2006年版,第608页。

国研究丛书》系列,其中关于庄子的研究成果只介绍了美籍学者爱莲心的《向往心灵转化的庄子》,此书被称为国际汉学界研究庄学的力作,被前牛津大学教授马克·艾文(Mark Elvin)誉为"卓越的成就"。爱莲心是被公认的英语世界中庄学研究最高产的学者之一,在其书中,认为"英语世界中的庄子研究已在质量和数量方面达到了可喜的水准"[①]。就查到的资料以及爱莲心在其著作中的参考文献来看,美国关于庄子研究的成果涉及庄子的方方面面。比如,华滋生(Watson)、冯友兰、陈汉生、陈荣捷等翻译过《庄子》文本;康·路易(Kam Louie)、葛瑞汉等探讨过《庄子》文本及其作者问题;关于庄子到底是不是一个相对主义者的问题,葛瑞汉、冯友兰都认为庄子是相对主义者,而爱莲心对此问题则做了不同的分析。关于庄子的思想研究也很丰富,如吴光明的《尼采和庄子之梦》《庄子:逍遥的世界哲学家》(被称为爱莲心的著作《向往心灵转化的庄子》的姐妹篇)、顾立雅的《什么是道家?》、葛瑞汉的《道家的本能和"是"与"应该"的二分》、安东尼奥曹《忘德:对庄子一个主题的反思》、陈汉生《中国古代的语言和逻辑》等。关于庄子和神话的研究主要有:Eliade 的《早期道家的神话和意义》、David C. Yu 的《古代道教中的创世及其象征》、阿瑟·韦利的《古代中国思想中的三教》、米奇萨布罗·穆里的《庄子和佛教》、爱莲心的《从道家看禅宗:一个文化间解释学的尝试》等等。此外,德国现代哲学家海德格尔也多涉猎老庄道家思想。

　　国际性的庄学研讨会已召开三次。首届国际庄子学术研讨会于 1989 年 10 月在安徽蒙城县召开,来自全国各地及联邦德国、丹

---

① ［美］爱莲心:《向往心灵转化的庄子》,江苏人民出版社 2004 年版,《序》第 1 页。

麦的100多位学者与会。1997年5月在蒙城又召开了第二届国际庄子学术研讨会。两次会议均出版了论文集。2000年11月第三届庄子国际学术研讨会在北京召开,来自国内和亚欧等国的100多位庄学知名专家、学者与会。共收到100多篇论文,分别从历史学、哲学、文学等方面对庄子思想的渊源、哲学学说的当代意义进行了广泛深入的研究和探讨,对庄子博大精深的思想蕴涵做了全面深入的探讨与交流,并从全球化的角度对庄子做了全新的理解和阐述。此外,2008年4月,"全真道与老庄学国际学术研讨会"在华中师范大学召开,此次会议引起了海内外学术界、道教界的高度关注,出席会议的正式代表120余人,提交的90多篇论文,主要从全真道人物与历史发展研究、老庄研究、全真道与老庄学研究三大主题进行探讨。[①] 2008年11月在华东师范大学召开了第一届"庄子国际学术研讨会",来自两岸及海外的近百名专家学者参加了会议,并出版了《庄子国际学术研讨会会议论文集》。从总体上看,国外庄学研究内容广泛,成果也较丰富。

3. 国外生态语境下庄学研究现状

众多国外科学家、生态伦理学家对老庄思想的"生态学"特征做了一定程度的探讨和研究。当代著名人文主义物理学家F.卡普拉(F. Capra)说:"在伟大的诸传统中,据我看,道家提供了最深刻并且最完善的生态智慧。"[②]此外,日本诺贝尔物理学奖获得者汤川秀树、量子力学创始人玻尔(N. Borl)、耗散结构理论创立者普里高津(I. Prigogine)和协同学创立者哈肯(H. Haken)等,在自

---

① 参见肖海燕:《全真道与老庄学国际学术研讨会综述》,《华中师范大学学报》(人文社会科学版)2008年第4期。

② 转引自董光壁:《当代新道家》,华夏出版社1991年版,第63页。

己的研究工作中都不同程度地意识到了道家思想的重要价值。一些生态学家如前面提到的罗尔斯顿、西尔万、贝内特、科利考特等都对老庄的生态智慧给予了很高的评价。

就目前查到的中文和英文资料(主要是文献资料)看,国外对老庄思想与生态问题的具体研究最早可追溯到 20 世纪 70 年代,如 1972 年,史密斯·休斯顿发表《现代之道:生态之约》,指出道家道教"看待、思考自然事物的方式可以衍生出一种简单和柔顺的生态伦理精神"①。目前比较全面地介绍道家、道教与生态(伦理)思想②的最重要著作是 N. J. Girardot、James Miller 和 Liu Xiaogan(吉瑞德、苗建时、刘笑敢)编、陈霞等译的《道教与生态》(凤凰出版传媒集团 2008 年),此书是在 1998 年 6 月哈佛大学世界宗教研究中心举行的"道教与生态"会议的基础上完成的,书中论文主要来自会议论文,也增加了一些新的文章和翻译稿。全书收录了美国、欧洲、加拿大、中国、新加坡、新西兰等国学者的文章 20 多篇,对道学、道教能否有助于生态学、在哪些方面能促进和影响环境伦理学提出了见仁见智的观点。从书中收录的论文及其注释、参考文献以及书后的作者简介来看,这些学者在研究道家、道教的思想中也或多或少涉及了庄子思想以及庄子思想的生态学价

---

① 转引自蒋朝君:《道教生态伦理思想研究》,东方出版社 2006 年版,第 30—31 页。

② 道教出自中国,但近现代意义上的道教学术研究却首先在国外发展起来。若从 20 世纪初涉足道教的法国汉学大师沙畹(Edouard Chavannes, 1865—1918)算起,外国的道教研究已有近百年的历史。自 70 年代后期开始,国际学术界出现了道教研究热潮,形成了法国、日本和美国三个道教研究中心,法籍学者索安著、吕鹏志等译的《西方道教研究编年史——世界汉学论丛》(2002)一书,介绍了《道藏》中的老庄精神、道教史、资料、道教世界、中国文化中的道教、道教和佛教等内容。

值。从中也可以大略窥见国外对道家、道教生态意义的研究状况。其中涉及的道教(学)与生态的论文主要有:布尔德威斯托的《道家思想中的生态学问题:当代问题与古代文本》,文中批评性地提出早期经典隐含生态主题的假定很成问题,并从女性主义的角度进一步提出了新的问题;韩涛的《简论道教野地观念》列出了中国传统理解"自然"和"荒野"的历史和文化脉络;郝大维的《从指涉到顺延:道家与自然》和安乐哲的《地方性与焦点性在实现道家世界中的作用》对《老子》和《庄子》思想进行了后现代解读;柯克兰的《对自然界的"负责的无为":基于〈内业〉、〈庄子〉和〈道德经〉的分析》和拉菲尔丝的《综合智慧或负责的无为:对〈庄子〉、〈道德经〉和〈内业〉的进一步反省》围绕"无为"在古代和当代的意义进行了争论;刘笑敢的《无为与当今环境:老子哲学的概念与应用研究》对老子思想与生态环境问题进行了有益的探讨。此外,作者们在对道教寄予希望的同时,也表达了忧虑和疑问。例如,如果道教有着特殊的生态智慧的话,怎样理解中国历史上常有的对环境的破坏? 道教故乡的生态不容乐观,道教怎样才能对今天的环境做出更大的贡献? 此书的出版标志着现代道教研究迈上了一个新的台阶,学者间的合作和学术研究的现实性大大增强。

总体看来,国外对中国古代生态伦理文明(包括道家)的研究尚缺乏系统性和全面性,还需进一步深入研究。笔者认为,国外庄子哲学的研究反而不如现代西方生态科学和生态哲学的研究成果对本研究更有启发。

(三)目前生态语境下庄学研究的总体评价

综上所述可以看出,虽然人们对庄子生态智慧的理解见仁见智、有深有浅,但对庄子思想与深层生态学的契合是有共识的。不过,无论是生态哲学研究、庄子哲学研究还是生态语境下的庄子哲学研究,都缺乏一种对庄子哲学在生态语境下的全面探讨。

一是研究庄子哲学的专著更多是从哲学意蕴上阐释庄子思想,只是在字里行间渗透一些关于庄子思想的生态学意义;20世纪90年代以后对庄子的多元化研究虽然不同程度地涉及其生态学思想,但基本上还是侧重于对庄子文本或思想本身的研究,如本体论、认识论、方法论、人生论等的现代解读,只安排某一章节来论述庄子思想的生态学意义。

二是在研究庄子思想的生态学意义的论著中,存在着三个方面的不足:其一,简单比附庄子哲学和生态哲学的倾向。只看到庄子生态智慧与现代生态学的相通或一致,而没有客观分析两者产生的社会、科技、文化背景的不同,以及由此导致的具体内容、思维理念等方面的差别。其二,对西方文明的生态转向尤其是东方转向盲目乐观,过分夸大庄子哲学的生态学意义,认为中国古老的生态智慧(包括庄子)可以解决现代生态危机以及现代生态哲学面临的理论困境。这种看法既缺乏理论的论证,也缺乏现实的支撑。假如这种观点可以成立,就没有办法解释中国五千年文明史上比比皆是的破坏生态环境的现象,以及中国现代生态保护工作的举步维艰和生态危机的日益恶化。其三,在研究庄子哲学的生态学价值时,缺乏对庄子哲学生态学意义的系统整理,有些著作是从比较专业的角度单纯地研究生态哲学,有些著作虽然涉及传统文化对现代生态学的影响,但只是用一节或者一个大问题来表述庄子思想的生态学意蕴,时常会把庄子思想做肢解性、片段性的处理。与此同时,又缺乏对生态哲学的不同流派(研究生态哲学的著作除外)的清晰而准确的把握,存在着把不同时期、不同流派的个别生态学家和哲学家的某些相关言论简单当做自己的立论根据的倾向。

　　三是专门研究庄子哲学生态学意义的论文以及硕士学位论文比较多,涉及生态美学、生存美学、生态伦理、环境哲学、心理学、政治学以及西方生态哲学和庄子哲学的时代背景的比较等各个方面。主要是挖掘庄子思想中具有生态伦理意蕴的思想来为现代生态伦理的发展提供一种思想资源,或者从比较哲学的角度来探寻庄子哲学和现代生态哲学的相通相异之处,以确定哪些可以供现代人借鉴。由于篇幅的限制,往往只是在某个方面或某个层面来研究,而不能在生态语境下对庄子思想进行系统和完整的表达。张京华在其《评近十余年出版的四部庄子研究博士论文》①一文中认为,刘笑敢的《庄子哲学及其演变》(1988)、陶东风的《从超迈到随俗——庄子与中国美学》(1995)、崔宜明的《生存与智慧——庄子哲学的现代阐释》(1996)和张松辉的《庄子考辨》(1997)是最有影响的。② 其中刘笑敢的《庄子哲学及其演变》和张松辉的《庄子考辨》是对庄子哲学本身的学术性研究,陶东风和崔宜明的著作中也没有系统论及庄子的生态智慧。从查阅到的研究文献看,自1999年至今,涉及庄子生态学思想的博士论文有3篇:西北大学时晓丽的《庄子审美生存思想研究》(2003),侧重于审美方面,并不是从生态学意义上对庄子思想的系统研究;华东师范大学万勇华的《庄子的理想世界》(2007)也部分地涉及庄子的生态智慧,但侧重的是天人关系和理想社会两个方面;西北大学傅粉鸽的《自然与自

---

① 张京华:《评近十余年出版的四部庄子研究博士论文》,《河南科技大学学报》(社会科学版)2003年第9期。

② 参见张京华:《评近十余年出版的四部庄子研究博士论文》,《河南科技大学学报》(社会科学版)2003年第9期。

由——老庄生命哲学研究》（2007），侧重的是老庄的生命本质、生命价值、生命过程和生命境界，也不是生态语境下的庄学研究。

四是在专门研究中国古代生态智慧的专著中涉及的内容一般较为广泛，力求涵盖古代各家各派思想的生态伦理意义及当代价值，有些还涉及中西方环境伦理思想的研究，如蒙培元的《人与自然——中国哲学生态观》（2004）、任俊华等的《环境伦理的文化阐释——中国古代生态智慧探考》（2004）、赵载光的《天人合一的文化智慧——中国传统生态文化与哲学》（2006）、夏显泽的《天人合一与环境问题》（2006）、王茜的《生态文化的审美之维》（2007）、赵安启等主编的《中国古代环境文化概论》（2008）、冉文棠等的《东方智慧的现代魅力》（2008）等。这些论著对中国传统文化的生态意蕴做了有价值、有创见的探讨，但因其研究范围较宽泛，只是用一章来阐述道家（含庄子）思想的生态智慧，相比于专门探讨庄学的生态学意义，就显得缺乏全面性和系统性。

四、研究的价值和方法

（一）理论价值和现实意义

一方面，本书力图在尊重和贴近《庄子》文本的前提下，把生态哲学和庄子哲学的研究结合起来，依据哲学的主体框架对生态哲学语境下的庄子哲学做一整体性的研究，深入挖掘庄子思想中"原生态"的生态智慧。由于专门从《庄子》文本来全面探讨其生态智慧的研究（就目前所搜集的资料来看）尚不多见，所以，在生态语境下对庄子哲学或庄子哲学的生态智慧做一个较为全面的诠释或解读，是一项具有一定开创意义的工作，对生态哲学研究、庄子哲学研究都将具有一定的理论参考价值。此外,本书导论部分对相关背景资料介绍较多,其他章节采取统计归纳方法时所采用的庄子原文也较多,希望会对生态哲学研究、庄子哲学研究有一定的资料参考价值。

另一方面,本书希望通过对庄子生态智慧的挖掘,为当今社会发展提供一些有益的参考和借鉴。因为生态问题实际上就是人与自然的关系问题,研究庄子的生态智慧就会涉及人类社会的经济、政治、文化以及环境等诸多方面的问题,所以,生态语境下的庄学研究对当代社会的发展具有实际意义。

第一,为生态文明的发展提供思想基础。在生态危机日益严重的社会背景下,在对人的所作所为进行深刻反思之后,人们提出了继物质文明、精神文明、政治文明之后的生态文明的概念,确立了建构生态文明的国际共识。生态文明的发展源于解决现实生态危机的需要,但这种危机的实质是现代文明的危机。从人类丰富的传统思想和文化资源中去寻求拯救现代生态危机的思想智慧,无疑是一条捷径,深入挖掘庄子思想中所蕴涵的生态智慧对于生态文明的发展应是一件很有意义的工作。

第二,为物质文明的发展提供文化依据。深入系统地挖掘、梳理庄子生态学思想,继承其朴素的自然伦理观,可以为我们当今的物质文明建设提供文化依据。如对构建社会主义和谐社会(正确处理人与自然、人与人、人与社会、人与自身的关系)、树立科学发展观(以人为本,全面、协调、可持续发展)、实现人的全面发展(自由、充分、全面)等都具有重要的启发和借鉴意义。

第三,为精神文明的发展提供精神资源。在当今中国,经济生活的嬗变对精神生活的震撼和冲击让我们有些始料未及,如何重建适应现今时代发展需要的精神世界是我们不可回避的问题。如果说建构农业文明是满足人们的基本需要、工业文明是满足人们的享受需要,那么建构生态文明则是满足人们发展的需要。人的需要无穷尽,这种无穷尽的需要只能在精神层面得到满足,在物质层面永远不可能得到满足。如果任由人的物欲无限膨胀,被动地等待人们生态意识的自发觉醒,那么对生态环境的破坏就会愈益严重。而庄子思想中表现出的对精神境界的无限崇尚和对物质生活知足知止的态度,正是现代社会所缺乏进而也需极力倡导的,这些与当今时代精神相契合的理论资源,为我们重建精神家园提供了可资借鉴的精神财富。

第四,为政治文明的发展提供理论支持。政治文明是对人的物质和精神权益的一种保障,它产生于人们公正分配社会资源、保障人们合法物质和精神权益的需要。西方一些环境伦理学家认为政治文明也是"生态文明"的保障,"造成生态破坏的根本原因不是哲学和世界观,而是社会方面的问题,是社会制度和社会结构的问题。……是社会关系的不平等或非正义性才导致了人与自然关系的恶化,才塑成了一种试图主宰自然的价值观念。"[1]庄子对当时社会制度的弊端也多有犀利的批判和揭露,认为是当时统治者的好知和贪欲导致了世态、心态和生态的破坏,主张回到上古的无知无欲、人与自然一体的"至德之世",这为我们的政治文明建设提供了一个理论上参考。

(二)研究方法说明

庄子其人(生卒年、故里、生平事迹)和庄子的思想渊源历来

---

① 李培超:《伦理拓展主义的颠覆——西方环境伦理思潮研究》,湖南师范大学出版社 2004 年版,第 162—163 页。

争论颇多;《庄子》一书的篇数、分篇以及内、外、杂篇的作者归属、写作年代也多有争论,且以现有的材料很难确证。这些争论对从局部研究庄学的发展具有重要意义。但是,《庄子》中的主导思想和基本立场却是相对确定的,并构成了庄子哲学内在思想上的整体性特点。此外,《庄子》对中国传统思想的形成和发展的历史影响也是作为一个整体来体现的,这从外在方面也呈现了其整体性的历史品格。所以,本书将把《庄子》作为统一的整体来考察,且为了行文方便将用"庄子"来指称《庄子》所表达的思想。

《庄子》原文所据版本为:陈鼓应的《庄子今注今译》(全三册),中华书局 1983 年版,2007 年北京第 10 次印刷;参考文本为郭庆藩撰、王孝鱼点校的《庄子集释》(全三册),中华书局 1961 年版,2008 年北京第 12 次印刷。《老子》原文所据版本为:陈鼓应的《老子今注今译》,商务印书馆 2003 年版,2008 年北京第 6 次印刷。

黑格尔曾经说过:"在科学里,特别在哲学里,我们必须感谢过去的传统……但这种传统并不仅仅是一个管家婆,只是把她所接受过来的忠实地保存着,然后毫不改变地保持着并传给后代……这种传统并不是一尊不动的石像,而是生命洋溢的,有如一道洪流,离开它的源头愈远,它就膨胀得愈大。"①现代解释学也认为,任何思想一旦以文本的形式出现,其意义就不是谁能够限定的,文本包含着无限的意义空间。诠释学大师伽达默尔曾提出:"历史精神的本质并不在于对过去东西的修复,而是在于与现实

---

① [德]黑格尔著,贺麟、王太庆译:《哲学史讲演录》第 1 卷,商务印书馆 1981 年版,第 8—9 页。

生命的思维性沟通。"①也就是说现代解释学侧重于从今天的具体境遇中理解文本,解读文本的意义在于沟通过去和现在。所以,本书试图采用古代文本和现代问题相结合的方法来发掘庄子思想中对解决现代环境问题有意义的因素。从解读的内容上,主要挖掘庄子思想中的生态智慧,不是研究其整个思想体系;从解读的方式上,主要是针对现代人类面临的生存困境,对庄子的相关思想进行生态学意义上的解读。总之,本书力图既寻求庄子"原生态"的生态学思想,又能够阐释这些思想的现代生态学意义,努力把庄子的智慧融进现代生活,以寻求对我们有启迪、有裨益的思想资源。

鉴于上述,本书主要采取了归纳与演绎、分析与综合、抽象与具体、历史与逻辑相统一的辩证研究方法。如对涉及《庄子》中的"道"、"德"、"自然"、"天"、"命"、"悲"、"逍遥"、"自然"、"真人"等基本概念进行了统计和分类,以便为探讨这些概念的本意及其生态学意义提供全面的文本依据。

---

① 转引自张玮仪:《论庄子出入世的精神——兼评陈鼓应与刘笑敢先生之诠释》,《北京理工大学学报》(社会科学版)2007年第2期。

第一章　道法自然

　　庄子(约前369年—前286年),姓庄名周,战国时期宋国蒙(今河南商丘)人,是中国古代伟大的哲学家、思想家和文学家。在地域文化的传承上,许多学者强调庄子与楚文化的关系。有关庄子的年代、生平、身世,《史记·老庄申韩列传》记载:

　　　　庄子者,蒙人也,名周。周尝为蒙漆园吏,与梁惠王、齐宣王同时。其学无所不窥,然其要本归于老子之言。故其著书十余万言,大抵率寓言也。作《渔父》、《盗跖》、《胠箧》,以诋訾孔子之徒,以明老子之术。《畏累虚》、《亢桑子》之属,皆空语无事实。然善属书离辞,指事类情,用剽剥儒、墨,虽当世宿学不能自解免也。其言洸洋自恣以适己,故自王公大人不能器之。楚威王闻庄周贤,使使厚币迎之,许以为相。庄周笑谓楚使者曰:“千金,重利;卿相,尊位也。子独不见郊祭之牺牛乎? 养食之数岁,衣以文绣,以入太庙。当是之时,虽欲为孤豚,岂可得乎? 子亟去,无污我! 我宁游戏污渎之中自快,无为有国者所羁。终身不仕,以快吾志焉。”(《史记》卷六十三》)

除了《史记》中的记载,我们还可以从《庄子》一书中记述的庄子活动对庄子有所了解。大致情况是:庄子是宋国蒙人,当过管理漆树园的小吏。也有人说漆园是一个地方,庄子做过这个地方的一个小官吏。庄子与梁惠王、齐宣王生活在同一时期,他学识广博,文辞华异,多为寓言式文章,对儒墨以及其他宿学之士都加以诋訾批评。庄周家贫,曾靠借米度日,常常穿着打补丁的衣服,用麻绳拴住脚上的破鞋,被讥讽为"处穷闾阨巷,困窘织屦,槁项黄馘"(《列御寇》),即住在穷街陋巷,困窘地靠编织草鞋为生,饿得细脖黄脸。但是,即使在这样贫困的境况下,庄子也不肯做官,据《史记》记载,楚威王曾派人以厚利尊位相迎,而庄子不为所动,宁愿在污水中嬉戏。在《庄子·秋水》篇中也有类似的记载。

庄周一生著述颇丰,《庄子》一书共有 33 篇,分内篇、外篇、杂篇三个部分。一般认为"内篇"的 7 篇文字肯定是庄子所作,"外篇"15 篇是庄子的弟子所写,或说是庄子与其弟子合写,反映的是庄子真实思想;"杂篇"11 篇是庄子学派或者后来的学者所写,有些被认为不是庄学的思想,如《盗跖》、《说剑》等。总的看来,全书思想大体上是一致的。

《庄子》一书被誉为"百家之冠"(晋·郭象《庄子序》)①,历来是文人学者的研究热点和重点,研究庄子的著作卷帙浩繁,真知灼见俯拾皆是,很难有所突破,一落笔即堕入古人和他人的"圈套"。本书尝试以《庄子》文本为依据,对庄子哲学思想做一生态语境下的探讨,以此表述自己对这些哲学问题及其现实意义的一些思考。

---

① (清)郭庆藩撰,王孝鱼点校:《庄子集释》(上),中华书局 1961 年版,《庄子序》,第 3 页。

一、"道"与"德"：庄子生态智慧的本体论基础

（一）庄子之道

1."道"的多重含义

"道"是中国哲学中一个非常重要的概念，由此形成了起源于老庄的道家学派，金岳霖认为："每一文化区有它的中坚思想，每一中坚思想有它的最崇高的概念，最基本的原动力……中国思想中最崇高的概念似乎是道。……各家所欲言而不能尽的道，国人对之油然而生景仰之心的道，万事万物之所不得不由，不得不依，不得不归的道，才是中国思想中最崇高的概念，最基本的原动力。"①

"道"的概念在老子之前就已经存在，《尚书·说命中》讲"明王奉若天道"②，即奉天行道的君王谓之"明王"。郑国子产说："天道远，人道迩，非所及也。"（《左传·昭公十八年》）③意即天道和人道是不相干的，天人是分离的。齐国晏婴也说："天道不謟，不贰其命。"（《左传·昭公二十六年》）④孔子也曾说："天下有道，则礼乐征伐，自天子出；天下无道，则礼乐征伐，自诸侯出"（《论语·季氏》）。⑤ 子贡感叹孔子罕言天道，曰："夫子之文章，可得

---

① 金岳霖：《论道》绪论，商务印书馆1987年版，第16页。
② 江灏、钱宗武：《尚书全译》，贵州人民出版社1990年版，第179页。
③ 杨伯峻：《春秋左传注》（全4册），中华书局1981年版，第1395页。
④ 杨伯峻：《春秋左传注》（全4册），中华书局1981年版，第1479页。
⑤ 杨伯峻：《论语译注》，中华书局2006年版，第196页。

而闻也;夫子之言性与天道,不可得而闻也。"(《论语·公冶长》)①不过,以上所说的"道"大都是指自然或社会的秩序或原则,并不具有世界本源的意义。

把"道"作为哲学、伦理学的最高范畴始于老子,"道"是老子哲学的核心概念,这一概念的提出是中华民族理论思维水平达到一个新高度的标志。但在《道德经》的不同的章节中,老子的"道"的意义也多有不同,"有些地方,'道'是指形而上的实存者;有些地方,'道'是指一种规律;有些地方,'道'是指人生的一种准则、指标或典范"②。"道"也是庄子哲学中最基本、最重要的哲学概念,是庄子哲学的基础,也是庄子生态智慧的本体论基础。

"道"本体论和西方本体论不同,它不是现象和本质的关系,而是一种生成关系;本体不是实体,只是根本、本原。庄子的"道"既不同于宗教中的人格神和黑格尔的"绝对理念",也不同于儒家具有政治伦理意义的道。和老子的道相比,首先,内涵上也有很大不同。陈鼓应认为:"老子的道,本体论与宇宙论的意味较重,而庄子则将它转化为心灵的境界。其次,老子特别强调道的'反'的规律以及道的无为、不争、柔弱、处后、谦下等特性,庄子则全然扬弃这些概念而求精神境界的超升。"③

在《庄子》书中,"道"字出现365次,在不同的场合具有不同的含义,但总体上是从"道路"的意思转化而来。

作为"道路"讲的"道",有"道行之而成,物谓之而然"(《庄子·齐物论》,下引《庄子》只注篇名)、"周昨来,有中道而呼者"

① 杨伯峻:《论语译注》,中华书局2006年版,第52页。
② 陈鼓应:《老庄新论》,商务印书馆2008年版,第139页。
③ 陈鼓应:《老庄新论》,商务印书馆2008年版,第376页。

（《外物》）等。

作为"言说"的"道"，有"凡事若小若大，寡不道以欢成"（《人间世》）、"《诗》以道志，《书》以道事"（《天下》）等。

作为"引导"含义的"道"，有"其谏我也似子，其道我也似父"（《田子方》）等。

作为"道理"的"道"又有具体和抽象之分，具体的有"蹈水有道乎"（《达生》）等；抽象的有"道，理也。……道无不理"（《缮性》）、"知道者必达于理"（《秋水》）、"学道不倦"（《应帝王》）、"道隐于小成"（《齐物论》）等。

作为事物"固有本性"或规律的"道"，是指存在于万物之中的自然法则，如"无为而尊者，天道也"（《在宥》）、"从水之道而不为私"（《达生》）等。

作为社会规范的"道"，有"有为而累者，人道也"（《在宥》）、"天下有道，圣人成焉；天下无道，圣人生焉"（《人间世》）、"是非之彰也，道之所以亏也"（《齐物论》）等。

作为"方法和手段"的"道"，有"内圣外王之道"、"养生之道"、"盗亦有道"、"臣之所好者道也，进乎技矣"（《养生主》）等。

作为本体论和宇宙论意义上的"道"，有道"自本自根，未有天地，自古以固存；神鬼神帝，生天生地"（《大宗师》）、"道通为一"（《齐物论》）等，道是世界的本源，它体现在世间万物中，是一种使世间万物得以产生、存在、发展，最终又回归于其自身的永恒的东西，这是"道"最重要的含义。

庄子的"道"有时也指人的精神和道德的最高境界，这是庄子所追求的精神的逍遥和解脱的自由境界，如"古之真人……登高不栗，入水不濡，入火不热。是知之能登假于道者也若此"（《大宗师》）、"苟得于道，无自而不可"（《天运》）。子祀、子舆、子来、子犁等人就是得道之人,他们的相视而笑、莫逆于心以及"彷徨乎尘垢之外,逍遥乎无为之业",则达到了得道之境。庄子反复强调和终身追求的即是"闻道"、"学道"、"守道"以及"执道"、"体道"、"乘道"、"得道"的逍遥之境,给人的精神和生命寻求最终的诗意地栖居、最终地安顿。这是庄子道论的最终追求和基本精神。

总之,庄子的"道"具有多重含义,作为道路、言说和引导意义上的"道"不是哲学研究的对象,本书主要把作为"道理"、"本原"和"根据"、"精神境界"的"道"作为研究对象。

2. 本体之"道"及其特性

在庄子哲学中,庄子在某种程度上对"道"做了带有神秘色彩和夸张成分的渲染,如道的"无为无形"、"不可闻"、"不可受"、"不可见"、"不可言"等,但从本体论的意义上看,视"道"为宇宙生成的起源和存在发展的根据还是比较确定的。

关于"道",庄子在《大宗师》里有一段比较集中的话,也是公认的对道比较完整的表述:

> 夫道,有情有信,无为无形,可传而不可受,可得而不可见;自本自根,未有天地,自古以固存;神鬼神帝,生天生地;在太极之上而不为高,在六极之下而不为深,先天地生而不为久,长于上古而不为老。狶韦氏得之,以挈天地;伏戏(羲)氏得之,以袭气母;维斗得之,终古不忒;日月得之,终古不息;堪坏得之,以袭昆仑;冯夷得之,以游大川;肩吾得之,以处大山;黄帝得之,以登云天;颛顼得之,以处玄宫;禺强得之,立乎北极;西王母得之,坐乎少广,莫知其始,莫知其终;彭祖得之,上及有虞,下及五伯;傅说得之,以相武丁,奄有天下,乘东维,骑箕尾,而比于列星。

道自为本根,并且产生天地万物甚至鬼神,是宇宙生成的起源。

《知北游》也指出:"天不得不高,地不得不广,日月不得不行,万物不得不昌,此其道与!""形非道不生"(《天地》)、"精神生于道"(《知北游》),是说"道"不是天地万物本身,也不是其高、广、行、昌等特征,而是世间万物所以如此的根据。

根据这些材料,可以概括出"道"的以下性质:

(1)本根性。作为本源,道是一种最初的、独立的、根本的存在,是一切的原因,而不是任何一个事物的结果,这一点是绝对的、无条件的,是其成为本源的最基本性质。庄子《大宗师》中所描述的"自本自根,未有天地,自古以固存;神鬼神帝,生天生地",即是对"道"的这种本根性的一种界定。道无始无终、永久存在,在时间和逻辑上都在宇宙万物之先,天地万物都依赖于它而产生、发展和变化。道是创生宇宙万物的根源,"道者,万物之所由也,庶物失之者死,得之者生"(《渔父》),"道,覆载万物者也"(《天地》),"道无终始,物有死生"(《秋水》)。在道的作用下,万物的形成过程是:"泰初有无,无有无名;一之所起,有一而未形。物得以生,谓之德;未形者有分,且然无间,谓之命;留动而生物,物成生理,谓之形;形体保神,各有仪则,谓之性。"(《天地》)其中,"德"是对道的获取,"命"是道对事物的必然性规定,"形"是道在事物中的外在表现,"性"是道在事物中的内在呈现。也就是说,道创造了万物并形成了万物的"德、命、形、性"等内在和外在的规定性。

老子认为,道的运行过程化生了世间万物,"道生一,一生二,二生三,三生万物"(《老子》第 42 章)①。庄子认为,宇宙的本源是道,由道而生气,进而产生天地万物:"察其始而本无生,非徒无生也而本无形,非徒无形也而本无气。杂乎芒芴之间,变而有气,

---

① 陈鼓应:《老子今注今译》,商务印书馆 2003 年版,第 233 页。

气变而有形,形变而有生,今又变而之死,是相与为春秋冬夏四时行也。"(《至乐》)庄子进一步指出,"道"创造的宇宙万物有其内在的秩序、规律和演化趋势。《天道》篇曰:

> 夫尊卑先后,天地之行也,故圣人取象焉。天尊地卑,神明之位也;春夏先,秋冬后,四时之序也。万物化作,萌区有状,盛衰之杀,变化之流也。夫天地至神,而有尊卑先后之序,而况人道乎!宗庙尚亲,朝廷尚尊,乡党尚齿,行事尚贤,大道之序也。语道而非其序者,非其道也。……天地固有常矣,日月固有明矣,星辰固有列矣,禽兽固有群矣,树木固有立矣。夫子亦放德而行,循道而趋,已至矣。(《天道》)

即如果谈论大道却不谈大道的秩序,那并不是道。天地日月星辰等无生物、禽兽等动物、树木等生物都有自己固有的秩序,世界万物是一个相互依赖和相互作用的有机统一体。

(2)整体性。老子认为,"天之道,其犹张弓与? 高者抑之,下者举之;有余者损之,不足者补之。"(《老子》第 77 章)[1]道的世界是一个和谐的而不是分裂的、互补的、竞争的整体。"道"作为一个整体,无所不是,无所不在,万物皆备,正如庄子所言:"夫道,于大不终,于小不遗"(《天道》),"通于天地者德也,行于万物者道也"(《天地》),"万物殊理,道不私……道者为之公"(《则阳》),"物物者与物无际"(《知北游》),"吾知道之可以贵,可以贱,可以约,可以散,此吾所以知道之数也"(同上)。这些话都是在说明道在具体事物中的无私而周遍。庄子批评东郭子"问道"没有接触到道的本质,指出"汝唯莫必,无乎逃物。至道若是,大言亦然。周遍咸三者,异名同实,其指一也"(同上)。就像"周"、"遍"、

---

[1] 陈鼓应:《老子今注今译》,商务印书馆 2003 年版,第 336 页。

第一章 道法自然

67

"咸"三个概念虽名称相异而实际相同一样,"蝼蚁"、"稊稗"、"瓦甓"、"屎溺"虽然每况愈下但都体现着"道",并不因为它们的"下"而对"道"有所减损。也就是说,道生成万物以后,就内存于万物,有物就有道,万物的综合就是道,道是周全的、普遍的、完全的,是一个无所损益的整体,正所谓"道通为一。其分也,成也;其成也,毁也。凡物无成与毁,复通为一"(《齐物论》)。这种无所不在的道使得万物有了统一的根源,在道的统摄下万物之间(包括人在内)形成了一种内在联系,人与万物为一,此即世界的整体性。

(3)同质性。按照庄子对道的描述,道并不是实体性的存在。据《大宗师》载,道"在太极之先而不为高,在六极之下而不为深,先天地生而不为久,长于上古而不为老",这说明道没有时空的界限,没有上下、先后、深浅、内外之别,而是"未始有封"(《齐物论》)、"无终始"(《秋水》)的存在。所以,道是没有差别的同质的存在,是绝对的同一,此种同质性的存在即"混沌"或"混芒"。这种道的同质性或万物同源性是庄子生态智慧的本体论基础。

(4)超越性。道"可传而不可受,可得而不可见"(《大宗师》),是说道可以心传而不可口授,可以体悟而不可以看见。道既可知又不可知。庄子之道无论是作为世界的本源还是一种至高无上的自由精神境界,都具有超越性,即超越了人类的感觉经验。道超越了时空的界限,不仅人的感官无法感知,而且人的理性更无法认识,"道不可闻,闻而非也;道不可见,见而非也;道不可言,言而非也。知形形之不形乎!道不当名"(《知北游》)、"大道不称"、"道昭而不道"(《齐物论》)。也就是说,如果给道一个确切的规定,它就不是道了。所以《大宗师》里对道比较集中的论述更像是描述,而不是规定。《知北游》说:"无思无虑始知道,无处无服始安道,无从无道始得道。"但庄子也不是不可知论者,他认为在天地万物之中的道是可以通过"坐忘"、"心斋"等方法去体悟的,此种"体"或"悟"即"通道之知",而不是世俗的经验之"知",由此达到绝对自由的精神境界。

(5)自然性。自然性是道最重要的特性,老子和庄子都曾反复提到这一概念。"自然"是一个古老的概念,作为一个词语首见于《老子》。在英语中,"自然"也是一个意义非常丰富的单词,而且由于其意义重大,所以通常都会大写。老子和庄子都认为,"自然"即道之本性,它是自然界、人性的本质或本真之性。所谓"自然"就是不借助于任何外力的"自然而然",因此也可称之为自然性,或无为性,这是道的基本存在方式。①

在《老子》中,"自然"一词共出现5次:"功成事遂,百姓皆谓:'我自然'。"(《老子》第17章)②功业成就了,事情办好了,百姓都说这是顺乎自然的结果。"希言自然。故飘风不终朝,骤雨不终日。孰为此者?天地。天地尚不能久,而况于人乎?"(《老子》第23章)③即少言寡语,顺其自然。狂风刮不了整个早晨,暴雨下不了一个整天,谁让它们这么短暂呢?是天地。天地尚且不能长

---

① 曹孟勤认为,以往的生态伦理学研究中存在着一个最为根本的不足,即"没有将自然与自然界区别开来,误把人与自然的融合统一等同于人与自然界的融合统一。实际上,自然界属于物质世界,属于自然存在物的集合;自然则是自然界的本质或本性,二者是两个性质完全不同的概念。人性只能是与自然或自然界的本质一致,而不能直接与自然界一致"。(曹孟勤:《人性与自然:生态伦理哲学的基础反思》,南京师范大学出版社2006年版,第16页。)在这个意义上,老庄所说的道的本性是"自然性",而非"自然界"。不过,庄子的"人与天一"思想既包含了人与自然而然的本性合一,也包括了人与自然界的合一。(参见本书第三章)

② 陈鼓应:《老子今注今译》,商务印书馆2003年版,第141页。

③ 陈鼓应:《老子今注今译》,商务印书馆2003年版,第164页。

久不衰,何况人呢?"人法地,地法天,天法道,道法自然。"(《老子》第 25 章)①关于"道法自然",河上公曰:"'道'性自然,无所法也。"②即人取法于地,地取法于天,天取法于大道,大道取法于自然或纯任自然。这里的"自然"显然和"天"不是同一层次的范畴,"天"指的是自然界,而"自然"应该是"自然而然"。"道之尊,德之贵,夫莫之命而常自然。"(《老子》第 51 章)③大道受到尊敬,德行受到推崇,这并没有谁下命令,可万物总是自然而然地这样去做。"是以圣人无为故无败……以辅万物之自然而不敢为"(《老子》第 64 章)④,即圣人无所作为,所以不会失败,以此静待万物趋于自然,而不敢有所举措。总之,《老子》中的"自然"更多地是指"自然而然"而不是"自然界"。自然界是"自然"的外在呈现,"自然"(或"道")是自然界存在的依据。

在《庄子》中,有 8 处涉及"自然"一词,"吾所谓无情者,言人之不以好恶内伤其身,常因自然而不益生也"(《德充符》)。"汝游心于淡,合气于漠,顺物自然而无容私焉,而天下治矣"(《应帝王》)。郭象注曰:"任性自然,公也;心欲益之,私也;容私果不足以生生,而顺公乃全也"⑤,说明道是自然而然的,没有意志、没有目的,消除人为而一任自然,道之运行,来不可挡,去不可追,在这个意义上也可以说道是不可抗拒的。"吾又奏之以无怠之声,调之以自然之命"(《天运》),即我又用无所松懈的乐声来演奏,以自

---

① 陈鼓应:《老子今注今译》,商务印书馆 2003 年版,第 169 页。
② 陈鼓应:《老子今注今译》,商务印书馆 2003 年版,第 173 页。
③ 陈鼓应:《老子今注今译》,商务印书馆 2003 年版,第 260 页。
④ 陈鼓应:《老子今注今译》,商务印书馆 2003 年版,第 301 页。
⑤ (清)郭庆藩撰,王孝鱼点校:《庄子集释》(上),中华书局 1961 年版,第 295 页。

己如此的固定规律来调和。"夫至乐者,先应之以人事,顺之以天理,行之以五德,应之以自然"(《天运》),"当是时也,莫之为而常自然"(《缮性》)。"知尧桀之自然而相非,则趣操睹矣"(《秋水》),即知道了尧和桀的自以为是而相互菲薄,就可以看出万物的取向和操守了,这里的"自然"是自以为是的意思。"夫水之于汋也,无为而才自然矣"(《田子方》),水激涌而出,不借助于人力方才自然。"真者,所以受于天也,自然不可易也"(《渔父》),是说真性受禀于自然,是自己如此而不可改变的。除"知尧桀之自然而相非,则趣操睹矣"(《秋水》)中的"自然"是指"自以为是"以外,《庄子》的"自然"和《老子》的一样,指的也是"自然而然",而不是"自然界"。①

　　此外,庄子还用其他方式表述了道的自然而然特性。如"天不得不高,地不得不广,日月不得不行,万物不得不昌,此其道欤!"(《知北游》)道"无为无形"(《大宗师》)、"已而不知其然"(《齐物论》)、"蓄万物而不为义,泽及万世而不为仁,长于上古而不为老,覆载天地刻雕众形而不为巧"(《大宗师》)。道表现在万物之中,万物自生自长、自毁自灭,是道之自然无为、无为之为:"物之生也,若骤若驰,无动而不变,无时而不移。何为乎?何不为乎?夫固将自化"(《秋水》)。《齐物论》云:"夫天籁者,吹万不同,而使其自己也,咸其自取,怒者其谁邪!"事物的发展"咸其自取"、"固将自化"。庄子又说:"圣人者,原天地之美而达万物之理,是故圣人无为,大圣不作,观于天地之谓也。"(《知北游》)道的

---

① 　曹顺庆认为,庄子的"自然"有三层含义:其一是天然率真;其二是超然物外的自由境界;其三是"淡然无极"的素朴之美。(参见曹顺庆:《中外比较文论史·上古时期》,山东教育出版社1998年版,第667—689页。)

作用是自然的,《天地》篇曰:"道兼于天"、"无为为之之谓天",在这里"天"是自然的意思,"道兼于天"即老子所说的"道法自然"。这种自然性为庄子的顺物自然、无为为之的生态学思想提供了理论依据。

从以上论述可以看出,老庄的道是从宇宙生成和演化的本源意义上来说的,世间万物由道产生,在道的作用下发展变化,最后复归于道。这里的道不是构成世间万物的一种独立实体,而是生成世间万物的一种整体力量,所以,世界是一个生成演化的整体过程,而不是一个实体或元素构成的机械存在。总而言之,道是庄子哲学的根基,也是庄子生态智慧的理论依据,道的本根性、整体性、同质性、超越性、自然性等构成了庄子生态智慧的本体论基础。

(二)庄子之德

"德"在老庄道家哲学中是一个十分重要的概念,是《庄子》生态智慧的另一本体论意义上的根据。

"德"字在老子《道德经》中被多次使用,提出了"上德"、"玄德"、"孔德"、"积德"等,如"孔德之容,惟道是从"(《老子》第21章)[①]。"孔德"即大德,认为"上德"是人类应该追求的,因为它与"道"相合。但老子并没有对"道"的含义给出具体解释。不过可以肯定的是,在老子那里,"德"和"道"并不是一个层次的概念,如"道生之,德畜之,物行之,势成之。是以万物莫不尊道而贵德。道之尊,德之贵,夫莫之命而常自然"(《老子》第51章)[②],从中可以看出,道是从本源的意义上来讲的,是万物生长的依据,而德是

---

① 陈鼓应:《老子今注今译》,商务印书馆2003年版,第156页。
② 陈鼓应:《老子今注今译》,商务印书馆2003年版,第260页。

从具体事物来讲的,是养育万物的。老子的这一段话,提出了尊道贵德的理论,被称为"道家伦理思想的总纲"①。王弼曰:"德,得也。……何以得德? 由乎道也。"②《管子·心术上》曰:"德者,道之舍,物得以生;生知得以职道之精。故德者,得也;得也者,其谓所得以然也。以无为之谓道,舍之之谓德。故道之与德无间,故言之者不别也。间之理者,谓其所以舍也"③。《韩非子·解老》云:"德者、道之功。"④老子说:"含德之厚者,比于赤子"(《老子》第55章)⑤,说明德是一种表现在事物上的内在属性。

在《庄子》中,"德"字共出现204次,主要有以下三方面的含义:

一是物"德",即物性,物的自然本性。"德"即"得",在本体论上主要是指万物禀于"道"的内在天赋,或"道"在具体事物中的体现,构成了事物的内在规定性。"德"是联系道和万物的中介。庄子说:"物得以生谓之德"(《天地》),道教解释为:"庄生云'德者,得也'。物得之以生,谓之德。德者,道之用也;道者,得之体也。"⑥庄子常常把"道"和"德"相连而用,既表明了道和德的区别,也说明了道和德的内在统一。

---

① 王泽应:《自然与道德:道家伦理精神精粹》,湖南大学出版社1999年版,第91页。
② (魏)王弼:《王弼集校释》上册,中华书局1980年版,第93页。
③ 支伟成:《管子通释》,《民国丛书》第五编(12)(据泰东图书馆1942年版影印),上海书店1989年版,第261页。
④ 陈启天:《韩非子校释》,《民国丛书》第五编(8)(中华书局1940年版影印本),上海书店1989年版,第793页。
⑤ 陈鼓应:《老子今注今译》,商务印书馆2003年版,第274页。
⑥ 转引自蒋朝君:《道教生态伦理思想研究》,东方出版社2006年版,第152页。

　　"道"和"德"的区别。在庄子哲学中,虽然道和德都具有本体论意义,但相比之下,道比德更具有本根性,道是本体,德是运用,德是道在具体事物中的体现,这个具体事物可以是自然物也可以是社会现象。如"失道而后德,失德而后仁"(《知北游》),"德总乎道之所一。……道之所一者,德不能同也"(《徐无鬼》),"有德者以不知也,而况有道者乎!"(《列御寇》)"调而应之,德也;偶而应之,道也"(《知北游》)。同时,道也比德更具有超越性,《庄子》中一再强调的是道而不是德的不可把握,反而强调人的"王德"、"全德"以及时代的"至德"和"建德"。

　　"道"和"德"的统一。"道"所具有的整体性、同质性、自然性等也是"德"所具有的特性,如"望之似木鸡矣,其德全矣"(《达生》),"鸡之与鸡,其德非不同也"(《庚桑楚》)。庄子常常在同一层面上使用"道"和"德",借以说明其共通性。如"通于天地者德也,行于万物者道也……形非道不生,生非德不明。存形穷生,立德明道,非王德者邪!"(《天地》)"夫子亦放德而行,循道而趋"(《天道》),"通乎道,合乎德"(《天道》),"以天为宗,以德为本,以道为门"(《天下》),"悲乐者,德之邪;喜怒者,道之过……故心不忧乐,德之至也"(《刻意》)。"夫德,和也;道,理也。德无不容,仁也;道无不理,义也"(《缮性》),"道不可致,德不可至"(《知北游》),"德将为汝美,道将为汝居"(《知北游》),"去德之累,达道之塞"(《庚桑楚》),"故通于天者,道也;顺于地者,德也……技兼于事,事兼于义,义兼于德,德兼于道,道兼于天"(《天地》)。"中而不可不高者,德也;一而不可不易者,道也;……故圣人观于天而不助,成于德而不累,出于道而不谋,……不明于天者,不纯于德;不通于道者,无自而可"(《在宥》)。"故内省而不疚于道,临难而不失其德"(《让王》)。

庄子有时也会在同一意义上使用"道"、"德"和"天",来表明其共同的内在自然本性,如"道与之貌,天与之形"(《德充符》)、"无为为之之谓天,无为言之之谓德"(《天地》)、"德在乎天"(《秋水》)、"君原于德而成于天"(《天地》)等。

二是人"德",即人性,人的自然本性。庄子从禀于道的万物的自然德行,引申出了对人的德行的思考,认为人最重要的是内在德行的完善,而不是外在形体的完美。在道的意义上,"德"不仅是联系道和万物的中介,也是联结自然界和人的行为规范的中介。《庄子》中针对人和社会所讲的"德",有时是指个人的"道德"、"德",有时则是指世"德"。

"道德"。在《庄子》中,"道德"一词共出现16次,集中在外篇和杂篇。庄子所言之"道德"不同于儒家所称的伦理道德或我们现在所说的思想品德,而是道家本体论意义上的"道"和"德"在社会领域的表现,是指人的自然无为本性。庄子认为,文明社会更多地表现为对"道德"即人的自然本性的侵蚀和破坏,而不是保有和完善。"多方乎仁义而用之者,列于五藏哉!而非道德之正也。"(《骈拇》)"仁义又奚连连如胶漆绳索而游乎道德之间为哉。"(同上)"道德不废,安取仁义。"(《马蹄》)"余愧乎道德,是以上不敢为仁义之操,而下不敢为淫僻之行也。"(《骈拇》)"古之明大道者,先明天而道德次之,道德已明而仁义次之。"(《天道》)"夫帝王之德,以天地为宗,以道德为主,以无为为常。"(同上)"天地之本,而道德之至。"(同上)"夫恬惔寂漠虚无无为,此天地之本而道德之质也。"(《刻意》)"士有道德不能行,惫也。"(《山木》)"若夫乘道德而浮游则不然。"(同上)"其唯道德之乡乎!"(同上)"道德不能持,而况放道而行者乎!"(《庚桑楚》)"所乐非穷通也,道德于此,则穷通为寒暑风雨之序矣。"(《让王》)这些论述中出现的

"道德"一词,一般是指人合于"道"的自然本性。

此外,《天下》篇中有"天下大乱,贤圣不明,道德不一,天下多得一察焉以自好"之语,这里的"道德"应是"学说"、"主张"或一般意义上的道德。

"德"。在不同的人身上,"德"有不同的表现,如果人的所作所为与自然之"道"相合,就是有德、合德;否则,就是失德、背德。

世俗之人常常迷失或丧失自然本性,因而失德、背德。"贼莫大乎德有心而心有睫……凶德有五,中德为首。"(《列御寇》)"德溢乎名"(《外物》)。"小识伤德,小行伤道"(《缮性》),"虽圣人不在山林之中,其德隐矣"(同上)。"夫夷节之为人也,无德而有知,……非相助以德,相助消也。……非夫佞人正德,其孰能桡焉!"(《则阳》)庄子认为,世俗的"仁义"对人的自然之"德"是一种破坏,如"枝于仁者,擢德塞性以收名声"(《骈拇》),"吾所谓臧者,非仁义之谓也,臧于其德而已矣"(同上),"攘弃仁义,而天下之德始玄同矣"(《胠箧》),"说仁邪? 是乱于德也"(《在宥》),"夫孝悌仁义,忠信贞廉,此皆自勉以役其德者也"(《天运》)。

与世俗之人不同,修道之人和体道之人能够保持和保全禀于"道"的自然本性,在对"道"的体会和践行过程中达到一种至德、全德的境界。"天下无道,则修德就闲"(《天地》);"之人也,之德也,将旁(磅)礴万物以为一"(《逍遥游》);"支离其德者"(《人间世》);"若成若不成而后无患者,唯有德者能之"(同上);"不知耳目之所宜而游心乎德之和"(《德充符》);"知不可奈何,而安之若命,唯有德者能之"(同上);"全德之人"(同上);"是必才全而德不形者也"(同上);"德者,成和之修也。德不形者,物不能离也"(同上);"德友而已矣"(同上);"故德有所长,而形有所忘"(同上);"与乎止我德也"(《大宗师》);"以德为循者,言其与有足者至于丘也"(《大宗师》)；"其德甚真"(《应帝王》)；"夫王德之人，素逝而耻通于事，立之本原而知通于神"(《天地》)；"全德之人"（同上）；"德人者，居无思，行无虑，不藏是非美恶。……财用有余而不知其所来，饮食取足而不知其所从，此谓德人之容"(《天地》)；"至德不得"(《秋水》)；"至人之德"(《达生》)；"全德之君子"(《田子方》)；"夫子德配天地"（同上）；"至人之于德也，不修而物不能离焉"（同上）；"抱德炀和以顺天下，此谓真人"(《徐无鬼》)；"大白若辱，盛德若不足"(《寓言》)；"黄帝尚不能全德"(《盗跖》)；"此天地之道，圣人之德也"(《刻意》)；"治成德备"(《天运》)；"总德而立矣"（同上）；"故其德全而神不亏"(《刻意》)；"虚无恬淡，乃合天德"（同上）；"天德之象也"（同上）；"终日握而手不掜，共其德也"(《庚桑楚》)；"文武殊能，大人不赐，故德备"(《则阳》)；"欲同乎德而心居矣"(《天地》)；"夫为大不足以为大，而况为德乎"(《徐无鬼》)；"其非至知厚德之任与"(《外物》)；"开天者德生"(《达生》)；"夫明白于天地之德者，此之谓大本大宗"(《天道》)；"天德而土宁"（同上）；"性修反德，德至同于初。其合缗缗，若愚若昏，是谓玄德"(《天地》)；"执道者德全，德全者形全，形全者神全"（同上）；"弱于德，强于物，其途隩矣"(《天下》)。

世"德"，即世态，是指人完全保有其自然本性，或人和自然相融相适的社会状态，在庄了那里更多地是指"古之时"。如"凤兮凤兮，何如德之衰也"(《人间世》)；"夫至德之世，同与禽兽居，族与万物并，恶乎知君子小人哉！同乎无知，其德不离"(《马蹄》)；"建德之国"(《山木》)；"耕而食，织而衣，无有相害之心，此至德之隆也"(《盗跖》)；"彼民有常性，织而衣，耕而食，是谓同德"(《马蹄》)；"天下不淫其性，不迁其德，有治天下者哉！……夫不恬不愉,非德也。非德也而可长久者,天下无之"(《在宥》);"帝王之德配天地"(《天道》);"三军五兵之运,德之末也"(《天道》);"德自此衰"(《天地》);"逮德下衰……德又下衰……险德以行,然后去性而从于心"(《缮性》)。

三是指普通意义上的"德行"。严格说来,这里的"德"并不完全是庄子道家意义上的"德",而是带有更多的世俗意味,有些甚至是庄子及其后学所诟病的对象。例如:"德合一君而徵一国者"(《逍遥游》);"而况德之进乎日者乎"(《齐物论》);"且若亦知夫德之所荡而知之所为出乎哉? 德荡乎名,知出乎争。……且德厚信矼,未达人气,名闻不争,未达人心"(《人间世》);"其德天杀"(同上);"已乎已乎,临人以德"(同上);"日渐之德不成,而况大德乎"(同上);"计子之德,不足以自反邪"(《德充符》);"多男子则多惧,富则多事,寿则多辱。是三者,非所以养德也"(《天地》);"形德仁义,神之末也"(《天道》);"夫德遗尧舜而不为也"(《天运》);"以德分人谓之圣"(《徐无鬼》);"以舜之德为未至也"(《让王》);"因人之德以为贤良"(《盗跖》);"论以刑德"(《说剑》)。

此外,《庄子》书中还有几处是从其他意义上使用"德"这一概念的。"德"有时是指"功用",如"有左,有右,有伦,有义,有分,有辩,有竞,有争,此之谓八德"(《齐物论》);有时是指"获得",如"德为接……无丧,恶用德"(《德充符》)、"其无私德"(《秋水》)、"长官者不成德,则同务也"(《田子方》)、"知彻为德"(《外物》);有时是指遗传禀赋,如"丘闻之,凡天下有三德:生而长大,美好无双,少长贵贱见而皆说之,此上德也;知维天地,能辩诸物,此中德也;勇悍果敢,聚众率兵,此下德也"(《盗跖》)、"此吾父母之遗德也"(同上);有时指"善意"或"深情厚宜",如"儵与忽谋报浑沌之德"(《应帝王》）；有时还指"生机"，如"杜德机"（同上），即闭塞生机。

对《庄子》中多达两百余处的"德"做上述的简单归类，虽有疏漏浅薄之嫌，但对于理解"德"的含义或许有些益处。

作为庄子思想中的两个最基本范畴，"道"和"德"一起构成了庄子生态智慧的本体论基础。"德"既是联系道和万物的中介，也是联系自然界和人的规范的中介。老庄尊道贵德的思想，为解释和说明人类所承担的生态伦理责任提供了极大的空间，对人们依"道"（即自然）行事、提升道德境界、祛除功利性道德、建构生态伦理体系等具有重要的参考价值。

二、庄子之道的生态学意蕴

道和德是《庄子》生态智慧的本体论根据。从老庄"道法自然"的本体论可以逻辑地推理出物无贵贱、万物一齐、顺物自然、无为为益、处物不伤、知足知止等伦理道德观，为确立老庄颇具现代生态意蕴的世界观、价值观、方法论、认识论、人生观提供了本体论基础。

（一）物无贵贱、万物一齐的平等价值观与内在价值论

庄子之道的本根性、整体性、同质性、超越性、自然性表明了其非人类中心主义的平等价值观和内在价值论。

1. 道的本根性：生态世界的价值依据

道的本根性表明，道是世间万物价值的创造者，价值既属于人类也属于非人类。道是包括人在内的世间万物的根源，它无始无终，永久存在，天地万物都依赖于它而产生、发展和变化，由此形成生机盎然的宇宙大世界。自然界和人在本源上的同一性以及自然

界相对于人的存在时间上的优先性,既决定了价值不仅属于人类而且属于非人类,也决定了人类尊重自然、善待自然的无条件性。世间万物都内涵着道,都有自己存在的必然性和合理性,也各有其不以人类意志为转移的客观的内在价值,这些事物既包括有生命的人、马、鸟、蝼蚁、花草等动植物,也包括无生命的大地、山川、河流、蓝天、白云以至瓦甓等。

　　就像世界上不存在两片完全相同的树叶一样,世界上也没有两个完全相同的事物,每一事物都有区别于其他事物的内在规定性。世间万物各有其用,正如:"梁丽可以冲城,而不可以窒穴,言殊器也;骐骥骅骝,一日而驰千里,捕鼠不如狸狌,言殊技也;鸱鸺夜撮蚤,察豪末,昼出瞋目而不见丘山,言殊性也。"(《秋水》)庄子承认自然万物是有差别的,大千世界、丰富多彩,但认为这种差别只是说明事物彼此之间的不可替代性,并不说明事物价值的有无。任何事物都不必羡慕其他事物或自惭形秽而陷入"夔怜蚿,蚿怜蛇,蛇怜风,风怜目,目怜心"(同上)的无意义的循环,这种"怜"的心态只会加深人的"嗜欲之心"。道家著作《列子》中有一个"鲍子难客"的小故事,说明了道家反对以人为中心的观点。

　　　　齐田氏祖于庭,食客千人。中坐有献鱼雁者,田氏视之,乃叹曰:"天之于民厚矣,殖五谷,生鱼鸟,以为之用。"众客和之如响,鲍氏之子年十二,预于次,进曰:"不如君言,天地万物与我並生,类也。类无贵贱,徒以小大智力而相制:迭相食,非相为而生之,人取可食者而食之,岂天本为人生之? 且蚊蚋噆肤,虎狼食肉,非天本为蚊蚋生人,虎狼生肉者哉?"(《列子·说符》)[1]

---

[1]　杨伯峻:《列子集释》,中华书局 1979 年版,第 269—270 页。

这个故事是说天地万物和我们人类并存，只是种类不同而已。种类没有什么贵贱之分，只是因为大小、智力不同而互相制约，互相成为食物，并不是为了给谁吃而生存的。认为上天为了让人吃而孕育了生物，就像说为了蚊虫的叮咬而孕育了人一样荒谬。

庄子甚至刻意强调了"无用之用"来说明事物皆有内在价值的问题。庄子认为，即使是在世俗之人眼里无用的东西，也同样具有自己的内在价值和生存权利，所谓"人皆知有用之用，而不知无用之用也"（《人间世》）。比如惠施认为无用的"大瓠"和大樗（树名）（《逍遥游》）、"立足"之外的"大地"（《外物》）等皆有所用，而且可能是大用。如庄子所言，"今子有五石之瓠，何不虑以为大樽而浮乎江湖"、"今子有大树，患其无用，何不树之于无何有之乡，广莫之野，彷徨乎无为其侧，逍遥乎寝卧其下"（《逍遥游》），"知无用而始可与言用矣。天地非不广且大也，人之所用容足耳。然则厕足而垫之致黄泉，人尚有用乎？"（《外物》）即大地是现实的路的依托和潜在的路的后备、是人的立足之地的基础，如果在这一点上达成共识，那么"无用之为用也亦明矣"（同上）。以《人间世》中的栎社树为例，匠石站在强人类中心主义的工具价值论的立场上，认为栎社树是"不材之木"、是"无所可用"的"散木"。但从浅生态学或弱人类中心主义的角度看，栎社树可以遮蔽几千头牛；其壮美可以给人带来审美的愉悦，匠石的弟子说"未尝见材如此其美也"，以致出现了"观者如市"、"厌观之"的场景。此外，大树隐性地标示着某一空间的文化底蕴，一座拥有参天大树的寺庙或城市，在某种程度上是浓厚文化底蕴的象征；从科学的角度看，大树可以净化空气、美化环境、涵养性情等。若从深层生态学或生物中心主义的角度看，栎社树即使没有这些实际的用处,作为自然界的一部分也有其自身的价值,这种价值就是其自然存在本身,对一个事物的价值判断不取决于是否对他物有用。不能认为栎社树比别的树木或人类以及自然界中的其他存在物更有或更无价值,所以,庄子借栎社树之口以寓言的方式指出:"若与予也皆物也,奈何哉其相物也",你匠石和我栎社树都是万物中的一物,何必互相对立和相轻呢。

庄子的观点突破了人类中心主义的工具价值的局限,从道的视阈而不是人的主观视阈来看待事物的价值,从而实现了人与自然、事实与价值、存在与价值、内在价值和工具价值、真善美的和谐统一,而不是割裂分离。当然,庄子在这里仍然是从人的角度来举例阐述的。不过,我们可以进行逻辑推理:世间万物都对人有用,即使对人没有实际功用的东西也可以涵养人的精神;即使对人的身心没有直接作用,那么其自身也有其潜在价值。推而广之,可以得出很现代的结论:即使对人没有任何直接价值或潜在价值的事物,对整体生态环境也是有用的,其存在本身就是价值,因为万物皆禀道而合理必然地产生。因此,这个世界就应该是一个人和自然、动物和植物、生物和非生物"一个都不能少"的并存共生、丰富多彩、完美和谐的大千世界。

庄子建立在万物同源基础上的内在价值论与一些现代生态学家的思想非常一致。当今生态学家有着和庄子类似的万物同源的观点,认为人类和自然界中的其他物质从本源上来看,是没有什么差别的:"人类(Humans)与腐殖土壤(Humus)是同根同源的,都是由尘土构成,只不过人因有反思其栖息地的高贵能力而成为万物之灵。他们来自地球又遍观地球(人类一词的希腊语词根anthropos 的含义就是:来源于、察看)。人类有其完美性,而他们展现这种完美的一个途径就是看护地球。"①也就是说,从生态科学的角度看,不管人类是否愿意,人类来源于自然,无论是在精神层面还是在生理层面都受着自然规律的支配,所以,人类应该对自然抱以肯定、尊重、欣赏和爱的心态,应该感谢自身依托的生态系统,就像花儿和果实应该感谢其赖以生存的大地和整棵大树,而不是以傲慢的工具主义态度去对待自然万物。海德格尔认为,人并不是自然的主人,人是自然的"托管人",就如同原初意义上的农夫"技能"并不是对土地的一种"挑衅",而是一种捐献(播种)、一种接受(收获)、一种年复一年的保管员的职责一样。②阿尔贝特·施韦泽认为人类要"敬畏生命","人的意识的根本状态是:'我是要求生存的生命,我在要求生存的生命之中'。有思想的人体验到必须像敬畏自己的生命意志一样敬畏所有的生命意志。他在自己的生命中体验到其他生命。对他来说,善是保存生命,促进生命,使可发展的生命实现其最高的价值。恶则是毁灭生命,伤害生命,压制生命的发展。这是必然的、普遍的、绝对的伦理原理。"③施韦泽还指出:"敬畏生命的伦理否认高级和低级的、富有价值和缺少价值的生命之间的区分。"④当代生物中心主义的代表人物保罗·泰勒则进一步提出了"尊重自然"的思想,认为一种行为是否正确,一种品质在道德上是否良善,将取决于它们是否展现

---

① [美]霍尔姆斯·罗尔斯顿著,杨通进译:《环境伦理学:大自然的价值以及人对大自然的义务》,中国社会科学出版社2000年版,第461页。
② 参见王治河:《后现代哲学思潮研究》增补本,北京大学出版社2006年版,第297页。
③ [法]阿尔贝特·施韦泽著,陈泽环译:《敬畏生命》,上海社会科学院出版社2003年版,第9页。
④ [法]阿尔贝特·施韦泽著,陈泽环译:《敬畏生命》,上海社会科学院出版社2003年版,第132—133页。

或体现了尊重自然这一终极性或根本的道德态度,这是一种生态中心主义的思想。

现代生态学家甚至也像庄子赞美"无何有之乡,广漠之野"以及世俗视野中"无用"的"大地"一样,极力赞美"荒野"并力证其无可比拟的价值。人类已经或多或少认识到对自然的工具主义态度的失误,开始重新认识似乎对人类毫无用处的"荒野"①。从切近的人类利益来看,"荒野"是无用的,既没有工具价值也没有内在价值,但这种表面的无用却蕴涵着对人类无穷的意义,当然也蕴涵着自然物之间相互的工具价值和内在价值。奥尔多·利奥波德认为,作为生态系统的自然并非任何不好意义上的"荒野",更不是没有价值的,而是一个呈现着美丽、完整与稳定的生命共同体。罗尔斯顿更是称自己是"一个走向荒野的哲学家",称自己的哲学为"走向荒野"的哲学。这些学者赞美"荒野",并由此说明自然的内在价值不需要人类作为参照而固然地存在着:"这个可贵的世界,这个人类能够评价的世界,不是没有价值的;正相反,是它产生了价值——在我们所能想象到的事物中,没有什么比它更接近终极存在。"②霍尔斯顿认为,"荒野地"具有多重价值,主要有市场价值、生命支撑价值、消遣价值、科学价值、遗传多样性价值、审美价值、文化象征价值、历史价值、性格塑造价值、治疗价值、宗教价

---

① 荒野:是指未经人类开发利用的自然,是受人类干扰最小或未经开发的地域和生态系统。按照这样的界定,"美国本土大约有 2% 的国土是荒野地,其余的 98% 或已用于房地产开发,或已成为农田、牧场、生产木材的林地,或被定义为多用地"([美]霍尔姆斯·罗尔斯顿著,刘耳、叶平译:《哲学走向荒野》,吉林人民出版社 2001 年版,第 325 页)。

② [美]霍尔姆斯·罗尔斯顿著,刘耳、叶平译:《哲学走向荒野》,吉林人民出版社 2001 年版,《序》第 9 页。

值、内在的自然价值等。① 也就是说,从某种程度上讲,荒野自然中的所有事物都拥有自身价值和对于其他物体来讲的工具价值,但是人除外。事实上,人类这个进化到最高程度的"物种"相对于自然界来说是"迟到者"或许也会是"早退者",并且人类从多个层面依赖于自然界中的其他物体,而其他物体却可以不依赖于人类而自由存在。也就是说,对于其他物种来讲,似乎人并没有什么利他价值。所以,地球上所有的物体都具有同样的内在价值,而不是只具有对人类的工具价值。当然,我们肯定不会把自然事件的每一个细节都说成是促进生态系统健康的,因此,我们不能把生态伦理简化成对自然不加考虑的接受。我们并非生活在伊甸园里。②

2. 道的整体性:生态世界的共生性

道的整体性表明,人类和非人类的价值在量上是相同的,没有大小多少之分。"道"无所不是、无所不在,世间万物皆禀道而生,道是一个无所损益的整体。因此,道与天地万物包括人类在内共生、共存、共荣,天下万物互相联系、互相制约,在此基础上整个世界构成一幅生机盎然的图景。

老庄都强调人在宇宙万物中的位置。老子认为,人只是自然界的一部分:"故道大,天大,地大,人亦大。域中有四大,而人居其一焉。"(《老子》第25章)③庄子说:"吾在于天地之间,犹小石小木之在大山也。……号物之数谓之万,人处一焉;人卒九州,谷食之所生,舟车之所通,人处一焉;此其比万物也,不似豪末之在于

---

① 参见[美]霍尔姆斯·罗尔斯顿著,刘耳、叶平译:《哲学走向荒野》,吉林人民出版社2001年版,第332—339页。
② 参见[美]霍尔姆斯·罗尔斯顿著,刘耳、叶平译:《哲学走向荒野》,吉林人民出版社2001年版,第33页。
③ 陈鼓应:《老子今注今译》,商务印书馆2003年版,第169页。

马体乎?"(《秋水》)认为"天地与我并生,而万物与我为一"(《齐物论》)。由此可见,老庄是从有机整体论的角度来看待世界的,世间万物包括人类在内是一个有机联系的整体,其中的各个组成部分彼此互相联系、相互作用、互相依存,"物无非彼,物无非是。自彼则不见,自是则知之。故曰:彼出于是,是亦因彼。"(同上)这是一种事物之间的因循关系,表明了事物之间的密不可分。所以,人类和非人类都是整个世界的一部分、一个环节,在价值量上是平等的,没有高低贵贱之分,人类既不是世界的中心,也不是世界的主宰。

庄子思想中的整体观念,与当代生态学和生态哲学中的整体主义的哲学基础具有内在的一致性,两者都认为自然和人类是一个生死相关的整体,一损俱损、一荣俱荣。美国科学家小米勒总结出的生态学三定律如下:生态学第一定律——我们的任何行动都不是孤立的,对自然界的任何侵犯都具有无数的效应,其中许多是不可预料的。这一定律是 G. 哈定(G. Hardin) 提出的,可称为多效应原理。生态学第二定律——每一事物无不与其他事物相互联系和相互交融。该定律又称相互联系原理。生态学第三定律——我们所生产的任何物质均不应对地球上自然的生物地球化学循环有任何干扰。此定律可称为勿干扰原理。在现代社会,由于人们不能从整体的角度来看待人与自然的关系,使得人与自然处于一种严重的对立之中,从而导致了日益严重的生态危机。这就需要重新确立一种整体主义的价值信仰,建构一种整体有机论以避免现代的片断性思维所造成的对世界的割裂,以及只重视外在联系所造成的世界的机械性。现代一些生态学家和生态哲学家为此做了很多卓有成效的工作。现代生态学和生态哲学虽然由于立场不同而形成了观点各异的学派,但在认同人和自然是一个相互联系、相互作用的整体方面却是一致的。当今生态学研究证明,自然界是一个相互联系的有机整体,其中的每一事物都是这个有机体不可分割的组成部分,他们各自有着不可替代的特殊功能,人类只是其中的一个组成部分,人类和非人类共同构成整个生态系统。每一事物的价值主要看它对生态系统的有机性与完整性是否有贡献以及贡献的大小,看其对生命的丰富性和多样性是否有益,而不是看它能否满足以及在多大程度上满足人类的主观需要;人类不应把自我理解为孤立的、狭隘的、相互竞争的本我,而应把他人以至人类和整个自然都视为整体认同的对象,我们的精神成长才会开始,才能达到"生态自我"的阶段,感到自己在自然之中,自然在自我之中。深层生态学认为,人是自然界的一部分;我们必须尊重和保护自然,这种尊重和保护是为它自身而不是为它对我们有价值,我们应该与它和谐相处;我们必须服从自然规律(如承载能力规律,它意味着地球支撑人口的数量有限)。所以,人类应该破除虚幻的、盲目的以自我为世界中心的优越感,正确看待人与自然的关系。英国现代哲学家伯特兰·罗素的观点和老庄的观点极其相似,他说:"我所知道对付人类那种常常流露出来的自高自大、自以为是心理的唯一方式则是提醒我们自己:地球这颗小小的行星在宇宙中仅是沧海之一粟;而在这颗小行星的生命过程中,人类只不过是一个转瞬即逝的过客。还要提醒我们自己:在宇宙的其他角落也许还存在比我们优越得多的某种生物,他们优越于我们可能像我们优越于水母一样。"①深层生态学家霍尔姆斯·罗尔斯顿指出:"我的职责是引导文化去正确地评价我们仍然栖居于其中

① 转引自王泽应:《自然与道德:道家伦理精神精粹》,湖南大学出版社 1999 年版,第 254 页。

的自然,因为'政治的动物'也还得服从生态规律。"①即人类不仅没有凌驾于自然物之上的权利,而且人类应该"效法"自然,遵循天道,以使自然万物的价值能够平等、全面、充分、自由、和谐地展现。

道的整体性观点对于当今维护地球生物的多样性、人类生命和文化的丰富多样性都具有重要的启示意义。人类对自然的工具主义态度导致了对自然事物多方面价值的漠视或忽视,已经给整个地球生态及至人类的生存和发展造成了无法弥补的伤害和损失,比如,一些物种的灭绝导致了生物多样性的减少、生态系统的失衡、世界基因库的不完整等。罗尔斯顿认为,生物环境的复杂性是与人类生命的丰富性密切相关的,人类复杂的生命是环境复杂性的一种产物,也以环境的复杂性为其支撑。而且,这种复杂性不仅是生物性的,也是精神和文化方面的。人类心智最大限度的发展依赖于环境的繁复。对于人类生态学来说,这种认为自然的复杂性与人类复杂性之间相反相成的关系的思想是核心的。……就是沙漠和冻原也增加了地球的丰富性……这样推论,则这种多姿多彩如果被削减,那就是人类受到了肢解。如果我们把所有"荒芜"地带(如沙漠、河口湾、冻原、冰野、湿地、大平原和沼泽)都变成耕地和城市的话,那将使生命更加贫乏而不是丰富;这不仅在生态的意义上如此,在美学的意义上也如此。比如,山对人的影响,既有物理方面的也有心理方面的。对应于每一种自然景观,都有一种人的内在心境——精神和环境的视界是交互作用的。由此看来,河伯和海若的心境应该是很不同吧,大鹏和小鸟虽无贵贱之

---

① [美]霍尔姆斯·罗尔斯顿著,刘耳、叶平译:《哲学走向荒野》,吉林人民出版社 2001 年版,《序》第 3 页。

别,但因其所在的自然环境不同,其内在的心境应该也很不同,其中大鹏的境界应该是庄子所追求的,当然大鹏也有待于风。① "衡量一种哲学是否深刻的尺度之一,就是看它是否把自然看做与文化是互补的,而给予她应有的尊重。"② 利奥波德也曾经说过:"荒野从来不是一种具有同样来源和构造的原材料。它是极其多样的,因而,由它所产生的最后产品也是多种多样的。这些最后产品的不同被理解为文化。世界文化的丰富多样性反映出了出生它们的荒野的相应多样性。"③ 深层生态学把"荒野"作为其环境伦理学的根基,哲学已经开始走向荒野,其最终的家园就是荒野上的哲学。"哲学走向荒野后,能在那里找到丰富的体验。……这些不仅是消遣的体验,也是再创造的体验。从这些体验中,我们感觉到自然的广大,意识到自己在自然中的位置,也产生了对自然的认同。在某些意义上,我们感到在自然面前应该谦卑;在另一些意义上,又感到自己得到了提升。荒野把我们拉得很近,让我们既体验到自己内在的本性,也体验到超越自己的自然。这里有一个悖论:尽管荒野有着自己内在的、不以人类为中心的价值,但是只有能进行哲学思考的人才能懂得这些价值在认识论、伦理学以及形而上学方面的意义;只有人类才能在这最丰富、最深刻的意义上体验荒野。我们在自然中探寻,结果发现我们是在探寻自己。"④

---

① 参见[美]霍尔姆斯·罗尔斯顿著,刘耳、叶平译:《哲学走向荒野》,吉林人民出版社 2001 年版,第 27—28 页。

② [美]霍尔姆斯·罗尔斯顿著,刘耳、叶平译:《哲学走向荒野》,吉林人民出版社 2001 年版,《序》第 11 页。

③ [美]奥尔多·利奥波德著,侯文蕙译:《沙乡年鉴》,吉林人民出版社 1997 年版,第 178 页。

④ [美]霍尔姆斯·罗尔斯顿著,刘耳、叶平译:《哲学走向荒野》,吉林人民出版社 2001 年版,第 404 页。

总之,道的整体性观点,说明了世界多样性的合理性,这种多样性既维护了地球生物的多样性,也保持了人类生命和文化的多样性,"单一性导致脆弱性,多样性导致稳定性,这本是生态学的一个基本原理"①,这同样适用于文化的发展。事实证明,尼罗河流域的古埃及文明、两河流域的古巴比伦文明、古希腊文明、印度河流域的哈巴拉文明、中美洲的玛雅文明和黄河流域的中华文明大都是著名的农业文明,其中大多数都先后衰落甚至灭绝,唯有中华文明绵延不绝,这和中国哲学中人与自然和谐共处的整体性思维方式有着非常大的关系。正如弗·卡特和汤姆·戴尔在《表土与人类文明》一书中所说:"大多数的情况下,文明越是灿烂,它持续的时间就越短。文明之所以会在孕育了这些文明的故乡衰落,主要是由于人们糟踏或毁坏了帮助人类发展文明的环境。"②

3. 道的同质性:生态世界的平等性

道的同质性表明,人类和非人类的价值在质上是齐一的,没有贵贱美丑之分。道是没有差别的同质的存在,是绝对的同一。既然道是同质的,那么,世间万物包括人类和非人类没有贵贱之分、美丑之别。

从对象世界来讲,万物殊性。宇宙万物形态各异,功能作用各不相同,"四时殊气"、"五官殊职"、"万物殊理"。虽然事物的器用、技巧、性能等各不相同,各有所长又各有所短,但是,庄子认为,这些差异是相对的,并不构成事物之间绝对的界限,"自其异者视

---

① 何怀宏:《生态伦理——精神资源与哲学基础》,河北大学出版社 2002 年版,第 10 页。

② [美]弗·卡特、汤姆·戴尔著,庄棱、鱼姗玲译:《表土与人类文明》,中国环境科学出版社 1987 年版,第 5 页。

之,肝胆楚越也;自其同者视之,万物皆一也"(《德充符》),在"通天下一气耳"(《知北游》)、道"无所不在"方面,秋毫和泰山、殇子和彭祖并没有大小、寿夭之别。正如庄子所说:"物固有所然,物固有所可。无物不然,无物不可。故为是举莛与楹,厉与西施,恢恑憰怪,道通为一。"(《齐物论》)从事物所然和所可的角度看,无物不然,无物不可;反之,则无物然,无物可。在物的世界中,互为彼此的万物不应执著于事物的分别,而应站在道的立场上,注重宇宙万物"道通为一"的和谐齐一的状态。在这里,万物殊性强调的是多样、部分,道通为一强调的是统一、整体,似有相矛盾之处。不过,这种矛盾在庄子的逍遥之论中得到了某种化解。在"天地与我并生,而万物与我为一"中,既强调了天地我的整体性存在,又暗含了对个体自我的独立存在的肯定,天地万物与个体自我共处于一种逍遥游的精神境界之中。庄子的这一思想为阐释自然界平等的内在价值观铺平了道路:虽然万物殊性,但却都是同质的道所造就,也都是整体自然界不可替代也无法改变的一部分,所以物无贵贱、物无美丑。

从道的角度看,物无贵贱。庄子说:"以道观之,物无贵贱。以物观之,自贵而相贱。以俗观之,贵贱不在己。"(《秋水》)"以道观之",是指从道作为事物存在的根据、法则来看,人与其他物类同本同根,都是道的产物,从具有同质性的道的角度看,事物彼此没有质的差异,所以,没有贵贱之分,宇宙万物各有其独特的存在权利和价值。而所谓的贵贱,是由于人们看问题的立场和角度不同造成的,事物若从自己的立场、自己的价值标准去衡量周围的事物,就会产生"以物观之,自贵而相贱"的结果。若以世俗的立场来看,贵贱并不由自己决定,这是相对于前两种价值观念来看比较糟糕的状况,因为事物的价值完全被人类世俗的观念所掩盖,事物就失去了其"主体"的地位。庄子主张人们应从"以道观之"、"万物一齐"(《秋水》)的立场去"兼怀万物"(同上),即以无私、包容的情怀去对待天下万物,承认人和万物并无贵贱之分。推而广之,从道的角度看,人与人之间、国与国之间也没有贵贱之分、等级之别,所以当尧想去讨伐宗、脍、胥敖等小国时才会"南面而不释然"(《齐物论》),由此引出"十日并出,万物皆照"的平等和包容的心态,而不是儒家"天无二日、地无二主"的排他和褊狭。中国少自由的传统而多专制、少平等的传统而多等级,儒、墨、法等都是君臣尊卑的等级秩序的维护者,但老庄不同,庄子极爱自由且主张万物平等,在其至德之世的理想社会中就是一种万物平等的和谐气象。庄子追求万物在本根意义上的平等,而不只是结果上的平等,认为"以不平平,其平也不平"(《列御寇》),即用不公平的方式去寻求公平,这样的公平并不是真正的公平;换言之,从出发点的不公平去寻求结果上的公平,就算达到了结果的公平也不是真正的公平。相对于卢梭的私有制是人类不平等根源的理论,庄子从道的角度来谈世间万物之间的贵与贱或平等与不平等更具哲学气质,也颇具开创之功,但从不平等产生的社会根源上看有失偏颇。

从道的角度看,自然全美。庄子认为,事物既无贵贱之分,也无美丑之别。美无所不在,只要与"道"相合,宇宙万物都可以视为美的。大自然是真的、善的、无往而不美的,这是庄子生态智慧中最让人欣赏的部分。庄子认为,万物由道各得其德,所以事物各有其自然之性,如果顺其自然之性,就是幸福美满。假如事物各得其性,那么虽鲲鹏无以自贵于蜩鸠,蜩鸠也不必羡慕鲲鹏。大鹏和小雀各有其价值、各有其美,两者虽然大小不同,但是从道的角度、从自身价值和逍遥的角度讲是同一的。事物如此,人也不例外,

"故夫知效一官,行比一乡,德合一君而徵一国者,其自视也亦若此矣"(《逍遥游》)。《天运》中讲的东施效颦之丑,原因在于一个"效"字,东施无视自己的自然之得和自然本性,而外求其美,这就违背了"自然全美"的天然法则。东施之"效"虽然获得的是"其里之富人见之,坚闭门而不出,贫人见之,挈妻子而去走"的很夸张的"丑"的结果,但东施本然的"丑"(在世俗之人眼中)也是一种自然美,因此,东施不必效颦,西施也不必自得。《山木》中有一个非常有趣的记载可以说明这种观点:

> 阳子之宋,宿于逆旅。逆旅人有妾二人,其一人美,其一人恶,恶者贵而美者贱。阳子问其故,逆旅小子对曰:"其美者自美,吾不知其美也;其恶者自恶,吾不知其恶也。"

逆旅人(即旅店主人)的观点颇具道家风范,貌美的自以为美反而显得骄矜而不被人喜欢,貌丑的自惭为丑陋反而有其本真的朴实而招人喜欢。在这里,美丑贵贱的标准变成了是自然还是造作。庄子的这种观点与当今生态科学强调将自然物放进生态系统中去考察和理解,从而得出的"自然全美"以及"不自然全丑"的观点很是契合。彭锋认为,自然物"是一种无言大美,这是一种众美,一种多元至美,一种天籁之美。自然物之所以是全美的,并不是因为所有自然物都符合同一种形式的美,而是因为所有自然物都是同样的不一样的美。就自然物完全与自身同一的角度来说,它们的美是不可比较、不可分级、完全平等的。"[1]庄子"自然全美"的观点既说明了庄子内在的价值观,也表达了他对自然一视同仁的审美观以及自然无为的天道观。世间万物的价值在质上是齐一的,没有贵贱之分、美丑之别,也不需要人为的参与或认可。

---

① 彭锋:《完美的自然》,北京大学出版社 2005 年版,《前言》第 5 页。

4. 道的超越性:生态之美与人的融通

道的超越性表明,道超越了时空的界限,不仅人的感官无法感知,而且人的理性也无法认识。世间万物的价值和自然之美与人类的感受无关,人应该带着爱、尊重和赞美去对待天地万物。这种超越性体现了庄子学说的一种精神境界。庄子用"浮游,不知所求;猖狂,不知所往"(《在宥》)来描述彻底摆脱了功利束缚和感官桎梏而获得的心灵自由的境界。这种审美的精神过程既是一种至上的人生境界,也是一种通过审美观照使人和自然和谐统一的境界。

道的超越性启示人们应该有热爱自然的审美情趣。老子曰"道法自然"(《老子》第 25 章)①,庄子说"顺物自然"(《应帝王》),将自然视为"道"的最高法则。这种法则反映在审美观上则表现为,老庄都崇尚自然美、质朴美抑或混沌美,反对人工雕琢、"残朴以为器",主张"朴素而天下莫能与之争美"(《天道》)。庄子认为,自然界是审美愉悦的最终来源,自然不仅是真是善,而且更是美。庄子对大自然的许多具体描述都给人一种赏心悦目、感同身受的美感,表达了他对大自然之"无言大美"的赞赏和热爱。"澹然无极而众美从之,此天地之道,圣人之德也"(《刻意》),"天地有大美而不言"(《知北游》)。这种美是一种大美,有着常人难以体会的巨大和崇高,美轮美奂,美不胜收,这种感觉从河伯和海若的对话中可略见一斑:"秋水时至,百川灌河,泾流之大,两涘渚崖之间不辩牛马。于是焉河伯欣然自喜,以天下之美为尽在己。顺流而东行,至于北海,东面而视,不见水端,于是焉河伯始旋其面目,望洋向若而叹……"(《秋水》)大海的博大之美不会因为时间

---

① 陈鼓应:《老子今注今译》,商务印书馆 2003 年版,第 169 页。

的长短、天气的旱涝而有任何的增益和减少,人在天地间犹如"豪末之在于马体"(《秋水》),所以,人应该学会超越自身的局限而尝试去存想天地的美妙和通达万物的道理,即"原天地之美,而达万物之理"(《知北游》),由此人们可以与天地万物相交融,"独与天地精神往来而不敖倪于万物"(《天下》)。庄子崇尚的美还有"吹万不同,而使其自已"的"天籁"(《齐物论》)之音、神秘而幽美的"无何有之乡,广漠之野"、可以遮蔽数千头牛的壮观大树、"陆居则食草饮水,喜则交颈相靡"(《马蹄》)的马儿、"十步一啄,百步一饮"(《养生主》)的泽雉、悠游于水中的鱼之乐(《秋水》)等。庄子所向往的是一种"立于宇宙之中,冬日衣皮毛,夏日衣葛绤;春耕种,形足以劳动;秋收敛,身足以休食;日出而作,日入而息,逍遥于天地之间而心意自得"(《让王》)的自然而然的审美生活。在"濠梁之辩"(《秋水》)中,庄子能够体会和欣赏"鱼之乐",是因为庄子能够从审美和诗意的角度、站在与物同体的立场来看待万物,表明了庄子的一种自然主义立场。惠施则是站在了一种人类的、知识的立场上来看待事物,认为人非鱼所以不知鱼之乐。这个故事分别代表了超越与世俗、审美与认知或艺术与理智的观念。白居易曾为此赋《池上寓兴二绝》,其中一首云:"濠梁庄惠漫相争,未必人情知物情。獭捕鱼来鱼跃出,此非鱼乐是鱼惊。"白居易其实是支持了惠施的观点。

庄子笔下的所有自然物都别具风韵,让人心神向往,这种自然情怀总是让人把它和当今生态学家所倡导的"让河流尽情地流淌"、"像山一样思考"以及所赞美的"荒野"联结在一起。罗尔斯顿认为:"环境科学发现,自然的野蛮远不像先前人们想象的那样任意和低效,并建议我们不要仅仅带着一种敬畏,而也应该带着'爱、尊重与赞美'去看待生态系统。生态学的思想'使我们在自

然面前产生无言的惊异和愉快的肯定.'"①对于这一点,郝大维
(David L. Hall)在一篇题为《从指涉到顺延:道家与自然》的文章
中指出:相对于某些主流西方对待伦理的和生态的方法,道家的优
势在于把自然世界作为美学秩序来理解。道家对自然的美学式理
解有三个特点:第一是自然平等,即否认任何对象、事件或状态有
存在论上的优越性。第二是对第一个特点的进一步说明,相信自
然平等进一步排除了人类中心主义,构成世界的任何对象都享有
我们人类享有的尊严。在道家哲学中,这些特色是用"无知"、"无
为"、"无欲"等"无"的形式来表达的。第三是关注用于传达美学
理解的语言的特点。美学语言是非指涉的,它是顺延性的语言。②
国内学者也认为,道家哲学的本体论追求本身即是审美的,由这种
本体追求引导出来的生活趣味也是审美的。③ 这种审美的体验是
通过直觉和感悟而获得的,它需要人们摆脱尘世的羁绊而与道同
体、与自然相融,顺应自然而不任意妄为,便可体验到自然界给予
人的素朴的审美愉悦。如果能够以审美的方式看待自然,那么,人
们就能够自然而然地由欣赏而去尊重世间万物及其本性。这意味
着人和自然是相融的,人不再是世界的中心,当然自然也不是世界
的中心,而是世间万物平等。现代生态学家和道家通过这种方式
达到了审美和伦理的一致,在这点上两家是相通的。

---

① ［美］霍尔姆斯·罗尔斯顿著,刘耳、叶平译:《哲学走向荒野》,吉林人民
　　出版社 2001 年版,第 31 页。

② 参见［美］N. J. Girardot、James Miller、刘笑敢编,陈霞等译:《道教与生
　　态——宇宙景观的内在之道》,凤凰出版传媒集团 2008 年版,第 209 页。

③ 参见冯达文:《回归自然:道家的主调与变奏》,广东人民出版社 1992 年
　　版,第 270 页。

5. 道的自然性:生态价值的内在性

道的自然性(或自为性)表明,宇宙万物的产生、发展、消失是道的"自生"、"自化",事物的价值是内在价值,与人的需要和评价无关。宇宙是一个因为道的作用而自生自灭、相互转化的循环过程,这种变化过程是自然而然地进行的,不需要任何人为的干预和评价。庄子认为:"天地者,万物之父母也"(《达生》),"至阴肃肃,至阳赫赫;肃肃出乎天,赫赫出乎地;两者交通成和而物生焉,……生有所乎萌,死有所乎归,始终相反乎无端而莫知乎其所穷。"(《田子方》)庄子甚至天才地"发现"了类似进化论的思想,在《至乐》中具体地描述了"万物"的产生过程:

> 种有几,得水则为继,得水土之际则为蛙蠙之衣,生于陵屯则为陵舄,陵舄得郁栖则为乌足。乌足之根为蛴螬,其叶为胡(蝴)蝶。胡蝶胥也化而为虫,生于灶下,其状若脱,其名为鸲掇。鸲掇千日为鸟,其名为乾馀骨。乾馀骨之沫为斯弥,斯弥为食醯。颐辂生乎食醯,黄軦生乎九猷,瞀芮生乎腐蠸。羊奚比乎不箰,久竹生青宁;青宁生程,程生马,马生人,人又反入于机。万物皆出于机,皆入于机。(《至乐》)

这里的文字和概念都显得怪异和生僻,大致表达的是一种素朴而粗糙的演化观念,认为物种的共同来源是"几",然后由于环境的变化而发生了由简单趋于复杂的演变,从植物、动物最后到人的产生。庄子在《寓言》中也指出:"万物皆种也,以不同形相禅,始卒若环,莫得其伦,是谓天均。天均者天倪也。"(《寓言》)即万物各有种类,以不同的形态相互接续,始终像是循环,无法找到其起点,这就叫自然的均齐,自然的均齐也就是自然的分际。据吴晓玲回忆刘文典先生在西南联大讲到"天均"时用了 Natural Balance,就是现在的"生态平衡"。庄子认为"万物皆化"(《至乐》),且千变万"化","百化"(《知北游》)、"万化未始有极也"(《大宗师》)、"夫物,量无穷,时无止,分无常,终始无故"(《秋水》)。需要强调的是,这种变化的原因不是来自外力的推动,而是由于道的内在的动因,是"自化"、"自生"(《在宥》)。

庄子关于事物的演化过程固然带有猜测和臆想的成分,但总体上却是对现实世界的客观描述。庄子这种物种进化和事物"自生"、"自化"的思想,说明了事物价值的内在性和多样性。人是在"几"的复杂得令人难以置信的演化过程中才出现的,这说明了一个基本的事实:自然在产生时间上早于人类,人是自然之子,由自然孕育而生。而且人本身的出生和死亡也是一个"相与为春秋冬夏四时行"(《至乐》)的过程,所以,自然的价值是内在于自身的。此外,事物的千变万化表明了事物价值的多样性。也就是说,事物价值的内在性和多样性是事物演化发展的题中应有之意,与人类无关。既然如此,人类就该放弃"人籁"的自我陶醉和满足,而敞开心灵去倾听和欣赏"天籁"之音的美妙和纯净,去充分领略自然万物的无限可能的内在价值。

这和现代生态学的思想很是一致。在现代社会,由于人类的自以为是、无知无畏以及自然事物的多变性和联系的复杂性,往往忽略或漠视事物的内在价值及其多样性,从而破坏了自然事物之间原有的联系和自身发展的连续性,导致了日益严重的生态危机。现代生态学认为,包括人在内的世间万物都是大自然自我进化、自我组织而成,自然的价值是自然自我组织起来的价值。这种内在的价值及其多样性,与人的需要和评价无关,也不需要人为地干预,甚至包括对生态环境恶化的干预,提出了科学技术的生态学转向,对自然界要顺其自然、无为为益。地球形成于46亿年以前,而人类的出现只是在大约二三百万年以前,所以,人类发展的历史相对于地球而言,不过是"小儿时节"。在人类产生之前,地球已经自在地经历了遥远的年代且有自身的相互依赖和适应的关系。人类中心主义者傲慢地认为"人是一切事物的尺度",却忽略了一个简单的事实,即"生命是在永恒的由生到死的过程中繁茂地生长着的。每一种生命体都以其独特的方式表示其对生命的珍视,根本不管它们周围是否有人类存在。实际上,我们人类也是自然史的一部分。"①人类作为自然界的一员,并不是优越于自然的存在,更不是自然的拯救者或上帝,而是应该回归大地的孩子。当今生态学认为,假如没有外部的干涉,自然能够自己维持自己的长久生存,其本身具有自我完善和自我修复能力。即自然界有一种内在的目的,它本身具有生命意义而不是一个机械的物理世界。有的生态学家甚至过激地指出,如果地球上的生物没有进化到人类这个阶段,或者在不伤害其他物种的前提下消灭人类,地球的生态可能会更健康或慢慢从目前这种恶劣的结果中恢复过来。利奥波德在《大地伦理》这篇开创伦理学新纪元的文章中指出:"任何生物,只要它趋于保持生物共同体的完整、稳定和美丽,就是对的;否则,就是错的。"②

总体上来看,道家物无贵贱的价值观比现代生态学的内在价值论更具远见和智慧。现代生态学是在生态环境日益恶化到危及人类生存的情况下产生的,而庄子是早在两千多年前就已经认识到了自然的内在价值。庄子把人文关怀的目标指向天地万物,其

---

① ［美］霍尔姆斯·罗尔斯顿著,刘耳、叶平译:《哲学走向荒野》,吉林人民出版社 2001 年版,《序》第 10 页。

② ［美］霍尔姆斯·罗尔斯顿著,刘耳、叶平译:《哲学走向荒野》,吉林人民出版社 2001 年版,第 16 页。

开放博大的胸怀因现代日益严重的生态危机而显得更加可贵,其万物平等思想比人类中心论和自然中心论的观点更加符合现代生态学的价值观和审美观,这对现代生态学的发展具有十分重要的借鉴意义。不过,庄子思想的时代局限性也是显而易见的,其观点更多地停留在观念的层面,把实现万物平等的希望寄托于"道通为一"、"万物一齐"的精神境界和审美境界,缺乏具体科学和现实层面的论证,因此带有神秘和空想的成分;其主张人类在自然面前顺应无为的思想具有否认人的主观能动性的消极因素。而现代生态学作为现代科学发展的产物,其自然"内在价值论"的思想具有较强的实践性和可操作性。

(二)顺物自然、无为为益、处物不伤的生态方法论

既然在道的意义上自然万物都具有内在的价值,而不是只有工具价值,那么,在对待自然物的方法上,人类就应该平等地对待自己、他人以及自然界当中的所有生物和非生物,给予他们同样的尊重和爱护。"己所不欲,勿施于人"被称为黄金伦理法则,"己所欲,施于人"被称为白金伦理法则,这些法则在道家面前都显得胸怀狭小、不够舒展,因为依照老庄的观点,最好的伦理原则应该是"己所欲,施予万物"。《吕氏春秋·贵公篇》记载了一个有意思的故事:

> 荆人有遗弓者而不肯索,曰:"荆人遗之,荆人得之,又何索焉?"孔子闻之曰:"去'荆'而可矣。"老聃闻之曰:"去'人'可矣。"故老聃则至公矣。①

这是一个伦理外延逐步扩大的过程,荆人只爱自己国家的人,孔子

---

① 《吕氏春秋·贵公》,上海古籍出版社《四库全书》,第848册,第283页。

爱的是全天下的人,老子没有国家以及人的观念的束缚,不仅爱人而且爱物。庄子大概觉得物的观念也是一种束缚,应是"得,失,何必弓"？最后应该是"得,失,何必得失"在道的基础上得失是"齐一"的。当然,这或许有些矫情了。总之,在道的名义下,要求一切顺物自然、无为为益、处物不伤。这也是符合深层生态学伦理观的。

1. 顺物自然

"道法自然"既是老庄宇宙观的最高法则,也是其生态伦理原则的理论依据。道的自然性说明,道是自然而然的,道在生演万物的过程中没有意志、没有目的,消除人为而一任自然。

遵循"道法自然"的原则,人就应该认识到:一方面,自然和人一样,是一种自为自化的能动主体,有自己存在、发展和演化的权利,因而也和人一样具有自己固有的价值。人应该尊重和保护自然应享有的权利,有义务维护种际平等、物性平等,人类不能为了自身的利益而牺牲其他物种的利益,导致生态失去平衡、人类失去自己的栖息之地。另一方面,人要以自然为师,顺天道而为,成就天地万物的自然本性。自然界自有其美好的安排和秩序,人只需遵从这一秩序、让万物顺其自然,正所谓"天地有大美而不言,四时有明法而不议,万物有成理而不说。圣人者,原天地之美而达万物之理,是故至人无为,大圣不作,观于天地之谓也。……阴阳四时运行,各得其序。"(《知北游》)人类对待自然的最好方式就是听任其自由发展,让一切生命按照自己的天性生活。庄子认为:"为事逆之则败,顺之则成"(《渔父》)。管子也曾说过:"其功顺天者,天助之;其功逆天者,天违之。"(《管子·形势》)[①]一位基督教

---

① 支伟成:《管子通释》,《民国丛书》第五编(12)(据泰东图书馆1942年版影印),上海书店1989年版,第9页。

先哲 Hippolytus 对魔鬼二字下的定义是:"抗拒宇宙万物法则者"即魔鬼。所以,庄子主张"无以人灭天,无以故灭命,无以得殉名,谨守而勿失,是谓反其真"(《秋水》)。庄子曾经用镜子的作用来表明自己顺物自然的观点,即"至人之用心若镜,不将不迎,应而不藏,故能胜物而不伤"(《应帝王》)。用心若镜是个生动的比喻,镜子要平而明,人心也要平静而澄明,对外物才能做到既不迎也不送,只反映但不保存,才能承受万物的变化但没有任何的损伤。"夫醉者之坠车,虽疾不死。骨节与人同而犯害与人异,其神全也,乘亦不知也,坠亦不知也,死生惊惧不入乎其胸中,是故迕物而不慴。"(《达生》)醉酒的人坠车却不会受到像正常人那样的伤害,这也是因其用心若镜、顺其自然而已。庄子主张一切都应顺其自然,反对一切有悖于生物天性的行为:"凫胫虽短,续之则忧;鹤胫虽长,断之则悲。"(《骈拇》)"昔者有鸟止于鲁郊,鲁君说之,为具太牢以飨之,奏九韶以乐之,鸟乃始忧悲眩视,不敢饮食。"(《达生》)如果真的喜欢鸟,就应该用养鸟的方法去养鸟,即"以鸟养养鸟",而不是"以己养养鸟",让鸟在森林中栖息,在江湖上飞翔,自由自在地啄食,就平安无事了,正所谓"若夫以鸟养养鸟者,宜栖之深林,浮之江湖,食之以委蛇,则安平陆而已矣"(同上)。庄子主张的"以鸟养养鸟"的方式是一种符合现代生态价值判断的方式,如果喜欢鸟的话,不是把它关在笼子里,按照人的意愿而不是鸟的自然本性去对待它,而是可以采取多种树、纯净江海湖泊和天空、保持湿地等自然的方式。庄子甚至认为,即使是骈拇枝指也是物之自然,人为地加以改变也是对生命本性的戕害。

老庄"顺物自然"的观点表现出了一种对传统伦理学的反动以及与现代生态伦理相契合的性质。传统伦理学主张人类中心主义,表现出的是人和自然相对立、真善美相分离的状态,而庄子的

"顺物自然"的观点主张人和自然相融合、真善美相统一。它可以用来改变传统伦理学的自由观、善恶观，促使人们从新的角度来看待人与自然的关系，变革人们的思维方式和行为方式，改变人们的生活方式和生存态度。老庄"顺物自然"的观点深得西方学者的赞赏，成为深层生态学理论可资借鉴的宝贵思想财富，如"以鸟养养鸟"的思想和现代生态学家所主张的"让河水尽情地流淌"实有异曲同工之妙。生态后现代主义者 B. 洛佩思曾经说过："一头被带离栖息地并被放入动物园的熊依然是一种哺乳类生命，但它不是熊。"①

2. 无为为益

"顺物自然"的逻辑推论即是无为为益。老子认为，以"道"的方式对待天下万物，就是要"处无为之事，行不言之教"(《老子》第 2 章)②。道表现在万物之中，万物自生自长、自毁自灭，是道之无为之为，这种"无为"的境界被老子称为"玄德"，即人的最高德性。道对宇宙万物是一视同仁的，《则阳》篇说："万物殊理，道不私，故无名。无名故无为，无为而无不为"。庄子认为："虚静恬淡寂漠无为者，天地之本，而道德之至也……万物之本也。"(《天道》)"吾何为乎？何不为乎？夫固将自化。"(《秋水》)天地无为，"故万物皆化生"(《至乐》)；人无为，"而后安其性命之情"(《在宥》)；圣君无为，"则任事者责矣"(《天道》)。这种无为性，引申到政治，即是"游心于淡，合气于漠，顺物自然而无容私焉，而天下治矣"(《应帝王》)，淡漠而顺物自然，就是无为，也就是得道，才可以无为而治。道家提倡的无为是要求人们遵循自然规律，认为只

---

① 王治河：《后现代哲学思潮研究》，北京大学出版社 2006 年版，第 299 页。
② 陈鼓应：《老子今注今译》，商务印书馆 2003 年版，第 80 页。

有顺其自然,才能成就事物,取得事半功倍的效果。而违背自然规律,则会徒劳无功,甚至适得其反。《应帝王》里儵与忽为混沌凿七窍,一天凿一窍,七天后混沌死,这个故事讲的就是有为的恶果,即使是出于善心。这里的混沌就是道的化身,说明有为就不是道了。"自然无为"的一个基本的道德判断应当是:"不以心捐道,不以人助天。"(《大宗师》)庄子说:"无为也,则用天下而有余;有为也,则为天下用而不足。"(《天道》)"自然无为"体现了老庄的生态主义的方法论。郭象注《庄子》说:"无为者,非拱默之谓也,直各任其性,则性命安矣。"(《在宥》)这正是道家之"无为"的核心内涵。正如李约瑟所说:"无为在最初原始科学的道家思想中,是指'避免违反自然的行为',即避免拂逆事物之天性。"①迈克尔·拉法格说:"'无为'即如果没有统治者,世界显然会更好"②,可谓一语中的。

　　当然,老庄的"自然无为"并不是反对所有的"有为"。老子说:"辅万物之自然而不敢为"(《老子》第64章)③。在这里,"辅"是辅助,也是一种为,但不是强加,不是妄为,而是顺势而为。庄子的"顺物自然"也不是盲目地反对一切人对自然的利用,而是主张人们要在深刻理解事物的本性和规律的基础上讲求技巧,顺物自然地去行动,就如"庖丁解牛"一样。要善于"依乎天理"、"因其固然"、"缘督以为经",以顺应的方式去开发利用自然、去适应社会,才能够"游刃有余"地生活于"技经肯綮"的现实世界,以避免庖丁

①　[英]李约瑟著,陈立夫译:《中国古代科学思想史》,江西人民出版社2006年版,第80页。

②　[美]N. J. Girardot、James Miller、刘笑敢编,陈霞等译:《道教与生态——宇宙景观的内在之道》,凤凰出版传媒集团2008年版,第52页。

③　陈鼓应:《老子今注今译》,商务印书馆2003年版,第301页。

（人）、刀（生命）和牛（社会，也可指自然）的相刃相靡，才可以全生、保身、养亲和尽年。

在当代社会，有为的悲剧不仅没有减少，反而愈演愈烈。现代社会所经历的全球性危机，绝大部分是人类不遵循自然规律和社会规律，盲目地提倡所谓"积极有为"而导致的恶果。人类缺乏一种与自然和谐相处的平等心态、缺乏对人与自然和谐相处的重要性和必要性的认识，盲目地陶醉于与天斗、与地斗的物欲的暂时满足中，却茫然不知自己因此已经走到了"夜半临深池"的险境。所以，庄子的"自然无为"思想对于解决当代社会的一系列危机实在是一剂良药，它可以使人与自然和谐相处从而有效地解决生态危机，可以使人与人以一种平和的、安宁的、纯净的心态相处，从而有效地缓解世态的纷争和心态的挣扎。

3. 处物不伤

处物不伤是顺物自然、无为为益的必然的逻辑结论。庄子主张保全物性而不伤，反对任何伤性害生的行为，认为世人所欣赏的"伯乐善治马"、"陶匠善治埴木"以及"善治天下"都是该受到谴责的伤物的行为，伯乐对马的所作所为既违背了马的自然天性也直接导致了马的伤亡，如"烧之、剔之、刻之、雒之、连之以羁絷，编之以皁栈，马之死者十二三矣；饥之、渴之、驰之、骤之、整之、齐之，前有橛饰之患，而后有鞭策之威，而马之死者已过半矣。"（《马蹄》）正确的做法应是"处物不伤"，让马自由自在地生活，让它"蹄可以践霜雪，毛可以御风寒，龁草饮水，翘足而陆，此马之真性也。虽有义台路寝，无所用之。"（同上）庄子认为："圣人处物而不伤物，不伤物者，物亦不能伤也。唯无伤者，为能与人相将迎。"（《知北游》）在上古时代，人和自然就处于一种和谐相处、互无伤害的和乐状态之中，"万物不伤，群生不夭"（《缮性》），"万物群生，连

属其乡;禽兽成群,草木遂长。是故禽兽可系羁而游,鸟鹊之巢可攀援而窥。……同与禽兽居,族与万物并。"(《马蹄》)

　　庄子"处物不伤"的思想内涵了对世间万物的一种尊重和保护,人类不应该也没有理由为了满足自己的欲望而伤害他人和他物,这种伤害既包括"虐待"动物,如伯乐治马等,也包括以人类自己的标准去"善待"动物,如"以己养养鸟"等。这和现代生态哲学的观点是一致的。在如何对待自然界的问题上,生态学的发展经历了一个从"动物解放论、动物权利论"到"生物平等主义",再到"生态中心主义"的过程,其伦理学的外延是不断扩大的,从动物到生物再到整个生态,越来越接近于庄子"处物不伤"的方法论。

　　庄子的顺物自然、无为为益、处物不伤的生态方法论与泰勒提出的四条基本的道德规范①有许多相通之处:一是不作恶的规范,它要求我们不能伤害任何有机体的生命,这和庄子"处物不伤"等观念有着契合之处;二是不干涉的规范,它要求我们不能干涉生命个体、生命共同体和生态系统的生存自由,这与庄子"顺物自然"、"无为为益"等观点是相符的;三是忠诚的规范,它要求我们不要欺骗和背叛野生动物,不要打破野生动物对人类的"信任",而庄子的"同与禽兽居,族与万物并"(同上)的社会理想就显示了动物和人之间的一种充分的"信任";四是补偿正义的规范,它指出,当人们对其他生命有机体造成伤害后,应当作出合理的补偿,这样才是合乎正义的,这是对前面三种规范的一种补充,如果出现了违背前面三种规范的情况,人都需要为这些不正当的行为负责并且要采取措施弥补过失。庄子主张要"以鸟养养鸟"而不要"以己养养

---

　　① 　参见李培超:《伦理拓展主义的颠覆——西方环境伦理思潮研究》,湖南师范大学出版社 2004 年版,第 83—84 页。

鸟"的思想,即是对补偿正义规范的一种强调。

(三)知足知止的绿色生活方式和生态消费理念

庄子从顺物自然、无为为益、处物不伤的生态爱护观念出发,反对人类过分向自然索取,主张人类必须节制自身的欲望,树立知足知止的绿色生活方式和消费理念。

道家思想中包含着一系列关于知足的伦理原则。老子指出:"咎莫大于欲得;祸莫大于不知足。故知足之足,常足矣"。(《老子》第46章)①"甚爱必大费;多藏必厚亡。故知足不辱,知止不殆,可以长久。"(《老子》第44章)②"不欲以静,天下将自正"(《老子》第37章)③。即没有欲念,而又清净淡泊,天下自然安定。老子说:"五色令人目盲;五音令人耳聋;五味令人口爽,驰骋畋猎,令人心发狂;难得之货,令人行妨。是以圣人为腹不为目,故去彼取此"。(《老子》第12章)④是说美味佳肴会损伤人的味觉,所以圣人但求安饱而不会追逐声色之欲。"治人事天,莫若啬。夫唯啬,是谓早服;早服谓之重积德;重积德则无不克;无不克则莫知其极;莫知其极,可以有国;有国之母,可以长久;是谓深根固柢,长生久视之道。"(《老子》第59章)⑤这里的"啬"既指财物也指精神,老子认为"啬"可以"重积德",进而可以治人、事天、养生。庄子继承和发展了老子的思想,认为"朴素而天下莫能与之争美"(《天道》),"平为福,有余为害者,物莫不然,而财其甚者也"(《盗

---

① 陈鼓应:《老子今注今译》,商务印书馆2003年版,第245页。
② 陈鼓应:《老子今注今译》,商务印书馆2003年版,第241页。
③ 陈鼓应:《老子今注今译》,商务印书馆2003年版,第212页。
④ 陈鼓应:《老子今注今译》,商务印书馆2003年版,第118页。
⑤ 陈鼓应:《老子今注今译》,商务印书馆2003年版,第288页。

跖》)。即平常就是福,多余的东西、尤其是多余的财物是祸害。"无欲而天下足,无为而万物化"(《天地》)。庄子主张简朴自然的生活,正所谓"食于苟简之田,立于不贷之圃"(《天运》),庄子推崇的真人"其食不甘"(《大宗师》),饮食不求甘美。庄子认为欲望是"累德"(《庚桑楚》)之一,甚至主张断绝一切欲望,认为损害天性之事有五:"一曰五色乱目,使目不明;二曰五声乱耳,使耳不聪;三曰五臭薰鼻,困慒中颡;四曰五味浊口,使口厉爽;五曰趣舍滑心,使性飞扬。"(《天地》)认为人最该畏惧的是卧榻之上与饮食之间即食与色,但人们却不知道警惕,实在是一种过错,"人之所取畏者,衽席之上,饮食之间;而不知为之戒者,过也。"(《达生》)在劝说人们节制欲望、知足常乐问题上,庄子强调"无迁令,无劝成,过度益也。迁令劝成殆事,美成在久,恶成不及改,可不慎与!"(《人间世》)虽然这些话是针对叶公子高出使齐国而言,但却表达了一个普遍的原则,即做事不要过度,凡是过度的,都必然带来危害,做好事需要很长的时间去经营,坏事一旦做成悔改都来不及,所以需要慎重行事。这同样适用于人类对待自然的态度,生态危机一经造成就很难恢复,我们也必须谨慎地对待自然,不要让自己的欲望超过自然能够承受的限度。庄子期待的是"游心于淡,合气于漠,顺物自然而无容私"(《应帝王》)的境界,此处的"私"正是人情人欲的体现。

老庄认为,人不仅要知足,而且要知止。老子说:"我有三宝,持而宝之。一曰慈,二曰俭,三曰不敢为天下先"(《老子》第 67 章)①,其中俭就是节俭,生活节俭才能广聚钱财。老子主张,人类要过简朴的生活,减少自己的私利,淡泊欲望,即所谓的"见素抱

---

① 　陈鼓应:《老子今注今译》,商务印书馆 2003 年版,第 310 页。

朴,少私寡欲"(《老子》第 19 章)①。老子认为,理想的社会应是
自然而然的生活,人们"甘其食,美其服,安其居,乐其俗"(《老子》
第 80 章)②。简单的生活,可以降低人的欲望,纯洁人的本性,减
少自然资源的消耗,人和自然的关系会更加亲密融洽,人也更容易
体会"道"的境界而顺道而行。庄子也指出人不仅要"知足",而且
要"知止"。庄子将人与动物相比较,"鹪鹩巢于深林,不过一枝;
偃鼠饮河,不过满腹"(《逍遥游》)。"计人之所知,不若其所不
知"(《秋水》),要"知止其所不知"(《齐物论》),我们要承认对自
然的无知,这样才不至于妄作妄为而给自然、给人类带来灾祸。庄
子强调了人的认识的有限性,这种思想或有其消极的一面,但其积
极意义也是显而易见的,它可以部分消解人对自己力量的过分迷
信的态度以及对自然过强的主宰和支配欲望。庄子在《盗跖》中
关于"无足"(代表不知足知止的贪婪之人)和"知和"(代表知足
知止的清廉之人)的对话分别论述了财富的好处和危害,其中知
和所论述的财迷心窍所带来的"乱、苦、疾、辱、忧、畏"六大不幸,
足以提醒世人知足常足、知足常乐的道理。

　　老庄"知足知止"的观点既承认人类的整体利益和终极利益,
又承认自然的权利及其内在价值,这为强调人和自然和谐发展的
可持续发展观提供了宝贵的理论支持,也为现代人确立绿色的生
活方式和生态消费方式提供了借鉴和参考。

　　目前人类的生活方式和消费方式是异化和畸形的,既不知足
也不知止,由此导致的发展是断裂的而不是持续的。在资源利用
和消费上,人类对物质消费的需求不再是满足基本的生存,而是在

第一章　道法自然

产品的消费和财富的积累中存在着一种畸形的攀比心态。比如，人类为满足自己无限甚至畸形的物欲享受可谓变本加厉，对稀缺自然资源的消费如穿裘皮、吃鱼翅等趋之若鹜并以为时尚，但这样的衣服并不比其他普通衣服更保暖或更漂亮，这样食品的营养也并不比一些极普通的食品更高或味道更好，这种过度的物质消费仅仅是为了眩人耳目，显示自己的财富、名誉、地位或满足自己的心理欲求，人性的贪婪远远超过了生理上的需要。事实上，人维持基本的生存所需要的食品并不多也不复杂，但在一些发达国家也包括一些发展中国家，消耗的食品资源已经远远超过了基本的需求，因而出现了营养过剩进而导致很多现代"富贵病"，这无疑是对自然资源包括食品资源和医药资源的极大浪费，且是双重浪费。此外，虽然众多智者明确告知人们，一个人的幸福和其财富拥有量关系并不大，人们应该回归简单生活；《排名经济学》也指出一个人的幸福不在于他的绝对财富拥有量，但具有讽刺意味的结论却是：一个人的幸福感在于他的财富拥有量在社会中排名的先后。这种病态的、畸形的、无节制的物质消费和财富积累欲望，要靠自然资源才能够满足，而资源在一定的技术条件下总是有限的，为了满足人类无节制的欲望，人们对自然采取了竭泽而渔、杀鸡取卵式的掠夺性的开发和利用方式，最终导致的结果只能是对生命的戕害、自然资源的浪费、环境的破坏，以及世风的衰颓、心灵的贫困和扭曲、生态危机的日益严重以及一系列难以确切预知的灾难性后果（如全球性的疫情等）。

在当今全球化的时代，过度和畸形的消费观不仅表现在个人方面，而且表现为国家意志，国家为了自己的利益不惜一切力量在世界范围内争夺自然资源和社会资源，从而导致全球性的生态危机。由于这种对环境的破坏是在国家的"合理"的名义下进行的，所以对自然的破坏更大,两次世界大战以及当代国家或地区之间不断发生的战乱等等就是很好的证明。也就是说,这样的资源利用观导致了全球范围内人和自然、自然本身、人类社会本身、人和人等多重平衡关系的破坏。正如庄子所说,这是一种人与物"相刃相靡"(《齐物论》)、人为物役的状态。日益严重的生态危机表明:人类再不知足知止,将和宇宙万物共同陷入绝境。面对全面的生存困境,人类不得不反思自己的所作所为,走可持续发展的道路是人类总结生态危机教训和反思近代以来发展道路后得出的普遍共识。

面对如此境况,人们开始反思自己的生活方式和消费方式。深层生态学家提出了"有限度的生存"的观点,认为人类应该减少自己过度的欲求,过理性的简朴生活,这和老庄的知足知止、"物物而不物于物"(《山木》)的思想在内在精神和价值观上是相通的。生态学家大卫·雷·格里芬说:"我们必须轻轻地走过这个世界,仅仅使用我们必须使用的东西,为我们的邻居和后代保持生态的平衡,这些意识将成为常识。"①这种简化的生活可以为人类带来很多好处,正如美国学者布朗所说:"自愿的简化生活或许比其它任何伦理更能协调个人、社会、经济以及环境的各种需求。它是对唯物质主义空虚性的一种反应。它能解答资源稀缺、生态危机和不断增长的通货膨胀压力所提出的问题。社会上相当一部分人实行了自愿的简化生活,可以缓和人与人之间的疏远现象,并可缓和由于争夺稀少资源而产生的国际冲突。"②此外,深层生态学

---

① [美]大卫·雷·格里芬著,王成兵译:《后现代精神》,中央编译出版社1998年版,第227页。
② [美]L. R. 布朗:《建设一个持续发展的社会》,科学技术文献出版社1984年版,第283—284页。

家更加注重人们的精神生活而不是物质消费,主张"手段简单,目的丰富",认为消费主义总是试图用物质产品来满足人们的精神需求是一种南辕北辙的做法,工业国家的毫无节制的消费主义并不能满足人们的根本需要。他们把生活质量和生活的消费标准区别开来,不是用物质的数量或经济收入来衡量生活的质量;相反,他们使用的是美、自我实现这类精神的标准。[①] 可喜的是,在现代社会中,节约能源、注重环保、爱护生物、造福子孙等绿色理念已成为一些有识之士的共同追求,成为一种新的时尚。20 世纪 70—80 年代人们已经开始研究"生态消费",英国在 1987 年就出版了《绿色消费者指南》,提倡不仅消费的对象应是绿色的,而且主张消费的观念、行为、方式和过程以及结果的"生态化"。

总之,充分发掘老庄提倡的"知足知止"思想中的有益成分,能够为可持续发展以及绿色环保的生活方式和生态消费方式增添一种文化底蕴,提供一种思想资源。

---

① 参见何怀宏主编:《生态伦理——精神资源与哲学基础》,河北大学出版社 2002 年版,第 493—495 页。

第二章　天人之论

西方哲学曾经长期把精神和物质、心和物看成是独立二元的。中国哲学的思维方式和西方哲学不同，它认为天人是内在合一的。"天人合一"是中国哲学特有的理论，中国古代思想的各个方面无不和这一思想相关。它铸造了中国文化的深层结构，是中国古代思想的精髓和最基本特征，同时也是中国古代哲学中生态思想的最高境界。

一、"天人合一"概述

（一）"天人合一"的含义

"天"是中国最古老的哲学范畴之一。《说文解字》云："天，巅也，至高无上，从一大。"①从这一最初的含义，衍生出了多种含义。冯友兰认为："所谓天有五义：曰物质之天，即与地相对之天。曰主宰之天，即所谓皇天上帝，有人格的天、帝。曰命运之天，乃指人生中吾人所无可奈何者，如孟子所谓'若夫成功则天也'之天是

---

① （汉）许慎撰，（清）段玉裁注，《说文解字注》，上海古籍出版社 1981 年版，第 1 页。

也。曰自然之天,乃指自然之运行,如《荀子·天论篇》所说之天
是也。曰义理之天,乃谓宇宙之最高原理,如《中庸》所说'天命之
谓性'之天是也。"①孔子所说的"天"主要是主宰之天、命运之天;
韩非子则把天和政事连在一起,如"谨修所事,待命于天"(《韩非
子·扬权》)②;老子所说的"天"主要是物质之天、自然之天,庄子
所说的天有多重含义,如自然之天、自然而然的状态、万物内在的
本性、事物的规律或法则等。"人"可以指天子、一般个人、某一部
分人、人类。总体是指人类。关于"合",康中乾认为,"合"是美学
意义上的合,即合的规律性与合的目的性的合,是人的自然化和自
然的人化相统一的合,而且是一种动态的彼此协调的过程,要求人
与自然和谐共处。③"一"的含义:理论上看,"天人合一"的"一"
可以指"天"、"人",即天人合于天,天人合于人,也可以合于"天"
和"人"之外的某种物质或精神性的东西,老庄认为从最终的意义
上来说天人合一的"一"是本体意义上的"道"。世间万物在"道"
的基础上统一起来,是一种"物无贵贱"的平等关系,且遵循着
"道"的共同原则即"法自然"、"为无为",从而达成人与自然的协
调发展。

(二)"天人之学"概述

关于"天人合一"的思想源头,学术界一直存有多种看法。一
般认为,中国哲学史上的"天人合一"理论起源于孟子,主张天与

---

①　冯友兰:《中国哲学史》上册,《三松堂全集》第 2 卷,河南人民出版社
　　1988 年版,第 43 页。
②　陈启天:《韩非子校释》,《民国丛书》第五编(8)(中华书局 1940 年版影
　　印本),上海书店 1989 年版,第 764 页。
③　参见康中乾:《"天人合一"之"合"的特点》,《人文杂志》1995 年第 4 期。

人相通,认为人性是"天之所与",人性本善有天为根据。汤一介认为:"最早明确提出'天道'和'人道'有内在统一关系的,应该说是见于《郭店楚简·语丛一》。……其中说到《易经》:'易,所以会天道、人道也。'这就是说,《易经》是一部讲会通天道和人道的所以然的道理的书。……人向'天'问吉凶祸福。"①"天人合一"这一命题首见于张载《正蒙·乾称篇》:"儒者则因明致诚,因诚致明,故天人合一,致学而可以成圣,得天而未始遗人,《易》所谓不遗、不流、不过者也。"王夫之注曰:"诚者,天之实理;明者,性之良能。性之良能出于天之实理,故交相致,而明诚合一,必于人伦庶物、研几、精义、力行以推至其极,驯致于穷神,则天下之理得,而成位乎其中矣。"②在这里,主要是指人性与天合一。不过,如果追根溯源的话,中国古代"天人合一"思想的萌芽应是远古的图腾崇拜与神灵崇拜,人们相信,天和人之间具有某种神秘的联系或感应,天(帝)能够对人间的事情进行监管和赏罚,这种"天人感应"观念奠定了后世"天人合一"思想的基本方面。"天人合一"思想在先秦就已经非常流行,后经汉初的黄老之学、魏晋玄学,成于宋代理学。

先秦道家主张"天人合一"。老子认为:"人法地,地法天,天法道,道法自然"。(《老子》第 25 章)③在这里,从大的方面,老子表达了天地人都要合于自然之道,从小的方面则是指人与天地组成的自然是一种相合的关系。庄子则明确提出了"天与

① 唐代兴:《理性哲学导论》序,北京大学出版社 2005 年版,第 2 页。
② (宋)张载撰,(清)王夫之注:《张子正蒙》,上海古籍出版社 2000 年版,第 239 页。
③ 陈鼓应:《老子今注今译》,商务印书馆 2003 年版,第 169 页。

人不相胜"(《大宗师》)、"人与天一"(《山木》)的思想。当然，儒家的"天人合一"和道家的"天人合一"并不完全一致。其不同主要表现在，儒家的"天人合一"是指天人相通、天人相类，并不强调天和人的对立。儒家以天为本，但也强调人本身的"自强不息"，虽然这种观点常常有助于社会的发展，但有时对人与自然的关系却是一种破坏；道家的"人与天一"是指顺应自然、合人于天，强调天和人的对立、不和谐的一面，如《庄子》中很多的关于天和人的描述是以对举的形式出现的。道家也以天为本，但与儒家不同，道家认为任何(违背道的)人为都是对自然及自然天性的损害，所以主张取消人为的任何努力，这种观点有时看似消极，但对于保护自然、维护人与自然的和谐关系确实大有裨益。在道家眼里，虽然在实然的状态下人与自然有很多相违背的不一致的地方，但是，人与自然的相合是人与自然关系的应然状态，因为人是自然宇宙的一部分，其产生和存在都是一个自然的过程，所以，人和自然相融是道家内在发展的题中应有之意。

二、庄子之天及天人关系

(一)"天"的含义

"天人合一"在总体上是指人和自然的和谐一致，"天"往往被界定为"自然界"。不过，在《老子》和《庄子》那里，"天"和"自然"的关系比较复杂，两者的外延和内涵常有交叉。有时"天"比"自然"的外延大一些，如庄子的天有包括自然在内的多重含义。但在不同的意义上，有时"自然"的外延比"天"的外延要大一些，如

"人法地,地法天,天法道,道法自然"。(《老子》第 25 章)①《庄子》书中"天"出现约 676 次,概况起来有四个方面的含义:一是指大自然(即自然界);二是指自然而然的状况;三是指万物内在的本性;四是指事物的规律或法则。

1. 大自然

这是"天"的第一个意义。在庄子眼中,天可以是自然之天,如《逍遥游》中提到的"天之苍苍,其正色邪? 其远而无所至极邪? 其视下也,亦若是则已矣"。《天道》中说:"天德而土宁,日月照而四时行",这里的"天"应是较为狭义的"蓝天白云"的"天空"。再如"知天之所为,知人之所为者,至矣"(《大宗师》),这里的大就是大自然的意思,"天之所为"即大自然所为,是浑然天成,"人之所为"即人力所为、人类所为,是人工雕琢。庄子还指出:"无受天损易,无受人益难。无始而非卒也,人与天一也。"(《山木》)"夫形全精复,与天为一。"(《达生》)庄子对天之所为抱有本然的赞赏,而对人之所为尤其是人之妄为持有本能的拒绝和排斥,所以,庄子提出了"不以心捐道,不以人助天"(《大宗师》)的"真人"境界,强调"无以人灭天",认为人类最高的境界应该是不要以人力去改变自然,当然更不能损害自然,要做到"人与天一",而且是合人于天、"以天合天"(《达生》)。郭象注"天"为:"故天者,万物之总名也"②,即天是指包括天地万物在内的自然界。

2. 自然而然的状态

这是"天"的第二个意义。庄子有时把"天"和"道"等同起

———————

① 陈鼓应:《老子今注今译》,商务印书馆 2003 年版,第 169 页。

② (清)郭庆藩撰,王孝鱼点校:《庄子集释》(上),中华书局 1961 年版,第 50 页。

第二章 天人之论

来,这样天也就具备了道的自然而然的特性。老子的"道"与"天"是分开的,如"天法道,道法自然",而庄子则将"天"与"道"合一,如"道与之貌,天与之形"(《德充符》),将"天"与"道"等同论之。再如"道兼于天"(《天地》),这里的天是自然而然的意思。《秋水》篇云:"牛马四足,是谓天;落马首,穿牛鼻,是谓人",牛与马天生就有四只脚,和人事无关,这叫做天然即自然而然,而羁勒马头,贯穿牛鼻,出自人意,这就叫做人为。在这里天和人的不同就是天然和人为的对立。庄子说:"天之小人,人之君子;天之君子,人之小人也。"(《大宗师》)"古之真人,以天待人,不以人入天。"(《徐无鬼》)在这些表述中,"人"表示人为,是一种异于自然的力量;"天"表示未受人力干扰的自然而然的状态。《庄子》中关于"天"的描述不仅多,而且给予天以很高的地位,它把得道之人视为"天人",把最高的德行称为"天德",把顺于道的快乐称为"天乐",把自然而然的美妙声音称为"天籁"。此外,还有"天倪"、"天均"等包含赞赏之意的关于"天"的概念。

3. 万物的自然本性

这是"天"的第三个意义。所谓自然的本性犹如《中庸》所说的"天命之谓性"、孟子所说的内在恻隐之心所表现出的同情"性"等,即万物之自然。庄子《天下》篇指出"以天为宗,以德为本,以道为门,兆于变化,谓之圣人",这里的圣人和庄子讲过的其他天人、神人、至人意义相同,都是指得道之人,这样的得道之人是以自然为主宰,以本性为根本,以大道为途径,能够随物变化的。这里的"天"既不是指自然界,也不是自然而然的状态,更多地是指一种"天性"即自然的本性。《秋水》篇曰:"天在内,人在外,得在乎天",是指天性蕴藏在心内,人事显露在身外,品德之美,在于天然形成。也就是说,作为事物的自然本性的"天"是内在的、本然的,而人的作为相对于自然本性的天来说，则是外在的、多余的，最好的道德在于合乎自然、祛除人为。庄子主张维护事物的自然本性，反对人为的干预，人们如果真的喜欢动物的话，就应让其享受栖息于山林、相忘于江湖的快乐，而不是饱受"相濡以沫、相呴以湿"的无可奈何的"恩爱"之苦。其实人和人相处的最佳境界有时也是顺其自然的淡忘，如果太过牵挂就表明了其中有是非恩怨等不自然的成分，鱼的"相忘于江湖"（《大宗师》）和"君子之交淡若水"（《山木》）的俗语很是相合，都是一种随顺和乐的境界，正如郭象注鱼与江湖之喻（《大宗师》）："于其不足而相爱，岂若有余而相忘"①，正所谓"以天下为之笼，则雀无所逃"（《庚桑楚》）。

4. 事物的规律或法则

这是"天"的第四个意义。庄子在《大宗师》中说："死生，命也，其有夜旦之常，天也。人之有所不得与，皆物之情也。"是说死与生是命中注定的，就像昼夜交替一样是自然规律，人对这些事情是无法干预的。这里的"天"相当于自然规律，在规律面前，人无能为力，只有遵循、顺应、认识和利用。《老子》中也有不少这样的用法，如"天之道，损有余以补不足"（《老子》第77章）②，这里的天也是指自然规律。

正像庄子的"道"的多重含义本源于"道路"一样，庄子的"天"的四个含义也具有内在的一致性，庄子之天的多重含义其实是本于"自然界"的。自然界是包括天地在内的整个宇宙，在没有进化到人类之前，始终处在自然而然的生生不息的过程中，自然而

---

① （清）郭庆藩撰，王孝鱼点校：《庄子集释》（上），中华书局1961年版，第242页。

② 陈鼓应：《老子今注今译》，商务印书馆2003年版，第336页。

然是其本然的存在状态,这种本然状态的存在是因为其内在的本性、天性,而且这种存在有其自然的规律。所以,自然界本身就内涵着自然而然的状态、天然的本性、自然的规律等意义。即使在人类出现以后,人和物一样也都是自然界的一部分,各有其自然而然的状态和天然的本性,也必须遵守而不能违背规律。"莫之为而常自然"(《缮性》),是人和万物共同的本性,能够保守这一自然本性的人庄子称之为"天人"(《庚桑楚》),即"天"是人和万物共同具有的本性而不是物所独有的。不过,有了人类以后,也确实有了人类、人为、人性的概念,以和自然界、自然而然、天性相对,这也是不争的事实。

(二)天人关系

1. 天和人的对立

就自然本身而言,它对世间万物的方式完全是不同于人类的,对待任何事物都是一视同仁的,不会因为人是有感情、有理性的动物而格外开恩多加照顾,不会考虑人类的动机和利益。老子说:"天地不仁,以万物为刍狗"(《老子》第 5 章)[1]。即大自然是没有感情的,它把万物包括人类都视同为祭坛的贡品,可以随便抛弃。自然无视人类的感情和利益,当风则风、该雨则雨,各种对人类不利的自然现象如地震、台风等自然灾害也会不期而至,让人类陷入困境。这些都表明了人与自然之间的对立和冲突。庄子也看到了人与自然相对立、人和天相冲突的一面,所以,《庄子》中常常以对举的方式来描述天和人。在《庄子》中,天和人的对立主要表现为:

天然和人为的对立。庄子看到了天然与人为的对立,指出:

---

① 　陈鼓应:《老子今注今译》,商务印书馆 2003 年版,第 93 页。

"无以人灭天"（《秋水》），《大宗师》说"不以人助天"。庄子主要表述有："既受食于天，又恶用人！……眇乎小哉，所以属于人也！謷乎大哉，独成其天！"（《德充符》）"其一与天为徒，其不一与人为徒"（《大宗师》），能够体验到宇宙万物浑然一体的是指与自然相处，体验不到则是指与人相处。这里是指天然和人为的对立。

自然和人类的对立。"畸人者，畸于人而侔于天。故曰，天之小人，人之君子；人之君子，天之小人也。"（同上）"圣人工乎天而拙乎人"（《庚桑楚》）。"知天之所为，知人之所为者，至矣。知天之所为者，天而生也"（《大宗师》），知道大自然的作为，又知道人的作为，这种人已经达到极致了，知道大自然作为的人，就明白一切皆源于自然。"夫明白于天地之德者，此之谓大本大宗，与天和者也；所以均调天下，与人和者也。与人和者，谓之人乐；与天和者，谓之天乐"（《天道》），这里的"天"与"人"是指自然和人类的"和"谐与"欢"乐。庄子认为，"知道易，勿言难。知而不言，所以之天也，知而言之，所以之人也；古之至人，天而不人。"（《列御寇》）即理解道很容易，但不说出来就比较难，理解而不表达，是为了合乎自然，理解而说出来，是为了合乎人事，古代的至人，需要的是自然而不是人事。这里的天和人指的是自然和人类。

"天道"和"人道"的对立。在先秦思想中就已经有了天道和人道的说法。学界普遍认为，天道是指自然的法则，即日月星辰运行的轨道；人道是指社会的政治伦理原则，即人类生活应该遵循的准则。但此时的天道和人道并不是"作为揭示世界最后本质的哲学本体论问题提出来的，而是对作为这种本体外现的秩序性、规律性的建构的认识论问题提出来的。"①只有到了老庄这里，天道和

①　崔大华：《庄学研究》，人民出版社 1992 年版，第 131 页。

人道才具有了本体论的意义。在对立的意义上来看,老子认为
"天之道,损有余以补不足,人之道,则不然,损不足以奉有余"
(《老子》第 77 章)①,苍天的法则是削减有余而补益不足,人间的
法则却是削减不足以奉养有余,所以自然比人类更符合道性,更公
平无私。老子主张把自然界的平衡引申到社会,那么社会就会变
得平等和平均,不再有高贵与卑贱、富裕与贫困,这样的社会应是
和谐而稳定的。老子的主张直到现在也还具有十分现实的意义,
当然也是世界范围内尚未或难以解决的问题。庄子认为,"无为
而尊者,天道也;有为而累者,人道也。……天道之与人道也,相去
远矣,不可不察也"(《在宥》),无所事事、无所作为却处于崇高地
位的是天道,事必躬亲、有所作为的是人道,两者相去甚远,不能不
细加体察。老庄都认同天道高于人道,自然的法则比人为的原则
更公正、更合理、更长久,人只有与自然相合相融才能体会生命的
本真之境。其实很难区分天和人、天道和人道这两重含义,两者具
有内在的一致性。自然界遵循着天然的原则,人类本身就蕴涵着
人为的原则。所以,这里的区分只具有相对的意义。杨国荣认为:
"'天道'与'人道'既涉及自在的世界与人化的领域,也对应于
'自然'与'当然';二者分别与'无为'和'有为'相涉。"②

天内人外之分。庄子认为,天和人不仅有天道和人道之分,而
且还有内外之别。天性蕴涵于内,人事显露于外,至德在于不失自
然,正所谓"天在内,人在外,德在乎天"(《秋水》)。

本真之人和世俗之人的对立。庄子也称之为"独有之人"和
"世俗之人"(《在宥》)、"全德之人"和"风波之民"(《天地》)。本

---

① 陈鼓应:《老子今注今译》,商务印书馆 2003 年版,第 336 页。
② 杨国荣:《庄子的思想世界》,北京大学出版社 2006 年版,第 49 页。

真之人,也叫"真人"、"天人"、"至人",是合乎天性之人或自然之人,是人的理想存在形态。本真之人与天是内在统一的,是合于天之存在,它无为、无目的,遵循着自然的原则。与本真之人相对立的世俗之人,是"以物易性"、"丧己于物,失性于俗"、"去性从心"的人,这是人的异化存在形态,他们把自己与天对立起来,是悖于天之存在,它有为、有目的,遵循着人道原则。这种人的异化存在,不仅使人和社会堕落,而且也殃及了自然界的其他生物和整个自然环境。

2. 天和人的统一

与"天"的四重含义相对应,庄子"人与天一"或天人合一思想也表现在四个方面:

人与自然万物合一。庄子"天地与我并生,而万物与我为一"(《齐物论》)的天人合一论是从"道通为一"的宇宙生成论演化而来的。庄子认为,道产生包括人在内的天地万物,世间万物都是道的体现,以道观之,万物齐一,即万物皆统一于道,从道通为一的角度看,"天地一指也,万物一马也"(同上)。这是一种本原意义上的人与自然万物合一的境界,或者说是一种本原性的"天人合一",人与世界具有共同的本源。

人与自然而然的状态合一。庄子不仅以道的观点看世界,而且从道的角度看人生,认为理想的人生也是与天地万物的运行相合的。庄子主张人与万物的合一是站在"道通为一"的视阈来看的,不过,这里的问题在于,道在人生中只是一种"天然性"的存在,并不是说人"必然性"地可以得到,因为在社会中,有很多东西会让人迷失这种"天然"的本性,只有"真人"等得道之人才能够保持这种天性,达到"体道"的境界。《大宗师》指出:"其一与天为徒,其不一与人为徒。天与人不相胜也,是之谓真人。"(《大宗师》)与天为徒是庄子天人合一思想的核心,是指人应该遵循自然的原则,要返本归原、返璞归真,使人恢复自然而然的本然状态。与人为徒是指合乎人为的做法,天与人不相胜是指天与人并不相互否定和排斥,而是一致与和谐的,只有真人才能体会到自然与人是不相冲突的。这里的"天"应该是自然而然的状态,而不是"自然界"。

人与自然万物的本性合一。《列御寇》中说:"夫造物者之报人也,不报其人而报其人之天",即造物者赋予人,不是赋予他人为的成就,而是赋予他自然的本性。《山木》篇解释了"人与天一"的含义:"有人,天也;有天,亦天也。人之不能有天,性也。"这是说人为是出于自然本性的,自然也是出于自然本性的,人之所以不能保持其自然天性,是其天生的性分有所亏损造成的。人要保持自然本性,纯任自然,去掉矜能炫知之心,以求与自然和谐。所以,在天人关系上,不能把自然视为满足自己欲望的工具,予取予求。"人与天一"是以天为主导的,理想的人格或人的理想化的存在(真人)应该是循乎天道、与时俱化,与自然融为一体。这样才能达到"天人合一"的境界。梓庆"削木为鐻"的寓言形象地说明了这种人与自然万物的本性合一的境界,在为鐻之前,"未尝敢以耗气也,必齐以静心。齐三日,而不敢怀庆赏爵禄;齐五日,不敢怀非誉巧拙;齐七日,辄然忘吾有四枝形体也。当是时也,无公朝,其巧专而外滑消;然后入山林,观天性;形躯至矣,然后成见鐻,然后加手焉;不然则已。则以天合天,器之所以疑神者,其由是与!"(《达生》)"以天合天"即以人之自然天性合木之自然天性,人和自然相融相合,才能创造出鬼斧神工之作。

人与万物的规律合一。在《养生主》中,庄子讲了"庖丁解牛"的寓言故事。庖丁解牛的"游刃有余"是由于其对牛的内部结构规律的把握,"依乎天理"、"因其固然",才能达到"以神遇而不以目视,官知止而神欲行"的"天(牛的本然规律)人合一"的境界。不过,此"合一"是指人必须顺应自然、合人于天,以天合天,天人合于道。庄子强调天以及天道对于人与人道的相关性,也强调其优先性。简言之,无论从人与世界的关系考虑,还是从人与自身天性、人道和天道的关系看,人和人类的一切都源于自然,因而,也必须回归自然。"归趋自然"不仅是古今人类之共同渴慕和期盼,更是中国传统文化之最为深远、最为本质之根。① "天人合一"是庄子思想的哲学基础,其人生理想和社会理想都是建立在"天人合一"基础上的。

庄子追求的人生理想是"至人"、"神人"、"真人"的至上境界。庄子描述的"至人"、"神人"、"真人"最大的特点是和自然融为一体,合于道、合于自然,即"天人合一"。由于这些得道之人能够做到"与道同体"、"与物为春",所以他们完全融于自然、顺于自然、且不会受到自然的伤害,这些人可以"不食五谷,吸风饮露。乘云气,御飞龙,而游乎四海之外"(《逍遥游》),能够"大泽焚而不能热,河汉冱而不能寒,疾雷破山而不能伤,飘风振海而不能惊"(《齐物论》)。在"天人合一"境界中的真人,为了维护天地人的自然性,不到迫不得已不去有所作为,"至人之用心若镜,不将不迎,应而不藏,故能胜物而不伤"(《应帝王》),是"感而后应,迫而后动,不得已而后起"(《刻意》)。这是庄子"天人合一"思想中的极端。也正是有了这种"天人合一"的思想基础,庄子也才有了"庄周梦蝶"的浪漫而美妙的想象,以及"一以己为马,一以己为牛"(《应帝王》)、"昔者子呼我牛也而谓之牛,呼我马也而谓之

① 参见雷毅:《整合与超越:道家深层生态学的现代解读》,《思想战线》2007年第6期。

马"(《天道》)的自然情怀。

庄子追求的社会理想是人与自然相适相融的"至德之世",这也是一种"天人合一"状态。庄子主张恢复人类最初的原始生活,认为"民结绳而用之"(《胠箧》)的蛮荒时代是最好的社会状态。在庄子所向往的"至德之世"中,展示了近似西方伊甸园的祥和景象,人与自然、人与人都和谐相处而不相害,充分显示了人与自然在生态权利上的平等:"当是时也,山无蹊隧,泽无舟梁;万物群生,连属其乡;禽兽成群,草木遂长。是故禽兽可系羁而游,鸟鹊之巢可攀援而窥。夫至德之世,同与禽兽居,族与万物并,恶乎知君子小人哉!"(《马蹄》)

不过,庄子所提倡的"天人合一"的"至德之世"是针对当时人与自然相融相合的生存状态遭到文明、科技的异化而提出的,并不是真要回到"无知"、"无欲"的上古时代,更主要的是强调人在精神上对自然本性的回归。

三、庄子"人与天一"思想的生态学价值

庄子"天人合一"论的核心是人与自然的统一,其对自然的关注、对生命的尊重、对天人关系的思考都蕴涵着丰富的生态智慧。虽然庄子的"天人合一"不可能直接解决生态问题,但是却可以给我们解决当今人和自然的严重冲突的生态危机、实现人与自然的和谐发展提供一种思维模式和哲学基础,具有重要的理论和现实意义。

(一)"人与天一"与生态平等理念
庄子"人与天一"思想有助于培育"生态大我"、"生态平等"

理念。庄子的"以天合天"的天人合一论是一种非常独特的思想，在对待人与自然的态度上，认为人类应该"无以人灭天"、"不以人助天"，即反对人类征服和改造自然，主张"以天合天"、"以人入天"，即人类应该顺应和适应自然。庄子认为，虽然人的本性来源于道，具有顺应和适应自然的天性，但是，这种天性却受到各种外在因素，如名利、情欲、生死等的干扰，导致人的本性不能够顺利、完全地显露出来，会出现"以物易性"、"失性于俗"、"去性从心"等遵循人道原则的异化现象，所以就需要人通过心性的修养功夫来发掘人类自然的天性，达到一种"吾丧我"（《齐物论》）的真人之境，即人与自然和谐相融的"天人合一"的境界。这里的"吾"是指真我、大我，而"我"是受各种世俗观念困扰的偏执的我、小我，由"丧我"而达到忘我、臻于万物一体的境界。"只有达到天人合一境界的'真人'，才会自觉地放弃征服自然的活动，并且以审美的态度去深切体会人与自然融为一体的和谐之美。"①这种境界就是深层生态主义者所称的"生态的自我"，即"大我"。这和深层生态学的两个最高准则——自我实现和生物中心的平等具有很高的契合度，有异曲同工之妙。

深层生态学学者阿恩·奈斯认为，深层生态学有两个最高准则：自我实现和生物中心的平等，这两条最高准则也可以被看成是深层生态学的环境伦理思想的理论基础。深层生态学的自我，是"一个能够包容万物的生态学意义上的'大我'或者是一种精神上达到至高境界的人格的象征"②。这里的"自我"相当于庄子的

---

① 佘正荣：《"自然之道"的深层生态学诠释》，《江汉论坛》2001年第1期。
② 李培超：《伦理拓展主义的颠覆——西方环境伦理思潮研究》，湖南师范大学出版社2004年版，第147—149页。

"吾",即真我,是一个"臻于万物一体"境界的"大我",而不是世俗功利的"小我"。深层生态学家认为,深层生态学的自我实现,需要人类精神的进一步成熟和成长。阿恩·奈斯指出,人类的自我意识经历了一个从本能的自我(Ego)到社会的自我(Self)再到形而上的"大自我"(Self)即"生态的自我"(Ecological Self)的发展过程,这种"生态的自我"才是人类真正的自我,代表着大自然原始的整体。它强调的是自我和大自然的密不可分,在这个阶段人的自我利益就是生态系统的利益。这种人类意识的发展和成长会让人类的视野、胸怀变得广阔而博大,从而超越人类中心主义、自我中心主义的窠臼,摆脱"小我"的束缚,通过不断克服自身狭隘的个人意识最终实现"生态的自我",把自我完全融入到自然这个"大我"之中,进而产生一种万物平等的情怀。不过,这种融入并不是消解、泯灭自我,而是自我的真正实现,通过这样的一种发展,人类才有希望达到完全成熟的人格和独特性。即自我的实现是世间万物的共生,事物的多样性保持得越多,自我实现就越充分。用现代的眼光来看,深层生态学的"自我实现"正是庄子所讲的"真人境界"。庄子的"自我"也是"生态学意义"上的自我,庄子主张摆脱世俗社会(即社会的自我)的束缚,通过"心斋"、"坐忘"等直觉的自我修养方式达到一种人和自然在精神上的内在统一(即生态学意义上的自我),获得"自我实现"。这是一种完全融于大自然的"物我两忘"美妙境界,也是一种取消一切差别和对立的至高的精神境界。这就不难理解为什么庄子那么欣赏和醉心于真人境界,也不难理解深受道家思想影响的魏晋玄学家们"仰天长啸"、与猪"共饮"的名士情怀以及庄学对禅宗"空"的意境的巨大影响。客观地说,庄子没有现代生态学意义上的自我实现的科学性和严密性,这更多是由时代和文化传统的差异造成的。但是,两者在内在精神品质上的相似性是不能否认的。而且,庄子的自我实现具有诗意和审美的特点,这或许更容易被注重意境的东方人所接受。

"生物中心的平等"是深层生态学倡导的另一个最高准则。这一准则认为,既然现代科学已经证明生态系统中物种的多样性是生态系统得以健康和稳定发展的必要条件,那么,生物圈中的存在物(包括人类与非人类、生物和非生物)就都有其自身的、固有的、内在的价值,它们在生态系统中就具有平等的地位,"深层生态学的一个基本直觉是:若无充足理由,我们没有任何权利毁灭其他生命"①。奈斯把这种生物中心的平等看做是"生物圈民主的精髓"。利奥波德曾提出过"土地伦理"的概念,他指出:"土地伦理是要把人类在共同体中以征服者面目出现的角色,变成这个共同体中的平等的一员和公民。它暗含着对每个成员的尊敬,也包括对这个共同体本身的尊敬。"②韦德尔和塞欣斯对生物中心的平等准则做了这样的阐释:"生物中心的平等是直觉到生物圈的所有事物都拥有平等的生存和繁荣的权利,都拥有在大的范围内使个体得到发展和自我实现的权利。这种基本的直觉就是承认生物圈的所有有机体和实体作为整体中相互关联的组成部分具有平等的内在价值。生物中心的平等与全面的自我实现是密切相关的,即如果我们伤害了自然界的其他生命,也就意味着伤害了我们自身。所有的存在物之间是密切联系的而没有彼此分离的边界,用这样

---

① 何怀宏主编:《生态伦理——精神资源与哲学基础》,河北大学出版社2002年版,第499页。

② [美]奥尔多·利奥波德著,侯文蕙译:《沙乡年鉴》,吉林人民出版社1997年版,第194页。

的观点来看待不同的有机物和实体,就应该在他们作为整体的一部分而拥有自己的权利的意义上去尊重所有人和其他生命个体,而无需感觉有必要去建立一种把人类置于顶端的物种等级秩序。"①生物中心的平等要求人类以对自然当中其他因素影响最小的方式来生存和发展,人类应该把根本的需要、基本的需要与可有可无的需要区别开来,而"根本的需要不仅包括对食物、水和住所等生活必需品的需要,还包括对爱、游戏、创造性地表现自我、与他人和特定景观(或作为整体的自然)的保持亲密关系的需要,以及对精神成长、变为成熟人的需要。在深层生态学家看来,我们的根本的物质需要也许要比许多人所认为的简单得多。在技术官僚——工业社会中,各种产品的宣传和广告攻势总是一浪高过一浪,它们激发的是虚假的需要和毁灭性的欲望。这些需要和欲望之被激发出来,是为了增加产品的生产和消费。事实上,这些需要和欲望总是会迷乱我们的性情,使我们不能客观地面对现实,难以关注精神的成长和成熟这类真正的人生大事。"②根本的需要中就包含着对良好的自然环境的需要。

所以,"生物中心的平等"和"自我实现"作为深层生态学的最高准则是内在地联系在一起的,它们辩证统一于认识"自我"的发展过程中。随着对"自我"范畴认识的扩展和深化,"自我"的范畴也不断拓宽,不再仅仅局限于生理和心理上的"我",也不再局限于人类本身,而是和自然万物融为一体,在这样一个万物一体的境

---

① 转引自李培超:《伦理拓展主义的颠覆——西方环境伦理思潮研究》,湖南师范大学出版社2004年版,第150页。
② 何怀宏主编:《生态伦理——精神资源与哲学基础》,河北大学出版社2002年版,第500页。

界中,人并不比其他物体伟大和崇高,当然也不比其他物体卑微和低劣,而是万物平等。而且深层生态学家的这种观念主要也是一种直觉。这种"人与天一"的直觉主义的"道"境正是庄子所追求的。

(二)"人与天一"与生态价值之争

庄子"人与天一"思想有助于超越目前生态哲学中价值观的论争。当代生态哲学的核心问题是人和自然的关系问题,在这一问题上一直存在着"人类中心主义"和"非人类中心主义"的价值论争。在西方传统哲学中一直是一种"人类中心主义"的价值观念,认为,"自然界本身没有价值,只是作为一种资源,由人们在科学技术的帮助下用来满足自己的欲望。价值只在观察者的眼里存在,并由评价者根据自己的意愿进行分配。"①人是生物进化中的最高阶段,虽然人类做了很多损害自然而最终并不利己的行为,但人类认识和改造世界的能力已经被实践所证明。此外,人类对自然的破坏也需要人类的努力去加以弥补,因为只有人能够创造性地去调整人与自然的关系。这种观点站在人类的角度、以人类的价值观为唯一标准去衡量他物的价值,只承认自然的外在的、功利的工具价值,而看不到事物内在的、潜在的价值。认为只有人类才是伦理学关心的对象,而其他自然物本身没有价值。早期生态学家也是站在人类中心主义的立场上,强调为了人类更好生存所以要敬畏生命、关爱自然。"所有后现代思想家们都认为不可能不采用人类中心的方法,因为没有无视角的观点,也没有无出处的观

---

① [美]霍尔姆斯·罗尔斯顿著,刘耳、叶平译:《哲学走向荒野·序》,吉林人民出版社 2001 年版,第8—9 页。

点。所有人类知识在某种程度上都是以人类为中心的。"①不过，深层生态学家却主张一种"生态中心主义"的观点，认为自然界本身具有内在价值，伦理学关心的对象应该延伸到所有的自然物，包括非生命物质，认为"人类也可能从其他事物的观点看问题，从而获得一个非人类的角度"②。甚至有的生态学家过激地认为自然进化到人类这一阶段是一个谬误，人类中心主义是生态环境的破坏的最主要原因。但也有人认为生态伦理学的兴起是生态危机问题，而不是自然界的价值问题，非人类中心主义偏离了生态伦理学的主题，是站不住脚的，因为：非人类中心主义无法解释没有受到西方人类中心主义思潮影响的一些原始社会族群同样存在着对自然环境的严重破坏；如果真正将平等延伸到自然界当中去，其结果必然是人类文明的终结，因为人类就是依靠自然界才得以生存和延续的；人类中心主义也认同善待自然界就是善待人类的生存条件，就是善待后人，所以不需要什么新的生态伦理。③ 人类中心主义和非人类中心主义的论争表明其各自的理论困境及其某些观点的有待超越或统一。老庄的观点或许可以为这一超越性有所启发。

老庄并不主张以谁为中心，"以人类为中心"或"以自然物为中心"。老子强调了天、地、人都只是世界的一部分，指出："道大，天大，地大，人亦大。域中有四大，而人居其一焉"（《老子》25

---

① ［美］N. J. Girardot、James Miller、刘笑敢编，陈霞等译：《道教与生态——宇宙景观的内在之道》，凤凰出版传媒集团 2008 年版，第 36 页。

② ［美］N. J. Girardot、James Miller、刘笑敢编，陈霞等译：《道教与生态——宇宙景观的内在之道》，凤凰出版传媒集团 2008 年版，第 36 页。

③ 参见甘绍平：《我们需要何种生态伦理》，《哲学研究》2002 年第 8 期。

章)①。大自然是没有感情的因而也不会有偏私,它对世间万物一视同仁,都看做是祭坛上的贡品,"天地不仁,以万物为刍狗"(《老子》第5章)②。在《齐物论》中,庄子借王倪之口以提问的方式也表达了同样的思想:

> 民湿寝则腰疾偏死,鳅然乎哉?木处则惴慄恂惧,猨猴然乎哉?三者孰知正处?民食刍豢,麋鹿食荐,蝍蛆甘带,鸱鸦嗜鼠,四者孰知正味?猨猵狙以为雌,麋与鹿交,鳅与鱼游。毛嫱、西施,人之所美也;鱼见之深入,鸟见之高飞,麋鹿见之决骤。四者孰知天下之正色哉?

即世间万物生活的习性、欣赏的东西各不相同,人、泥鳅、猿猴居所不同,"三者孰知正处",人、麋鹿、蝍蛆、鸱鸦饮食不同,"四者孰知正味",毛嫱、西施和鱼鸟对美的看法各异,"四者孰知天下之正色"。这些提问说明了这样一个问题,世间万物没有一个统一的标准,人有人的立场,物有物的立场,不可能相互取代。人不能把自己的标准强加给自然界,人不是世界的中心;自然界也不能把自己的标准强加于人,自然界也不是世界的中心,所以没有谁对谁错、孰优孰劣的问题,生物(包括人类)多样性是世界之本然。此外,这也说明了另外一个生态学的问题:即所有生物和它的生存环境都是相互依存的,人类破坏其他生物的生存环境会导致生物多样性减少,同时也是破坏了自己赖以生存的环境。当然,庄子也并不否认人相对于物的优越性。庄子对人给予了格外的关注,如以"真人"、"至人"作为一种理想的人格,强调人的"不妄为"、"顺物自然"等观点体现了对人给予自然的影响之大、之深的肯定,从某

---

① 陈鼓应:《老子今注今译》,商务印书馆2003年版,第169页。
② 陈鼓应:《老子今注今译》,商务印书馆2003年版,第93页。

种程度上肯定了人这一物种对于其他自然物的优越之处。虽然庄子更多的是表现出了对人的这种超越于其他自然物的能力的忧虑,担心会对自然之性造成破坏,主张"以人合天",但庄子的这种主张更多的是在自然而然的意义上来讲的,是通过人的精神修养而达到的一种境界,而不是以天灭人。所以庄子并没有走入"生态中心主义"的极端。

老庄天人合一的内在价值论是一种比任何"中心主义"都客观的价值观。庄子基于道的意义上的万物各有自己内在价值的思想,"不仅超越了人类中心论,而且超越了物类中心论,达到了宇宙生态中心论的高度。宇宙生态中心论本质上是道(道性)中心论"①。无论是"人类中心主义"还是"生物中心主义"实际上都是以执著于天和人价值的相斥为前提的,无法真正解决人与自然既对立又统一的矛盾。中国哲学的基本问题是天人关系即人和自然的关系问题,庄子"人与天一"的观点在"道"的意义上消解了人与天的对立,体现了天的价值和人的价值的相通性,解决了人与自然的矛盾。老庄对于人与自然关系的阐释为调和当代生态哲学中人与自然的价值争论提供了新的思路。曹孟勤从人性是生态伦理的基础这一前提出发,认为人性只有与自然(非自然而然)相结合,实现人与自然的本质统一,生态伦理才能成为关爱自然界的人性的自我展现,成为人之为人的担保。② 庄子的"人与天一"强调的

---

① 白才儒:《试析〈庄子〉深层生态思想》,《宗教学研究》2003 年第 4 期。
② 曹孟勤认为:"用古人认识人与自然的方式把握人的自我,应该是解蔽被现代性所遮蔽的人的本真存在的有效途径。人与自然界的根本性统一,应该是人在是其所是与自然界在是其所是基础上的统一。人只有与自然界达到这种本质意义上的统一,才能使人真正地与自然融为一体。人就是自然,自然就是人;有人就有自然,有自然就有人,人与自然合一,就

就是这种"人与自然的本质统一"。

（三）"人与天一"与生态审美情怀

庄子"人与天一"思想深刻影响了中华民族与自然同喜同悲、感同身受的生态审美情怀。这种思想所表达的不仅是人与自然的简单融合，而且也包含着人应该向大自然学习、热爱欣赏自然之美、做到与天同乐等更深刻的内容。庄子曰："与人和者，谓之人乐；与天和者，谓之天乐。"（《天道》）成玄英疏："俯同尘俗，且适人世之欢；仰合自然，方欣天道之乐也。"②与人和谐相处，是人间之乐；与自然和谐相处，是自然之乐。具体说来，自然之乐就是：

> 畜万物而不为义，泽及万世而不为仁，长于上古而不为寿，覆载天地刻雕众形而不为巧，此之谓天乐。故曰："知天乐者，其生也天行，其死也物化。静而与阴同德，动而与阳同波。"故知天乐者，无天怨，无人非，无物累，无鬼责。（《天道》）

彻底消解了中心意识。……人在与自然的融合统一中获得自己的本质，人在人性中与自然融为一体，人类中心或自然中心的争论似乎就成为一种多余。"（曹孟勤：《人性与自然：生态伦理哲学的基础反思》，南京师范大学出版社 2006 年版，第 14 页。）从庄子道学的角度看，只有人保持人的本真之性，物保持物的本真之性，才能达到人与自然的真正统一，从而消解"中心论"之争。曹孟勤进一步指出："生态伦理并不仅仅是为了维护人类的利益，也不完全是为了实现自然界的利益，还应该包含人性的自我确证和自我实现。生态伦理不是人为自然立法，也不是用自然为人立法，而是人为自身立法。自然界的价值除了人类中心主义主张的工具价值，非人类中心主义主张的内在价值外，还存在着一种确证人之为人的价值。生态伦理何以存在的根据不是自然存在物有无道德地位，而是关爱自然界的人性。"（曹孟勤：《人性与自然：生态伦理哲学的基础反思》，南京师范大学出版社 2006 年版，第 18 页。）

② （清）郭庆藩撰，王孝鱼点校：《庄子集释》（中），中华书局 1961 年版，第462 页。

即它毁坏万物而不算是暴戾,泽及万代而不算是仁慈,生于上古而不算是长寿,覆载天地、雕塑众生而不算是技巧。这就是所谓的自然之乐。能够体会自然之乐的人,活着能与自然顺行,死时能与万物俱化,静止时与阴气同归沉寂,活动时与阳气同步奔波。所以,体会自然之乐的人,没有自然灾难,没有人间怨恨,没有外物牵累,没有鬼神责怪。要把虚静之心推到天地,普及万物,这样就是所谓的自然之乐。

庄子这种寄情自然、与天同乐的思想,深刻地影响了中华民族的人文精神。自然界也成了一个具有人格意义的存在,会与人同乐同悲,比如"人有悲欢离合,月有阴晴圆缺"、"感时花溅泪、恨别鸟惊心"等,大概是只有中华民族才有的也才能够体会的情感,这是西方文化所不能够理解的,他们不明白何以冷寂月亮的圆缺会影响到中国人的心情,也不能理解"月圆人也圆"是一个什么样的情感寄托,"境界"一词在英文里一直没有合适的对应翻译。同时,庄子的"天乐"思想也抚慰了其后无数失意的文人墨客、仕途坎坷的落寞政客以及艰难困苦的普通百姓,使他们能够自我调适甚至自得其乐地度过许多艰难的时日。老庄的"天乐"思想给了他们精神上以及生活上的安顿和适意,从而以超脱、旷达的态度面对人间冷暖,才有了诸如陶渊明"结庐在人境,而无车马喧。问君何能尔,心远地自偏。采菊东篱下,悠然见南山。山气日夕佳,飞鸟相与还。此中有真意,欲辨已忘言"的真正的内心喜悦和安宁。庄子这种"天乐"思想也给了中国人的身心在"庙堂"和"山林"之间游刃有余的转换空间,"华丽的转身"可以随时随地地进行,可以"身在庙堂、心在山林",也可以"身在山林、心在庙堂",当然也可以身心一处。在西方,这种"与物为春"的自然情怀在庄子之后一千多年的梭罗才开始了尝试,但这种尝试却是单向的只在"山林"之间刻意寻找的乐趣,应该是庄子所说的"小隐",而不是"隐于朝"的"大隐"。虽然他的生态学意义以及精神上的享受并不缺乏,但却缺少了庄子哲学所具有的那种精神上的洞彻、悠游和自在。

庄子这种热爱自然、与天同乐的思想,使中国伦理文化的空间延伸到了整个自然界。自然是人的生活和精神的双重家园,人和自然是一个有机的整体,大自然是人热爱的不可或缺的同伴。没有人会忍心破坏自己钟情和热爱的东西,也没有人不珍惜自己的同伴,如果人人都热爱、珍惜自然这个同伴,那么维持好人与自然的和谐、不做损害自然的事情就是不言而喻的了。所以,庄子的人与天一、与天同乐的思想具有现实而深刻的生态学意义。深层生态学家罗尔斯顿也认为,我们要把人类和其他物种看做命运交织在一起的同伴,伦理学不应仅仅关注人与人之间的关系,而应扩展到关注人与其环境之间的关系。人本主义的环境伦理是一种派生意义上的,自然主义意义上的环境伦理才是一种根本性的,因为"人们走向派生意义上的生态伦理还可能是迫于对他们周围这个世界的恐惧,但他们走向根本意义上的生态伦理只能是出于对自然的爱"①。在这样一种理念的指导下,生态哲学开始严肃反思人类与地球以至宇宙生态的关系问题,即人与自然是主次关系还是平等关系、是否在某种意义上我们应该遵循自然、自然能否成为人类的一位导师、我们能够从自然学些什么来帮助塑造我们的性格等问题。② 庄子哲学和深层生态学关于自然的理论都为我们或多

---

① [美]霍尔姆斯·罗尔斯顿著,刘耳、叶平译:《哲学走向荒野》,吉林人民出版社 2001 年版,第 35 页。

② 参见[美]霍尔姆斯·罗尔斯顿著,刘耳、叶平译:《哲学走向荒野》,吉林人民出版社 2001 年版,第 4 页。

或少地揭示了这些问题的答案,即地球上所有的物体都具有同样的内在价值;人类不仅要敬畏自然,更应该由衷地热爱、尊重和赞美自然。大自然的野性、自然自发的再生力量、自然的美都是人类应该学习的。

需要指出的是,深层生态学的天人合一与庄子的"人与天一"思想是有区别的。首先,深层生态学把"天人合一"更多地理解为人与自然界和谐统一的理想状态,并希望借此消解近代机械自然观和人类中心主义,进而寻找解决生态危机的思想文化根源。而庄子的"人与天一"除了人与自然的和谐以外,更多地表现为一种理想的精神境界。其次,深层生态学通过科学方式论证了自然具有不依赖于人的内在价值,而庄子天人合一基础上的内在价值论却是其题中应有之意。或者说,深层生态学的天人合一是在对欧洲"主客二分"思想进行反思和批判的基础上而得出的理性结论,庄子的"人与天一"是一种最初意义上的感性直觉和体悟。①

四、庄子"人与天一"思想的生态学局限

"天人合一"思想在古代中国并没有真正解决人与自然之间

---

① 张世英认为,在中国哲学史上,"天人相分"说一直不占主导地位,且语焉不详,直到王船山才对"主客二分"思想进行了比较明确的阐发。一味赞扬中国的"天人合一"说并不符合人类思想发展的大趋势,要发展中国哲学,需要考虑以下三点:"一是要认真反对中国哲学中根深蒂固的封建伦理道德意识;二是要发展'主客二分'的思想和科学精神;三是要注意发扬人的个体性,防止以共性压制个性"。(张世英:《天人之际——中西哲学的困惑与选择》,人民出版社 1995 年版,第 12 页。)

的矛盾。虽然在"天人合一"等思想影响下,人们在生产和生活实践中产生了一系列有益于人与自然和谐相处的观念,也采取了一系列的环境保护措施,但这并没有改变先秦以后生态环境质量总体下降的事实。时至今日,环境破坏甚至到了如此严重的程度:"人类敲响了地球的丧钟,与此同时,地球也敲响了人类的丧钟。……钟声企图获取人类的眷顾,却始终难以穿透心灵对自然的冷漠。"①这有两个方面的问题,即环境破坏的严重和人们对其严重性的漠视。这种状况的产生,固然有着国际和国内、理论和现实的多方面的原因,但是与"天人合一"思想的局限性也不无关系。

(一)理论上的"曲高和寡"与实践上的"凌空蹈虚"

庄子"人与天一"思想在理论上的"曲高和寡"导致了实践上的"凌空蹈虚"。"人与天一"的体道境界只有一些富有天赋、智慧较高、悟性极强、知识渊博的真人、至人才能够达到。虽然老庄都主张"绝圣弃智",但那些被其推崇的真人、至人以及逐步体会"坐忘"的颜回、兀者王骀等人无一不是受过"高等教育"的知识分子或悟性极高的"天人"。所以,庄子哲学更多的是一种"知识分子"和有"慧根"的哲人的精神境界,缺乏一种"平民化"的气质。如果说《论语》是一幕幕的生活伦理剧,可以雅俗共赏、各有体会,那么老庄则是一出出的人生哲理剧,它玄妙高远、曲高和寡,即使在列子和让他心醉的神巫季咸以及他的老师壶子(《应帝王》)所表演的活灵活现的独幕剧中,"壶子四示"所展现的文字内容及其中的深意也是让一般人所费解的。此外,从庄子对后世中华文化的影

---

① 王耘:《复杂性生态哲学》,社会科学文献出版社 2008 年版,第 1 页。

响也可以看出这一点,如魏晋玄学家的"清谈",被称为"清新、精妙的谈话。它的艺术性在于运用精妙而又简练的语言,表达(往往是道家的)创意清新的思想。由于它的精微思想和含蓄而富妙趣的语言,因此只能在智力较高、又相互熟悉、旗鼓相当的朋友之间进行,而被认为是一种'阳春白雪'式的高水平智力活动。"①而庖丁解牛(属于平民化的一员,还有津人操舟、佝偻承蜩等)的游刃有余是由于"臣之所好者道也,进乎技矣"(《养生主》),是说庖丁所好的是养生之道,超过了解牛的技巧。但归根结底仍然是一种基于天赋和勤奋的"熟练"之后的"高度技巧"的"匠人",而不是"体道"的、达到无知之知的真人。此外,要想达到庄子的天人合一的境界,既需要体悟外在自然,又要经历一番苦苦的心志的修炼,需要经历一系列"外"物的过程,这对一般人来讲也是可遇而不可求的。可见,"人与天一"过于注重精神境界而缺乏实践维度,影响范围限于知识分子而缺少大众性,其修炼过程过于复杂而缺乏可操作性,再加上古代人对生态环境认识的不足,导致以文人墨客、仕途政客等知识分子为主体的社会主流阶层更多地局限于享受自然山水带来的美感、乐趣,而少有对自然环境的切实维护,即使有所维护和改造也是出于对江山社稷、国计民生的具体关注,缺乏生态学的视界和思维。总之,"天人合一"思想在理论上的"曲高和寡"导致了实践上的缺乏可操作性。

(二)理论上的消极无为与实践上的无所作为

庄子"人与天一"思想在理论上的消极无为倾向导致了人们实践上的无所作为。在天人关系上,庄子表现了他内在的矛盾之

---

① 冯友兰:《中国哲学简史》,新世界出版社 2004 年版,第 199 页。

处。一方面,庄子反对"以物易性",主张合乎人性的存在,强调复归人的自然本性,要"物物而不物于物"(《山木》),这些都表现了对人的一种深切的关注。另一方面,庄子又强调"无以人灭天"(《秋水》)、"不以人助天"(《大宗师》),主张"天之天",反对"人之天",这些是对天的一种突出而对人本身的某种忽视,表现出了荀子所诟病庄子的"蔽于天而不知人"、消人入天的倾向。庄子的这种既重视又漠视人的矛盾,在"人与天一"的境界中得到了解决。"人与天一"既是一种符合人性的自由境界,又是一种符合天性的本然之境,两相符合就是一个"天地与我并生,而万物与我为一"(《齐物论》)的"身与物化"的审美境界。虽然庄子在大人关系上的矛盾通过天人合一得到了适当的化解,但庄子"以人入天"的思想还是在某种程度上给人以虚无消极的影响,似乎不需要人有什么作为,只要"堕肢体,黜聪明,离形去知,同于大通"(《大宗师》)即可。从这个角度看,这种天人合一的境界,不仅在理论上距离普通人很遥远,而且在实践中会导致消极无为的倾向。这样,人们不能很好地理解和践行这种"天人合一"思想也就不足为怪了。

当然,这里只是说庄子"以人入天"的思想有消极无为的倾向,并不是说庄子哲学就是放弃了人的主动性。庄子的天人合一是合于道、合于自然,强调的是天人之间的和谐,并不忽略人的价值,只是强调人要遵循自然规律。不过,其中蕴涵的顺物自然、无为为之的思想虽然具有很重要的生态学的参考价值,但客观上却造成了人会消极无为的倾向。在老庄思想是积极有为还是消极无为上一直存有争论也说明了其思想本身的二重性和理论影响的双向性。

（三）政治伦理意蕴的浓厚与生态科学意义的缺失

庄子"人与天一"思想受我国传统思维方式影响被赋予了更多政治伦理意蕴。如老子被称为"君人南面之术"，庄子也被认为是"内圣外王"之道。关于庄子内圣外王的思想，是李泰棻根据《庄子》内七篇的中心思想提出的，认为人如果达到了"无不将也，无不迎也"的物我两忘的境界，就可以"内而可作'大宗师'，外而可以'应帝王'"，这就是庄周内圣外王的典范，"所不同者，内圣重在修己，外王重在接物，内圣旨在逍遥自在，外王旨在因应无方"，认为庄子是有政治理想和抱负的，只是目睹当时社会现状愤恨已极，故独树一帜拯救人类于将来。① 也有学者把庄子看做是"自事其心"的学问、逍遥游的人生境界。在这样的思维方式影响下，庄子的"人与天一"或者说中国的天人合一思想被更多的赋予了政治、伦理的含义，而忽视了其对于自然界在科学意义上的保护、维护等实践层面的价值。比如，虽然对中国文化影响很深的儒、释、道等大都具有丰富的生态智慧，但我国历史上以及当今社会环境破坏并不比西方社会更少。就我国目前情况来看，我国现在与未来的环境压力是非常大的，我们对环境伦理的要求若只局限在理论诉求上已经非常的空洞和乏力，简单地高唱"可持续发展"或"科学发展"已是隔靴搔痒，我们更需要的是具有可操作性的行动纲领以及相应的政治、经济和文化措施。中国古老的文化传统中虽然具有丰富的生态智慧，但总体上却是一个环境意识相当薄弱的国家，我们一直志得意满地认为自己是"地大物博"，却忽视了"人口众多"这个分母，没有看到地大物"薄"的现实，这无疑加剧了我国环境问题的严重程度。

---

① 参见胡道静主编：《十家论庄》，上海人民出版社 2008 年版，第 218 页。

第三章　道性思维

道是庄子哲学的核心范畴,"道通为一"是道性思维的主旨。庄子道性思维可以概括为"显"和"隐"两条线索:显性表现为对感知的有限与无限、道的不可言与不得不言、道的不可知与可知的辩证阐述;隐性表现为一个从感性到理性再到理性上的感性的正反合过程。本章试图从两个维度的结合来对庄子道性思维进行生态学诠释。

一、道性思维的主旨

(一)道性及道性思维的主旨

道性即道的内在规定性,是指道的自然特性和本性。老庄认为,万物都禀道而生,道是万物皆有的属性,道"无所不在","在蝼蚁"、"在稊稗"、"在瓦甓"、"在屎溺"(《知北游》)。老子说"道法自然"(《老子》25 章)[1],河上公注:"'道性'自然,无所法也"[2]。道性自然,但表现在物性(世俗众生之性)上却受到物欲情欲的浸

---

① 陈鼓应:《老子今注今译》,商务印书馆 2003 年版,第 169 页。
② 陈鼓应:《老子今注今译》,商务印书馆 2003 年版,第 173 页。

染,丧失了本真之性。为了返性归命,须通过修炼心神复归于清静自然之道性,《老子》曾经提出和光同尘(《老子》第56章)①、"归根复命"(《老子》第16章)②等方法,《庄子》也提出了"心斋"、"坐忘"以"反其性情而复其初"(《缮性》)的观点。道生万物是庄子道性思维的起点,对道的直觉体认是庄子道性思维的终点。

"道通为一"是道性思维的主旨。所谓道性思维,即从道的立场上认识事物、判断是非的方式和方法,这是庄子哲学的认识论维度。

从道的角度看事物,世间万物都是道的产物,没有区别。正所谓:

> 道行之而成,物谓之而然。恶乎然?然于然。恶乎不然?不然于不然。恶乎可?可于可。恶乎不可?不可于不可。物固有所然,物固有所可。无物不然,无物不可。故为是举莛与楹,厉与西施,恢诡谲怪,道通为一。(《齐物论》)

即路是人们行走出来的,万物是人们称呼出来的,各有其所是或所不是的道理,也各有其可与不可的理由,无物不是,无物不可。因此,小草与屋梁、丑妇与美女,以及各种恢诡谲怪的怪异之态,从道来看都是相通为一的。

从道的角度看是非,人们的是非之争,都是源于自身的师心成见,百家互相争辩攻击就如庄子《齐物论》中"狙公赋芧"的朝三暮四,"名实未亏而喜怒为用",所以,是非之争实属愚蠢而无谓。所谓:

> 道隐于小成,言隐于荣华。故有儒墨之是非,以是其所非而

---

① 陈鼓应:《老子今注今译》,商务印书馆2003年版,第277页。
② 陈鼓应:《老子今注今译》,商务印书馆2003年版,第134页。

非其所是。欲是其所非而非其所是,则莫若以明。(《齐物论》)
即由于道被小的成就所遮蔽、言被浮华之词所隐藏,才有了儒墨之
是非,互相肯定对方所否定的、否定对方所肯定的,与其如此,还不
如以清明的心去观照一切。如果能够站在"彼是莫得其偶"的"道
枢"立场看世界,就会体悟和达到"天地一指也,万物一马也"(同
上)的最高认识境界,从而消泯事物的差别、是非的对立,这是道
性思维的关键。

(二)道性思维的生态学意蕴

道性思维方式有助于形成万物平等的内在价值观。道性思维
是一种承认个体的整体主义思维方式,既然万物殊性,各有其性也
各有其用,不可改变和替代,所以万物各有其内在的价值,而不是
只有"工具价值";既然道通为一,万物同源同根,所以万物平等,
人类应该做到齐万物、等贵贱、一生死、和是非,但这是一种在"不
齐"或"不同"基础上的"齐"或"通",关键在于"齐心"。正如李振
纲所讲,道通为一"并不是否定生命世界的差异性,而是不固执这
种差异性,不去用一种差异性扼杀另一种差异性,用一种声音掩盖
另一种声音,用一种色彩遮蔽另一种色彩,用一种逻辑吃掉另一
逻辑。那样会把一个鲜活多样的生命世界变成呆板死寂"①。也
就是说,庄子在承认事物差异性的基础上,强调万物平等。这种整
体主义观点与深层生态学的"生物平等论"多有契合之处。虽然
两种理论产生的历史背景尤其是科学基础有很大差异,但正因如
此,两千多年前的思想中所蕴涵的现代生态学智慧方才显得更加

①　李振纲:《生命哲学——〈庄子〉文本的另一种解读》,中华书局 2009 年
版,第 20 页。

难能可贵。

　　道性思维方式为克服生态危机提供了一种哲学上的支持。作为一种整体主义思维方式的道性思维对克服生态危机给予了一种哲学上的支持。当代人面临的生态危机是人类征服和改造自然所造成的,这种危机暴露的是人与自然二元对立思维方式的根本失误。人们只注重对自然的科学意义上的认识、欲望意义上的利用和改造,自然完全变成了一种外在的对象,人和自然是对立的、分离的,最终不可避免地会产生对自然的工具主义的态度。建设性后现代主义认为"坚持二元论和还原论的现代哲学是一种'祛魅的哲学',正是这种'祛魅的哲学'最终导致了世界和'自然的祛魅'。'自然的祛魅'是指否认自然具有任何主体性经验和感觉。由于这种否认,自然被剥夺了其丰富的属性,被抽象为'空洞的实在'。"①在对西方近代"主客二分"思维方式的批判反省过程中,人们开始认识到要改变行为方式,首先应该改变思维方式,要用主客一体的思维方式把人和自然作为一个整体对待,人类和自然并不是完全分离的,地球的所有方面和领域都是相互联系的,注重其和谐统一更有利于维护生态环境。道家的思维方式在这一点上更具有借鉴性。普里戈金强调:"我们相信,我们正朝着一种新的综合前进,朝着一种新的自然主义前进,也许我们最终能够把西方的传统(带着它对实验和定量表述的强调)与中国的传统(带着它那自发的自组织的世界观)结合起来。"②季羡林也曾指出:"东方的

---

　①　王治河:《后现代哲学思潮研究》增补本,北京大学出版社 2006 年版,第292 页。

　②　[比]伊·普里戈金著,曾庆宏、沈小峰译:《从混沌到有序》,上海译文出版社 1987 年版,第57 页。

思维模式是综合的,它照顾了事物的整体,有整体概念,讲普遍联系,接近唯物辩证法";"西方形而上学的分析已快走到尽头,而东方的寻求整体的综合必将取而代之。以分析为基础的西方文化也将随之衰微,代之而起的必然是以综合为基础的东方文化。"①客观地讲,西方哲学是否真的走到了尽头,能否被东方文化所取代,是一个需待实践检验的问题。但老庄整体主义的思维方式对人们正确对待人与自然的关系具有重要的借鉴作用,也是一个不争的事实。"道通为一"的观点是对人与自然既区别又联系的整体意义上的哲学思考,自然不再只是一个对立于人的冷漠存在,而是一个和人相融相适的有机整体。庄子主张"道通为一"的整体主义,并认为真人境界是完美的人格,这和建设性后现代主义不仅神似而且言辞都很一致,因为建设性后现代主义也强调人与自然的同一,并认为这种"同一性"的后现代世界观将帮助人们走向"完美的人性"②。

需要看到的是,庄子"道通为一"的整体性思维是缺乏分析的整体论,是一种犹如庄子所言的"混沌"的原初整体,不是科学意义上的系统的整体。魏宏森等在批判中国传统整体论时说:"这样的整体往往成为一种没有具体内容的整体,从而也就只是没有具体内容的整体性,或者也可以说是暧昧不清的整体性。"③而深层生态学和后现代哲学的"整体主义"认识论则是在借鉴吸收近现代生物学、生态学以及系统理论、自组织理论等科学成果基础上

① 季羡林谈东学西渐与"东化",《光明日报》2009 年 7 月 12 日。
② 参见王治河:《后现代哲学思潮研究》增补本,北京大学出版社 2006 年版,第 295 页。
③ 魏宏森、曾国屏:《系统论——系统科学哲学》,清华大学出版社 1995 年版,第 210 页。

第三章 道性思维

建立起来的真正意义上的整体论,是"现代自然科学所揭示的现实事物的相对性、非确定性、不完全性,暗中破坏了人们旧有的确定性的世界观,为后现代思维方式的形成立下了汗马功劳。因为,力学和数学是近代哲学赖以存在的两大支柱,而现在这两大支柱倾斜了,旧的世界观因而便失去了科学依托。"①

二、感知的有限与无限

庄子关于感知的有限与无限的论述是从经验之知即感性认识的角度来讲的。庄子认为,主体的有限性和客体的无限性造成了感知的有限和无限。

(一)感知的有限

庄子对感性认识持怀疑和批判的态度,其思想带有明显的相对主义和怀疑主义倾向。庄子认为,人们对事物的感性认识,诸如感觉、知觉和表象都是有限的、相对的,即不可靠的。造成这种状况的原因,主要有以下几个方面:

1. 人类认识能力的有限性

人类认识能力的局限导致认识的相对性。人的认识能力是有限的,对于多样性世界的认识具有见仁见智的不确定性。在《逍遥游》中,庄子描绘了感性世界的多样性,在自然界中,有蓝天、白云,也有斥鷃、大鹏、朝菌、蟪蛄、冥灵、大椿等。在社会中,有犹如

---

① 王治河:《后现代哲学思潮研究》增补本,北京大学出版社 2006 年版,第 23 页。

斥鷃一样感觉良好的"知效一官，行比一乡，德合一君而徵一国者"，也有不计荣辱是非的宋荣子、御风而行的列子以及"乘天地之正，而御六气之辩，以游无穷者"的至人、神人、圣人等。在庄子看来，包括人在内的多样性事物的认识能力都有局限，都受到各自生存环境、自身条件等限制。犹如《秋水》中的黄河之神河伯在秋水连绵、河水上涨时，就"欣然自喜，以天下之美为尽在己"，当他顺流而下，到了东海，见到海水之汪洋无边时，才知道自己的自满是没有根据的、错误的，于是便对北海之神若说："吾长见笑于大方之家"，若则对河伯说："井蛙不可以语于海者，拘于虚也；夏虫不可以语于冰者，笃于时也；曲士不可以语于道者，束于教也。今尔出于崖涘，观于大海，乃知尔丑，尔将可与语大理矣。"正所谓："夫自细视大者不尽，自大视细者不明。故异便，此势之有也。"（《秋水》）《逍遥游》中的小鸟囿于自身的局限也不可能想象到大鹏的快乐，而只能是自得其乐。庄子在这里是想说明一种海龟畅游汪洋、大鹏奋起而飞的大境界，这固然是人要追求的人生境界，但让人感慨的是，大鹏和小鸟、坎井之蛙和东海之龟的快乐从其自身来讲或许并没有任何质和量的差别，这说明人其实是很容易满足的，快乐与否只在于人的视阈，而不在于具体的物质财富的多少，甚至不在于精神世界的是否丰富，就像小鸟会说自己"翱翔"于蓬蒿之间、井蛙会陶醉于坎井之乐。

人类和其他生物一样，也受到自身的局限，而且极有可能由于身在其中而对自身的局限视而不见，如坎井之蛙一样。这样的认识局限不是自然界本身的问题，自然界是一个客观的存在，本身无所谓"及与不及"的问题，如大鹏对于小鸟的讥笑，可能根本就听不到，即使听到也不会在乎，大鹏的强大足以使其具有"海纳百川"的胸怀。但是，从人类认识的角度看，就会有了诸如"小知不及大知,小年不及大年"(《逍遥游》)等比较。在这种比较中,会对整个世界产生很多错误的认识,这一方面是由于人的感官的局限性,人的眼睛、耳朵等感官的形状没有什么区别,但是瞽者不观文章,聋者不闻钟鼓。另一方面也由于人们基于感觉经验的"师心"、成见,庄子指出:

> 夫随其成心而师之,谁独且无师乎? 奚必知代而心自取者有之? 愚者与有焉。未成乎心而有是非,是今日适越而昔至也。是以无有为有。无有为有,虽有神禹,且不能知,吾独且奈何哉! (《齐物论》)

成玄英疏:

> 夫域情滞著,执一家之偏见者,谓之成心。夫随顺封执之心,师之以为准的,世皆如此,故谁独无师乎。①

无论是智者还是愚者,如果说心中没有成见,却有是非观念,就好像说今天去越国而昨天已经到达了一样的不可能。所以,人们基于经验对现实世界的感性认识是十分不可靠的,它会把丰富多样的现实世界变得破碎和虚无。

2. 认识主体标准的差异性

认识主体标准的差异导致认识的主观性。不同的认识主体其标准也千差万别,具有很大的主观性。庄子在其寓言式的表达中,常常把动物也当做认识的主体来说明认识的相对性。庄子在《齐物论》中指出,人睡在潮湿的地方会生病,泥鳅却不会;人住到树上会担心害怕,猿猴却不会;人喜欢吃肉,麋鹿却喜欢吃草;毛嫱、西施是众人公认的美女,鱼和鸟等看到她们却会迅速逃离。可见,

---

① (清)郭庆藩撰,王孝鱼点校:《庄子集释》(上),中华书局1961年版,第61页。

什么是真正的安适、真正的美味和美色都是因物而异的,没有统一的标准。即使同是人类,由于不同个体看问题的角度和标准各不相同,所以认识结论也会大相径庭:"以道观之,物无贵贱;以物观之,自贵而相贱;以俗观之,贵贱不在己。以差观之,因其所大而大之,则万物莫不大;因其所小而小之,则万物莫不小"。(《秋水》)感觉是主观的,不同的人对相同的事物会有不同的感觉,如《秋水》篇中庄周和惠施的"濠梁之辩",到底鱼是否快乐,不同的人感知不同,或者根本就是"未必人情知物情",鱼是否快乐人根本不可能知道,说鱼是否快乐只是人的一厢情愿的自作聪明而已。庄子著名的"辩无胜"也说明了认识标准的不确定性:

> 既使我与若辩矣,若胜我,我不若胜,若果是也,我果非也邪? 我胜若,若不吾胜,我果是也,而果非也邪? 其或是也,其或非也邪? 其俱是也,其俱非也邪? 我与若不能相知也,则人固受其黮闇,吾谁使正之? 使同乎若者正之? 既与若同矣,恶能正之! 使同乎我者正之? 既同乎我矣,恶能正之! 使异乎我与若者正之? 既异乎我与若矣,恶能正之! 使同乎我与若者正之? 既同乎我与若矣,恶能正之! 然则我与若与人俱不能相知也,而待彼也邪? 化声之相待,若其不相待。和之以天倪,因之以曼衍,所以穷年也。何谓和之以天倪? 曰:是不是,然不然。是若果是也,则是之异乎不是也,亦无辩;然若果然也,则然之异乎不然也亦无辩。忘年忘义,振于无竟,故寓诸无竟。(《齐物论》)

所以,庄子认为应该放弃是非之争,走"照之于天,……莫若以明"(同上)的顺其自然的路线,"是以圣人和之以是非而休乎天钧,是之谓两行"(同上),圣人能够调和是非,让它们安于自然之分,这就是是非并行而不冲突的"两行"。

3. 认识主体的不稳定性

认识主体的复杂多变导致认识的不确定性。认识主体自身的不断变化,使得认识具有不确定性。在《田子方》中,孔子对颜回说:"吾终身与汝交一臂而失之,可不哀与! 女殆著乎吾所以著也。彼已尽矣,而女求之以为有,是求马于唐肆也。"孔子认为,颜回虽然和自己长期相处,却没有了解这个道理:当颜回认识到孔子表露出来的言行并以此推断其思想时,孔子的思想已经发生了变化,这就好像在空的市场上找马一样。

此外,人在说话的时候往往容易受喜怒哀乐的情绪所影响,"丽之姬,艾封人之子也,晋国之始得之也,涕泣沾襟;及其至于王所,与王同筐床,食刍豢,而后悔其泣也。"(《齐物论》)"世俗之人,皆喜人之同乎己而恶人之异于己也。同于己而欲之,异于己而不欲者,以出乎众为心也。"(《在宥》)也就是说,情感往往是非常主观而虚假的,人人都会师心自用,所以由此得出的认识结论就非常的不可靠。就如艾地边疆官的女儿丽姬,晋国刚迎娶她的时候痛哭流涕,但等到进了王宫,享受荣华富贵时就开始后悔当初不该哭泣。世俗之人都喜欢别人赞同自己,因此愿意接纳;而厌恶别人异于自己,因此就不愿意接纳,这是由于人们总是想超越众人。

庄子甚至对认识主体的真实性都持一种怀疑的态度,庄周梦蝶表达的就是这样的思想,不知是庄周梦为蝴蝶还是蝴蝶梦为庄周。庄子认为,人生犹如一场大梦:

> 梦饮酒者,旦而哭泣;梦哭泣者,旦而田猎。方其梦也,不知其梦也。梦之中又占其梦焉,觉而后知其梦也。且有大觉而后知此其大梦也。而愚者自以为觉,窃窃然知之。君乎,牧乎,固哉! 丘也与女,皆梦也;予谓女梦,亦梦也。是其言也,其名为吊诡。万世之后而一遇大圣,知其解者,是旦暮遇之

也。(《齐物论》)

在这样一个梦幻般的世界里,还谈什么物我、认识以及是非,是非常荒唐怪异的事情,对这样境况的描述,庄子称为"吊诡",既似是而非又似非而是。在这里,"万世之后"说明遇到能够知其解的"大圣"不容易,而"旦暮"又表示遇到能够知其解的"大圣"不受古今时代的限制,可以是朝夕之间的事情。总之,它表达了一个"可遇而不可求"的思想,但似乎更强调了不容易遇到的一面。

4. 认识客体的复杂多变

认识客体的复杂多变导致认识的不稳定性。庄子认为,世间万物处于无穷无尽的变化之中:"物之生也,若骤若驰,无动而不变,无时而不移。何为乎? 何不为乎? 夫固将自化。"(《秋水》)"吾观之本,其往无穷;吾求之末,其来无止。"(《则阳》)认识客体处在不断的"大化流行"之中,使得确定的认识更加不可能。世间万物是一个不断变化的过程,事物不仅"化",而且"万物皆化"(《至乐》)、"百化"(《知北游》)、"万化未始有极也"(《大宗师》),这样的变化导致认识的无止境,也导致了认识的不确定性。《齐物论》中有一个罔两问景(影)的寓言故事,罔两是指影的影子,影子的影子问影子说你为什么不能保持独立不动的,影子回答说"吾有待而然者邪? 吾所待又有待而然者邪? 吾待蛇蚹蜩翼邪? 恶识所以然! 恶识所以不然!"此外还有"知有所待而后当,其所待者特未定也"(《大宗师》)、"言者有言,其所言者特未定也"(《齐物论》)等,这些都是在说明事物是不断变化的,固定性的语言很难准确反映变动不居的事物。

5. 语言表达的繁复歧义

语言本身的繁复歧义导致认识的不确定性。语言本身的差别性和不稳定性,使得语言总是不能恰到好处,这也使得人的认识和判断具有很大的不确定性。语言是最容易引起歧义的,不同的词语可以表达相同的意义,如《庄子》中的"道"又可以用"独"、"一"等概念来表达。相同的词语又可以有不同的意义,如《庄子》中的"道"具有道路、方法、道理、自然以及本体等多重含义,同是一个"用"字,庄子和惠施会有不同的理解。此外,语言在不同地域或不同文化背景中的运用往往会有天壤之别。

总之,人们对现实世界的感性认识是不可靠的,感知的有限是一种必然现象。在这样一个多样、多变、梦幻一样的世界中,人们对世界的认识是否可能、是否正确都是悬而未决的问题,因而物我之别、是非之争、价值有无也都失去了意义。正如庄子所言:"无知无能者,固人之所不免也。夫务免乎人之所不免者,岂不亦悲哉! 至言去言,至为去为。齐知之所知,则浅矣。"(《知北游》)在认识上有所不知、在实践上有所不能,本来就是人无法避免的状况,人却努力去避免无法避免的状况,是非常可悲的,最高明的言论是没有言论,最好的作为是无为,世俗人的知识实在是太浅陋了。因此,要想认识"道",必须排除感性对人们的困扰。

(二)感知的无限

从逻辑上来推论,认识的有限性本身就说明了人类认识的无限性。既然人类获得的对世界的认识是有限的,与之相对,没有认识的或没有深入认识的事物就是无限的,人类的感知也因此具备了无限的发展空间。从客观上来看,世界的无限性造成了认识的无限性。庄子认为,世界是无限的,"有始也者,有未始有始也者,有未始有夫未始有始也者"(《齐物论》),即世界是无始无终的,这种无限表现在时空的无限性上。庄子说:

> 有实而无乎处者,宇也。有长而无本剽者,宙也。(《庚

桑楚》)

郭象注：

> 宇者,有四方上下,而四方上下未有穷处。宙者,有古今之长,而古今之长无极。①

《经典释文》引《三苍》云：

> 四方上下为宇。宇虽有实,而无定处可求也。往古来今曰宙。宙虽有增长,亦不知其始末所至者也。②

即世界在空间上是无限大的,人和无边无际的世界相比犹如"豪末之在于马体"(《秋水》);世界在时间上是无限长的,人和无始无终的世界相比犹如"白驹之过郤"(《知北游》)。对于这样的世界而言,人的存在无异于不存在。既然人的生命和人的认识能力是有限的,世界的存在及其发展变化是无限的,那么人类获得的关于世界的知识就是有限的,未获得的就是无限的,这是一个问题的两个方面。因此,用有限的生命去追逐无限的知识是一场注定要输的比赛、一场注定打不赢的战争,即"吾生也有涯,而知也无涯。以有涯随无涯,殆已"(《养生主》)、"计人之所知,不若其所不知;其生之时,不若未生之时;以其至小求穷其至大之域,是故迷乱而不能自得也"(《秋水》)。结论只能是:知是有限的,不知或需要感知的是无限的。

(三)感知的有限与无限的生态学意蕴

1. 防止人类对自然的妄作妄为

感知的相对性告诉我们,人类对整体世界的任何认识都是基

---

① (清)郭庆藩撰,王孝鱼点校:《庄子集释》(下),中华书局 1961 年版,第801 页。

② (唐)陆德明:《经典释文》,中华书局 1983 年版,第391 页。

于自身的思维方式或庄子说的师心成见而抽象出来的,这种方式可说是既简洁又有效,但却是有局限性的。我们对自然的了解十分有限且未必正确,如果陶醉于一时的所见所得而自以为是、妄作妄为就犹如坎井之蛙一样地可笑,会造成"夜半临深池"而不自知的可悲结局。所以,在开发利用大自然的时候,应充分认识到人类自身的局限性,小心地求证、小心地实践。看到改造自然给人类带来的利益并不难,难的是认识到有可能给人类带来的无法挽回的损害,这是导致现今生态危机日益严重的最主要的原因,"我们现在不仅需要对地球进一步认识,也需要对人类的知识体系的进一步认识,包括我们的假设、范畴和价值"①。

2. 警示人类慎重运用科技成果

两次世界大战给人类带来的巨大灾难、目前生态危机以及世态和心态危机的日益严重都表明人类应慎重地对待科技及其成果的运用。创造一种对人类有工具价值的科技成果并不难,但准确地判定这一成果对人类究竟有利有弊以及利弊大小绝非易事,这需要人类去谨慎地对待、小心地辨别,不能盲目地利用科技成果。

不可否认,庄子带有不可知论倾向的相对主义和怀疑主义认识论也表现出了其消极的一面,是人类认识中需要加以避免的。如认为世界是人类没有办法把握的,这样悲观的基调既消解了人类认识事物的积极性,也不完全符合人类认识和实践的历史和现实。伴随着实践的进步,人类对世界的认识不断扩展和深化,也会更趋于正确。但是,它对我们正确地对待科技成果的发明和运用的确具有重要的启示作用。

---

① 〔美〕N. J. Girardot、James Miller、刘笑敢编,陈霞等译:《道教与生态——宇宙景观的内在之道》,凤凰出版传媒集团 2008 年版,第 31 页。

三、道的不可言与不得不言

庄子对道的不可言和不得不言的论述是从抽象思辨即理性认识的角度来讲的。庄子思想带有明显的非逻辑主义倾向,他不仅对感性认识,而且对理性思维也持否定和批判态度。所谓"言"就是表达,表达需要借助于概念、判断和推理等理性思维形式,而庄子对逻辑语言能否表达"道"持一种怀疑态度,认为拘泥于语言上的逻辑思辨是没有意义的。关于道与言的关系,庄子的主要观点是:道不可言;道又不得不言,语言可以作为人们悟道的工具,通过卮言、重言、寓言等暗示、隐喻、否定的言说方式来表达道。

(一)道不可言

老子认为,道不可言,可以用语言、概念表达的道,就不是永恒的、真正的道:"道可道,非常道;名可名,非常名。"(《老子》第 1 章)①"知者不言,言者不知"(《老子》第 56 章②、《庄子·天道》、《庄子·知北游》)。"有物混成,先天地生。寂兮寥兮,独立不改,周行而不殆,可以为天下母。吾不知其名,强字之曰'道',强为之名曰'大'。"(《老子》第 25 章)③这是老子对道的正面论述,只是勉强给这个"可以为天下母"的本初存在起一个名字叫大道。这表现出了老子对道的尊重和表示自己强为之名的不安。但这个名

---

① 陈鼓应:《老子今注今译》,商务印书馆 2003 年版,第 73 页。
② 陈鼓应:《老子今注今译》,商务印书馆 2003 年版,第 277 页。
③ 陈鼓应:《老子今注今译》,商务印书馆 2003 年版,第 169 页。

字并不能直接说明道,道是不可视、不可闻、不可得的无形的"惚恍"(《老子》第 14 章)①,既不光彩夺目也不漆黑一团,既没有开端也没有终点,当然也不可言。

庄子说:"道不可闻,闻而非也;道不可见,见而非也;道不可言,言而非也。知形形之不形乎!道不当名。"(《知北游》)庄子认为,由于道的不可把握和人的认识的局限性,人的认识不可能完全符合于道,即道是无法用语言来表达的:

> 天地与我并生,而万物与我为一。既已为一矣,且得有言乎?既已谓之一矣,且得无言乎?一与言为二,二与一为三。自此以往,巧历不能得,而况其凡乎!故自无适有以至于三,而况自有适有乎!无适焉,因是已。(《齐物论》)

在这里,"道"与说明道是一的"言"就成了"二","二"与"一"加起来就是三,无限地推演下去,就是善于计算的人也说不清楚,所以主张"无适焉,因是已",因任自然就是最好的态度。此外,庄子认为体道的境界或感受如人饮水、冷暖自知,也是不能用语言表达的,如轮扁斫轮时的"得之于手而应于心,口不能言,有数存焉于其间"(《天道》),庖丁解牛时的"以神遇而不以目视,官知止而神欲行"(《养生主》),以及子祀、子舆、子犁、子来四人的"相视而笑,莫逆于心,遂相与为友"(《大宗师》),都是说道的境界不需要也不能用言语或语言来把握,犹如后来禅宗的拈花微笑。庄子认为,"大道不称,大辩不言……道昭而不道,言辩而不及"(《齐物论》)、"所以论道,而非道也"(《知北游》),大道不需要说明,大辩不需要语言,"道"讲出来就不是道,"言"争辩就有所不及。所以,"至言去言"(同上)、"至则不论,论则不至。明见无值,辩不若默。

---

① 陈鼓应:《老子今注今译》,商务印书馆 2003 年版,第 126 页。

道不可闻,闻不若塞"(《知北游》)、"不言之言"(《徐无鬼》)),而要对这个不可言说的"道"加以言说就会使言说和言说的对象不周延。

庄子认为纯粹语言上的逻辑思辨是没有意义的。他用非常思辨的语言论述了言论的表达本身是否在表达等问题,如《齐物论》中说:

> 今且有言于此,不知其与是类乎?其与是不类乎?类与不类,相与为类,则与彼无以异矣。虽然,请尝言之。有始也者,有未始有始也者,有未始有夫未始有始也者。有有也者,有无也者,有未始有无也者,有未始有夫未始有无也者。俄而有无矣,而未知有无之果孰有孰无也。今我则已有谓矣,而未知吾所谓之其果有谓乎,其果无谓乎?

毫无疑问,这是在用非常思辨的语言表达关于宇宙在时间上有无开始、空间上有无极限、人的言论是说了还是没说等问题。当然,庄子不是在玩弄概念,而是想说明有限的语言对无限的存在能否确切把握的怀疑。庄子著名的"辩无胜"(《齐物论》)说明了是非之争的无谓,"化声之相待,若其不相待"(同上),张松辉释为"变换着不同的声调进行争辩,与没有争辩是一样的"[①],这个解释和"辩无胜"是内在一致的。庄子讽刺惠施是"今子外乎子之神,劳乎子之精,倚树而吟,据槁梧而瞑,天选子之形,子以坚白鸣!"(《德充符》)所以,庄子主张"不谴是非以与世俗处"(《天下》)。

关于道不可言,庄子的矛盾之处在于:一是主张"道不可言",但整部《庄子》都在言"道";二是认为逻辑思辨没有意义,但整部《庄子》却充满了逻辑思辨的表达;三是主张"不谴是非以与世俗

---

① 张松辉:《庄子疑义考辨》,中华书局2007年版,第49页。

处"(《天下》),但整部《庄子》很多的部分在论诸子百家尤其是儒家之非;四是主张"不言"、"去言"和"忘言",认为书本是"古人之糟魄"(《天道》),但又著书立说,留下洋洋洒洒的"十余万言"的《庄子》书,并为后人留下了无尽的"言说"或诠释空间;五是主张"言不尽意",如果真的绝对如此,就无法解释知识的传衍及其规律。在这里,庄子看到了语言概念的局限性,并指出了逻辑思维中存在的矛盾,但却没有指出如何解决矛盾,没有认识到语言的局限可以通过语言自身的发展而不断地加以调整,逻辑思维的矛盾可以通过人们思维水平的不断提高来加以克服,所以最后只能是归结于"口不能言"(同上)的神秘体验。

(二)道不得不言

道的不得不言也是一个客观事实。庄子说:"知道易,勿言难。"(《列御寇》)我们所有的知识,无论是感性认识还是理性认识都需要通过语言来表达。因为有了语言,我们才有了对事物的知识,也才有了事物的"存在"这个语言的表达。海德格尔说:"事物在言词中,在语言中才生成并存在起来。"①由此推论,如果"道"真的"存在",那么就不可能摆脱被言说的结果,但是,要明确知道"言"的局限性和工具性。事实上,庄子的"不言"并非真的什么都不说,其实也做不到,只是想说明一种"其口虽言,其心未尝言"(《则阳》)的体道境界。庄子认为,语言是人们悟道的阶梯和工具,厄言、重言、寓言是道的言说方式。

---

① [德]海德格尔著,熊伟、王庆节译:《形而上学导论》,商务印书馆1996年版,第15页。

1. 语言是人们悟道的阶梯和工具

语言可以启发人们接近于道,但只是人们悟道的阶梯和工具。庄子虽然认为道不可言,但是并没有说道不可知。庄子在《大宗师》中曾经借女偊之口提到"闻道"是一个从"副墨之子"到"洛诵之孙"一直到"疑始"的过程,其中的"副墨之子"和"洛诵之孙"指的就是书本和背诵,而这些是需要借助于语言的。庄子认为,语言的可贵之处在于它的意义,"言者所以在意"(《外物》),"语之所贵者意也,意有所随。意之所随者,不可以言传也。"(《天道》)语言的可贵之处在于它的"意"即意义,但"意之所随"即意义所指向的却是不可言传的即言不尽意。这说明言词只是工具、是媒介,认识的关键是要体会和把握"言内之意"以及"言外之意",认识的目的是通过语言来认识道,最终的结果应该是"得意而忘言"(同上),正如鱼篓是用来捕鱼的,捕到鱼后就忘了鱼篓一样,言语是用来表达意义的,得到了意义就忘了语言,语言和鱼篓都只是工具。在《则阳》中,庄子表达了同样的思想,认为道本来是无名的,勉强称之为"道"就已经落于言说范围,如果再要区别道和丘里之言(一般人生活中的观念和行为),就像狗与马,其间的差别就太大了。不过,需要注意的是,语言有语言的功能,它是人们理解和把握道的必要的阶梯和工具,正如鱼篓是捕鱼的必要工具一样。

2. 卮言、重言、寓言是道的言说方式

庄子主张通过卮言、重言、寓言等暗示、隐喻、否定的言说方式来表达道。因为道是无限,语言总是受到各种限制,用有限的语言去把握无限的道总会有些力不从心,从外延和内涵上都是不完满的,所以会产生矛盾。但是,人类又离不开语言,人一旦诞生,就无可逃避地生活在语言符号之中,任何人都无法超越符号语言的桎梏,庄子也不例外,他也必须运用语言来表达自己的思想。或许正

因为庄子对语言和概念的有限性认识得如此透彻,为了解决"道不可言"和"道不得不言"的矛盾,庄子采取了与众不同的语言表达方式:

> 以谬悠之说,荒唐之言,无端崖之辞,时恣纵而不傥,不以觭见之也。以天下为沉浊,不可与庄语,以卮言为曼衍,以重言为真,以寓言为广。(《天下》)

即庄子的言语方式是:以虚无悠远的论说、广大虚幻的言论、不受限制的言辞来表达,时常任意放纵而不偏执一端,不持一孔之见。认为天下沉迷混浊,不可与之以庄重的语言,他以无心之言来任意发挥,借重他人的话来增加可信度,运用寓言来推广自己的思想。庄子以这样的言说方式来表达自己的思想并不是简单地否定语言的作用,而是为了突破有限的、模式化的语言的桎梏,避免让言论变成一种障碍,以便使无限的、富有生机的道能够充分地显现出来,这只是说明把握道的方式。

需要注意和说明的是:庄子并非简单否定一切言论,认为:

> 可以言论者,物之粗也;可以意致者,物之精也。言之所不能论,意之所不能致者,不期精粗焉。(《秋水》)

即具体事物的表象(物之粗)是可以言说的,事物内在的本质或规律(物之精)是可以意致的,而不期精粗即不属于粗和精的领域的"道"是不可言传和意致的。在这里,我们可以把庄子所说的"言"分为世俗之言(对物之粗和物之精的言)和体道之言(不言之言),由此表达的知识分别是世俗之知和体道之知。不同的"言"和"知"有高低之分,根据对这种高低不同的"言"和"知"的把握程度的不同,也可以区分出人的"体道"境界的高低。庄子在《知北游》中对此进行了较集中的表述:其中涉及四个人,"知"(代表求知者)分别问"道"于无为谓(代表无为无谓的体道者)、狂屈(代

表不拘形迹的近道者）、黄帝（代表世俗之人的优秀者），按照这三
个人对什么是"道"的回答或"言说"，可以从低到高分为三种境
界：能够对"道"进行言说的黄帝和想知道什么是"道"的"知"境
界最低；"中欲言而忘其所欲言"的狂屈境界高于黄帝，他还是想
对道进行言说，只是不知怎么说；"不知应"的无为谓境界最高，他
没有要言说的欲望也不知怎么言说。如果按照这样的分类来看，
庄子总体上的"言"与"不言"其实并不矛盾，可以言说和意致的是
"物"，不可言说和意致的是"道"。但关于"道"本身既可言又不
可言还是有其自相矛盾之处的。

（三）道的不可言与不得不言的生态学意蕴
1. 人类应"知止其所不知"

庄子的语言观有助于人类"知止其所不知"。道不可言，虽然
指的是"道"，但从一般意义上也客观说明了认识和认识对象、语
言和言说对象之间在外延和内涵上的不周延性，启示人类要注重
内心的体验、避免在认识上的以偏概全。老子主张少言、贵言，认
为"多言数穷，不如守中"（《老子》第 5 章）①，人说话太多往往使
自己陷入困境，还不如保持沉默、把话留在心底。河上公注曰：
"多事害神，多言害身。口开舌举，必有祸患"②。庄子的"言不尽
意"、"得意忘言"的否定性结论背后揭示了认识过程中的某些辩
证特征。言就有不言，即只要说话就有意义的遗漏；忘言也是一种
言，即不言反而没有意义遗漏，是一种完整的言，所以庄子会说：
"吾安得忘言之人而与之言哉"（《外物》）。这和辩证法大师黑格

---

① 陈鼓应：《老子今注今译》，商务印书馆 2003 年版，第 93 页。
② 《老子·庄子》，北京出版社 2006 年版，第 17 页。

尔的肯定就是否定、否定就是肯定的观点类似。庄子的这一观点为其直觉方法提供了认识论基础。

　　老子注重的是明哲保身，庄子更注重认识的局限性，但其共同目的在于重视人的内在体验和直觉，防止认识的片面和肤浅。这种见解对于人心浮躁、哓哓不休的当今时代极具启示意义。我们的世界不仅仅表现为生态危机，也表现为精神世界的衰落，这既是世界的异化也是人的异化，人生活在一个异化世界的边缘。人的心灵得不到安顿，人们不能静下心来聆听天籁、人籁、地籁之音，不能达到"天地与我并生，而万物与我为一"的内心直觉之境，更无从谈起能够达到"反其性情而复其初"（《缮性》）的本真状态。更可悲的是，人类意识不到自己认识的局限性，自以为是、妄作妄为，认为自己可以掌握、控制甚至塑造自然，正是这种"自命不凡"的错觉导致了人类的一系列毁灭自然、同时也毁灭自己的后果。知很重要，因为知而后行；知包括知身外的世界，也包括知自身的知和不知，"知止其所不知，至矣"（《齐物论》）。庄子进一步认为"不知"才是真正的"知"："足之于地也践，虽践，恃其所不蹍而后善博也；人之于知也少，虽少，恃其所不知而后知天之所谓也。……其知之也似不知之也，不知而后知之。"（《徐无鬼》）脚踩到的地方很小，依赖没有踩到的地方才能远行；人所知道的东西很少，依赖所不知道东西才能了解自然的奥妙；知似不知，不知然后才能真知。遗憾的是，庄子这些近于真理的深刻思想，人们至今也没有完全领悟，更未能有效地践行。

2. 消解思想文化霸权

　　庄子的语言观有助于消解"文化霸权"。庄子所主张的言说方式给予我们的启示在于，言论自由是可贵的，选择何种方式来表达自己的观点都应得到充分的尊重和满足，这是人权。一个国家乃至整个世界中,谁有话语权、谁没有话语权是一个很重要的问题,因为话语可以表达自己的论点和论据,可以影响他人、社会甚至整个世界的行为和思维方式以及价值观。庄子以一种独特的言说方式来颠覆传统的言说方式,通过攻击诸子百家尤其是儒家的言说方式而代之以道家的视角,儒家主张"名不正,则言不顺"(《论语·子路》)①,庄子则"以天下为沉浊,不可与庄语"(《天下》);儒家主张"仁义礼智信",庄子通过"盗亦有道"等来说明儒家的主张危害天下。《庄子》中的寓言故事"力图建立人与周围环境的非破坏性关系。道家文化另辟蹊径,构建出包括大地、生物、'道'和'德'的理论,强调人和自然的亲密关系。"②庄子在《马蹄》中批判了儒家道德对至德之世中人与自然和谐关系的破坏,在《天运》中也抨击了"三皇五帝"的统治方式带来的世界混乱和无序,犹如现代工业社会给世界造成的危害的古代版。因此,庄子这种语言观以及勇于挑战主流话语的无畏精神对于当今时代反对"话语霸权"、"思想霸权"、"方法霸权"、争取言论自由都具有启示意义。此外,庄子的反常规的语言表达方式也对丰富人们的语言表达方式、改变人们的思维定势、开拓人们的思维视野具有建设性的意义。《庄子》的语言魅力和魄力应是其一直被学界所极力推崇的重要原因之一。

3. 与后现代语言观的契合

庄子的语言观和后现代主义语言观具有一致性。庄子关于"道"的可言和不可言的观点,如果不局限于言说庄子本身的

---

① 杨伯峻:《论语译注》,中华书局 2006 年版,第 150 页。
② [美] N. J. Girardot、James Miller、刘笑敢编,陈霞等译:《道教与生态——宇宙景观的内在之道》,凤凰出版传媒集团 2008 年版,第 33 页。

"道",而从语言本身的角度来看语言的作用,庄子关于语言的有限和无限的观点和某些后现代哲学家对于语言的看法如出一辙。维特根斯坦的语言理论认为,语言是重要的,因为每一件已知的事物都是完全由语言来起中介作用的,……语言不仅仅"指向"、"表明"或"反映"自身以外的某种事物,而是它"本身的表述"(德里达语)。……语言不是透明的,而是错综复杂的和晦涩难解的,因此只能提供通向真理的途径。此外,语言也是不稳定的,始终在根据说话者的情绪的变动而变动。由于每一种说法都充满着各种各样的含义,所以语言总是不能恰到好处。后现代主义的语言观对于后现代的思维方式形成起了重要作用。①

四、道的不可知与可知

庄子对道的不可知和可知的论述是从体道之知即非感性、非理性或超感性、超理性的角度来讲的。一方面,道不可知,这种不可知主要是指通过传统的感性和理性的认识方法无法建构和把握"道";另一方面,道又是可知的,这种可知是指如果超越传统的感性和理性的认识方法就可以建构和把握"道"。也就是说,庄子在否定感性认识和理性认识的基础上,提出了一个形而上的"道"的世界。庄子试图通过揭示感性世界的虚幻性、无价值性、破碎性以及对理性思辨的否定和批判,去构建一个真实的、有价值的、完整的"道"的世界,再通过认知和把握这样一个世界来达到世界的最

① 参见王治河:《后现代哲学思潮研究》增补本,北京大学出版社 2006 年版,第 13—14 页。

理想存在状态。

（一）道的不可知

庄子认为,道不可知。形而上的"道"的世界是一个既区别于感性世界但又离不开感性思维的理性世界。单凭感性领悟不足以创立"道"的世界,单凭理性思辨也不能推理出"道"的世界;感性知识的局限性使其不具备认识道的智慧,理性思辨的人为性、程式化又不符合道的自然性、混沌性。如果想凭借单独的感性或理性去建构和把握形而上的"道"的世界无异于缘木求鱼。犹如庄子借鸿蒙之口所说:

> 万物云云,各复其根,各复其根而不知;浑浑沌沌,终身不离;若彼知之,乃是离之。无问其名,无阚其情,物固自生。（《在宥》）

是说万物纷纭众多,各自回归根本,各自回归根本而不知所以然,浑然不用心机就再也不会离开根本,一旦知道是怎么回事,就会离开根本。不要询问它的名称,不必查看它的真相,万物本来就是自行生长的。这里的"根本"就是指"道",如果一定要追问什么是"道"反而会远离"道",成玄英疏:"若以名问道,以情阚理,不亦远哉!"[1]在《知北游》中,庄子通过太清、无穷、无为、无始四个人对"道"的体认,表达了"道不可知"的思想,太清分别问"道"于无为和无穷,无为说自己知"道",无穷说自己不知"道",无始对此的评价是:"不知深矣,知之浅矣;弗知内矣,知之外矣。"即不知是深奥的,知是浅陋的;不知是内行的,知是外行的。于是,太清慨叹说:

---

[1] （清）郭庆藩撰,王孝鱼点校:《庄子集释》(中),中华书局 1961 年版,第392 页。

"弗知乃知乎！知乃不知乎！孰知不知之知？"是说"道"不能成为知的对象，对"道"的无知远胜于有知。

庄子关于道的不可知的观点，与康德的观点有其相似之处。"在认识论的意义上，康德将认识对象分为'现象'与'物自身'两个部分。他认为，我们所知的只是'现象'，而不是'物自身'；'现象'是'感性直觉'的对象，'物自身'则是'智的直觉'之对象，而'智的直觉'专属上帝所有。"①在这里，"物自身"的世界和庄子的"道"的世界一样，是一个人们经验科学知识之外的形而上的世界，是人类的理性和感性所不及的，即是不可知的。但是，庄子不同于康德之处在于，庄子并没有绝对否认"道"的可知，认为通过以"道"观物的方式可以获得对本体的"道"的直觉体认。

（二）道的可知

庄子虽然反对世俗的认知方式，带有怀疑主义和相对主义倾向，但并没有陷入不可知论，没有完全否认获得"真知"或体道之知的可能性。庄子认为，融感性和理性为一体的"道"的世界可以通过超越感性和理性、或融合感性和理性的"理性上的感性"来建构和把握，这种"理性上的感性"是天才的感觉领悟和哲学的理性思维的有机结合，是一种无知无欲、物我两忘的境界，正所谓"无思无虑始知道，无处无服始安道，无从无道始得道"（《知北游》）。

既然世间万物都与道同体，那么道也体现在人本身，所以人们可以通过某种神秘或直觉的方式知"道"、闻"道"、有"道"、得"道"、执"道"、治"道"、为"道"，从而达到"独与天地精神往来"的

---

① 转引自程志华：《牟宗三哲学研究——道德的形而上学之可能》，人民出版社2009年版，第62页。

境界。如"知道者必达于理"（《秋水》）、"无思无虑始知道"（《知北游》）、"知道易,勿言难"（《列御寇》）、女偊的"吾闻道矣"（《大宗师》）、"此有道者之所以异乎俗者也"（《让王》）、"得吾道者,上为皇而下为王"（《在宥》）、"古之得道者,穷亦乐,通亦乐"（《让王》）、"执道者德全"（《天地》）、"古之治道者,以恬养知"（《缮性》）、"为道者日损,损之又损之以至于无为,无为而无不为也"（《知北游》）等。庄子认为,"有真人而后有真知",这里的"真知"并不是认识论意义上的真理即经验之知、庸常之言,而是存在论意义上的本真即哲学智慧、至理之言,"真知"即体道之知,是对道的直观体认或得道境界。

在《大宗师》中,庄子论述了体道的七个步骤是:外天下、外物、外生、朝彻、见独、无古今、不死不生,并指出体道的顺序是一个"闻诸副墨之子,副墨之子闻诸洛诵之孙,洛诵之孙闻之瞻明,瞻明闻之聂许,聂许闻之需役,需役闻之於讴,於讴闻之玄冥,玄冥闻之参寥,参寥闻之疑始"（《大宗师》）的过程。

在《天地》中,庄子还形象地描述了把握道的方式:"黄帝游乎赤水之北,登乎昆仑之丘而南望,还归遗其玄珠。使知索之而不得,使离朱索之而不得,使喫诟索之而不得也。乃使象罔,象罔得之。"黄帝遗失的玄珠（隐喻大道）不是由知（代表有才智的人）、离朱（代表有锐利眼光的人）、喫诟（代表行动迅速的人）找到,他们分别使用思考、眼力、行动,却找不到遍在万物的道（即玄珠）,最后是由象罔（无象、不着形迹,也无所用心之）找到。这说明对道的把握不是靠知识、理性和有为,而是靠直觉、体悟和无为。

在《寓言》中,庄子借颜成子游之口表达了体道的九个步骤:"一年而野,二年而从,三年而通,四年而物,五年而来,六年而鬼入,七年而天成,八年而不知死,不知生,九年而大妙。"这是一个返回质朴、顺从世俗、通达无碍、与物混同、众人来归、鬼神来舍、合于自然、不知于死生之变、最后体认大道之玄妙境界的过程。

综上所述,庄子对感性认识和理性认识都持怀疑和否定的态度,而追求和肯定无知无欲、无思无虑的直觉主义思维方式。一方面,这是一种超越了感性思维和理性思维的具有最高性质的思维方式,获得的是一种超越感性知识和理性知识的更高层次的智慧,是超越了任何有限性的"照之于天"(《齐物论》),是"鱼相忘乎江湖,人相忘乎道术"(《大宗师》)的境界,即就像鱼相忘于江湖一样相忘于道术,达到真正的未被天下理智分裂的"一"的状态。另一方面,这种思维方式又包含了感性和理性。直觉思维具有直接性、具体性、整体性等感性知识的某些特征,但又不是对事物的外部性、表面性和片面性的感性认识;直觉思维和对于事物的整体把握的理性认识更为接近,但又不同于通过概念、判断和推理而获得的对事物的理性认识。这也就不难理解,作为直觉表现形式的"灵感"、"启发"、"顿悟"往往产生于对某一问题、或在某一领域浸润较深即具有深厚理性功底的人身上,而不会产生于对某一问题、或对某一领域简单涉猎即具有肤浅感性知识的人身上,但这些直觉又确实是通过感性体悟而不是理性推论而得到的。正如柏格森所描述的直觉境界:"所谓直觉就是那种理智的体验,它使我们置身于对象的内部,以便与对象中的那个独一无二、不可言传的东西相契合。"①也就是说,通过直觉思维获得的道的知识是一种领悟和体验意义上的对事物整体的美的直观。在这种状态下,主体和客体、人与自然相融相适,人们顺应自然、效法自然。这是道家"天

————————

① [法]柏格森著,刘放桐译:《形而上学导言》,商务印书馆1963年版,第3—4页。

人合一"基本精神最深刻的体现,也是庄子所推崇的知行合一的
"真人"境界。

(三)道的不可知与可知的生态学意蕴

庄子关于道的不可知与可知的思想体现的是一种直觉主义的
认识方法,这种认识方法对培育生态思维方式和追求生态审美体
验具有重要作用。

1.培育生态思维方式

生态危机的日益严重警示人们,人类需要接受人与自然的割
裂和身心分化的病态现实并通过多种方式、寻求多种途径来改变
这一现实,庄子的既非纯理性也非纯感性、重视整体的直觉主义思
维方式与深层生态学对世界整体性和直觉的强调是不谋而合的。

直觉主义的最大优点在于没有人为的主观偏见,虽然认识主
体会有自己的知识积累,但在直接感悟、体认事物的时候却不会
"师心自用",而只是在个体无意识的状态下发挥作用,所以,人可
以用纯自然的心境去直接感知认识客体,从而获得一种相对客观
的对事物的认识。庄子所追求和肯定的这种直觉主义思维方式,
是一种超越有限的逻辑推理和盲目的感官感受的理想的道德境
界,是一种既非纯理性也非纯感性的用理性表达的高层次的感悟。
这种直觉主义的思维方式不同于西方传统的分析性的思维方式,
它具有生态性,它不是通过理性教化来告诫或通过外在的约束来
改变人们的思维方式和行为方式,从而达到保护环境的目的,而是
通过一种超越的境界来体会人与自然的相通无碍的"鱼相忘乎江
湖,人相忘乎道术"(《大宗师》)的"真人"境界,人在潜意识或无
意识的精神状态下达到了人与自然的同一,从而产生保护自然、赞
美生物多样性的冲动。在"道"的意义上,包括人在内的现实世界

都恢复了其自然的本真之境,变成了一个有灵魂、有生命、有价值的完整存在,每一事物都是宇宙整体的有机成分,世间万物在道的基础上都具有了自己内在的价值,而没有了世俗意义上的高低贵贱之分。

2. 追求生态审美体验

与老庄的直觉主义审美意识类似,西方的生态哲学家们追求的也是一种生态审美体验。"诗意地栖居"(海德格尔语)是说人类应追求诗意地栖居于地球,这句诗意的、审美的语言表达的就是一种内心的直觉,它比哲学更清楚地表达了人和自然的适意。西方生态伦理的精神先驱,19 世纪美国的自然主义者、文学家、哲学家亨利·大卫·梭罗,被称为生态中心论的代表,其哲学被称为超验主义生态学,以《瓦尔登湖》闻名于世。他在瓦尔登湖生活了两年,把大自然称为"爱的共同体",这个共同体是世间万物的家园:"世上没有一物是无机的。……大地是活生生的诗歌,……和它一比较,一切动植物的生命都不过是寄生在这个伟大的中心生命上。"①梭罗认为自然是有生命和人格的,他主张"以自然观察自然",通过与自然界的亲密接触,可以感受到自然界本身生命的律动,发现自然内在的"精神"。他甚至断言:"我脚下所踩的大地并非死的、惰性的物质;它是一个身体,有着精神,是有机的,随着精神的影响而流动。"②这种超验主义生态意识会使人类产生对待自然物和自己同类的敬畏感以及慈善的胸怀,而慈善是人类唯一值

---

① [美]亨利·梭罗著,徐迟译:《瓦尔登湖》,吉林人民出版社 1997 年版,第287—288 页。

② 转引自何怀宏:《生态伦理——精神资源与哲学基础》,河北大学出版社 2002 年版,第124 页。

得赞美的美德。虽然梭罗的思想在当时没有被太多的关注，但他的很多思想被后来的生态伦理学家所吸收。深受梭罗影响的美国自然保护主义的先驱约翰·缪尔，被深层生态学家称为是"美国的道家"，认为地球是属于所有人和其他生命的，不仅动物和植物，甚至石头和水都是"圣灵"的显现，自然物到处在诉说着上帝的爱意。这是一种和梭罗类似的生态感悟。这和深层生态学的主张是一致的，深层生态学"主张靠直觉信仰和精神提升改变人的态度和观念，即希望人能够直觉到与天地一体，与万物同流，从而产生保护自然、赞美生物多样性的自觉冲动"①。卡普拉曾经用中国的阴阳平衡理论来说明现代文明的缺陷，认为"现代环境的危机根源于现代文明的失衡，因为推定现代文明的是男性的、侵略性的、竞争性的、分析性的'阳'性因素。只有用女性的、保护性的、合作性的、直觉的和综合性的'阴'性因素来抑制文明中的过分膨胀的'阳'性因素，使这两种因素实现平衡，现代文明才能健康发展。"②

庄子的直觉体悟和美国心理学家马斯洛的"高峰体验"也不谋而合。马斯洛认为，人们对事物的体验有常规体验和高峰体验两种，常规体验类似于庄子所质疑的感性认识，这种体验具有很大的主观性，不是对事物实际情况的存在认知的体验，会随着人的需要、兴趣、环境等外在因素的变化而变化。高峰体验则和庄子直觉主义的"坐忘"、"心斋"等体道境界类似，是对事物的存在认知的

---

① 李培超：《伦理拓展主义的颠覆——西方环境伦理思潮研究》，湖南师范大学出版社 2004 年版，第 154 页。

② 转引自何怀宏主编：《生态伦理——精神资源与哲学基础》，河北大学出版社 2002 年版。第 518 页。

体验,这种体验使人忘却自我、超越时空、专注于事物本身从而获得对于事物本质(在庄子应为"道"的自然本性)的深刻认识,这是一种回归自然、与自然高度和谐的身心愉悦的体验。这是一种超越认知,"超越指的是人类意识最高而又最广泛或整体的水平,超越是作为目的而不是作为手段发挥作用并和一个人自己、和有重要关系的他人、和一般人、和大自然,以及和宇宙发生关系"①。自称为是"道家的"和"生态学的"态度与方式。但是,马斯洛认为,只有那些擅长运用直觉和思维的自我实现者(类似于庄子的"真人"),才更能获得关于世界的启示和真理,获得"高峰体验"。

庄子的直觉主义和现代生态学的一致说明,无论什么样的文化背景,要想达到人与自然的和谐相融,都需要一种对自然的审美和精神意义上的直觉体悟,而不是只看到自然的经济意义和价值。这种人对自然在审美和精神上的认同会使人类在内心而不是只在表面形成对自然的敬畏和爱意。这是一种超越有限的逻辑推理和盲目的感官感受的理想的道德境界,是一种用理性表达的高层次的感悟。这种认识和对待自然的方式在生态危机愈益加重、保护生态环境成为一种最高要求的今天仍然具有重要的借鉴作用,庄子直觉主义的认识方法对建构深层生态哲学和生态美学具有重要的启示性作用。

---

① [美]A. H. 马斯洛著,林方译:《人性能达的境界》,云南人民出版社 1987年版,第214页。

第四章　道技之辨

　　技术的最原始概念是熟练，所谓熟能生巧，巧就是技术。技术远比科学古老。

　　科学技术由科学和技术两个概念构成。科学是关于自然、社会和人类思维的知识体系，广义的科学包括自然科学、社会科学和思维科学；狭义的科学是指自然科学，是人类认识自然的系统化的知识体系。技术是人们劳动的手段和学说，它既包括工具、设备等物质手段，又包括人的知识、经验、技能等主观精神因素。在现代，技术也有广义和狭义之分，广义的技术包括生产技术和非生产技术，狭义的是指生产技术。

　　《庄子》可以说是哲学和文学著作，但不是科学著作。从《庄子》中关于科学和技术的论述与上述关于科学和技术的界定来看，庄子虽然有关于具体的科学技术的论述，但庄子的科学观主要表现在对知识的一种态度，庄子的技术观主要表现在对技术（主要是生产技术）的一种态度。在这种态度中蕴涵着庄子关于科技的深刻而富有远见的哲学智慧，这是在现今的科技发明和运用中非常值得借鉴的精神资源。

　　关于庄子的科技观，一直存有争论。有学者认为庄子和老子一样是反智慧、反科技的,如胡适①、郭沫若②、唐庆增③等都对庄子反科技思想进行了批判。也有学者认为庄子的科技思想很有价值,如严复、梁启超④等人面对科技的负面作用,对庄子反科技思想的价值给予了一定程度的肯定。英国著名思想家李约瑟更是对道家科技思想给予了充分的肯定,他认为,"道家对于大自然的玄思洞识,全与亚里士多德以前的希腊思想匹敌,而为一切中国科学的根基"⑤,"道家思想是中国科学和技术的根本"⑥,"对于中国的大部分科学思想都必须在道家中去寻根穷底"⑦,甚至认为,"道家思想是现代科学的先驱"⑧。还有学者认为,庄子的科技思想本身就是二元的,庄子的道、哲学的基本原则、认识论、思维方式都是二元的,庄子二元性哲学思想是其二元性科技观形成的内在依据。⑨

不过,从道的角度看,庄子的科技观既不是盲目地反对或倡导一切知识和技术,也不是二元的、矛盾的,其中始终贯彻着一个基本原则,即"道"的原则。"道"是庄子科技观的本体论依据,庄子倡

---

① 参见胡适:《我们对于西洋近代文明的态度》,欧阳哲生主编:《胡适文集》第4册,北京大学出版社1998年版,第3—4页。

② 参见郭沫若:《十批判书》,人民出版社1954年版,第180页。

③ 参见唐庆增:《中国经济思想史》上卷,商务印书馆1935年版,第161页。

④ 参见梁启超:《先秦政治思想史》,东方出版社1996年版,第135页。

⑤ 〔英〕李约瑟著,陈立夫译:《中国古代科学思想史》,江西人民出版社2006年版,第3页。

⑥ 〔英〕李约瑟著,陈立夫译:《中国古代科学思想史》,江西人民出版社2006年版,第148页。

⑦ 〔英〕李约瑟著,汪受琪等译:《中国科学技术史》,科学出版社1990年版,第63页。

⑧ 〔英〕李约瑟著,陈立夫译:《中国古代科学思想史》,江西人民出版社2006年版,第56页。

⑨ 参见刁生富:《庄子的二元性科技观及其哲学依据》,《科学技术与辩证法》2001年第3期。

导的是与道相合的知识和技术,反对的是与道相背的知识和技术,这是正确理解庄子知识观、技术观并对其进行阐释和评价的基础。

一、庄子科技观的哲学基础及其科技思想

(一)庄子科技观的哲学基础

道是庄子科技观的哲学基础,庄子的科技观是建立在其"道通为一"的自然哲学基础上的。《天地》篇曰:"故通于天者,道也;顺于地者,德也;行于万物者,义也;上治人者,事也;能有所艺者,技也。技兼于事,事兼于义,义兼于德,德兼于道,道兼于天"。这里的逻辑顺序是一个技合于道、道合于自然的过程。《天下》篇也指出:"天下之治方术者多矣,皆以其有为不可加矣。古之所谓道术者,果恶乎在? 曰:无乎不在。"既然道术无所不在,所以道也毋庸置疑地存在于技术当中。

庄子的理论逻辑其实很简单,判断是非得失的标准只有一个,即是否合于道。在"道通为一"、"道法自然"的基础上,庄子认为,与道的自然性相悖的技术的运用会造成"道"的迷失,因而是应该加以舍弃和消除的;与道的自然性相合的技术的运用是对道的一种接近,因而是值得加以赞赏和推崇的。庄子反对"桔槔",是因为这种灌溉工具的使用最终会导致"道之所不载"(《天地》);庄子推崇庖丁,是因为其"技进于道"(《养生主》)。

在庄子关于技术的描述中,合于"道"的技术往往也和"道"的特性相合。庄子谈到的能工巧匠普遍认为自己心中有道存在,如庖丁的"技进于道",轮扁的"有数存焉于其间"(《天道》),这是一种"口不能言……臣不能以喻臣之子,臣之子亦不能受之于臣"(同上)的超越状

态,匠人处于一种合于道的自然性的"以天合天"(《达生》)的状态,而且是一种直觉性的整体审美的状态。庄子的逻辑推理是:道不可言、不可传,同理,与道相通的技也不可言、不可传,只有"用志不分,乃凝于神"(同上),才能体会周遍万物(包括技术在内)的道。人的本性只要和道的自然无为本性相符合,就会摆脱物累,臻于出神入化、鬼斧神工的体道境界。这表现出了庄子的一种顺应自然和无为为上的整体主义自然观以及平等地对待世间万物的客观态度。

庄子用"道"来说明"技",赋予普通民众的劳作活动以形而上的意义和价值,在形下之技与形上之道中间搭建了一座沟通彼此的桥梁。这符合《庄子》的整体思想,整部《庄子》的出发点是"道",但其目的却是对人生和社会的深切关注,对诗意的、审美的自由生活的向往和对民众疾苦的深切同情。庄子的科技观,从其本意看可谓"醉翁之意不在酒",因为庄子的本意主要并不是说明科技本身的利弊、表明自己的科技成果或说明如何才能把握这种神秘的与道相通的技巧,而是出于一种社会伦理的目的,是基于对人心和社会政治的关心和忧虑。如梓庆削鐻(同上)并不是为了说明如何做钟架,而是为了说明一种天地人、身与心合一的修养境界;庄子以轮扁斫轮来告诫齐桓公,为政之道的关键是要顺乎自然之道;庖丁为文惠君解牛的寓意也不在于要宣扬技术的神妙,而在于说明养生、处世和为政也要顺道而行。不过,虽然庄子的本意不在于说明技术本身如何,但是,他关于技术的论述却反映了其对科技的态度。庄子关于科技作用的论述以及《庄子》中涉及的关于科技各方面的成果,都具有非常重要的科学意义。

(二)庄子的科技思想

庄子作为一位智者,对世界有着深刻的理解和把握。他不仅对社会现象有着透彻的分析,而且对自然现象也有较深入的了解和探讨,对我国化学、天文、医药、美学等的发展有深刻影响,在天体宇宙观、生物进化、医学养生、物理和机械、破除迷信、科技原则等方面都有独到见解。

1. 天体宇宙观

庄子对宇宙的起源、运行、特性、状态等做了探讨和假设。认为宇宙起源于混同为一而没有成形的"无",万物由此产生:"泰初有无,无有无名;一之所起,有一而未形。物得以生,谓之德"(《天地》)。庄子这一假设和现代意义上的宇宙起源很一致。庄子还给宇宙做了一个规定:"有实而无乎处者,宇也。有长而无本剽者,宙也。"(《庚桑楚》)在《天运》中庄子对天地日月云雨风的自然循环和运行进行了描述,并指出了宇宙在时空上的无始无终、无边无际,如"有始也者,有未始有始也者,有未始有夫未始有始也者"(《齐物论》)、"夫物,量无穷,时无止,分无常,终始无故"(《秋水》)。还对天空的上下互看的颜色问题"天之苍苍,其正色邪"(《逍遥游》)进行了设问。和现代科学相比,虽然庄子的有关定义以及对自然现象的描述显得简单和淳朴,但却表明了庄子对宇宙问题的探求,对后人的研究具有启迪和借鉴意义。美国诺贝尔奖获得者普里高津曾说物理学上重大的混沌理论与庄子的混沌说相吻合。李约瑟认为,庄子的"以道观之,物无贵贱;以物观之,自贵而相贱;以俗观之,贵贱不在己。以差观之,因其所大而大之,则万物莫不大;因其所小而小之,则万物莫不小;知天地之为稊米也,知豪末之为丘山也,则差数睹矣"(《秋水》),是具有一种相对论的宇宙观。[①]

---

① 参见[英]李约瑟著,陈立夫译:《中国古代科学思想史》,江西人民出版社 2006 年版,第 121 页。

2. 生物学

或许是做过漆园吏的缘故,《庄子》书中充满了以鸟、鱼、牛、马以及大树等为背景的寓言故事,体现了庄子丰富的生物学知识。庄子对世间万物的传承变化进行了卓有成效的探讨,庄子说:"万物皆种也,以不同形相禅,始卒若环,莫得其伦"(《寓言》)。万物各有种类,以不同的形式相互承接,开始和终结像是在循环,看不到端绪。庄子在生物学方面最突出的贡献是在《至乐》篇中描述的生物演化过程,认为生物的发展是从具有自我发展能力的生命基础"几"(微小之物)开始的,伴随环境的变化,生物发生了从简单到复杂的演化,从苔藓、青草、昆虫、鸟类、动物到人,人又回归为最初的"几",万物都来自于"几"又复归于"几"。以胡适为代表的一些学者曾把庄子的这种提法看成是比达尔文更早的生物进化论思想,胡适认为:"自化"二字,"是《庄子》生物进化论的大旨","万物皆种也,以不同形相禅"就是一篇"物种由来",但庄子进化论的"大缺点"是"只认得被动的适合"。① 这种说法虽然有些牵强,也引起了后来学者或支持或反对的争论,但庄子的观点和达尔文的进化论确有其在基本原则上的相似之处也是不争的事实。这为庄子以后的生物进化研究提供了有益的参考,并与达尔文的进化论做了有趣的印证。李约瑟认为,在生物学方面,在《秋水》和《齐物论》中,庄子具有不同的环境造成不同的癖性的思想,庄子的"无用之用"蕴涵着物竞天择、适者生存的道理。②

---

① 参见胡适:《中国古代哲学史》,欧阳哲生主编:《胡适文集》第6册,北京大学出版社1998年版,第329—333页。

② 参见[英]李约瑟著,陈立夫译:《中国古代科学思想史》,江西人民出版社2006年版,第94页。

3. 医学养生

道家尊奉《庄子》为《南华真经》，其修身养性之道历来被后人推崇备至，由此可见《庄子》在医学养生方面的成就。如"民湿寝则腰疾偏死"（《齐物论》），说明生活起居、水土环境会致病。庄子主张形神兼养，但养神为主，"形劳而不休则弊，精用而不已则竭。……纯粹而不杂，静一而不变，惔而无为，动而天行，此养神之道也。"（《刻意》）庄子认为，人的喜怒哀乐都会对人的身体产生负面影响："人大喜邪？毗于阳；大怒邪？毗于阴。阴阳并毗，四时不至，寒暑之和不成，其反伤人之形乎！"（《在宥》）这是一种很科学的观点。庄子还提出了一些养生的具体方法：道家养生之学的观念取自庄子《养身主》的"缘督以为经，可以保身，可以全生，可以养亲，可以尽年"，在《刻意》中还记载了"吹呴呼吸，吐故纳新，熊经鸟申，为寿而已矣"的养生方式。此外，庄子还提到人们在需要用一些药物做主药的时候，它就会很珍贵，如"药也，其实堇也，桔梗也，鸡癕也，豕零也，是时为帝者也"（《徐无鬼》），以及"不龟手之药"等。

4. 物理学

《庄子》中有较多物理学问题的记载，《外物》中有关于摩擦生热、热引起燃烧和风雷雨电的描述："木与木相摩则然，金与火相守则流。阴阳错行，则天地大絯，于是乎有雷有霆，水中有火，乃焚大槐"。《徐无鬼》描述了声音的共振：把两张瑟分别放在堂上和内室，"鼓宫宫动，鼓角角动，音律同矣。夫或改调一弦，于五音无当也，鼓之，二十五弦皆动，未始异于声，而音之君已。"庄子描述木质抽水机械"桔槔"是"后重前轻，挈水若抽"（《天地》）、"引之则俯，舍之则仰"（《天运》），这是一种杠杆原理。也有人认为庄子还涉及流体的某些特质，如水"莫动则平"（《刻意》）。轮扁斫轮涉及车轮制作技术，"斫轮，徐则甘而不固，疾则苦而不入"（《天道》）。

5. 心理学

《庄子》中具有丰富的心理学思想。现代心理学认为，21世纪是东方道家的时代，如果人们普遍了解道家学说，那么，心理疾病会大大减少。从大的方面看，著名心理学家荣格、马斯洛的思想都深受道家影响而表现出了一定的传承关系，如庄子的"以其知得其心，以其心得其常心"（《德充符》），这是表明了关于人的意识和人的行为的关系。关于养心重于养形、身心融通无碍的"真人境界"都谈到了人的心理之重要，和被称为西方道家的荣格以及马斯洛的"真我实现"或"自我实现"等思想颇为近似。从小的方面看，庄子对感觉、知觉、表象、情感、意志、记忆等都有所认识。《庚桑楚》说："知者，接也；知者，谟也。"前者是一种接触事物获得的感性认识；后者则是通过概念、判断和推理获得的对事物的理性认识。庄子对梦境、幻觉及其原因也做了探索。此外，庄子对人和动物（寓意人）心理的描写可谓入木三分。

6. 科技原则

虽然道家的科技思想没有形成理论体系，其道德、阴阳以及气等理论并不能对事物作出科学合理的解释，但其思想中蕴涵的丰富辩证法思想和整体性思维方式对科技的发展都起过非常积极的作用。比如，庄子说："其分也，成也；其成也，毁也。凡物无成与毁，复通为一。"（《齐物论》）也就是说，虽然有分有合、有成有毁，但在根本上即在道的意义上是"通为一"的，分就是成，成就是毁，两者是相互渗透的，没有成毁犹如没有是非一样。这就是一个大原则，是一种分与成、成与毁的客观辩证法，无物例外。有学者认为，《庄子》有关"分"、"成"、"毁"的论述是"对中国古代工艺产品设计思想的总结。今天我们见到的楚国的一些工艺产品与机械设计作品,体现了庄子的思想,是具象化的代表之作。"①庄子关于"不同同之"(《天地》)的思想"有如今天所说的组合创造,十分恰当而巧妙地组合已有技术,同样也是科技工程创新之所在。两种或两种以上不同领域内思想的组合,两种或两种上不同功能的物质产品内组合,都属异类组合。"②在《天运》中,孔子问道于老子,孔子对老子说自己求道的方法是"度数"即维系社会秩序的典章制度和左右自然界变化的阴阳原则,但都没有成功,最后老子告诉孔子说,要求得大道必须将这两者互相配合、内外相应,最后返璞归真,即"中无主而不止,外无正而不行。由中出者,不受于外,圣人不出;由外入者,无主于中,圣人不隐"。

二、庄子的知识观:世俗之知和体道之知

关于知识,中西方的认知是有区别的。西方的知识体系用感性、知性和理性来表达,表现出了分析和精确的特点,却失于单一和呆板;中国的知识体系更多倾向于阴阳、象数、直觉、意境的表达方式,表现出了综合而生动的特点,却失于严谨和准确。老子用"为学日益,为道日损"(《老子》第48章)③,指出了世俗知识和修道知识的不同,佛家称之为俗谛与真谛。和老子一致,从道的意义上,庄子所说的知识也可以分为两种:"言之所尽,知之所至,极物

---

① 杨叔子、刘克明:《庄子技术思想初探》,《煤炭高等教育》2003年第6期。
② 杨叔子、刘克明:《庄子技术思想初探》,《煤炭高等教育》2003年第6期。
③ 陈鼓应:《老子今注今译》,商务印书馆2003年版,第250页。

而已。睹道之人，不随其所废，不原其所起"(《则阳》)。言语所能穷尽的，知识所能达到的，只是限于万物的范围，而悟道的人却不会追逐万物的去向和探求万物的起源，庄子也称之为"小知"和"大知"(《外物》)。在这里，我们把关于万物的知识或"小知"称为世俗之知，把悟道的知识或"大知"称为体道之知。所谓世俗之知是一般意义上的、通过学习和教化等人为手段而获得的对事物现象或本质的认识，在此基础上会产生违背自然的工具之技；所谓体道之知则是超越经验之外的、通过内在体悟等手段获得的对"道"或事物自然本性的认识，在此基础上会产生顺物自然的通道之技。庄子反对和批判的是世俗之知，主张和崇尚的是体道之知，所谓"去小知而大知明"(《外物》)。

（一）世俗之知

庄子对知识（指世俗之知）一直持怀疑和反对的态度，认为"缮性于俗学，以求复其初；滑欲于俗思，以求致其明；谓之蔽蒙之民。"(《缮性》)即用世俗的学问来改善本性，以求恢复其本真状态，用世俗的想法来调理欲望，以求获得清明的状态，这种人是典型的"蔽塞愚昧的人"。庄子认为，由于人类认识能力的局限性、认识标准的主观性、认识客体的多变性以及时代的变迁，使得人类的世俗之知不可避免地带有相对的性质。庄子反对和批判世俗之知的理由，主要有如下几个方面：

1. 世俗之知是有限的

庄子说："计人之所知，不若其所不知；其生之时，不若未生之时；以其至小求穷其至大之域，是故迷乱而不能自得也。"(《秋水》)庄子认为，以人的极为有限的生命去追求无限的知识，结果造成自己本性的迷失。"人皆尊其知之所知而莫知恃其知之所不知而后知,可不谓大疑乎! 已乎已乎! 且无所逃。"(《则阳》)人们都重视自己的智力所及的知识即世俗之知的"知之所知",却不知道要靠自己智力所不及的知识即体道之知的"知之所不知"才可以得到真的知识,这是人们无所逃避、无可奈何的大迷惑。我们的知识永远是有限的,其正确程度永远是相对的,而我们的无知却是无限的,犯错误永远无法避免。古希腊哲学家芝诺认为,人们的知识越多,越觉得自己无知。假如有一个圆,圆内是人已获得的知识,圆外是人未知的领域,这样会导致一个结果:你认知领域的圆越大、周长越长,你和未知领域的接触点越多,所以知识越多越感觉到自己的无知,而已知的东西再多也永远是一个有限的圆圈。庄子在《外物》中讲了一个神龟见梦于宋元君的寓言故事,说明神龟拥有的是一种世俗之知,这种知识再神奇也是有限的,即"神龟能见梦于元君,而不能避余且之网;知能七十二钻而无遗筴,不能避刳肠之患。如是,则知有所困,神有所不及也。虽有至知,万人谋之。鱼不畏网而畏鹈鹕",所以最好的小法是"去小知而大知明,去善而自善矣。婴儿生无石师而能言,与能言者处也"。为了找回因迷乱而失去的本真之我,庄子在《列御寇》中也指出:"巧者劳而知者忧,无能者无所求,饱食而敖游,汎若不系之舟,虚而敖遊者也"。庄子的观点从消极的一面可能会被解读为一种逃避的态度,但从积极的一面也可以解读为深刻认识到了知识或学问的局限性,渴望祛除知识的遮蔽从而找回本真自我,使主体的心灵获得安适,像是一叶无所羁绊的小舟随意自在。这是在道的意义上的本真之境。

2. 世俗之知是褊狭的

在《齐物论》中,庄子从多角度表明,世俗之知的是非是由于人的主观偏见造成的,是不可靠的、不确定的,具有不可辨别性。

它很容易让人自以为是,进而遮蔽事物的真相,犹如《列御寇》中的郑人缓,他贪天之功为己有,认为自己的弟弟成为墨家巨子是自己的功劳,而不明白自己为儒、弟弟为墨是由于自然的本性而不是后天的人为,犹如井水是来自天然而不是人的功劳。此外,世俗之知的是非之争从万物一体即道的角度看是没有意义的。庄子著名的"辩无胜"固然没有看到实践是检验认识的有效标准,但是,认为在主观认识的领域找不到检验认识的权威性标准是非常正确的,每个人都"随其成心而师之"使得每个人的认识都带有主观偏见,不足以来判断其他认识的正确与否。庄子对此采取了一种很有智慧的策略,即"六合之外,圣人存而不论;六合之内,圣人论而不议。春秋经世先王之志,圣人议而不辩。"(《齐物论》)这里的圣人是道家而非儒家意义上的。

3. 世俗之知是功利的

庄子认为,世俗之知是一种工具性知识,对自然事物的认识是为了满足人的物欲,对社会伦理的认识是为了满足人的物欲而创造的理论。区分事物、辨别是非都是为人所用,否则就是无意义的,就像惠施的"大瓠"、"大树",庄子的"言论"一样,因其无用而被"掊"之、被弃之不顾。这里的无用是站在人类的功利立场上、用世俗价值所做的判断,这种知识不可否认会给人带来利益,但最终会导致"人为物役"的结果。世俗之知不仅使人与物终身"相刃相靡",而且使人与人处于一种"其寐也魂交,其觉也形开,与接为构,日以心斗"(同上)的复杂情态之中。在庄子眼里,诸子百家相互攻讦,是己非人,大都是出于师心偏见,为了各自利益、甚至只是为了逞口舌之快的无谓的是非之争。人们获得知识是为了眩人耳目的争辩,为了确立自己的话语权以便影响他人的行为、思想、价值观和认同感,最终是为了谋求自己或某一集团的利益。正是这些表面的纷繁争斗遮蔽了、迷失了本真的自我。为此,庄子提出既然是非之争既劳民伤神又毫无用处,就不如以清明的心去观照一切,明于大道,了无是非,这就是庄子所反复强调的"莫若以明"(《齐物论》)。

4.世俗之知是有害的

庄子认为,世俗之知是生态破坏、社会混乱、人性扭曲的根源。庄子说:"文灭质,博溺心,然后民始惑乱,无以反其性情而复其初"(《缮性》);"愚故道,道可载而与之俱也"(《天运》)。庄子认为,文明大都成为拥护强者(诸如诸侯、盗跖等)利益的根据。世俗意义上的智者都是在为大盗积累财物和智慧,就像"盗亦有道"一样,既然任何人都要遵循儒家的圣人之道而行动才能成功,而世上善人少而恶人多,那么,此圣人之道就会害天下多而利天下少。之所以同样的道会有这样不同的结果,是因为圣人之道本身就偏离了人的自然本性,是一种人为的、伪善的东西。

> 故天下每每大乱,罪在于好知。故天下皆知求其所不知而莫知求其所已知者,皆知非其所不善而莫知非其所已善者,是以大乱。(《胠箧》)

> 举贤则民相轧,任知则民相盗。之数物者,不足以厚民。民之于利甚勤,子有杀父,臣有杀君,正昼为盗,日中穴阫。吾语女,大乱之本,必生于尧舜之间,其末存乎千世之后。千世之后,其必有人与人相食者也!(《庚桑楚》)

所以,"绝圣弃知,大盗乃止……攘弃仁义,而天下之德始玄同矣"(《胠箧》)。

(二)体道之知

庄子认为:"天下皆知求其所不知而莫知求其所已知者,皆知非其所不善而莫知非其所已善者"(同上),天下人都在向外追逐永无止境的新知识(世俗之知,得到越多就越迷惑),却不知向内探索自己的本性和天赋(体道之知,是自我安顿的必经之途),都知道非难他所认为不好的,却不知道要非难他认为好的。"知止乎其所不能知,至矣;若有不即是者,天钧败之。"(《庚桑楚》)是说知道停止于自己所不知道的领域(形而上的"道"的领域),就是最高的境界了;如果有人不这样做,自然的限制就会让他失败。庄子反对人为物役、"无以返其性情之初"的带有强烈人为性和功利性的世俗之知,认为真正的知识是体道之知,这是应该提倡的知识。理由如下:

1. 体道之知是自然无为的

庄子认为,世俗之知是从人类的立场获得的"形下之知",有些世俗之知是根本没有任何用处的,就像"朱泙漫学屠龙于支离益,单千金之家,三年技成而无所用其巧"(《列御寇》),有些可以为人类带来很多的实际利益却违背了人的自然本性。而体道之知是对"道"的直觉体认,这是一种合乎事物自然本性的"形上之知",这是关于"道"的自然本性以及秉承了道的物的自然本性和人的自然本性的知识。人们对体道之知的追求和运用没有任何功利目的,是不假任何人为而一任自然的。

2. 体道之知是知识的最高境界

相对于体道之知,世俗之知并不是认识的最终目的,获得体道之知才是人们认识的最高境界。庄子认为对天地万物都应该做到"以道观之",而不能只是"以俗观之"。因为人之为人在于其既有物质需求也有精神需求,知识的增加和运用带来的求知欲以及物欲的满足并不必然净化人的心性和提升人的精神。道却可以让人忘掉和抛弃一切世俗的名利以至生死,从而获得一种精神上的彻底解放和绝对自由。客观地说,不是人人都可以达到这种"道"的自由境界,但是恐怕人人都会对这一境界心存向往,这也就不难理解为什么人类会把"人的自由而全面的发展",作为发展的最高阶段。虽然不是人人都能获得体道之知,但并不妨碍人们去追求这样一种境界。

3. 体道之知凭直觉体悟获得

庄子认为,体道之知和世俗之知的获得途径是不同的。要想获得体道之知必须摒弃世俗之知。老子说:"为学日益,为道日损。"(《老子》第48章)①即为学和为道的途径是不同的,从事于学问,日积月累,知识会日益渊博;从事于大道,要求静观玄览,所以情欲会日益减少,复返淳朴,只有达到无知无欲的冥然虚静的境界才能够体认大道。《齐物论》中南郭子綦说:"今者吾丧我,汝知之乎?汝闻人籁而未闻地籁;女闻地籁而未闻天籁夫!"这也是想表明只有达到"吾丧我"即反俗(我)归真(吾)的境界才能谛听到天籁之音即体会到道的境界。也就是说,世俗之知是通过教化和学习获得的,而道是只可意会而不可闻见言说的,所以体道之知需要通过一种直觉体悟的过程才能够得到。 般认为,直觉是一种不受人类意志控制的、超越于一般感性和理性的直观思维方式,具有迅捷性、直接性、本能性等特征,犹如庄子所说的"无思无虑始知道"(《知北游》)以及"以神遇而不以目视"(《养生主》)。这种直觉体悟的方式包括"心斋"、"坐忘"、"见独"等。"心斋"即"虚而待物"(《人间世》),就是祛除一切思虑和欲望,心志凝寂从而与道相通;"坐忘"即"堕肢体,黜聪明,离形去知,同于大通"(《大宗师》),是指忘却形体和知识,物我两忘,通过直观体验达到与万物相通的道境;"见独"(《大宗师》)是指一种前能外天下、外物、外生死、朝彻,后能无古今、无生死的状态,所谓"独"是指道的绝对

---

① 陈鼓应:《老子今注今译》,商务印书馆2003年版,第250页。

无待。庄子也把这种通过直觉体悟获得的体道之知称为"不知之知"(《知北游》),这是对不可言说的"道"的冥悟。

值得注意的是,庄子虽然反对世俗之知,主张"绝圣弃智",但在《庄子》的字里行间总是能发现这种知识的无处不在,如"坐忘"的"离形去知"就包含着人本身所具有的智慧和知识,如果没有"知"就谈不到"去"的问题。体"道"的过程是一个无知——知——无知之知的否定之否定过程,庄子摒弃知识导致的无知和最初的无知并不是同一意义上的概念,最初的"无知"是人在没有受到任何教化时的本然状态,然后经过教化以后达到了"有知"的阶段,但是这个阶段有其局限性,所以需要再从"有知"达到"有知基础上的无知",这才是知识的最高阶段。庄子的无知处于第三个阶段即否定之否定阶段。正如徐复观所指出的:"必须是有'知',而'忘知'才有意义。"①冯友兰也曾指出:"'无知之知'和'无知'是两回事。'无知'是人的原始状态,而'无知之知'则是人经过'有知'而后达到的'无知'阶段。人的原初状态的无知是自然的恩赐,而人达到'无知之知'则是心灵(亦即灵性)的成就。……圣人和孩童的区别就如同明知艰险而前进和不知艰险而前行,两者之间有巨大的差别。"②

从上可知,庄子认为世俗之知是相对的、不可靠的,是需要加以反对、批判和祛除的。庄子对知识的怀疑和否定本身并不是目的,其真实的目的是要恢复、还原知识的自然本性,让人们把握道的知识,即获得体道之知。这既是对知识的溯本清源,也是对人性、物性在道的意义上的廓清,也可说是"人见其人,物见其物"

---

① 徐复观:《中国艺术精神》,华东师范大学出版社 2001 年版,第 45 页。

② 冯友兰:《中国哲学简史》,新世界出版社 2004 年版,第 101 页。

（《庚桑楚》）。

（三）庄子知识观的生态学意蕴

1. 保持世界文化的多样性

和保持生物的多样性一样，保护文化的多样性也具有重要的生态学意义。保护生物的多样性可以给人类一个良好的生态环境，保持文化的多样性可以给人类一个良好的社会环境，两者都是人类生存或高质量生存不可或缺的。

庄子相对主义（或对知识的相对性的强调）知识观有助于保持世界文化的多样性。庄子的"辩无胜"以及"存而不论"等关于知识相对性的观点对于保持当今世界文化的多元性、避免文化霸权具有启示意义。庄子认为，一个人的言论是否正确既不取决于自己，也不取决于对方或任何第三者，谁都没有把自己的观点作为真理强加于人的权力。推而言之，一个国家的文化是否正确既不取决于某一国家，也不取决于与其对立的国家或任何其他国家。不同国家之间文化上有关谁对谁错、谁优谁劣的争辩是没有意义的，每一种文化都有其存在的自然、经济、社会、文化以及时代等多方面的必然性，也都有自己的精华和糟粕。各种文化的优劣、存留不能人为地去判断、去取舍，也不能人为地以一种文化去取代另一种文化。为了保持文化上的多样性就应该允许各种文化的"百花齐放"，为了保持文化上的历史传承就要以"扬弃"的态度去对待古今中外各种文化，正所谓"和实生物，同则不继"（《国语·郑语》）。① 因此，某些国家不能凭借自己各方面的优势而把自己的

---

① 上海师范大学古籍整理研究所点校：《国语》，上海古籍出版社 1988 年版，第 515 页。

文化价值观作为普适原则强行渗透到其他国家。这样的观点很符合庄子主张人们应排除一切师心和妄见的认识论以及"辩无胜"的客观态度。既然"辩无胜",那么,对有些文化就应该采取或"存而不论"、或"论而不议"、或"议而不辩"的态度。

2. 维护世界面貌的多样性

庄子对世俗之知的否定和批判具有后现代意蕴。庄子对世俗知识的怀疑、否定、批判和后现代知识观对知识的否定、解构是很一致的。后现代知识观从某种意义上来看是一种生态知识观,它不强求统一、绝对和肯定,而是主张多样、相对和否定。后现代哲学家认为,在后现代知识背景下,人们不再相信那些历史性的伟大主题和英雄主角,而迷恋于知识的局限、断裂、悖论和非稳定性。因为后现代哲学的核心特征就是它的破坏性,后现代主义总是在毁弃他人已建构之物。可以说,现代主义者是乐观主义者,他们期望找到统一性、秩序、一致性、成体系的总体性、客观真理、意义及永恒性;而后现代主义者是悲观主义者,他们期望发现多样性、无序、非一致性、不完满性、多元论和变化。后现代知识不仅仅是权威手中的运作工具,它提炼我们对差异的敏感性,增加我们容忍不可公度性事物的能力。它的原则不是专家式的同一推理,而是发明者的谬误推理。社会的连接之网是语言的,但不是由一根单一的线编织而成,它至少是由两种(在现实中是由无限种)遵守不同规则的语言游戏交织而成。有的后现代主义甚至宣称一个多元主义复兴的时代已经到来,目前西方广泛流行的所谓"视角主义"、非中心化思潮和反基础主义实质上也是多元论的表现。① 也就是

---

① 参见王治河:《后现代哲学思潮研究》增补本,北京大学出版社 2006 年版,第10—15 页。

说,后现代知识观强调的是差异,它所期待的知识发展是异质性知识的发展,对现实世界的解释只能是多样的和歧义的,没有一个统一的客观的标准来判断谁是谁非。① 这和庄子的知识观很是契合,都主张怀疑、批判、否定,主张非中心、多元、多样,没有绝对的判断标准,这种观点对于维护世界的多样性(包括生物的多样性、社会制度和体制的多样性、文化的多样性等)极具理论意义和现实意义。就如《庄子》总是有让人意想不到的思想和表达方式一样,与后现代知识观的这种精神品质上的契合无疑使庄子的知识观具有了让人惊异的后现代意蕴。

不过,两者的区别也是很明显的。后现代哲学家走向了极端,认为所有一切都有其存在的理由,最后的结果就是断裂、悖论和不稳定性本身。而庄子却在形而上的高度,使有差异的事物及其知识最终归结为"道通为一"。在这一意义上,可以说庄子的知识观有其建设性,而激进的后现代哲学则是带有破坏性的。

3. 缓解人类心理和精神危机

庄子反对刻意求知的知识观有助于缓解当今知识爆炸给人类带来的心理和精神危机(或困境),提高人类精神生活质量。

知识大爆炸带来的是旧知识体系的崩溃,也同时带来了人的崩溃。当我们去图书馆(包括数字图书馆)、去书店、去观看书展

① 现实社会是多元的。经济、政治的多元化导致了思想的多元化,而网络的全球化更是对这种多元化起了推波助澜的作用。网络使现代社会进入了全民主体、全民客体的时代。网络给每个人都提供了表达的机会或平台,在这个虚拟又现实的空间中,人人都是主体(或主角),可以在网络上自编、自导、自演任何戏剧,人人又都是客体,随时随地会成为他人所针对的客体。这里不存在所谓的"少数服从多数"或"主流话语权"的价值评判规则。

时,在寻找我们所需要书籍的同时,也感到了自己的无知和茫然,甚或绝望,这时候庄子"吾生也有涯,而知也无涯。以有涯随无涯,殆已"(《养生主》)的名言就会萦绕在耳边且感受深刻。知识和信息量的迅猛增长以及传播途径的愈益增多,使人们感到了自己知识的有限和知识本身的无限以及无从控制。"人类的心灵几乎从没有负荷过如此之多富有挑战性的观念","他们听见被人说过的东西如此之多,并发现关于万事万物的那么多的看法可以自圆其说,因而感到对一切都毫无把握";"这一巨变的一个直接结果是精神分裂症成为 20 世纪西方的主要病症……我们的世界正以一种无比紧张的心情,怀着一种既神秘又高压难受的感情,面对精神分裂的现象";"精神分裂不仅仅是一种医学上的病症,而成了当代资本主义社会的一种文化病症"①。后现代思想家的这些话总会让人想起庄子对人生有限、知识无限的论述是多么中肯,让人看到庄子反对知识的言论中某些闪光的成分。庄子反对知识固然有其偏激的一面,但是,知识容易被人矫饰作伪也是事实,越有知识的人矫饰作伪的水平可能会越高,就像盗跖也会有理有据地阐释"盗亦有道"、"窃钩者诛,窃国者为诸侯"一样。庄子固然预见不到当今世界知识的爆炸,当然也无法预见到今人的精神分裂,但他对知识的批判和反思,特别是他倡导"同与禽兽居,族与万物并"(《马蹄》)的社会理想却是今人无比向往而且正在或准备践行的生活理想。在庄子描述的这样一个无知无欲(或喻现在暂时远离一切现代文明)、民性素朴、人与自然亲密接触的环境里,人的心理和精神会变得安静、平和、自由,精神分裂也就无从谈起。这

---

①　王治河:《后现代哲学思潮研究》增补本,北京大学出版社 2006 年版,第17—18 页。

一点应该是古今中外都认同的。

此外,庄子拒绝功利的知识观也有助于人们追求高质量的精神生活。庄子反对世俗之知,认为人不应该为功利的目的去获取知识而迷失自己的本性、祸乱整个社会。人生的价值和意义并不在于最终获得了多少具体知识和实际利益,而在于人类和个体精神家园的安顿和自适,精神家园的获得需要凭借一种不同于世俗之知的体道之知。庄子超越了世俗功利的束缚,站在一种精神高度阐述"无用"和"有用",虽然并没有直接说明其"大而无用"的言论有何作用,但他关于大瓠和大树的比喻替他做了最好的论证。认为,有用无用并不完全取决于物本身,而取决于人的心灵境界,惠施的"有蓬之心"使其看不到"大瓠"、"大树"以及庄子的"言论"的作用,庄子却可以看到大瓠可以使人浮游于江湖,大树可以让人"逍遥乎寝卧其下",并且由于其无用而"不夭斧斤"、没有困苦。庄子批判了世俗之知蔽于用的局限和沉重,追求的是无何有之乡、广漠之野的辽阔和轻盈,是一种精神上的自在逍遥。梁启超认为,"道家最大特色,在撇却卑下的物质文化,去追高尚的精神文化;在教人离开外生活以完成其内生活"①,是将生活艺术化。贝塔朗菲深刻指出:"人……在数千种压力下,在复杂的社会中疲于奔命时——能超越动物的也仅仅是(人文艺术)这一无用性,但这却构成了人类的本质。"②

4.培育科学精神及思维方式

庄子强调世俗之知的相对性和不确定性,对所有的世俗知识

① 梁启超:《先秦政治思想史》,东方出版社 1996 年版,第 135 页。
② 转引自李曙华:《信息时代的科学精神与科学教育》,《教育研究》2000 年第 11 期。

都加以质疑、否定和批判,这种相对主义观念和现代科学理论如相对论等多有契合之处,且其中表现出的勇于质疑和否定固有知识的精神是真正的科学精神。当然,庄子相对主义思维方式也有不利于科学发展的一面,它与科学研究需要一定意义上的确定性、准确性是相悖的,因为科学发展即使是相对论也是细密精确地推理和论证的结果。

庄子强调要获得体道之知就必须凭借直觉和感悟,这种直觉主义的思维方式对中国科技发展的影响具有两面性,既有消极影响也有积极作用。

从消极的方面看,庄子直觉主义的思维方式对科技发展具有很消极的影响。一是一味地强调直觉主义思维方式会导致在认识活动中模糊认识主体和客体的确切界限,不利于获得对客体的具体的、准确的科学意义上的认知。二是其直觉主义思维方式对语言的漠视、对"无言"的欣赏使得庄子的科技思想具有很强的神秘性,它强化了技术的不可把握,再加上不注重工艺理论的分析研究和言语记述,从而导致中国一些传统的工艺失传。在科技活动中,直觉体悟确实存在但并不是常态的存在,而只是科技发展中不可或缺的"灵感"(类似庄子的直觉体悟)的作用。科技发展的常态是以通过语言或言语传承下来的理性知识积累为基础,所以,庄子的思想中具有违背科技传承规律的因素。三是直觉主义作为一种整体主义的思维方式,往往只注重事物的整体而忽略对事物具体的、细节的分析,这和现代科学技术注重严密的理论研究、理性的量化分析和强调具体工具(且是用工具制造工具)的运用相去甚远。由此导致对具体科学理论研究的不足,这是中国有"四大发明"却没有相应的物理、化学等科学理论的原因之一。

从积极的方面看,庄子直觉主义的思维方式又有非常符合科学精神的方面,对现代科学发展具有重要的方法论启示。直觉主义作为一种整体主义思维方式,对中国古代医学、农学、建筑、艺术等注重人与自然的相融相通产生了深远的影响。即使在现代科技的条件下,庄子直觉主义的思维方式仍具有重要价值。现代经济的发展是高度分工和高度合作,现代科学的发展是高度分析和高度综合,这导致科学的发展既需要经验实证的思维模式,又需要整体直觉的思维方式,而整体直觉的思维方式正是庄子道性思维的特点。所以,庄子以直觉方式所阐述的本体论(宇宙本体论)思想,突破了人们固有的思维方式和知识结构,显示了人类思维无与伦比的想象力和创造力。其中的合理思想被一些学者从现代科学角度进行了不同的解读。有人认为《老子》中包含着朴素的"宇宙全息"思想。这种思想以"大爆炸之前的宇宙是什么"作为立论基点,认为大爆炸之前的宇宙由"先于一切、包罗一切、规定一切、独立自由、至朴至实、统而为'一'、没有部分、绝对连续"的"统一原"组成,在"统一原"中已经高度浓缩地、预先地存在着宇宙的全部信息和全部所能,即"全息"与"全能",宇宙统一原的全息与全能在爆炸后构成和规定现象宇宙。宇宙中任何一个存在物即使是一棵小草、一块顽石也蕴涵了宇宙的全部信息和全部所能。[1] 这里"一"的提出以及对"一"的规定与老庄的"道"是一种高度的相似,表明了作者对于老庄哲学的肯定以及所受到的启发。具体来讲,作者认为,老子的"域中四大"并迭相效法的观点最早提出并探讨了部分与整体、部分与部分之间的关系,这一问题是全息论所要研究的核心问题。此外,老子的道起着连接天地万物的核心和

---

[1] 参见台震林主编:《宇宙全息统一论与中国传统文化》,山东人民出版社1991年版,第2页。

桥梁作用,这包含着对在普遍联系中起中介作用的信息现象及其客观性的天才猜测。庄子的万物齐一、平等的思想与全息统一论的观点也是一致的,从全息统一论的角度看,庄子的齐物论是完全正确的。① 对老庄的如此解读固然还需要更加充分的论证,但其中所表现出来的对僵化的思维模式的冲击是显而易见的。此外,庄子"混沌"之说的根本意蕴在于人类认识和自然的融通为一,在哲学和伦理学的意义上,主张通过一种直觉方式去体会道的意境,如鸿蒙主张"浑浑沌沌,终身不离"(《在宥》),抱瓮而灌的汉阴丈人是"彼假修浑沌氏(虚构的人物,含有虚寂无为之意)之术者也"(《天地》)。在宇宙生成和发展的角度则预测了宇宙的早期存在状态,庄子在《应帝王》中所描绘的"混沌"状态既可以理解为人通过修炼和觉悟而返朴归真的"混沌之心",也可以解读为对宇宙早期未分的混同状态的预测。日本诺贝尔物理学奖获得者汤川秀树认为,从庄子"混沌凿七窍"的寓言中"能够隐隐约约地看到我们通过物理学研究而最后获致的那个微观世界"②。

不过,需要强调的是,老庄思想与现代自然科学的契合并不是具体科学知识方面的相同或一致,而是在于两者在思维方式抑或思维水平、科学精神方面的相通或相符。

5. 与现代认识论的契合

庄子把知识分为世俗之知和体道之知以及强调直觉体悟的思想和波兰尼(M. Polanyi,1891—1976,英国著名物理化学家、社会

① 参见台震林主编:《宇宙全息统一论与中国传统文化》,山东人民出版社 1991 年版,第 126—133 页。
② [日]汤川秀树著,周林东译:《创造力和直觉——一个物理学家对东西方的考察》,复旦大学出版社 1987 年版,第 51 页。

科学家、哲学家)关于知识的区分以及知识的获得方式具有很相似的地方。波兰尼把知识也分为两种:"通常所指的用书面的文字、图表或数字公式表达出的知识,仅仅是知识的一种形式;而非系统阐述的知识,像我们行为中的某些东西,是知识的另一种形式。如果我们称前一种知识为言传的(Explicit)知识,后一种则为意会的(Tacit)知识。可以说,我们总是意会地了解那些被我们确实看成言传的知识的。"①在这里,"意会知识"是和"言传知识"相对的概念,是指沉默的、无法言说的、心照不宣的、用身体动作示意的知识,这种知识是一种类似于直觉、灵感、顿悟、想象的知识,带有非逻辑性、直接性、个体性等特点,两者最大的区别是:"我们可以批判地思考明确言传的东西,却不能用这种方式思考我们对某一经验的意会觉察。"②波兰尼认为,意会知识更为丰富、具体和真实,意会知识是一切知识的基础和底蕴的部分,因此,"意会知识比言传知识更基本。我们能够知道比我们能说出来的东西多,而不依靠不能言传的了解我们就什么也说不出来。"③总之,意会知识和言传知识一样是知识的一种,而且在逻辑上优先于言传知识,两者相互依存、相互作用,并在一定条件下相互转化。波兰尼的这一观点已经获得了"语言学、心理学、逻辑学等不同学科研究的大量证据"④。从上述论述可知,庄子的"体道之知"和波兰尼"意会

---

① 转自刘仲林:《波兰尼及其个体知识》,《现代外国哲学》第 5 辑,人民出版社 1984 年版,第 263 页。

② [英]M.波兰尼:《人类的意会认识》,《自然科学哲学问题丛刊》1984 年第 3 期。

③ 转引自刘仲林:《波兰尼及其个体知识》,《现代外国哲学》第 5 辑,人民出版社 1984 年版,第 267 页。

④ 李景源:《史前认识研究》,湖南教育出版社 1989 年版,第 79 页。

知识"具有很多的接近之处,这种直觉体悟、心领神会的知识和能力在认识的发展中确实具有很积极的作用,尤其是在科学研究、文学创作以及其他具有技巧性的活动中是不可或缺的,如音乐、舞蹈、体育、工艺等活动都很需要一种意会能力和知识,这种意会知识和言传知识都对认识发展具有重要作用。伴随着对意会知识研究的深入,人们越来越认识到意会知识在认识发展中的重要价值。

两者的不同在于:庄子对知识的区分基本是靠感觉、直觉或猜测,而波兰尼对知识的划分是建立在科学研究基础上的;庄子的体道之知是一种先天的知识,是对原有的"道"的体认或回归,不可言传身教,因此带有神秘色彩;波兰尼的意会之知是后天获得的,是一种在实践中获得的认知能力和知识,虽然不可言传但却并不神秘,可以像教授舞蹈等技巧性活动一样进行"身传"。此外,庄子认为世俗之知和体道之知是对立的,而波兰尼的言传知识和意会知识是相互依存和相互转化的。

三、庄子的技术观:工具之技与通道之技

老庄都有对于技术的阐述。老子反对知识和技巧,认为"绝智弃辩,民利百倍;绝伪弃诈,民复孝慈;绝巧弃利,盗贼无有"(《老子》第 19 章)[1]。老子所向往的理想社会,是一个没有战争和动荡,也不需要文化和技术的社会:"小国寡民。使有什佰人之器而不用;使民重死而不远徙。虽有舟舆,无所乘之;虽有甲兵,无

---

① 陈鼓应:《老子今注今译》,商务印书馆 2003 年版,第 147 页。

所陈之。使民复结绳而用之。"(《老子》第 80 章)①和老子不同,庄子并不笼统地反对技术。从道的意义上,庄子所说的技术可分为工具之技和通道之技,庄子反对和批判的是工具之技,提倡和赞赏的是通道之技。

关于技术,庄子在《天地》中说:"能有所艺者,技也"。才干有所专精的,就是技。可见,在庄子看来,"技"和"技艺"是相通的。庄子的"技"有两层含义:一是指一种人为的技巧。这也有两层含义:可以是普通的机械工具的制造和使用或药物等的制作,如"百工有器械之巧则壮"(《徐无鬼》)、"技兼于事"(《天地》)、"进乎技也"(《养生主》)、"请买其方。……鬻技百金"(《逍遥游》)。也可以是庄子所批评的儒家的"礼"所助长的繁复的仪式技巧和"圣"所助长的多才多艺,即"说(同悦)礼邪? 是相于技也;……说圣(同悦)邪? 是相于艺也"(《在宥》)。庄子把仁义法度及其运转等治国工具也看做一种技艺,这种技艺还会导致把机械工具用做诸侯争权夺利的工具。庄子把这些技巧视为工具之技。现代社会也把这种技术称为"社会技术",社会技术是指"在社会生活领域中,为实践某种价值目的,所采用的各种被认为绝对有效的处理社会事务的方法总和"②。二是指一种合于自然天性的手工技艺。这也有两层含义:可以是佝偻承蜩的"巧"(《达生》),轮扁存于心中的"数"(《天道》);也可以是一种体"道"、悟"道"的艺术或方法以及释"道"的能力与技巧,即"子之知道,亦有数乎"、"吾知道之可以贵,可以贱,可以约,可以散,此吾所以知道之数也"(《知北

---

① 陈鼓应:《老子今注今译》,商务印书馆 2003 年版,第 345 页。
② 刁生富、刁生虎:《庄子的直觉思维方式及其对现代科技的方法论价值》,《科学技术与辩证法》2000 年第 6 期。

游》)。庄子视之为通道之技。

（一）工具之技

庄子反对工具之技，认为工具之技是违背自然之道的，是社会混乱和生态破坏的根源，是对人性的一种戕害。

1. 工具之技违背自然之道

庄子认为，一切操作性的器械以及仁义礼智等工具之技的发明和运用都是人为功利的。在《天地》篇中，庄子对"用力甚寡而见功多"的灌溉工具"桔槔"持一种"羞而不为"的态度，而对"用力甚多而见功寡"的抱瓮而灌却表现出了一种认同和欣赏。① 庄子认为，机械的制作和运用完全是出于一种功利目的，是为了以较少的投入获得尽量多的收获，所以，要遏制人的功利之心就必须反对机械的制造和运用。如果更深入地追问，我们会发现，庄子反对机械最主要的原因还不是因为机械是功利的，而是因为机械是人为的，它违背了作为事物本源的"道"的自然本性。庄子说："圣人不从事于务，不就利，不违害，不喜求，不缘道"（《齐物论》）。这是说，圣人不会刻意地去追逐利益以及道。人们对机械的制造越进步，对机械的依赖程度也会越高，因为人们不需要有多高的技巧和付出太多的劳动而获得的利益却增多。这会使人为的因素越来越多，人的自然天性就会丧失越多，距离自然之"道"就会越远，从而导致"人为物役"的异化状态的出现。此外，工具之技的使用不仅

---

① 这是相对于工具之技"桔槔"而言。事实上，汉阴丈人是"徒识修古抱灌之朴，而不知因时任物之易也"（郭象注），"抱瓮守素，治内也；不能随时应变，不治外也"（成玄英疏），尚未达到道家"混沌之术"的最高境界，还存在着物我、真俗的分别性。（参见清·郭庆藩撰，王孝鱼点校：《庄子集释》，中华书局 1961 年版，第 438 页。）

破坏了主体的自然本性,而且也破坏了客体的自然本性。宇宙万物各安其道、各具其性,顺其自然是它们最理想的存在状态,但是由于人为的技术的出现,使人和万物的自然本性都受到了摧残。如伯乐善治马、陶匠善治埴和工匠善治木、以己养养鸟等都是既破坏了人的自然之心也摧残了物的自然之性,从而导致物人对立的紧张状态,而不是物人相融的自由道境。

2. 工具之技破坏生态和社会和谐

庄子崇尚自然,反对人为的知识和技巧,把人类的技巧视为最人为、最远离"道"的东西,会给人类带来很多负面的东西,如人性的扭曲、社会的异化、物性的摧残、生态的失衡等恶劣现象。这里的人为的知识和技巧既包括机械工具也包括作为治国工具的仁义礼智。从自然方面的来看,工具之技的运用会造成生态秩序的混乱和破坏:"弓弩毕弋机辟之知多,则鸟乱于上矣;钩饵罔罟罾笱之知多,则鱼乱于水矣;削格罗落罝罘之知多,则兽乱于泽矣。"(《胠箧》)从社会的方面看,仁义礼智等也是诸侯等用来统治人民、盗窃天下的工具。庄子认为,如果在尊位的人推崇仁义礼智,就会加重政治的混乱、人权的无所保障,进而天下就会大乱:"道德不废,安取仁义! 性情不离,安用礼乐! 五色不乱,孰为文采! 五声不乱,孰应六律! 夫残朴以为器,工匠之罪也;毁道德以为仁义,圣人之过也。"(《马蹄》)"且夫待钩绳规矩而正者,是削其性者也;待绳索胶漆而固者,是侵其德者也。"(《骈拇》)"上诚好知而无道,则天下大乱矣! ……故天下每每大乱,罪在于好知。"(《胠箧》)这和鸟、鱼和兽等无所安其居是一样的道理,整个的自然和人类处于一种对立的状态,天人之间、人与人之间都失去了原有的和谐。

李约瑟对道家反技术的心理做了自己的阐释,认为:"道家反技术的心理,确代表一般的心理,即无论什么机器或发明,都只是对封建诸侯有利。例如度量衡是欺骗人民的,使农民得不到他应得的一份,再不然就发明酷刑的器械以惩治反暴政的人民。"①李约瑟通过"汉阴丈人"抱瓮而灌的例子说明道家反对技术与发明的态度的原因是为了反对封建制度、阶级压迫和表达对当时社会的不满,表达了道家的一种社会观,因为封建制度的势力依赖于制铜和灌溉工程等特殊的技术,阶级的区分又与技术的发明并驾齐驱,道家对当时社会的不满变成了对一切"巧伪"的敌视。道家认为所有的机械都是作恶的,即使原意不恶,将来也有作恶的可能。从中国文字的构造上看,清代学者张金吾在《广释名》中指出,机字指器具,械字的原意却是桎梏或手铐足镣。道家认为,无论什么机器或发明,都只是对封建诸侯有利,强权专制的社会会利用各种技术以逞其私欲,他们看出人类总有一天会将控制无生世界的工具转而应用到自己同胞的血肉之躯上。② 阿尔贝特·施韦泽从人类生存的角度指出:"这位园丁(指抱瓮而灌的汉阴丈人)在公元前5世纪感到的危险,正以其全部严重性出现在我们之中。我们周围的许多人的命运就是从事机械化的劳动。……我们大家或多或少都有丧失个性而沦为机械的危险。"③

3. 工具之技戕害人的本真之性

庄子认为,"功利机巧必忘夫人之心"(《天地》),机械对人的

---

① [英]李约瑟著,陈立夫译:《中国古代科学思想史》,江西人民出版社2006年版,第143页。

② 参见[英]李约瑟著,陈立夫译:《中国古代科学思想史》,江西人民出版社2006年版,第142—144页。

③ [法]阿尔贝特·施韦泽著,陈泽环译:《敬畏生命》,上海社会科学院出版社2003年版,第35页。

本真之性是一种戕害,因为机械的结构和效用会对人的心理和精神进而对人的本性造成极深的影响,最终可以使人的心灵也机械化。

> 有机械者必有机事,有机事者必有机心。机心存于胸中,则纯白不备;纯白不备,则神生不定;神生不定者,道之所以不载也。(《天地》)

在这里,庄子反对"机械"和"机事"的主要目的是反对由此带来的"机心",因为具有可操纵性质、通过计算制造的机械,其运用就会有机事;机械、机事会使人也以操纵和计算的心即机心去待人接物;"机心"会使人丧失自然的本性进而为各种贪欲所驱使;嗜好及欲望太深的人,其天赋的领悟力就浅陋了,正所谓"其耆欲深者,其天机浅"(《大宗师》)。庄子认为,"以瓦注者巧,以钩注者惮,以黄金注者殙。其巧一也,而有所矜,则重外也。凡外重者内拙"(《达生》)。即用瓦片做赌注的人,赌博技巧发挥得很自如;用带钩做赌注的人,在赌博时就会畏首畏尾;用黄金做赌注的人,人们在赌博时就昏头涨脑了。赌博的技巧是一样的,但因为过分地看重外物,就会内心笨拙,技巧的发挥就会失常,会导致"勃志"、"谬心"、"累德"、"塞道"(《庚桑楚》)等结果。

虽然在一定意义上、在不同的场合,庄子也对一般知识和技术给予了或显或隐的肯定,如匠伯凭借知识和经验可以判断社树是否有用(《人间世》);庄子虽然羞于"槔"的运用,但也承认其"用力甚寡而见功多"(《天地》)以及"水行莫如用舟,而陆行莫如用车"(《天运》)等。"不龟手之药"(《逍遥游》)药方的买卖说明,同一技术的不同运用会导致"或不免于洴澼绕"和"或以封"的穷与达两种相反结果,这和现代技术的运用有其共同之处,同样的核技术可以用于制造武器也可用于发电,此外,买药之人也看到了拥有技术（"买其方"）专利比拥有具体的技术可以给人带来更多的利益。但鉴于工具之技的种种危害，庄子还是认为，为了人心的澄明、社会的安宁以及生态的和谐，应该抛却所有领域（包括征服自然和统治社会等在内）的世俗之知和工具之技：

> 绝圣弃知，大盗乃止；摘玉毁珠，小盗不起；焚符破玺，而民朴鄙；掊斗折衡，而民不争；殚残天下之圣法，而民始可与论议。擢乱六律，铄绝竽瑟，塞师旷之耳，而天下始人含其聪矣；灭文章，散五采，胶离朱之目，而天下始人含其明矣；毁绝钩绳而弃规矩，攦工倕之指，而天下始人含其巧矣。削曾史之行，钳杨墨之口，攘弃仁义，而天下之德始玄同矣。彼人含其明，则天下不铄矣；人含其聪，则天下不累矣；人含其知，则天下不惑矣；人含其德，则天下不僻矣。彼曾、史、杨、墨、师旷、工倕、离朱，皆外立其德而以爚乱天下者也，法之所无用也。（《胠箧》）

庄子的社会理想是没有任何人为和技巧的无知无欲的"至德之世"（《马蹄》）、"建德之国"（《山木》）。

（二）通道之技

庄子并不绝对的反对所有的技术，反对的只是违背物和人的自然天性的人为技术即工具之技。为了消除人为的工具之技所带来的世界的混乱无序，庄子提倡一种符合物和人的自然天性或道的自然本性的技术即通道之技。在庄子看来，"通道之技"是整体意义上最理想的技术状态，是技术的极致。但具体来看，一方面，"道"高于"技"，正如庖丁所说"臣之所好者道也，进乎技矣"（《养生主》）；另一方面，"道"在"技"中、"道"与"技"合一，既然道（术）"无所不在"（《知北游》）、"无乎不在"（《天下》），那么，从技术的角度看,"道"也表现在"技"中。

1. 通道之技是合于自然的

庄子认为,技术的出路应该是与道相通,即通道之技。庄子在《天地》中指出:

> 故通于天者,道也;顺于地者,德也;行于万物者,义也;上治人者,事也;能有所艺者,技也。技兼于事,事兼于义,义兼于德,德兼于道,道兼于天。

在这里,与天相通的是"道",与地相顺的是"德",在万物中运作的是"义",治理百姓所要做的是"事",能够有所专长的是"技"。技要合于事,事要合于义,义要合于德,德要合于道,道要合于天。人类只有遵从和效法"道"的自然无为,抛弃知识与技巧,才能"无天灾,无物累,无人非,无鬼责。……虚无恬淡,乃合天德。"(《刻意》)即庄子所提倡的是合于道或自然的技术。在这里,庄子的"道"具有事物的性质、规律并顺物之性和规律而行的意思。这些能工巧匠都是把握了事物本身的性质和规律,经过心无旁骛的专心训练,从而获得的一种"惊犹鬼神"的技巧。与庄子大致同时代的亚里士多德也说过类似的话,即"技艺摹仿自然"①。

庄子通过一系列的寓言故事对通道之技做了肯定性的描述。在《庄子》中,有许多庄子推崇的出神入化、巧夺天工的能工巧匠,如庖丁解牛(《养生主》)、轮扁斫轮(《天道》)、大马捶钩(《知北游》)、匠石斫垩(《徐无鬼》)、梓庆削镰(《达生》)、佝偻承蜩(同上)、津人操舟(同上)、东野御车(同上)、蹈水者(同上)、工倕之巧(同上)、伯昏无人的"不射之射"(《田子方》)等。以梓庆削镰

---

① 苗力田主编:《亚里士多德全集》第 2 卷,中国人民大学出版社 1991 年版,第 52 页。

为例:梓庆做的钟架,"见者惊犹鬼神",鲁侯问他有什么秘诀,回答说,在做钟架之前,要靠斋戒来养气静心,直到忘掉"庆赏爵禄"、"非誉巧拙"、"四枝(肢)形体",即经历一个忘利、忘名、忘身的过程。然后,再以虚静之心进入山林中去"观天性",这种观察不是指如何改造自然制造钟架,而是从自然中看出什么树木天生就是钟架,从中看出将树木加工成钟架的潜力,这是"以天合天",即《养生主》所谓"依乎天理"、"因其固然",成玄英疏:"机变虽加人工,木性常因自然,故以合天也"①,以树木的本性去配合钟架的本性。在这里引人思考的问题是,不是所有人都可以做到"以天合天",能够做到"以天合天"是一种能力。这种能力是通过类似梓庆所说的"忘"的自我修养过程而达到的,这种修养使梓庆具备了能够把树木的本性和钟架的本性相合的"天"性。所以,这里实际上是梓庆、树木、钟架三者的自然本性的"合而为一",这样制作的钟架才会给人以鬼斧神工般的视觉感受。梓庆削镰的过程可以说是庄子所讲的"心斋"、"坐忘"的实践版或技术版。这种形象故事的表达方式非常符合庄子对"道"的理解。庄子认为道不可言、不可知,用概念言说就会有所遗漏,把握道的最好方式是直觉和体悟,直觉和体悟到的东西才是完整的。庄子所描述的一系列巧夺天工的匠人就处于一种"只可意会不可言传"、"技进于道"状态,这种形象的表达可以让人从整体上把握道技合一的状态,进而加强对道的理解和感悟。

2. 通道之技是非工具化的

从庄子对通道之技的工匠的栩栩如生的描述中,我们可以看

---

① (清)郭庆藩撰,王孝鱼点校:《庄子集释》(中),中华书局1961年版,第660页。

出庄子对工具的不屑一顾。一般来说,技术本身应该包括技术主体、工具或手段、客体、操作方法等要素。在这几个要素中,庄子最忽视或反对的是工具,对工具的运用表现出了一种本能的拒斥和反对。庄子所描述的匠人大都用着十分简陋的工具或者根本就不假任何工具,而且庄子几乎没有对工匠所用工具的具体描写。庄子最注重的是主体的技能,或者在道的意义上主体和客体在自然天性上的相合。在相合的状态下,作为主体和客体中介的工具从主体的视线中消失了,主体和客体的对立也消失了,主体和客体直接接触而且融为一体。此外,主体的身体和心灵的对立也消失了,这个时候是一种犹如庖丁解牛的"以神遇而不以目视,官知止而神欲行"(《养生主》)的身心合一状态。这种两相融合的"通道之技"的运用是不需要具体的工具而与道的自然本性相合的。庄子主张机械要服从于人的意志,如桔槔,"引之则俯,舍之则仰。彼人之所引,非引人也,故俯仰而不得罪于人"(《天运》)。虽然庄子在这里主要是说明礼义法度需要应时而变,不能像孔子那样"食古不化"、"推舟于陆",但也间接表达了只能由人支配机械,不能让机械牵引人,给人造成危害。庄子甚至认为,"攦工倕之指,而天下始人含其巧矣"(《胠箧》),折断工倕的手指,然后天下人才可保住自己的十指之巧,这里的寓意在于人的原有天赋的含而不露,但也间接地表现了庄子对工具的反对或忽视。

3. 通道之技是诗意和审美的

庄子的"天地有大美而不言"是一种自然全美的观点。自然全美,东施、西施和顺于自然的科技是美的、善的;而不自然全丑,东施效颦和违背自然的科技是丑的、恶的。所以,庄子反对人为的技术,而赞成自然的技术。

庄子所描述的能工巧匠都身怀让人叹为观止的绝技,并在这种神妙的技巧中无一例外地表现出了一种天地人的融通无碍的精神境界,是技术与道即天地万物的自然本性的完美结合。在顺物自然的意义上,庄子对通道之技即合于自然或"以天合天"的技巧给予了高度的赞赏和肯定。庄子认为,通道之技表现为一种个体的高超技能和技巧,具有艺术化的特征,可以给人在艺术创作中以音乐舞蹈般的审美快感和艺术创作之后的精神愉悦。庖丁"以神遇而不以目视"的游刃有余是"合于桑林之舞,乃中经首之会"的"踌躇满志"(《养生主》)的自得自适,轮扁斫轮是"得之于手而应于心,口不能言,有数存焉于其间"(《天道》)的志得意满,工倕之巧是"旋而盖规矩,指与物化而不以心稽,故其灵台一而不桎"的"始乎适而未尝不适者,忘适之适也"(《达生》)的心性之自由。这种通道之技给我们的生态学启示是:人在养生和处世时,应以"游刃有余"、"忘适之适"的自由状态悠游地生存,而不是以"砍"和"折"的心态在世上行走;人在和自然相处时,应以"鱼水相融"的和谐姿态"诗意地栖居于地球",而不是以"水火不容"的对立状态出现。

此外,从世俗的角度揣摩庄子,通道之技还有很多现实层面的优点,如通道之技可以提高效率以节省人力、减少人和物的摩擦,庖丁解牛就不会太费力费时,人不会太劳累,牛也不会太痛苦;可以节省资源,如庖丁不用频繁更换解牛之刀。庄子虽然反对用"桔槔"来灌溉,但他只是为了批判人为的机械运用,事倍功半的抱瓮而灌并不是庄子所推崇的劳作模式。庄子推崇的是事半功倍的诗意的、审美的、自然的劳作技巧,当然,这样的目标有些太理想化。

(三)庄子技术观的生态学意蕴

与西方科技观注重实证、理性和分析不同,道家的科技观更注重整体、直觉和实用,所以更具人文价值关怀色彩,这对于反思和克服现今科技的负面效应无疑具有非常重要的启发意义。客观来看,描述那些具备通道之技的能工巧匠应该不是庄子的目的,其真实的目的是追求一种身心逍遥的自由道境。但从实际的效果来看,庄子对工具之技的反思和批判、对通道之技的欣赏和肯定都对认识现代科技的有关问题有着启发和借鉴意义。因为,现代科技发展对自然、社会和人心的负面影响,为庄子对科技的反思和批判做了实践上的印证,现代思想家对技术的批判和庄子对技术的批判也如出一辙。这说明庄子对技术的担忧是先见之明,而不是杞人忧天。这使庄子思想具有了超越古今的独特魅力和理论价值。

1. 认识现代工具技术的危害

庄子对工具之技的批判有助于人们深入认识现代工具技术的危害。庄子在《天运》篇描述的工具之技违背自然、祸乱社会、戕害人心等弊端稍作修改就可以看成现代工业化后果的翻版,里面涉及人类与日月、山川、四季、动物等环境的关系,空气污染、水污染、乱砍滥伐、栖息地被破坏,所不同的只是这种破坏在当代社会是重新上演且愈演愈烈。此外,庄子主张机械要服从人的意志的设想在现代社会也变成了一种空想。

现代工具性技术造成了生态破坏和社会混乱。现代社会是技术占主导地位的社会。伴随着科技日新月异的发展,现代技术渗透到了与人有关的各个领域,其威力无所不在,人类征服和改造自然的能力在逐步增强。技术在给人们带来前所未有的利益满足的同时,也给人类带来了巨大的灾难以及一系列始料未及的问题。从自然方面看,人类通过技术把整个自然界都变成了供其消费的原材料来源,整个自然界都纳入了技术范围,完全被技术所统治,人把自己的意志强加给自然以满足其功利的目的,使自然万物丧失了自己独立的个性,不再具有内在价值而只剩下工具价值。从人的方面来看,人被称为人力资源,和物力资源一样是资源的一种,不同的是人力资源具有能动性。人类借用物力资源和人力资源能动地发明和使用技术,但反过来,人逐渐失去了主体性而成为被技术控制的对象,技术本身出现了异化。这种异化表现为,技术本来是人类发明并用来为人服务的工具,现在却变成了人被技术所操纵,人被强行赋予了技术性的思维和行为方式(看到任何存在物都会首先想到能否利用和如何利用);人好像仅仅是机器(广义的机器包括工业机器、国家机器等)的附庸,只能像卓别林在《摩登时代》里扮演的角色一样随着机器运转,而人自身的精神需要却被漠视和淡化了;科学技术甚至可以克隆人本身(如果真的成功,将使得人完全被物质化、机械化)。现代技术使人类劳动发生异化,充满乐趣的劳动变得枯燥乏味,而且由于机器并不能为人类提供使人具有价值和尊严的东西而产生了人性的危机;与此同时,现代科技(如信息传递和传媒)的高度发展也让社会对个体的控制和支配加强,使人的主体性受到有形或无形、或多或少的制约和束缚,从而弱化了主体自主选择的能力。这种异化的结果是,人和自然都听命于技术,成了技术的附庸或奴隶。也就是说,生产方式的标准化、模式化带来了人的生活方式和行为方式的标准化、模式化,从而泯灭了人的自由自主的个性,成了工业文明的"快乐幸福"的奴隶。贝塔朗菲认为,科技新发展的危险是"使人机械化、一律化、受控化和标准化"①,认为"人是个体"、"如果个体成为社

---

① 参见[美]冯·贝塔朗菲著,林康义等译:《一般系统论基础、发展和应用》,清华大学出版社1987年版,第7页;转引自李曙华:《信息时代的科学精神与科学教育》,《教育研究》2000年第11期。

会机器上的一个齿轮,社会就要毁灭"①。控制论创始人维纳在《人有人的用处》中,尖锐批判了与自动化相联系的社会弊病,呼吁人应该意识到自己的社会义务,"而不是仅仅为了获得利润和把机器当作新的偶像来崇拜"②。他认为,不管是人还是钢铁,"作为机器的一个元件来利用的东西,事实上就是机器的一个元件"③。人作为技术中的能动者总是在谋划着利用自然,对自然无限的贪婪索取成了人的唯一工作,这不仅造成了人与自然的对立,更导致了人与人、人与社会以及人与自身的对立和冲突,因为"对自然的控制不可避免地转变为对人的控制以及社会冲突的加剧。这样便产生了恶性循环。"④弗洛姆说:"19 世纪的问题是上帝死了,20 世纪的问题是人死了。"⑤

现代工具性技术导致了人们心灵的荒漠化。现代科技的进步,前所未有地扩大了人类活动的空间,但人们心灵的空间却越来越狭窄。技术不仅支配了人的身体(人从一出生就开始了生老病死都被技术所左右的人生),而且控制了人的心灵。面对眼花缭

① [美]冯·贝塔朗菲著,林康义等译:《一般系统论基础、发展和应用 》,清华大学出版社 1987 年版,第47—48 页;转引自李曙华:《信息时代的科学精神与科学教育》,《教育研究》2000 年第 11 期。

② [美]维纳著,陈步译:《人有人的用处》,商务印书馆 1989 年版,第 132 页;转引自李曙华:《信息时代的科学精神与科学教育》,《教育研究》2000 年第 11 期。

③ [美]维纳著,陈步译:《人有人的用处》,商务印书馆 1989 年版,第 153 页;转引自李曙华:《信息时代的科学精神与科学教育》,《教育研究》2000 年第 11 期。

④ [加]威廉·莱斯著,岳长岭、李建华译:《自然的控制》,重庆出版社 1993 年版,第 169 页。

⑤ [美]埃利希·弗洛姆著,蒋重跃等译:《健全的社会》,中国文联出版公司 1988 年版,第 370 页。

乱的技术世界,人变得茫然无措,感觉自己随时都有被现代社会所抛弃的危险,所以随时都在马不停蹄、亦步亦趋地追赶着技术的脚步却还被远远地甩在后面,人没有时间和精力去关注自己的心灵,没有心情去和大自然接触来净化自己的心灵空间,技术让人失去了原有的自由甚至对自由的热情。以移动通信和互联网技术为例,它们的产生和发展极大地拓展了人类活动的空间,但又在很大程度上让人失去了自由的空间和时间,人只有选择品牌、款式或网址的自由,几乎没有使用和不使用的自由。随时随地把手机、笔记本电脑带在身边,也就意味着随时随地被他人打扰、为技术所困。与其说人们在客观上需要这些技术,倒不如说人的心理依赖技术、被技术所控制。这就是技术的异化,即庄子所说的"人为物役"、"适人之适"。事实上,对很多人而言,如果不使用手机或网络,自己和社会的发展不会受到什么消极影响。

面对工具理性对科技的滥用而导致的人类难以摆脱的生存和精神的双重困境,人类显然既缺乏预见又缺乏有效的对策。于是人们开始反思科技对生态和社会的负面影响,批判科技引起的生态失衡、社会混乱、人性异化、道德沦丧、工人失业、战争威胁等一系列现象,人们对科技的认识日趋全面和深刻。早在启蒙时期,以卢梭为代表的浪漫主义者就对理性和技术提出了质疑,对包括技术在内的现代文明进行了抨击,认为技术使人们丧失善良的天性。一些现代西方哲学家如海德格尔、伽达默尔、韦伯、马尔库塞和福柯等,也都从不同角度对科学技术对道德和社会的负面影响进行了无情的批判,认为这样的技术世界是危险的、黑暗的、没有意义的、人为物役的、构架的世界。海德格尔认为,现代技术已成为一种挟裹、支配一切的构架(Gestell),并正在剥夺人"自由思想的能力","甚至可以决定人的观点和思想,替人作出决定"①;伽达默尔认为,当科学发展为全面的技术统治,人类就开始了"忘却存在"的"世界黑暗时期"②;马克斯·韦伯认为,由技术召唤出来的世界是一个没有自身意义的"祛魅"的世界③。非常可喜的是,一些现代科学家如贝塔朗菲、普里戈金、曼德尔布罗特等,"他们对科学进步具有高度自觉的同时,对科学可能带来的机械化、非人化趋势也具有高度警惕。……他们作为传统科学理性的批判者,同时也是对新科学和高新技术可能带来异化等危险的最早报警者。"④

　　现代思想家对科技的批判同庄子异乎寻常地一致,两者表现出来的对自然、社会、人的价值的深切关怀和思考都切中时弊、发人深省。由此可见,庄子思想对于现代社会克服危机所具有的意义和价值。当然,和庄子相比,现代学者可能更客观一些,并不主张回到庄子所说的无知无欲的上古时代。因为技术的出现和不断进步是一个客观事实,回归从前只是人类无限憧憬却不可能实现的向往,而要回到简单也还需要经历一个"丰富"之后才能深刻体会和认同的心路历程。理论上讲,人类生活应该经历一个由简单到丰富再回到简单的否定之否定过程,我们国家现在还基本上处于从简单到丰富的过渡时期。问题的严重性在于,我们还没有真正经历丰富阶段就经历了严重的生态危机,面临着回到简单的任务。且不说从根本上解决危机,就是缓解危机也是任重而道远。所以,正如一句歌词所说:"回到简单并不简单"。

---

①　张汝伦:《海德格尔与现代哲学》,复旦大学出版社 1995 年版,第 256 页。

②　王治河:《后现代哲学思潮研究》增补本,北京大学出版社 2006 年版,第 30 页。

③　参见[英]齐格蒙特·鲍曼著,张成岗译:《后现代伦理学》,江苏人民出版社 2003 年版,第 227 页。

④　李曙华:《信息时代的科学精神与科学教育》,《教育研究》2000 年第 11 期。

2. 揭示现代技术危机的本质

庄子批判"机事"背后的"机心",有助于揭示现代技术危机的本质。庄子关于机械产生机事、机事导致机心的思想和现代学者对机械的认识是非常一致的。庄子科技观表达的主要不是形而下的技术(即"机事")对环境造成了多少损害,或者技术能否克服生态危机等问题,而是对形而上的"机心"问题,即技术背后人的贪欲以及由于贪欲所造成的一系列问题的责问和批判。现在的各种危机和灾害很多或绝大多数就是由于人的无知无畏、人性的贪婪等人为因素造成的,本质上就是"人"在"害人、害己",就如庄子所预言的"千世之后,其必有人与人相食者也!"(《庚桑楚》)庄子对"机事"背后的"机心"进行的反思和批判,比纯粹对于"机事"的批判具有了更深刻的哲学意蕴,这是一种更深层次的认识,对我们深入挖掘环境危机背后的最深层原因更具启发意义。和庄子一致,深层生态学关注的并不是生态危机的具体表现,而是导致危机的深层的哲学世界观和价值观原因,认为生态危机是一种性格和文化的危机,导致生态危机的是"占主流地位的现代技术统治论文化"①,所以,要解决生态危机就需要进行一场能够极大提高人们生态意识的精神革命,进而建立人与人、人与社会、人与自然的和谐。事实上,科学技术只是造成环境破坏的表面原因,真正的罪魁祸首是内在的人性的贪婪。由于人被自身的贪婪欲望所支配,才造成了人与自然的割裂和对立、人将自然工具化及人对自然的疯狂掠夺。

此外,庄子所推崇的通道之技中蕴涵的道技合一思想,也为我们思考与科技有关的其他问题提供了广阔的空间。人类不仅要关注技术或技巧,更要关注技术背后蕴涵的"道"。这个"道"可以解

---

① 何怀宏主编:《生态伦理——精神资源与哲学基础》,河北大学出版社2002年版,第489—490页。

释为：人类是否需要和需要什么样的科技成果，科技发明是否符合事物本身的自然之理（如克隆人是否合适），科技成果的应用是否理性，科技本身的发展前景和规律等。关注并正确处理"道"与"技"的关系，可以让我们道技兼修，理性地运用人类的智力及其科技成果，而不是站在人类中心主义的立场去盲目地创新科技。在道与技的关系上，走任何一个极端都会给社会进步带来消极影响：失去"道"的规范，"技"的滥用可能会造成南辕北辙的后果，甚至可能使人类陷入万劫不复的境地（如核武器、生化武器的发明和利用）；反之，失去"技"的支持，空谈"道"也无法解决人口激增、粮食危机、能源短缺等现实的全球问题，势必延缓社会发展进程。

3. 思考现代技术的真正出路

　　庄子对通道之技的理解为当代人探寻技术的真正出路（即生态技术①）提供了智慧的启迪。科技本身充满了矛盾，具有最明显

①　"所谓生态技术，其实质是一种可保持人类可持续发展的技术体系，它强调自然资源的合理开发、综合利用和保护增殖，强调发展清洁生产技术和无污染的绿色产品，提倡文明适度的绿色消费方式和绿色生活方式。生态技术是现时代生态文明对科技为社会和自然界服务的方向性引导和绿色化规范。总之一切有害生态环境的生产技术将受到限制直至淘汰，而无害生态环境的生产技术将得到重视直至推广，从而加速人类可持续发展的进程。它包括以下三个层面的有机构成：绿色适用技术：生态技术的微观层次。如20世纪70年代英国学者E. F. 舒马赫所说的'具有人性的技术'和荷兰学者E. 舒尔曼所说的'替代技术'即小技术，我们可以将其称之为绿色适用技术。环境保护技术：生态技术的中观层次。作为生态技术体系重要构成的环保技术，是专门为保护生态环境而研制和设置的现代技术体系。随着人对高质量生态环境的需求，这一层面的技术正方兴未艾。科技体系绿化：生态技术的宏观层次。整个科学技术体系的绿色化，尤其是作为未来的中心生产技术的生物技术及其生态化，是从根本上防治和根源上防止经济发展中的生态环境问题的根本性举措。"（包庆德：《绿色化浪潮：经济生态一体论》，《内蒙古大学学报》1997年第5期）

的双刃剑性质。事实上,古今中外所有的技术都有利有弊,只是利弊大小的问题而不是利弊有无的问题。犹如古代的石器可以作为劳动工具也可以是杀人武器,现代的核技术可以用来发电也可以用于战争,机器化作业既增强了人类改造自然界的能力,也加速了对生态环境的破坏。不同体制的国家、不同科学和道德素质的人、不同的科技发展时期人们对科技的认识程度的差别都可能导致对科技的完全相反的运用,由此给人类带来不同的影响。但客观来说,科技本身并没有对错的问题,也不意味着对环境的必然破坏,关键是人们的目的和运用得是否妥当。科技既不是地球的"终结者",也不是人类的"救世主"。所以,如何避免科技的危害而发挥其积极作用成了问题的关键,这是一个关于技术的真正出路的问题。

庄子认为不能把技术只作为工具,要给技术一个非工具化的思考,以避免工具之技给自然和社会带来的种种异化现象。通道之技是庄子欣赏的技巧,这种欣赏实际上暗示了技术的真正出路,用现代的语言讲,这是一个生态学的出路。技术真正的危险并不是具体的技术,而是技术的本性。对技术进行非工具化的、生态学的思考,把技术和自然生态(类似庄子的道)有效地结合起来才是技术的出路。所以,技术的真正出路是生态技术。这和深层生态学对技术的主张是一致的。

浅层生态学者认为,科技是造成目前环境危机的重要原因,因为现代社会与它所依赖的生态系统之间最重要的联系就是技术,而很多新技术与生态系统是相冲突的,造成了环境的日益恶化。①

---

① 参见[美]巴里·康芒纳著,侯文蕙译:《封闭的循环——自然、人和技术》,吉林人民出版社1997年版,第141页;转引自王耘:《复杂性生态哲学》,社会科学文献出版社2008年版,第9页。

他们对科学理性原则进行了根本性的批判,但却坚持认为人的问题要由人来解决,技术引起的问题均可以通过技术来解决,科技可以解决科技带来的环境破坏、社会异化等负面问题。这种观点被批评为"技术自大狂",它"诱使我们看不见自己在自然秩序中的位置,自以为什么都能心想事成"①。

深层生态学者认为,科技是生态恶化的主要动因,不能依赖科学技术,我们需要寻找解决环境的其他途径;技术应该是仆人而不是主人,我们绝不是必须拥有伤害我们的技术;中间的、适宜的和民主的或非支配性的技术(如可再生能源技术——太阳能、风能等)是进步的标志。② 科学应当发生从"硬科学"(物理学和化学)向软科学的转换,这种转化应当强调区域和全球文化的重要性。技术也应该生态化(对环境无害的技术,如太阳能等)③,即环境保护需要的是与文化多元性相适应的软技术、中间技术和替代技术,而不是控制性技术。虽然某些深层生态学家肯定有助于实现深层生态学目标的技术的价值,但这个运动的某些成员则走得很远,主张放弃技术,回归狩猎与采集的时代。庄子的科技观和深层生态学的科技观非常一致,两者都看到了技术的局限及其消极后果,但又不否认其作为"仆人"以及"适宜的技术"或生态技术(在庄子为通道之技)的作用。而那些主张回归狩猎与采集时代的深层生态

① [美]阿尔·戈尔著,陈嘉映译:《濒临失衡的地球:生态与人类精神》,中央编译局出版社1997年版,第177页;转引自王耘:《复杂性生态哲学》,社会科学文献出版社2008年版,第15页。

② 参见王耘:《复杂性生态哲学》,社会科学文献出版社2008年版,第26页。

③ 参见李培超:《伦理拓展主义的颠覆——西方环境伦理思潮研究》,湖南师范大学出版社2004年版,第146页。

学家,则和庄子的表现如出一辙,但都不免有些偏激。

4. 建立和谐的现代生存世界

庄子对通道之技的理解有助于建立和谐的生存世界。现代科技的发展过多关注"真"和"用",忽视了科技发展及其运用的道德要求,更忽视了其审美的境界,带有太多的功利性。现代科学技术运用的直接结果,是生产方式、生活方式、行为方式乃至思维方式的标准化、程式化。在这种模式中,人所体会到的不是创作时的心灵自由或劳动后的精神愉悦,更多的是一种人随机器运转所带来的"人为物(机器)役"的紧张、疲惫和无奈,以及生产单一产品所带来的孤寂、单调和无聊,这种单调而重复的劳作方式会造成心灵的沙漠化、自由感和幸福感的荡然无存、审美的疲劳以及人与自然之间天然亲缘关系的消逝。这样的技术生产方式对人类来说不是一种身体上的愉悦体验和精神上的享受,而是一种内心的折磨或挫败,人类再也体会不到手工制作一件独一无二的产品(即使不如机器生产的更精确和标准)时的内心喜悦和满足或庄子所说的"踌躇满志"。这也是精神分裂症成为现代社会主要病症的原因之一。现代技术生产往往只注重功利上的需要,忽视了美学上的价值,也往往忽视道德上的要求,不会想某项技术是否对人类有害以及危害的大小。

庄子的通道之技是一种真善美的结合,它有助于建立和谐的生存世界。庄子认为只有合于自然的技术即通道之技的发明和运用(和生态技术一致)才能达到人与自然的和谐,做到人与万物共生、共存、共荣。这是一种审美的、诗意的、自然的技术或艺术活动。激进的后现代主义的思想先驱海德格尔也持有同样的观点,认为"技术不仅仅是手段,而且是一种展现的方式","技术"的本义即通过某种艺术(工艺)活动,或诗性的方式使被遮蔽的东西显现出"真理"来,而且主张技术要合于天道(类似于庄子的道)。①
这种作为"展现方式的"的技术相当于庄子的通道之技,庄子主张
的圣人"原天地之美而达万物之理"(《知北游》),也是一种技术
的寻求和展现。庄子这种真善美相结合的通道之技,不仅要求
"真"即事物的本性和规律,而且要求"善"即道德自觉和道德境
界,还要求"美"即精神上的审美的惬意和自由。庖丁解牛那种对
"真"即牛的构造和规律的透彻把握、对"善"即人的内在生命的养
护以及那种"踌躇满志"的审"美"愉悦有机地结合在了一起。这
是一个和谐的生存世界,它化解了人与自然、人与社会、人与人的
相刃相靡的"割"和"折"的对立状态,实现了大地人、人的心和形
的和谐相融。人类顺自然之道而行,所做的只是去寻求天地之美
和通达万物之理,而不是一种纯粹的利用、奴役和掠夺。在这种状
态下,自然是一种完美的存在,人类是一种诗意地生存,在这样诗
意的、审美的、自然的状态中,人和自然都摆脱了人类学的工具性
的技术观念所造成的桎梏,获得了完全的、真正的自由。这是一种
类似"庖丁解牛"过程中所获得的审美感受,是技术创造和艺术展
现的完美结合所带来的自由境。如果真的能够以庄子所推崇的
通道之技来经营这个世界,那么这个世界一定是一个适合人类生
存的天地人有机统一、身心相适相合的真善美的和谐世界。

四、庄子科技观的整体评价

表面上看,道家对知识和科技的态度有自相矛盾之处,如庄子

---

① 参见肖巍:《"技术"批判:海德格尔和庄子》,《复旦学报》(社会科学版)
1999 年第 1 期。

对天体宇宙观、生物进化、医学养生、物理和机械等方面都做了卓有成效的探索并表现出了其丰富的科学知识和经验,但却反对一般的科学知识和探索,而主张一种直觉主义的体道之知的境界;庄子表达了对技术所带来的人为物役、天人对立的强烈不满,但却对手工的通道之技表示了高度的赞赏,并对技术在人们生活中的作用给予了不同程度的肯定。这种矛盾给后人创造了见仁见智的解读空间。客观来看,虽然我们阐释了庄子知识观和科技观在道的意义上的一致性,但庄子对中国科技思想发展的影响确实具有积极和消极的二重性。

(一)积极作用

从积极的方面看,庄子的科技观在科技发展史上具有重要的意义。其一,庄子的科技观对现代社会科技观具有借鉴作用。庄子在两千多年前就能够认识到知识以及机械或技术给人类生存带来的负面影响,是十分天才的,对于当代人理性地认识科学技术的"双刃剑"性质很有启发。其二,庄子的科技观对中国科技发展起了重要的推动作用。李约瑟认为,今天的技术传习是客观的,不参与个人因素,现今的产品制造都按程序进行从而用机器生产出高技术的产品,而庄子时代却需要个人高度的技巧和天才才能够做到,这就会导致道家执著于那无法以语言表达、无法由师徒相传的经验和手艺。不过,这些神乎其技的传说、魔术、宗教仪式和种种技艺,都是自然科学的起源。① "我们要探讨中国科学思想的渊

① 参见[英]李约瑟著,陈立夫译:《中国古代科学思想史》,江西人民出版社 2006 年版,第 140 页。

源,就必须向道家思想中去追寻"①;"道家是宗教的、文学的,不错;但道家他同样是魔术的,科学的,民主的,并且在政治上是革命的。"②此外,庄子对天地人的本性和规律的认识也都体现了一种科学探索精神,如顺应自然和无为为上的整体主义自然观以及平等对待世间万物的客观态度。其三,庄子思想更多的是唯物因素,而不是神秘唯心的因素,所以与科学更为接近。庄子认为道可以"神鬼神帝,生天生地"(《大宗师》),他所讲的天不是主宰之天,更多的是自然之天。庄子认为,人的生死变化是没有主宰的,是"气"之聚散,是一个大化流行的过程。庄子关于鬼和骷髅的描写更多的是寓言,用以表达其思想之需,如庄子说"为不善乎幽闇之中者,鬼得而诛之"(《庚桑楚》),这里的"鬼"并不是一般意义上的"鬼魂",实际上是在说人应该"慎独",否则就好似"心中有鬼",不能获得内心的安宁,心底无私则心灵安定。所以,庄子思想中体现了一种无神论的观点,与科学更为接近。其四,《庄子》中有关科技的内容为后人了解当时社会的生产力发展状况和科技水平提供了珍贵的史料。

(二)消极影响

庄子科技观对中国科技发展的负面影响也是显而易见的,主要表现在:其一,庄子把社会异化的原因归结为知识以及机械、机事和机心,没有看到异化产生的主要根源是私有制,最终根源在于社会分工的固定化。其二,庄子的相对主义认识论、直觉主义思维

① [英]李约瑟著,陈立夫译:《中国古代科学思想史》,江西人民出版社2006年版,第67页。
② [英]李约瑟著,陈立夫译:《中国古代科学思想史》,江西人民出版社2006年版,第41页。

方式与科学发展虽有契合之处,但这种带有猜测性和表象性的解释系统,与科学发展主要诉诸理性和逻辑的认知方式多有矛盾之处。其三,庄子对科技的态度具有反科学的因素。虽然庄子的本意是反对机械、机事后面的"机心",但从影响上看,庄子强调天道的自然无为而忽视人的主动性,这与科技探索和科技运用强调主动创造的精神相矛盾。此外,庄子反对知识和技术的言论、对工具之技的危害所做的触目惊心的描述、对无知无欲的上古之世的憧憬等,也对科技发展产生了消极影响。唐庆增认为,庄子思想"乃为退化的而非进步的,庄子学说之流弊,足使人民深远创见之眼光,无由产生"①。胡适认为,庄子所倡导的自然主义、反对机械技巧的思想导致中国是用人做牛马的人力车文明,而西方近代是摩托车文明。它使中国人"自安于简陋的生活,故不求物质享受的提高;自安于愚昧,自安于'不识不知',故不注意真理的发现与技艺器械的发明;自安于现成的环境与命运,故不想征服自然,只求乐天安命。"②

总之,庄子科技观对中国科技发展的影响是双重的。刘大椿对庄子科技观的评价是很客观而中肯的,认为庄子哲学思想"主要的弱点是与其主要长处联系在一起的:整体观伴以结构性弱点,一体化认知结构伴以狭隘的人伦技术化倾向,直观比类伴以不同层次过渡的模糊性"③。

① 唐庆增:《中国经济思想史》上卷,商务印书馆 1935 年版,第 167 页。
② 胡适:《我们对于西洋近代文明的态度》,欧阳哲生主编:《胡适文集》第 4 册,北京大学出版社 1998 年版,第 4 页。
③ 刘大椿:《互补方法论》,世界知识出版社 1994 年版,第 274—275 页。

第五章　人生之困——庄子人生哲学的生态学解读(一)

庄子哲学内容丰富,涉及哲学的各个方面,但其最终目的是对现实人生的关注。如何摆脱人生困境、获得逍遥之游是庄子人生哲学的核心。法国 17 世纪著名思想家帕斯卡尔说:"人是一棵会思想的芦苇",虽然有高贵的思想,但却十分地脆弱。庄子认为,人的一生都遭遇着命运之困、社会之困、自我之困和环境之困,这些人生困境让生命脆弱、使人生悲苦,无法达到逍遥之游的理想存在状态。而庄子对人生困境以及摆脱困境的方法的探讨,为人类如何生存、如何更好地生存开拓了一条简洁、有效、唯美、环保的路径。而现代文明在给人类带来巨大利益的同时也给人类带来了更多更深的生存困境,人们对摆脱困境和获得自由的渴望更加强烈,这为我们从生态学的角度解读庄子人生哲学提供了契机。

本书通过两章来探讨庄子人生哲学及其生态学意义,即本章的人生之困和第七章的逍遥之游。

一、庄子人生哲学产生的时代背景

任何一种哲学都有其产生的时代背景,庄子哲学也不例外。

庄子关于人生之困和人之逍遥的人生哲学具有深刻的社会背景、经济背景、环境因素、哲学基础和文化背景。

（一）社会背景

庄子生活于战国中期，这是社会大变革的转型时期，社会动荡、战火不断、民不聊生，是一个"争地以战，杀人盈野；争城以战，杀人盈城"（《孟子·离娄上》）①、"今夫天下之人牧，未有不嗜杀人者"（《孟子·梁惠王上》）②的时代。庄子更是居于"四战之地"的宋国，其大半生处于荒淫无道、杀人成性的宋王偃（史称"桀宋"）的统治时期，庄子认为"宋国之深，非直九重之渊也；宋王之猛，非直骊龙也"（《列御寇》）。面对处于裂变中的严酷社会现实，诸子百家各自提出了自己的主张。儒家积极救世，孔子周游列国以推行其思想；庄子则采取了避世游世的态度，通过回归自然以拯救社会和人生，借以摆脱人生困境进而获得精神世界的绝对无待的自由。残酷的社会环境，使庄子对社会和人生的困境或绝境有了深刻而敏锐的认识以及对自由的强烈渴望和无限憧憬。

庄子对社会和人生的认识，与他的社会地位也有关系。不论出身如何，"庄子基本上是平民知识分子的思想代表"③。从庄子的经历来看，应是饱受世态炎凉，洞悉世相人情。庄子家境贫寒，曾"处穷闾阨巷，困窘织屦，槁项黄馘"（同上）、贷粟于监河侯（《外物》），也曾"衣大布而补之，正緳系履而过魏王"（《山木》）。

---

① （宋）朱熹：《四书集注》，中华书局 2011 年版，第 354—355 页。
② （宋）朱熹：《四书集注》，中华书局 2011 年版，第 250 页。
③ 刘笑敢：《庄子哲学及其演变》，中国社会科学出版社 1988 年版，第245 页。

不过,庄子虽然家贫,却不屑于高官厚禄,只做过短暂的漆园吏,因担心成为祭祀的牲牛(《列御寇》)、藏于庙堂的龟骨而拒绝君王聘他为相,"宁生而曳尾涂中"(《秋水》),以相位为"腐鼠",而自喻为"非梧桐不止,非练实不食,非醴泉不饮"(同上)的鹓鹐。此外,在《庄子》一书中,庄子及其后学对当权者往往加以刻薄的嘲讽和犀利的批判,却对一些下层民众如木匠、屠夫、船夫、农夫、渔夫、小手工业者等不吝赞美之辞。和下层民众的密切联系也养成了庄子热爱自然、淡泊人生、追求自由的个人品性。这样的精神品性注定了庄子不愿也不会受到统治者的重用。处于庄子这样的环境,人一般会有三种结局,即堕落、平庸或者升华,以庄子的心志和学识,只能是人格的升华。叔本华说:"有三种类型的贵族:(1)出身和地位上的贵族。(2)财产上的贵族。(3)精神上的贵族。其中真正最高贵的是第三种,人们最终会认识到它荣居首位的资格。"①庄子显然属于第三种,是一个与命运、时代甚至自己相抗争的真正最高贵的精神贵族。

(二)经济背景

春秋战国时期是从奴隶制向封建制过渡的时期,封建社会最基本的经济结构就是自给自足的自然经济,这构成了庄子人生哲学的经济基础。相对于奴隶制经济,这种小农经济的优点是可以充分调动农民的生产积极性,充分发挥农民的聪明才智;其缺点是缺乏抵御大规模自然灾害的能力,不利于大规模农机具的推广,无法合理使用土地以及规模经营。我国是传统的农耕文明,小农经

---

① [德]叔本华著,范进、柯锦华译:《劝诫与格言》,西苑出版社2003年版,第184页。

济又是一种很脆弱的经济结构,这些都决定了人们对自然的高度依赖。各种自然灾害的不期而至让人们对大自然充满了惊恐和畏惧,而大自然对人们衣食起居的无私恩赐又让人们对其充满了感恩和崇敬。人们这种恐惧和感恩的情怀,虽然容易形成把大自然想象成人格神的唯心观念,但同时也会自发形成遵循自然、顺应自然的唯物观念,如果违逆自然就会给农业生产和人们的生活带来失败或灾难。这种强调顺应自然的小农经济构成了庄子人生哲学或庄子哲学的经济基础,因为庄子哲学的基调就是"道法自然"基础上的顺物自然。此外,这种小农经济的脆弱性也是道家哲学强调清心寡欲、崇俭抑奢、"知足知止"思想的深层原因。

(三)环境因素

在庄子生活的战国中期,环境破坏已露端倪,当时破坏环境的主要因素有:一是人口和城市的发展对生态环境的影响。春秋战国时期,由于铁器的出现而带来生产力的大幅提高,人们的生活水平得到相应改善和提高,加上各国刺激人口增长的政策,使得人口和城市的数量空前增加,产生了人口和资源的矛盾。为了解决这一矛盾,当时各国大都开展了垦荒运动和砍伐活动,由此导致了生态环境的极大破坏。二是祭祀文化与频繁的战争也对生态环境产生了破坏。《左传·成公十三年》中说:"国之大事,在祀与戎"。[1]即祭祀和战争是一个国家的头等大事。在祭祀活动中,除了大量青铜礼器外,还要有各种祭品,这些都会浪费很多的资源。此外,

---

[1] 杨伯峻:《春秋左传注》(全4册),中华书局1981年版,第861页(第2册)。

战争对环境的破坏也非常严重,据统计,春秋时期大大小小的战争约 483 次①。众所周知,战争本身就是一个浪费资源、破坏生态环境的事情,战后重建也是对资源的一种重复浪费。三是暴虐的政治统治让人们生存的社会环境更加恶化。战国中期,天下大乱,各诸侯国争霸加剧,战乱和自然灾害频繁,社会生产凋敝,人们生活在异常困苦和不安定的环境之中,是一个"天下无道,戎马生于郊"(《老子》第 46 章)②、"福轻乎羽,莫之知载;祸重乎地,莫之知避"(《人间世》)、"轻用民死,死者以国量乎泽,若蕉"(同上)的悲惨时代。面对如此困境,包括庄子在内的思想家开始反思其根源,逐渐地从对人与自然关系的神秘理解转而接近对人与自然关系的客观理解,认识到正是统治者的贪婪无度造成了生态环境的恶化和自然灾害的频繁发生,而不是有主宰意志的"天"或某种神秘力量在作怪。这也是庄子对当时的政治及其推行的儒家伦理道德进行竭力抨击的原因。

(四)哲学基础

作为一个政治伦理型国家,如何安身立命是中国哲学的核心问题。惠吉兴认为:中国哲学是一种追求生命的智慧,这里的"生命"包括宇宙自然生命、人类理性生命和社会文化生命三个层面,本体性的"道"或"理"将这三种生命形态融贯为一个有机整体。"对生命主体的追问、对生命意义的求证、对生命价值的肯认、对生命存在的体悟、对生命境界的攀升构成了中国哲学的精神特

---

① 参见范文澜:《中国通史》第 1 册,人民出版社 1949 年版,第 130 页。
② 陈鼓应:《老子今注今译》,商务印书馆 2003 年版,第 245 页。

质。"①也就是说,中国哲学的精神就是"生命之道"。如果说老子思想是一种政治哲学,那么,庄子思想则是一种典型的生存哲学或"生命哲学",在老子道论的基础上,庄子构建了以"体道"为核心的人生哲学。崔大华认为:"在中国思想中,庄子的人生哲学思想最早地和全面地开始了对人的境遇的理性的思索。"②庄子的人生哲学不再局限于简单狭隘的社会本身,而是以自然宇宙为大背景,从形而上的"道"的角度对人生困境的产生和解脱做了深入探讨。庄子生命哲学的逻辑进路是:首先,关注人的生命存在本身,包括存在的久暂(寿命的长短及如何看待生死等)、质量(身心的安顿即人的理想存在),即人与自身的关系,这是心态问题。其次,关注人的生命存在的社会环境,即人与人、人与群体、人与社会的关系,这是世态问题。再次,关注人的生命存在的自然环境,即人与自然的关系,这是生态问题。

庄子人生思想的哲学基础是"道"本体论。庄子认为,道生万物且周遍万物。道生万物的过程是:

> 泰初有无,无有无名;一之所起,有一而未形。物得以生,谓之德;未形者有分,且然无间,谓之命;留动而生物,物成生理,谓之形;形体保神,各有仪则,谓之性。性修反德,德至同于初。(《天地》)

在这里,庄子对万物的"德"、"命"、"形"、"性"也进行了定义和描述:"德"是事物对道的获得;"命"是道对事物的限定;"形"是道在具象事物中的外在表现;"性"是道在具象事物中的内在体现。人作为万物之一,也是禀道而生,也有自己的德、命、形、性。物有

---

① 惠吉兴:《中国哲学精神》,广东人民出版社 2007 年版,《引言》第 5 页。
② 崔大华:《庄学研究》,人民出版社 1992 年版,第 142 页。

物性、人有人性,物性和人性都本于道性。在庄子的人生哲学中,是否符合道性以及由道性所决定的物性和人性是判定事物的唯一标准。庄子并不否定世间的一切,他所反对和否定的是世上违背道的自然本性的事物,即使是益生,只要是人为的就会拒绝,犹如泽雉不愿被养于笼中;他所赞赏和肯定的是符合道的自然本性的事物,即使是死亡,只要是自然的就欣然接受,因此在其妻子死后会"鼓盆而歌"。

庄子认为,人生困境的产生是由于人的道性被遮蔽或亏损。由于人被生死存亡、穷达祸福、功名利禄、是非善恶等外在事物所奴役,使人源于道的自然本性被遮蔽,这就给人以及物带来了很多的困境和悲苦。因此,人生困境的摆脱就是解蔽的过程,解除外物对人性的束缚,使内在于人的道性即人性显露出来,达到"体道"、"悟道"的人生最高境界。解蔽的理论依据就是"齐物"或"道通为一"。在道通为一的意义上,没有主客之分、物我之别,人的生死存亡、穷达祸福、功名利禄等是无差别的或齐同的,人们对事物的是非、善恶、美丑等判断也是相对的或没有意义的。所以,庄子认为,"未始有物"(《齐物论》)是最高的智慧,人把自己和物区别开来造成了主客体的对立,去评判其是非造成了道的亏损。正是这种主客二分的思维方式造成了人生的困境和悲苦,人把整个世界都当做了自己的对立面或"敌人",把外于自己的东西当做满足自己欲望的工具和手段即庄子所说的"相物"(《人间世》),这必然会造成人与自然、人与社会、人与人、人与自身的"相刃相靡"(《齐物论》),最终造成人类的困境。因此,如果人类不执著于这些伤身害性的身外之物,那么,人的所有的纠缠和困扰就都将化为无形。这种观点虽然带有相对主义的因素,但却是非常辩证的观点,相对立的事物都是可以互相转化的,正所谓物极必反或"反者道之动"(《老子》第 40 章)①。

(五)文化背景

春秋战国时期,整个社会的经济、政治、文化也面临全方位的变革,社会秩序的混乱导致了思想文化的混乱,造成了中国思想史上的"百家争鸣"、"道术将为天下裂"的局面。这也是人类精神发展中的全球性裂变时期,也即雅斯贝尔斯所说的"轴心时代"。在这样一个思想文化异彩纷呈的时代,庄子独具特色的思想成为文化百花园中的一朵"奇葩"。当然,这朵"奇葩"不仅生长在现实的大地上,而且其生物学渊源或文化上的发展脉络也是有迹可循的。庄子身处百家争鸣时期,诸子百家的人生智慧都对庄子思想产生了或多或少、或正或反的影响。老子对庄子的影响最大,老子对儒家学说的批判、对理想社会的向往、无为而治的处世方式等都对庄子的人生哲学产生了深远的影响。在《庄子》中,出现了儒家、墨家、法家、名家、阴阳家等学派,涉及最多的是经常以老庄代言人形象出场的孔子及其弟子,每每孔子出场时人们都可以看到其背后庄子的身影。此外,庄子也受到传统的隐逸之风的影响,连一向主张刚健进取的孔子都曾说"道不行,乘桴浮于海"(《论语·公冶长》)②,颜世安认为庄子思想从某种意义上说就是战国时代隐者文化的结晶,庄子的基本思想要从隐者传统的渊源来把握。③ 当然庄子的隐逸是更为高远、更加务实的"陆沉"即隐居人群之中。再者,庄子思想与他所处的地域文化有关,庄子与楚文化的联系是

---

① 陈鼓应:《老子今注今译》,商务印书馆 2003 年版,第 226 页。
② 杨伯峻:《论语译注》,中华书局 2006 年版,第 76 页。
③ 参见颜世安:《庄子评传》,南京大学出版社 1999 年版,第 28—37 页。

许多学者都关注的,楚文化的浓郁巫风、拟人化的宗教、丰富的想象力、浪漫主义等都对庄子本人及《庄子》书影响极深。

二、庄子的人生困境思想

陈鼓应认为,庄子的困境意识、忧患意识、沉痛隐忍的程度、对于时代灾难和人群祸患的敏感度,都超过了先秦诸子其他各家。[①]崔大华认为,先秦诸子的人生哲学一般开始于、立足于"人性",而庄子的人生哲学发端于、立足于个人生存中的"困境"。这些困境概括起来有自然的、社会的、自我的,具体表现为"自然之限"(死与生)、"社会之限"(时与命)及"自我之限"(情与欲)。[②] 本书想换一个思路来谈庄子的人生之困。《庄子》中有很多地方谈到了人生的种种困境,如果做一个分类的话,可以分为命运之困、社会之困、自我之困和环境之困四个方面。这些困境往往是伴随人们终生、无所逃避又无可奈何的客观事实,只是有的困境是在自发的无意识状态下生而具有的,如命运之困;有些是伴随着人的社会化程度的提高才逐渐显露出来的,如社会之困、自我之困和环境之困。当然,如果按照庄子的观点,或许社会、自我、环境之困都可归结为命运之困,因为庄子认为一切都是命运。但为了表述的方便我们还是把它们区分开来。此外,庄子人生之悲思想也是其人生困境思想的一种表达。

---

① 参见陈鼓应:《老庄新论》,商务印书馆2008年版,第464—465页。
② 参见崔大华:《庄学研究》,人民出版社1992年版,第142—146页。

(一)命运之困

命运之困也可称之为"天然(生)之困",是指人作为一个生物体一来到世间就面临的、在无意识状态下就具有的或获得的且伴随人一生的困境,涉及的主要是人本身。此时的人更多的是生物学意义上的人,还不是真正社会学意义上的人,尚不具备自我意识、社会意识和环境意识,所以主观上就不会或较少受到后三种困境的自觉影响,但客观上这些困境还是存在的。

1."命"或命运的含义

关于"命",先秦诸子各有见解。儒家时常把命和天连在一起,并对命采取了一种敬畏的态度,如"死生有命,富贵在天"(《论语·颜渊》)[①],"不知命,无以为君子也"(《论语·尧曰》)[②],"君子有三畏,畏天命,畏大人,畏圣人之言"(《论语·季氏》)[③],"莫之为而为者天也;莫之致而至者命也"(《孟子·万章上》)[④]。墨家主张"非命",不承认命的存在。法家对命采取了以统治者为主的态度,把老子形而上的道论改造成了宣扬权术的政治学说,认为君主应"谨修所事,待命于天"(《韩非子·扬权》)[⑤],谨慎地处理政事,等待自然规律去起作用,并把其下的人的命运掌握在自己手里。

在庄子这里,"命"是一种人力不能干预、无可逃避的外在必然性,"不知吾所以然而然,命也"(《达生》),命是道在人生中的运行和体现,即"物得以生,谓之德;未形者有分,且然无间,谓之

---

① 杨伯峻:《论语译注》,中华书局 2006 年版,第 140 页。
② 杨伯峻:《论语译注》,中华书局 2006 年版,第 238 页。
③ 杨伯峻:《论语译注》,中华书局 2006 年版,第 199 页。
④ (宋)朱熹:《四书集注》,岳麓书社 2011 年版,第 288 页。
⑤ 梁启雄:《韩子浅注》,中华书局 1960 年版,第 50 页。

命"(《天地》),物有得于道谓之"德",德成则"命"定。郭象注:"夫无不能生物,而云物得以生,乃所以明物生之自得,任其自得,斯可谓德也。"①成玄英疏:"德者,得也,谓得此也。夫物得以生者,外不资乎物,内不由乎我,非无非有,不自不他,不知所以生,故谓之德也。虽未有形质,而受气以有素分,然且此分修短,憗乎更无间隙,故谓之命。"②张松辉释为:"万物还未出生时,各自的形态就已经被确定,肯定不会有任何差错,这就叫做天命注定"③。庄子认为,人生在世,有两件事是无论如何无法逃避的,一定会受到其困扰而无法摆脱,"天下有大戒二:其一,命也;其一,义也。子之爱亲,命也,不可解于心;臣之事君,义也,无适而非君也,无所逃于天地之间。"(《人间世》)

《庄子》中"命"字出现84次,主要含义有:

一是作为动词的命名、定名。庄子说:"命之曰蔺人"(同上);"临尸而歌,颜色不变,无以命之"(《大宗师》);"一而不党,命曰天放"(《马蹄》);"复命摇作而以天为师,人则从而命之也"(《则阳》);"故命之曰有巢氏之民。……故命之曰知生之民"(《盗跖》);"语心之容,命之曰心之行"(《天下》)。

二是作为动词的命令、委任。庄子说:"故人喜,命竖子杀雁而烹之"(《山木》);"舜之将死,乃命禹曰"(同上);"王命相者趋射之,狙执死"(《徐无鬼》);"齐人蹢子于宋者,其命阍也不以完"(同上);"正考父一命而伛,再命而偻,三命而俯,循墙而走,孰敢

---

① (清)郭庆藩撰,王孝鱼点校:《庄子集释》(中),中华书局1961年版,第425页。

② (清)郭庆藩撰,王孝鱼点校:《庄子集释》(中),中华书局1961年版,第425页。

③ 张松辉:《庄子疑义考辨》,中华书局2007年版,第165页。

不轨！如而夫者，一命而吕钜，再命而于车上儛，三命而名诸父，孰
协唐许"（《列御寇》）；"命之曰《节用》"（《天下》）；还有作为听
命、认命含义的"命物之化而守其宗也"（《德充符》）。

三是作为名词的命令、指令。庄子说："今吾朝受命而夕饮
冰"（《人间世》）；"莫若为致命，此其难者"（同上）；"父母于子，东
西南北，唯命之从"（《大宗师》）；"辞不获命"（《天地》）；"敬闻命
矣"（《山木》）；"先君之命，王其无它，又何卜焉"（《田子方》）；
"敬闻命矣"（《寓言》）；"吾又奏之以无怠之声，调之以自然之命"
（《天运》）。

四是指人的性命、生命。庄子说："彼正正者，不失其性命之
情"（《在宥》）；"不仁之人，绝性命之情而饕贵富"（同上）；"天下
莫不奔命于仁义"（同上）；"任其性命之情而已矣"（同上）；"自三
代以下者，匈匈焉终以赏罚为事，彼何暇安其性命之情哉"（《在
宥》）；"天下将安其性命之情，之八者，存可也，亡可也；天下将不
安其性命之情，之八者，乃始脔卷仓囊而乱天下也"（同上）；"无为
也而后安其性命之情"（同上）；"大德不同，而性命烂漫矣"（同
上）；"致命尽情，天地乐而万事销亡，万物复情，此之谓混冥"（《天
地》）；"莫得安其性命之情者"（《天运》）；"吾使司命复生子形，为
子骨肉肌肤，反子父母妻子闾里知识，子欲之乎"（《至乐》）；"是
天地之委形也；生非汝有，是天地之委和也；性命非汝有，是天地之
委顺也"（《知北游》）；"君将盈耆欲，长好恶，则性命之情病矣"
（《徐无鬼》）；"皆离名轻死，不念本养寿命者也"（《盗跖》）；"不
能说其志意，养其寿命者，皆非通道者也"（同上）；"愿天下之安宁
以活民命"（《天下》）。

五是指由"道"所决定的命运、运气。庄子说："天下有大戒
二：其一，命也；其一，义也。子之爱亲，命也，不可解于心；臣之事

君,义也,无适而非君也,无所逃于天地之间。"(《人间世》)"知其不可奈何而安之若命,德之至也。"(《人间世》)"受命于地,唯松柏独也正,在冬夏青青;受命于天,唯舜独也正,在万物之首。"(《德充符》)"知不可奈何,而安之若命,唯有德者能之。游于羿之彀中。中央者,中地也;然而不中者,命也。"(同上)"死生存亡,穷达贫富,贤与不肖毁誉,饥渴寒暑,是事之变,命之行也。"(同上)"死生,命也,其有夜旦之常,天也。人之有所不得与,皆物之情也。"(《大宗师》)"天无私覆,地无私载,天地岂私贫我哉? 求其为之者而不得也。然而至此极者,命也夫!"(同上)"未形者有分,且然无间,谓之命。"(《天地》)"圣也者,达于情而遂于命也。"(《天运》)"性不可易,命不可变,时不可止,道不可壅。"(同上)"时命大谬也。当时命而大行乎天下,则反一无迹;不当时命而大穷乎天下,则深根宁极而待;此存身之道也。"(《缮性》)"轩冕在身,非性命也,物之傥来,寄者也。"(同上)"无以人灭天,无以故灭命,无以得殉名。"(《秋水》)"我讳穷久矣,而不免,命也;求通久矣,而不得,时也。……知穷之有命;知通之有时,临大难而不惧者,圣人之勇也。由处矣,吾命有所制矣。"(同上)"人且偃然寝于巨室,而我噭噭然随而哭之,自以为不通乎命,故止也。"(《至乐》)"夫若是者,以为命有所成而形有所适也,夫不可损益。"(同上)"达命之情者,不务命之所无奈何?"(同上)"吾始乎故,长乎性,成乎命。……吾生于陵而安于陵,故也;长于水而安于水,性也;不知吾所以然而然,命也。"(同上)"休恶遇此命也。"(同上)"始用四达,爵禄并至而不穷,物之所利,乃非己也,吾命其在外者也。"(《山木》)"知命不能规乎其前,丘以是日徂"(《田子方》)。"莫知其所终,若之何其无命也? 莫知其所始,若之何其有命也。"(《寓言》)"君过而遗先生食,先生不受,岂不命邪?"(《让王》)

"达大命者随,达小命者遭"(《列御寇》)。

本书主要说明由"道"所决定的性命和命运意义上的"命"的概念。

2. 命运之困的具体内容

庄子认为,人生活在茫茫宇宙之中,先不论宇宙本身有其固有的不以人的意志为转移的规律,就是人本身的很多东西也都是由命不由人的,人的"死生存亡,穷达贫富,贤与不肖毁誉,饥渴寒暑,是事之变,命之行也"(《德充符》),即人的生、死、情感、智能或认知能力的高低及其局限都是与生俱来、无可逃避且不能选择和左右的,这种命运给人类带来了很多无可奈何的束缚或困境。

人的"死生存亡"是命定的。"死"是既无直接经验也无间接经验可以学习的,唯一的办法就是想象,而想象往往又具有夸大的特点,所以,"死"本身以及死后如何或许应属于科学的范畴,但无法成为哲学研究的对象,哲学能够研究的是死对生的影响。死是人有了自我意识之后就挥之不去的概念或梦魇,痛苦的时候以死为解脱,幸福的时候以死为噩梦,平常的时候以死为无常。人们关于死的思考直接影响到对人生的看法,哲学上一般说"人生观"而不是"人死观",这说明人思考死的目的在于如何生以及如何更好地生,或者说人生的价值和意义是什么。庄子所探讨的也是死对生的影响,但与儒家注重探讨人的社会价值不同,庄子更偏重对人的自然意义的思考。庄子认为,人的本性、命运都是不可更改的,就像时间不可停留、大道不可阻塞,即"性不可易,命不可变,时不可止,道不可壅"(《天运》)。人的身体、性命及至子孙是命定的,人们无论多么想身体健康、保全性命和多子多孙都无济于事,因为这些不是自己所能掌控的,"汝身非汝有也……是天地之委形也;生非汝有,是天地之委和也;性命非汝有,是天地之委顺也;子孙非汝有,是天地之委蜕也。"(《知北游》)人是由天地之气构成的,"人之生,气之聚也;聚则为生,散则为死"(《知北游》)。人的外形的美和丑(西施与厉)、身体的健全和残疾,按照庄子的说法都是天生命定的,犹如右师的刖足也是"天也,非人也。天之生是使独也,人之貌有与也"(《养生主》),即不仅人的自然存在形态是命运使然,而且人的自然存在形态在社会中的遭际也是"天"即命运使然,人生在世,犹如"游于羿之彀中。中央者,中地也;然而不中者,命也"(《德充符》),被射中和不被射中即必然性和偶然性都是命,所以子产不必以其"全足"嘲笑申徒嘉的"不全足"。人的寿命长短、快乐与否也是由无可左右的生物必然性或命所决定:"人上寿百岁,中寿八十,下寿六十,除病瘐死丧忧患,其中开口而笑者,一月之中不过四五日而已矣。天与地无穷,人死者有时,操有时之具而托于无穷之间,忽然无异骐骥之驰过隙也。"(《盗跖》)人的死亡是命定的,无论人们是喜欢还是厌恶它都会如期而至,没有任何选择性。"死生,命也,其有夜旦之常,天也。人之有所不得与,皆物之情也。"(《大宗师》)即死与生是命中注定的,就像昼夜交替一样,是自然现象,人对这些事情是无法干预的。庄子妻死却鼓盆而歌是因为"察其始而本无生,非徒无生也而本无形,非徒无形也而本无气。杂乎芒芴之间,变而有气,气变而有形,形变而有生,今又变而之死,是相与为春秋冬夏四时行也。人且偃然寝于巨室,而我噭噭然随而哭之,自以为不通乎命,故止也。"(《至乐》)

人的"穷达贫富"是命定的。庄子借孔子之口指出:"饥渴寒暑,穷桎不行,天地之行也,运物之泄也。……始用四达,爵禄并至而不穷,物之所利,乃非己也,吾命其在外者也。"(《山木》)饥渴寒暑、穷困不通,都是天地的运行、万物的变迁,人在初次被任用时就显达且爵禄源源不绝而来,并不是由于自我本身的努力而是命运带来的外在所得。"褚小者不可以怀大,绠短者不可以汲深。夫若是者,以为命有所成而形有所适也,夫不可损益。"(《至乐》)即小袋子不可以装进大东西,短绳子不能汲取深井的水,之所以会这样,是因为一个人有什么样的命定条件,就会得到什么样的结果,有什么样的形体能力,就会有什么样的发展范围,这是命中注定的,无法增加或减少。在《大宗师》中,子桑一边若歌若哭,一边思考自己为何穷困挨饿,父母不会愿意让其如此贫困,而天地又不会有"私覆"和"私载",结论是一切都是"命也"。在《徐无鬼》中,子綦请九方歅为他的八个儿子相面,这种做法虽然是世俗的算命,但却是对人的穷达贫富命运的认可,而当九方歅说"梱也将与国君同食以终其身"时,子綦则为其子(梱)无功却终身食肉而哭泣,认为是无怪行而有怪征,"非我与吾子之罪,几天与之也!"这里的"天"就是不可逃避的"命"。

人的"贤与不肖毁誉"是命定的。在《则阳》中,孔子不明白为什么"卫灵公饮酒湛乐,不听国家之政;田猎毕弋,不应诸侯之际;其所以为灵公者何邪?"结论却是"夫灵公之为灵也久矣",即卫灵公被"谥"为"灵"是早就命中注定的,不必妄加猜测和评议。这个故事虽然是一种比较低级庸俗的巫术,但也表明了庄子关于一切"命定"的思想。庄子认为,人的智能或认知能力的高低及其局限是命定的、不可避免的,世间万物各有其不可避免的局限,犹如"小知不及大知,小年不及大年"(《逍遥游》)。朝菌、蟪蛄、冥灵、大椿的存在期限或年限本来就有短有长,因而所能认知的范围就有大有小,这些都是自然界的客观事实或者说是命运。就其本身来讲本来无所谓"及"与"不及",但从人的角度来看,就会有"贤与不肖毁誉"的比较和辨别。"无知无能者,固人之所不免也。夫务免乎人之所不免者,岂不亦悲哉!"(《知北游》)有所不知、有所不能,这本来就是人所不可避免的命定的现实,努力去避免人所不能避免的东西,是非常可悲的。即人本来就有"贤"和"不肖"的区别,也相应地有"毁"和"誉"的区分,就像《逍遥游》中斥鴳讥笑"大鹏"远徙南冥的徒劳无益、宋荣子对"知效一官,行比一乡,德合一君而徵一国者"的"犹然笑之"。这种困境很现实,因为人的自由度是依赖于对世界的认知程度的,而这种认知的局限性决定了人的困境的必然性。

综上所述,庄子所说的命,"只是不知所以然而然的抽象必然性……命的内容却不同于宗教的前定论和天命论"①。庄子并不是传统意义上的宿命论者,传统的宿命论认为世间一切都是由外在的神秘力量如上帝、神、天或黑格尔的绝对精神、柏拉图的绝对理念等预先决定的,一切都是先天注定,人只有服从而不可改变。而庄子的命并不是由外在的神秘力量来决定人的一切,并没有"鬼魂不灭"或"来世说"的色彩,他强调的是由于各种原因而导致的生死贫富的不确定性以及人对其不可把握的无可奈何性。庄子的命定论看起来更加客观 些,因为事物的变化莫测,确实导致了人生中的很多不确定性和无能为力感。如果能够认识到这一点,人应该会少一些烦恼和忧愁,多一些豁达和快乐,就如比较贫困地区的农民,他们的幸福并不比发达地区的人少、烦恼并不比发达地区的人多,一句都是命就可以减少甚至免除很多烦恼。有人说这些随遇而安的农民才是真正的哲学家还是有道理的。幸福和快乐很多的时候取决于两个因素:一是心态;二是有可比性的比较,其中心态最重要。庄子的命定论虽然有些消极抑或神秘,但对于保

① 刘笑敢:《庄子哲学及其演变》,中国社会科学出版社 1988 年版,第132 页。

持人的心态平和是有很积极作用的,当然其他命定论也有这样的效果。此外,比较的作用也不容忽视,就如《秋水》中的坎井之蛙和东海之龟,如果不是出现了海龟,青蛙的幸福生活就不会被打破,说起来海龟真是不厚道,它毁了青蛙一生的幸福。当然,比较需要具有可比性,普通人不会与李嘉诚或比尔·盖茨去比较从而觉得自己不幸福,现代人也不会去和古代人去比较从而觉得自己很幸福。

(二)社会之困

社会之困也可称之为"世态之困",是伴随着人的逐步社会化而愈益明朗起来的由社会带给人们的困顿和束缚,涉及的主要是人和社会的关系,是一个世态问题。社会的困境主要有时势的限制、儒家仁义对人的束缚等。

1.时势之困

关于"时"(时势)与"命",崔大华认为:两者同是一种构成人生困境的外在的必然性,但它们的形态却有不同,"命"这种必然性是诸种社会的、自然的力量的凝聚、蕴积,是一种内在的决定性;"时"的必然性则是这些力量整体的展开、显现,是一个时代包括政治、经济、道德各方面全部的社会环境。[①] 庄子认为,从社会的角度看,时势是个人无法挣脱的网,人只能陷于其中做些无谓的挣扎。而当时社会文明的发展更是与自然之道渐行渐远,使人初心皆忘,无法返其本来的自然之性情。

在《庄子》书中,"时"主要有五方面的含义:

一是有时、时候。如:"秋水时至"、"万川归之,不知何时止而

---

① 参见崔大华:《庄学研究》,人民出版社 1992 年版,第 146 页。

不盈;尾闾泄之,不知何时已而不虚"、"夫子奚不时来入观乎"（《秋水》）;"当是时也"（《达生》）;"夜半于无人之时而与舟人斗"（《徐无鬼》）;"穷困人之身使无休时"（《则阳》）;"始时所是,卒而非之"（《寓言》）;"时有所用"、"时恣纵而不傥"、"镞矢之疾而有不行不止之时"（《天下》）。

二是时间。如:"时无止"、"其生之时,不若未生之时"、"时不可止……无时而不移"（《秋水》）;"无几无时"、"时有终始"（《则阳》）;"人死者有时,操有时之具而托于无穷之间,忽然无异骐骥之驰过隙也"（《盗跖》）。

三是季节。如:"喜怒通四时"（《大宗师》）;"四时之序也"（《天道》）;"日月照而四时行"（同上）;"四时迭起"（《天运》）;"夏虫不可以语于冰者,笃于时也"（《秋水》）;"是相与为春秋冬夏四时行也"（《至乐》）;"四时有明法而不议"（《知北游》）;"四时殊气"（《则阳》）;"裹以四时……下法方地以顺四时"（《说剑》）;"寒暑不时"（《渔父》）。

四是时机。如:"适来,夫子时也;适去,夫子顺也。安时而处顺,哀乐不能入也,古者谓是帝之县解。"（《养生主》）"天时,非贤也";"且夫得者,时也,失者,顺也;安时而处顺,哀乐不能入也。"（《大宗师》）"应时而变者"（《天运》）;"自适一时之利者"（《秋水》）;"是时为帝者也"（《徐无鬼》）;"不以遭时自利也"（《让王》）。

五是时代、时势。如:"方今之时,仅免刑焉"（《人间世》）。"当是时也,山无蹊隧,泽无舟梁;万物群生,连属其乡;禽兽成群,草木遂长"、"夫赫胥氏之时,民居不知所为,行不知所之,含哺而熙,鼓腹而游"（《马蹄》）。"当是时也,民结绳而用之,甘其食,美其服,乐其俗,安其居,邻国相望,鸡狗之音相闻,民至老死而不相往来。若此之时，则至治已。"（《胠箧》）"当是时也，阴阳和静，鬼神不扰，四时得节，万物不伤，群生不夭，人虽有知，无所用之，此之谓至一。当是时也，莫之为而常自然。"（《缮性》）"求通久矣，而不得，时也。……时势适然"、"禹之时十年九潦，而水弗为加益；汤之时八年七旱，而崖不为加损。"（《秋水》）"遭时有所用"（《徐无鬼》）；"此所谓非遭时也"（《山木》）；"虽相与为君臣，时也，易世而无以相贱"（《外物》）；"览古今之时"（《盗跖》）。

我们所说的时势之困主要是后两者，即时机和时代、时势等人力或个人无法左右的力量所造成的人的困境，具体是指整个社会带给人的局限，李振纲称之为"被迫性"的困境①。从上述归类可以看出，庄子所反对和批判的是"三代以下"的时代和时势，所推崇的是没有任何困境的上古之时。

不同时代的人往往受制于特定的时势，时势即一个人所处的经济、政治、文化以及社会习俗等造成的整个社会的总的态势和趋向，这是一种必然性，它与人的心智无关。庄子说："当尧舜之时而天下无穷人，非知得也；当桀纣之时而天下无通人，非知失也；时势适然。"（《秋水》）庄子所处的战国中期是一个战乱不断、民不聊生的时代，他对当时的社会现状进行了多方面的揭露。庄子曾用"蜗角之争"来说明当时的状况，"有国于蜗之左角者曰触氏，有国于蜗之右角者曰蛮氏。时相与争地而战，伏尸数万，逐北旬有五日而后反。"（《则阳》）"昔者龙逢斩，比干剖，苌弘胣，子胥靡。故四子之贤而身不免乎戮。"（《胠箧》）这是一个"时命大谬"（《缮性》）、"昏上乱相"（《山木》）的时代。统治者的残暴专制更是使

_____

① 参见李振纲：《生命哲学——〈庄子〉文本的另一种解读》，中华书局 2009 年版，第 52 页。

人们处于极端的困境之中,"君独为万乘之主,以苦一国之民,以养耳目鼻口,夫神者不自许也。"(《徐无鬼》)残暴、独断的卫君,"轻用其国,而不见其过;轻用民死,死者以国量乎泽,若蕉,民其无如矣"(《人间世》),更为可怕的是这样的国君还正值壮年,那么他对百姓造成的危害可谓后患无穷。楚王的为人外表尊贵而威严,"其于罪也,无赦如虎"(《则阳》),正所谓"伴君如伴虎"。"宋王之猛,非直骊龙也。"(《列御寇》)"今世殊死者相枕也,桁杨者相推也,刑戮者相望也。"(《在宥》)"彼窃钩者诛,窃国者为诸侯,诸侯之门而仁义存焉。"(《胠箧》)正所谓"孰恶孰美?成者为首,不成者为尾"(《盗跖》),"子杀父,臣杀君,正昼为盗",甚至"人与人相食"《庚桑楚》),人在世间行走犹如"游于羿之彀中"(《德充符》),随时会被射杀。叶公子高将使于齐,问于仲尼曰:"凡事若小若大,寡不道以欢成。事若不成,则必有人道之患;事若成,则必有阴阳之患。若成若不成而后无患者,唯有德者能之。"(《人间世》)人生在世无论处人还是自处都很难做到两全其美。所以,庄子借楚狂接舆之口发出这样的慨叹:"天下有道,圣人成焉;天下无道,圣人生焉;方今之时,仅免刑焉。福轻乎羽,莫之知载;祸重乎地,莫之知避。"(同上)当时的社会就是一个"螳螂捕蝉,黄雀在后"(《山木》)的利益追逐的角斗场,身处险境而不自知。

在庄子关于时势的描述中,主要表现了对社会现实给人们带来困境的批判和否定,这使庄子思想具有很浓的社会批判意蕴。道家和儒家的社会批判思想是不同的。儒家的社会批判思想是一种改良的或建设性的态度,正如孔子"推舟于陆"似的去周游列国推行自己的主张一样。而道家对社会的批判是彻底的否定,庄子虽然没有明确的政治主张,但他对社会的期望和理想却是颠覆性的,他否定现实社会中所有不符合人的自然天性的东西,包括当时社会的专制残暴的政治制度、仁义礼智的意识形态、科学技术支配下的经济发展方式以及人类对自然物的自然天性的戕害,认为理想社会应是"人与天一"的生存和生活状态,犹如上古的"至德之世"。虽然庄子的社会批判带有反文明的意味,但其社会批判的意义却是深远的,这种对文明发展的异化现象的反思,在先秦诸子思想中是难得一见的,即使在现代社会仍然不显得过时,反而给人历久弥新的感觉。

2. 仁义之困

庄子认为,社会之困除了个人不能左右的时势给人带来很多莫名的困扰和灾难以外,儒家所推崇的伦理道德、世俗规范等是造成人生困境的真正或深层原因,是仁义等所谓文明激起了人的无尽又无法遏制的欲望。从某种程度上看,整部《庄子》都在直接或借他人(包括孔子及其门徒)之口讽刺和批判儒家的仁义礼智之"撄人之心"(《在宥》),告诫人们不要迷信圣人之言,因为圣人之言是"古人之糟魄"(《天道》)。庄子从多方面指出了仁义的危害。

儒家的仁义之说违背道的自然之性。道是自然无为的,它"蓝万物而不为义,泽及万世而不为仁,长于上古而不为老,覆载天地刻雕众形而不为巧。"(《大宗师》)即道本身并不包含人为的仁义,仁义是人们获得体道、悟道的逍遥游的阻碍,庄子借许由之口对意而子说:"尧既已黥汝以仁义,而劓汝以是非矣,汝将何以游夫遥荡恣睢转徙之涂乎?"(同上)仁义和是非纷杂错乱无法辨别清楚,它使得大道晦而不明,"仁义之端,是非之塗,樊然殽乱,吾恶能知其辩!"(《齐物论》)儒家仁义"摇唇鼓舌,擅是生非"(《盗跖》)。庄子认为,大道使天地万物各有其自然之序,只需循道而趋即可。他说:"且夫待钩绳规矩而正者,是削其性者也;待绳索胶漆而固者,是侵其德者也;屈折礼乐,呴俞仁义,以慰天下之心者,此失其常然也。天下有常然。常然者,曲者不以钩,直者不以绳,圆者不以规,方者不以矩,附离不以胶漆,约束不以绳索。故天下诱然皆生而不知其所以生,同焉皆得而不知其所以得。故古今不二,不可亏也。则仁义又奚连连如胶漆绳索而游乎道德之间为哉,使天下惑也!"(《骈拇》)儒家拼命倡导仁义就好像"击鼓而求亡子"(《天道》),这是对人的本性的扰乱。

儒家的仁义之说违背人的自然本性。庄子认为,人之初,本自然,犹如马之"龁草饮水,翘足而陆"(《马蹄》),后来圣人"蹩躠为仁,踶跂为义,而天下始疑矣;澶漫为乐,摘僻为礼,而天下始分矣"(同上)。"吾未知圣知之不为桁杨椄槢也,仁义之不为桎梏凿枘也。"(《在宥》)孔子去见盗跖的唯唯诺诺,与孔子劝说颜回不要去卫国的情景相似,"目将荧之,而色将平之,口将营之,容将形之,心且成之。是以火救火,以水救水"(《人间世》),用仁义去救世最后只能是"无病而自灸也,疾走料虎头,编虎须,几不免虎口"(《盗跖》)的结局。庄子认为,文明的进步并不必然导致人类的人性化存在。自从"有虞氏招仁义以挠天下也,天下莫不奔命于仁义,是非以仁义易其性与?"(《骈拇》)"夫仁义憯然乃愦吾心,乱莫大焉。"(《天运》)"文灭质,博溺心,然后民始惑乱,无以反其性情而复其初。"(《缮性》)也就是说,社会文明的发展却带来了人的自然本性的迷失,人民成了"丧己于物,失性于俗"(同上)的"倒置之民",世间失去了道,道也远离了世间,是一种相互的失去。"自三代以下者,匈匈焉终以赏罚为事,彼何暇安其性命之情哉!"(《在宥》)庄子认为,儒家提倡的仁义是带有偏私的,并不符合人的自然本性,人的自然本性是无私的,可以说是一种"至礼"、"至仁","蹍市人之足,则辞以放骜,兄则以妪,大亲则已矣。故曰,至礼有不人,至义不物,至知不谋,至仁无亲,至信辟金"(《庚桑楚》),不小心踩了陌生人的脚,就要道歉说自己失礼;踩了兄弟的脚,稍加抚慰即可;踩了父母的脚,就不需任何表示。因为,至礼没有人我之分,所以,提倡礼恰恰是人的自然本性丧失的标志。颜回"坐忘"的前提是首先"忘礼乐"、"忘仁义",然后才是"堕肢体,黜聪明,离形去知,同于大通,此谓坐忘"(《大宗师》),可见,庄子认为忘却仁义礼乐是体道的前提条件。如果以仁者爱人作为标准,那么,虎狼也是仁的,因为虎狼"父子相亲,何为不仁?"(《天运》)真正的"仁"是没有爱,即"至仁无亲"(同上),"大仁不仁"(《大宗师》)。杨国荣认为,这里的"不仁"的含义在于:"既指不同于世俗所夸耀的'仁',也指非为仁而仁。……在动机的层面,它意味着超越目的性考虑;就行为方式而言,它表现为非炫人以善。"①在这里,庄子道家表现出了对儒家"仁"的一种妥协,但其所说的自然本性意义上的"仁"与儒家的人为修养意义上的世俗之"仁"是不一致的。

儒家的仁义之说是天下大乱的根源。庄子认为:"大乱之本,必生于尧舜之间,其末存乎千世之后。千世之后,其必有人与人相食者也!"(《庚桑楚》)"失道而后德,失德而后仁,失仁而后义,失义而后礼。礼者,道之华而乱之首也。"(《知北游》)"屈折礼乐以匡天下之形,县跂仁义以慰天下之心,而民乃始踶跂好知,争归于利,不可止也。"(《马蹄》)即使盗跖也会振振有词述说自己的"盗亦有道"而说明仁义之害人和乱天下,认为:"夫妄意室中之藏,圣也;入先,勇也;出后,义也;知可否,知也;分均,仁也。五者不备而能成大盗者,天下未之有也。由是观之,善人不得圣人之道不立,

---

① 杨国荣:《庄子的思想世界》,北京大学出版社 2006 年版,第 45 页。

跖不得圣人之道不行；天下之善人少而不善人多，则圣人之利天下也少而害天下也多。"(《胠箧》)在《外物》中，庄子还辛辣地讽刺儒者口中称颂着诗书，却在做着偷坟掘墓的营生，即"儒以诗礼发冢"，犹如借仁义以窃人之国。在这里，把儒者比喻为盗墓者，有些类似于轮扁所说的圣人之言是"古人之糟魄"(《天道》)，寓意儒者靠古人的遗物为生。大儒问："东方作矣！事之何若？"太阳已经出来了，事情进行得如何，小儒回答说裙子和上衣尚未脱下，口里还含着一颗珠子，于是一边吟诵"青青之麦，生于陵陂，生不布施，死何含珠为"，一边用铁锤敲着死者的下巴小心翼翼地取出了珠子。这样的场景很是滑稽可笑，大儒和小儒的对话简直是在唱诗，而小儒遵大儒之命下到墓中取珠，也符合"有事弟子服其劳"的儒家之礼。

"儒者"或儒学是欺世盗名的工具。《田子方》中有一则寓言：

> 庄子见鲁哀公。哀公曰："鲁多儒士，少为先生方者"。庄子曰："鲁少儒。"哀公曰："举鲁国而儒服，何谓少乎？"庄子曰："周闻之，儒者冠圜冠者，知天时；履句屦者，知地形；缓佩玦者，事至而断。君子有其道者，未必为其服也；为其服者，未必知其道也。公固以为不然，何不号于国中曰：'无此道而为此服者，其罪死！'"于是哀公号之五日，而鲁国无敢儒服者，独有一丈夫儒服而立乎公门。公即召而问以国事，千转万变而不穷。庄子曰："以鲁国而儒者一人耳，可谓多乎？"

这则寓言故事说明，所谓儒者只是徒有其表，是用来骗取名利或装门面的工具，鲁国作为儒家的发祥地，举国才有一个人是真正的儒者，可见儒者的虚假不实。儒家倡导的仁义等道德规范也是统治者谋取私利的工具，"田成子一旦杀齐君而盗其国。所盗者岂独其国邪？并与其圣知之法而盗之。故田成子有乎盗贼之名，而身处尧舜之安……则是不乃窃齐国,并与其圣知之法以守其盗贼之身乎?"(《胠箧》)正如《盗跖》中所说:"尧杀长子,舜流母弟,疏戚有伦乎? 汤放桀,武王杀纣,贵贱有义乎? 王季为适,周公杀兄,长幼有序乎?"此外,庄子借盗跖之口指出伯夷、叔齐等贤士是"无异于磔犬流豕操瓢而乞者,皆离名轻死,不念本养寿命者也"(《盗跖》)。

　　庄子傲视权贵、狂放不羁的处世态度,是对儒家仁义的虚伪和危害以及尊卑贵贱的等级观念的一种否定,对后世知识分子不畏权贵、热爱自由、勇于批判等精神具有深刻影响。萧萐父说:"中国历史上的异端思想和批判意识的承担者中,有不少是具有道家风骨的隐逸人物。"①在老庄思想的影响下,中国历史上出现了很多挑战社会主流思想的人物,从汉代的王充到魏晋的竹林七贤,从明清之际的李贽、顾炎武、王夫之、黄宗羲到近代的"打倒孔家店"等。这种批判精神是十分珍贵的,表现在两个方面:一是社会批判精神是社会文化发展的动力。社会批判作为社会发展中的一种反面声音,是社会发展过程中所必需的,因为矛盾是社会发展的动力,和实生物,同则不继。任何一个社会都存在弊端和丑恶现象,勇于对这些现象进行揭露和批判是消除这些现象、改善社会发展环境的必要条件。二是这种社会批判针对的是权势阶层和主流思想,需要极大的勇气甚至冒着生命的危险,所以就显得更加珍贵。庄子认为个人的生命、自由和尊严等比世俗的功名利禄更为重要和根本,与其在儒家教义的框架下艰难地相濡以沫,不如在大道的背景下自由地相忘于江湖。这种注重个体人生的观点给我们很多启示,它告诉我们,一个社会的道德规范不应违背人的自然本性,

---

① 萧萐父:《道家、隐者、思想异端》,转引自吕锡琛:《道家与民族性格》,湖南大学出版社 1996 年版,第 9 页。

只要不损害他人，一个社会应该最大限度地保障个体的权利和个性、自由和尊严、幸福和快乐，这是社会发展的动力，也是社会发展的目的，刻意地追求统一和规范反而会成为人们正常发展的负累和束缚，导致"文化的异化"。当然，庄子对儒家文化的否定是一种过激的态度，有些矫枉过正。

庄子对矫饰作伪的"仁义"的反对，对我们当今社会慈善事业的发展和完善颇有启发。庄子说："施于人而不忘，非天布也。商贾不齿，虽以事齿之，神者弗齿。"（《列御寇》）这句话的本意是指孔子向人们布施仁义政教而不能忘其功，并不是出于自然的布施，这是连商贾都不屑一提的行为，即使有时做事会谈到他，但内心也不以为然。推而广之，可以理解为施恩于人而不能忘怀，这并非自然的布施。庄子这句话常常让人联想到当前有些做慈善的人：有些比较富裕的人捐助某些地区的贫困生，却让他们在镜头前谈论自己被资助的感想；有人自己过着很拮据的生活却资助了很多大学生完成学业，但媒体却谴责这些大学生的忘恩负义、不懂回报；有些人抱着炫富或居高临下的姿态去做慈善，热衷于在人前炫耀自己的行为等。所有这些，总是让人觉出其中不自然的成分。不可否认，无论以什么样的方式和心态，只要是慈善行为都非常值得尊重和提倡，但提高做慈善的水平或境界也是应该的。比如，那些被资助的贫困孩子或许并不愿意在镜头前曝光自己的窘迫，会觉得自尊心受到了伤害，因为穷困的生活并不是孩子的选择或过错；那些被谴责没有回报捐助人的大学生或许只是还没有相应的回报能力（当然，对被资助的大学生本身而言，其行为或许有失当之处，因为精神上的感恩和回馈还是可以做到的）。做慈善的较高境界应是：慈善之心出于自然本性、慈善之行犹如自然流水，即做慈善应只求去捐助而不应求任何物质上或心理上的回报，让其像河流自然流淌一样,顺向或单向而行,而不是逆向或双向而行,这才是庄子所说的"天布"、老子所谓的"上善若水"(《老子》第8章)①。所以,不要让贫困的人去谈被资助的感受,不要谴责尚未回报资助的人,让那些被资助的人在有能力的时候也自然而然地加入到慈善的行列,成为慈善河流中的一滴水,帮助那些后来需要帮助的人。这是一种对慈善双方都有益的做法,它可以让做慈善的人心态平和、让被资助的人没有负累,进而有助于社会的公正与和谐,展现世态的温情与美好。总之,一切都要顺其自然。庄子的这种自然情怀表现在天地人等方方面面,是一种贯彻始终、不折不扣的生态情怀。

不过,需要指出的是:庄子虽然极力反对和抨击儒家的仁义道德和儒者的欺世盗名,但却倾向于"仁义"是人的本性,或人性本善,就像天生丽质的人并不知道自己美丽一样,圣人并不知道自己在爱人却在无止境地爱人,这是一种自然天性。正所谓:

> 生而美者,人与之鉴,不告则不知其美于人也。若知之,若不知之,若闻之,若不闻之,其可喜也终无已,人之好之亦无已,性也。圣人之爱人也,人与之名,不告则不知其爱人也。若知之,若不知之,若闻之,若不闻之,其爱人也终无已,人之安之亦无已,性也。(《则阳》)

再如:"意仁义其非人情乎! 彼仁人何其多忧也? ……故意仁义其非人情乎! 自三代以下者,天下何其嚣嚣也?"(《骈拇》)郭象注:"夫仁义自是人之性情,但当任之耳"②、"夫仁义自是人情

---

① 陈鼓应:《老子今注今译》,商务印书馆 2003 年版,第 102 页。
② (清)郭庆藩撰,王孝鱼点校:《庄子集释》(中),中华书局 1961 年版,第318 页。

也。而三代以下,横共嚣嚣,弃情逐迹,如将不及,不亦多扰乎!"①成玄英疏:"夫仁义之情,出乎天理,率性有之,非由放效。彼仁人者,则是曾、史之徒,不体真趣,横生劝奖,谓仁义之道可学而成。庄生深嗟此迷,故发噫叹。分外引物,故谓多忧也。其人情乎者,是人之情者也。"②从对庄子的注疏来看,仁义原是人的本真之性,而三代以下却抛却人的本真性情去刻意向外追逐仁义的"迹",这样反而违背了道赋予人的本真之性,而且物极必反,走向了不仁不义之境,从而使天下变得淆乱不堪。由此看来,或许可以说,庄子及其后学所反对的是儒家刻意提倡和追求的仁义,而不是基于道的作为人之本性的仁义。

(三)自我之困

自我之困是伴随着人的自我意识增强而自觉感知到的心理和生理方面的困顿、不安,主要有精神之困与形体之困,或称心之困与身之困,涉及的主要是人与人的关系。由于形体之困也是从精神之困的角度来谈,所以,自我之困从总体上也可称之为"心态之困"。

庄子认为,人之所以陷于困境不仅由于受着外在的命运之困、社会之困,使人处于"有待"状态,而且人也会主观地给自己的身心制造很多难以摆脱的纠结和折磨,如哀乐之情、利害之欲、毁誉之心等自我的束缚,使人处于"有己"的状态。在《列御寇》中,庄子把命运之困与社会之困看成是外在的刀斧和桎梏给予人的"外

---

① (清)郭庆藩撰,王孝鱼点校:《庄子集释》(中),中华书局1961年版,第320页。

② (清)郭庆藩撰,王孝鱼点校:《庄子集释》(中),中华书局1961年版,第318—319页。

刑"即外在的刑罚,而把自我之困看成是内在的阴阳失调带给人的"内刑"即内在的刑罚,能够"免乎外内之刑者,唯真人能之"(《列御寇》),即只有真人才能摆脱"有待"、"有己"的困境束缚而达到"无待"、"无己"的自由境界。

1. 形体之困

形体之困也可称为身之困。庄子认为,人由"心"和"形"两部分构成,两者互相依存、缺一不可,但不知道是受什么指使的,正所谓"非彼无我,非我无所取。是亦近矣,而不知所为使"(《齐物论》)。庄子认为,既然两者不可分,那么其命运也相同,人心饱受折磨,人的身体也会备受摧残。庄子从生理的角度指出了欲望对于人的身心的伤害。庄子认为,人的喜怒哀乐都会对人的身体产生负面影响:"人大喜邪? 毗于阳;大怒邪? 毗于阴。阴阳并毗,四时不至,寒暑之和不成,其反伤人之形乎!"(《在宥》)这是一种很科学的观点。庄子还指出:"形劳而不休则弊,精用而不已则竭"(《刻意》),即形体劳累而得不到休息就会困顿,精力用尽而不停止就会疲乏以至枯竭。在《齐物论》中,庄子指出,人的形体是由"百骸、九窍、六藏"等组成的"赅而存"的整体,人的形体和人的精神一样变幻莫测、茫然无知,与本真之性渐行渐远:

> 一受其成形,不化以待尽。与物相刃相靡,其行尽如驰,而莫之能止,不亦悲乎! 终身役役而不见其成功,茶然疲役而不知其所归,可不哀邪! 人谓之不死,奚益! 其形化,其心与之然,可不谓大哀乎? 人之生也,固若是芒乎? 其我独芒,而人亦有不芒者乎?

人承受形体而出生,执著于形体的存在,一直到生命的尽头。与他物相互较量摩擦,追逐奔驰而不能止步,终身忙碌劳苦却看不到成功,疲惫困顿却不知道自己的归宿,直到生命的尽头,这真是人生的悲哀。庄子生动的描述会让人想起红舞鞋的故事，人生在世就如一个穿上具有魔力的红舞鞋的舞者，必须永无休止地跳下去，直到耗尽全部精力。这是一个让人感慨万端、不胜唏嘘的故事，人生之路上有各种各样诸如红舞鞋这样的诱惑，它虽可以让舞者更加轻盈和充满活力，但却会耗尽人的身心之力。放眼现实生活，虽然舞技有高有低、鞋子有大有小也有好有坏，但却鲜有不穿红舞鞋的人，不仅个人疲惫不堪，也致世界纷乱嘈杂。如何做到不动心实在是很不容易的事情。

2. 精神之困

精神之困也可称为心之困。庄子对由于时代和人的复杂性而造成的人的精神之困的描述更加生动精辟、入木三分，可谓古今中外无出其右者。

庄子所指出的精神之困主要表现为：

一是"与接为构，日以心斗"。庄子认为，人们热衷于名利权位，结果却导致"操之则慄，舍之则悲"（《天运》）。在《齐物论》中，庄子指出：

> 大知闲闲，小知间间；大言炎炎，小言詹詹。其寐也魂交，其觉也形开，与接为构，日以心斗。缦者，窖者，密者。小恐惴惴，大恐缦缦。其发若机栝，其司是非之谓也；其留如诅盟，其守胜之谓也；其杀若秋冬，以言其日消也；其溺之所为之，不可使复之也；其厌也如缄，以言其老洫也；近死之心，莫使复阳也。喜怒哀乐，虑叹变愁，姚佚启态；乐出虚，蒸成菌。日夜相代乎前，而莫知其所萌。已乎，已乎！旦暮得此，其所由以生乎！

庄子对复杂的人心情态的描述可谓惟妙惟肖、栩栩如生，可以和庄子所描述的风的情状相媲美，不同的是，风是"咸其自取"，而

"日以心斗"却是人为。人们之间"喜怒相疑,愚知相欺,善否相非,诞信相讥"(《在宥》)。庄子把这种追名逐利之"心"称为"近死之心",认为"形不离而生亡者有之矣"(《达生》),这种精神困境比形体之困更可怕,所谓"哀莫大于心死,而人死亦次之"(《田子方》)。更为可怕地是,精神和心理上如此反复无常的各种情态,却是人所不能驾驭和控制的。人们无法知道其何时或何以发生,"如乐之于虚而无形,如气之蒸成菌而无根"[1]、"莫知其所萌"(《齐物论》),"乐未毕也,哀又继之。哀乐之来,吾不能御,其去弗能止"(《知北游》),"人之生也,与忧俱生,寿者惛惛,久忧不死,何苦也!"(《至乐》)如果知道原因还可以去化解或避免,而连原因都不知道,就只能任其肆虐了。所以,面对人与人之间无休止的算计、争斗、冲突和焦虑,庄子的结论也只是"已乎,已乎"的无奈之词,即算了吧、算了吧,还是不要去追究到底是为什么吧,也许一切都是偶然如此。但可怕的是,这样的境况并非偶然倒更像是必然如此。

二是虚幻感的如影随形。庄子对当时频繁战乱而带来的人人朝不保夕的生存状况深感厌恶和不安,也因此对人生有了虚幻不实的梦境感:"人生天地之间,若白驹之过郤,忽然而已。"(《知北游》)在个体生命的有限和短暂与天地宇宙的无限和永恒的对比中更凸显了人生的虚无感,这是一种形象生动却让人触目惊心的对生命之短暂的描述。这种虚幻感因现实的困境所产生,而虚幻感又加深了人的困境感。庄子认为,人生如梦如幻,物我皆虚妄缥缈。"梦"是《庄子》中一个运用较多且让人印象深刻的词,人们无论是否认可庄子的观点及其表达方式,但都不可能不对其加以思

---

①　陈鼓应:《庄子今注今译》,中华书局1983年版,第45页。

考。庄子"以天下为沈浊,不可与庄语"(《天下》),所以有些思想是通过寓言以见梦的方式来表达的,并且用梦来说明人生的如梦如幻以及是非争论和分辨事物的无谓。《庄子》中关于梦的说法主要有三种情况:其一是指生理上的梦境。虽然庄子在梦的描述中有很多寓意,但本身表述的却是生理上的梦,其中最经典的当属"庄周梦蝶"(《齐物论》),不知庄周和蝴蝶谁梦做谁,哪种状态是真实的,哪种状态更符合道,虽然庄子更想表达的是事物的相对性,是想要说明对事物进行分辨没有意义,但从客观上却为人增加了更多困惑。此外还有,栎社树见梦于匠石(《人间世》),周文王假托梦见臧地钓鱼丈人以助其政事(《田子方》),"髑髅见梦"于庄子(《至乐》),郑人缓见梦丁其父(《列御寇》),神龟见梦于元君(《外物》),师金讽刺孔子推周于鲁是捡拾"已陈刍狗",如"游居寝卧其下",一定是噩梦连连(《天运》)。其二是指人生如梦,这是庄子的本意。认为人生犹如一场不能觉的大梦,梦和觉之间并没有明确的界限:"梦饮酒者,旦而哭泣;梦哭泣者,旦而田猎。方其梦也,不知其梦也。梦之中又占其梦焉,觉而后知其梦也。且有大觉而后知此其大梦也。而愚者自以为觉,窃窃然知之。君乎,牧乎,固哉! 丘也与女,皆梦也;予谓女梦,亦梦也。是其言也,其名为吊诡。万世之后而一遇大圣,知其解者,是旦暮遇之也!"(《齐物论》)"吾特与汝,其梦未始觉者邪! ……且汝梦为鸟而厉乎天,梦为鱼而没于渊。不识今之言者,其觉者乎,其梦者乎?"(《大宗师》)如果世界真是这样的虚无缥缈,那么,人类对自然的征服、人与人的争斗、人与物的相刃相靡就是十分滑稽而幼稚的。其三是圣人或真人的一种体道状态。如"古之真人,其寝不梦,其觉无忧,其食不甘,其息深深"(同上),圣人"其寝不梦,其觉无忧"(《刻意》)。

庄子认为,精神之困产生的根源在于:

一是欲望。庄子认为,自我之困的原因在于人无法遏制自身的欲望,犹如舞者无法抵挡红舞鞋的诱惑。人的利害之欲、毁誉之心是天生的:"人卒未有不兴名就利者"(《盗跖》);"夫欲恶避就,固不待师,此人之性也"(同上)。关于自我之困,庄子在《庚桑楚》中指出:"贵富显严名利、容动色理气意、恶欲喜怒哀乐、去就取与知能"会"勃志"、"谬心"、"累德"、"塞道",是阻碍人心达到澄明之境的因素,只有在"志、心、德、道"四个方面努力修为,才能体悟"无为而无不为"的胜境。庄子认为:"失性有五:一曰五色乱目,使目不明;二曰五声乱耳,使耳不聪;三曰五臭薰鼻,困惾中颡;四曰五味浊口,使口厉爽;五曰趣舍滑心,使性飞扬。此五者,皆生之害也。"(《天地》)"悲乐者,德之邪;喜怒者,道之过;好恶者,心之失。"(《刻意》)所以庄子认为"去四六"、"除五害",方能全性保真,养生长寿。庄子认为,哀乐之情、利害之欲、毁誉之心最终会导致"人为物役"的结局。"自三代以下者,天下莫不以物易其性矣。小人则以身殉利,士则以身殉名,大夫则以身殉家,圣人则以身殉天下"(《骈拇》),"苟生有轩冕之尊,死得于腞楯之上,聚偻之中"(《达生》),就不惜成为像猪一样的"祭品"。"德荡乎名,知出乎争。名也者,相轧也;知也者,争之器也。二者凶器,非所以尽行也。"(《人间世》)当人被名利情欲所驱使时,就会为了外在的目的而疲于奔命,这是"不自见而见彼,不自得而得彼者,是得人之得而不自得其得者也,适人之适而不自适其适者也"(《骈拇》)。

二是情感。庄子认为,情感也是阻碍人达到自然之道境的因素。庄子并不否定情本身,他也讲情,但所讲的情不是世俗的人之常情,而是一种顺物自然的情怀。《德充符》中惠施问庄子"既谓之人,恶得无情?"庄子回答说:"是非吾所谓情也。吾所谓无情者,言人之不以好恶内伤其身,常因自然而不益生也。"所以,庄子妻死会鼓盆而歌是因为人之生死"是相与为春秋冬夏四时行也"(《至乐》),秦佚悼老子"三号而出"被释为"安时而处顺,哀乐不能入也,古者谓是帝之县解"(《养生主》)。庄子主张人们应从道的角度即顺其自然的角度做到以理化情。

三是人心。庄子认为,人心是险恶而难测的。庄子指出,人们拘于礼义等外在形式就不能了解人的本心、本性,"吾闻中国之君子,明乎礼义而陋于知人心"(《田子方》),这里的"人心"是在道的意义上而言的,人心如果能够悟道就不需要礼义等人为的东西了。庄子认为,不通于道的人心是很难预测和把握的,他在《在宥》中对此有一个既生动义恐怖的描写:

> 人心排下而进上,上下囚杀,淖约柔乎刚彊。廉刿雕琢,其热焦火,其寒凝冰。其疾俛仰之间而再抚四海之外,其居也渊而静,其动也悬而天。偾骄而不可系者,其唯人心乎!(《在宥》)

即人心受到压抑就消沉,推进它就会高扬,在消沉和高扬之间被囚禁和折磨,柔美想要胜过刚强,棱角在雕琢中受到伤害,焦躁时心境犹如烈火,忧恐时心境犹如寒冰。变化速度之快,顷刻之间可以往来四海之外。人心安稳时安静如深渊,跃动时远扬于高天,人心激荡骄纵而难以约束。人心不仅难测而且还很险恶,庄子借孔子之口指出:

> 凡人心险于山川,难于知天;天犹有春秋冬夏旦暮之期,人者厚貌深情。故有貌愿而益,有长若不肖,有顺懁而达,有坚而缦,有缓而釬。故其就义若渴者,其去义若热。(《列御寇》)

即人心比山川还要险恶,比自然还难以了解;自然尚有春夏秋冬、日以继夜的规律,人却是貌似宽厚、情感深藏。因此,有人貌似恭谨而内心骄傲不群,有人貌似长者而内心奸诈,有人外表规矩而内心轻佻,有人外表坚强而内心绵弱,有人外表和缓而内心急躁。所以,追求仁义犹如干渴就水的人,抛却仁义也像逃避炙热的人。庄子认为,正是人心的难测和险恶造成了人与人、人与社会、人与自身的困扰和纠结。所谓"贼莫大乎德有心而心有睫……凶德有五,中德为首"(《列御寇》),即最大的祸害是有心于为德,并且心中有眼,最坏的欲望有五种即"眼耳鼻舌心",而中德的"心"是罪魁祸首。当然,这里的人心是人的"有蓬之心",而不是庄子所说的符合"道"的自然本心。

四是理解。人们的存在境域、世界观和价值观等的不同,导致人与人之间难以沟通和理解,造成人与人的隔阂乃至冲突,犹如斥鷃和大鹏在视野与观念上的区别,濠梁之辩(《秋水》)中惠施和庄子的不能沟通,以及实船相撞而导致的船夫之间的恶语相向(《山木》)。相互理解的困难导致知己难求,俗语说"人生得一知己足矣",在《徐无鬼》中,庄子感叹自惠施死后,就"无与言之矣",即惠施是唯一能够理解自己的人,犹如"匠石斲垩",既需要匠石拥有运斤成风的高超技巧,也需要对匠石具有充分信心且勇敢的郢人的配合,庄子自比为匠石,认为惠施是那个郢人。孔子也曾慨叹"莫我知也夫!……知我者其天乎!"(《论语·宪问》)[1]虽然相互理解的达成非常之艰难,但人又不可能脱离社会而存在,人之所以为人在于人的社会性,"有人之形,故群于人"(《德充符》),这种人际交往中的矛盾造成了人心无法摆脱的困境和纠结,使人常常处于郁闷却无奈的心理体验中。

---

[1] 杨伯峻:《论语译注》,中华书局 2006 年版,第 176 页。

庄子所描述的世人心态及其产生根源与现代社会是相似的,并且由于现代生活的愈益复杂而比庄子时代有过之而无不及。现代社会,虽然人们的物质生活条件越来越优越,但精神上和心理上却越来越不安适,精神与心理上的障碍和疾病呈现日益增多的趋势。除了社会因素以外,其中人本身的因素也占了很大的比重,即人不能很好地调适自己的心态,通俗地说,就是人不善于或不愿意和自己好好相处,总是在和自己较量,犹如左右手相搏。比如,不是安于自己所能所爱的生活方式和生活目标,而是不断地去模仿他人(而且是高于自己的他人)的生活,强迫自己按照世俗的价值评价系统去生活,这样的心态最终只能导致"得人之得而不自得其得者也,适人之适而不自适其适者也"(《骈拇》)。这是一种不健全的心态在作怪,不懂得去倾听自己内心的声音,没有学会"自我接纳",这种对本来自我的不接受、不接纳在心理学上叫做"自我同一性"差,不能按照自我的本来之形、本真之性去快乐地生活。"自我同一性"高是一个人心理成熟或者情商较高的表现。庄子早在两千多年以前就注意到了自我内心养护的重要性,不能不说是极具智慧和远见。

(四)环境之困

环境之困是指人身处其中的自然环境给人们带来的限制和束缚,涉及的主要是人与自然的关系,也可称之为"生态之困"。

庄子不仅关心人的存在本身以及世态、心态的自然性,而且对生态自然也表现出了一个道家智者的敏感和关切。庄子所处的时代,由于战争和人口的增加等因素,环境破坏也十分严重,这些人为因素使人和物的自然之性都受到了损害,不可避免地造成了人和物的生存困境。众所周知,生态是人、社会、人心得以安适的基本条件,但由于人类的狂妄无知、利欲熏心而导致了环境即人和物的栖息之地的破坏,庄子对此给予了无情的批判和抨击,批判人的急功近利、饮鸩止渴。庄子认为,人与自然的关系应是"人与天一"(《山木》)、人合于天,这表现的是人对自然的敬畏和尊重。庄子反对人们以知识和智慧为工具去肆意破坏自然界的固有秩序以及人类与自然和平共处的和谐局面。在《天运》篇中,他辛辣地抨击"圣人",认为"三皇之知,上悖日月之明,下睽山川之精,中堕四时之施,其知憯于蛎虿之尾,鲜规之兽,莫得安其性命之情者,而犹自以为圣人,不亦可耻乎,其无耻也?"将圣人斥之为"无耻"之徒,认为圣人之智、圣人之行带来的危害胜于蝎尾,这说明,庄子对人为破坏自然的行径深恶痛绝,对人和自然和谐共处无限向往。在《胠箧》中也有大致相同的文字,认为好知导致了"上悖日月之明,下烁山川之精,中堕四时之施;惴耎之虫,肖翘之物,莫不失其性。甚矣夫好知之乱天下也",技术破坏了鸟、鱼、兽的生存环境,"弓弩毕弋机辟之知多,则鸟乱于上矣;钩饵罔罟罾笱之知多,则鱼乱于水矣;削格罗落罝罘之知多,则兽乱于泽矣"(《胠箧》),"治人"导致了"乱天之经,逆物之情,玄天弗成;解兽之群,而鸟皆夜鸣;灾及草木,祸及止虫"(《在宥》),这些都表现了庄子对破坏环境、祸乱物性行为的谴责与批判。从庄子的论述可以看出,人热衷于智巧以及自以为是的炫耀心态、争名夺利的世态导致了生态的破坏,即生态的困境是人为造成的,而生态的破坏也会影响人的身心进而影响社会的和谐和稳定,由此形成恶性循环。心态好,世态才好,反之亦然。两者皆好,人们才能够以博大、宽容、慈善的胸怀去对待自然万物,良好的生态环境才有可能形成。否则,人和人、人和自身、人和社会、人和自然都将处于对立和冲突的状态,很难想象一个对他人冷漠残忍的人却能以仁慈的态度对待人之外的其他生命,反之亦然。这和现代生态伦理学的观点是非常一致的,现代生态伦理学认为,生态问题在相当程度上是人的心态问题,因此解决环境问题的根本出路不能只停留在环境保护的层面,而应致力于改变以物质财富来衡量社会进步的物质主义和以感官享乐为人生价值的消费主义。

庄子对造成生态困境因素的批判中表现出来的忧患意识是非常可贵的。忧患意识是生物当然也是人所应具备的一种素质,任何个人、社会以及自然万物都只有"生于忧患"才有可能"死于安乐",这是被古今中外的无数事实所证明的真理。比如,日本是世界上忧患意识最浓厚的民族之一,连它的民族音乐中都总是带有一种悲凉沧桑、"若歌若哭"(《大宗师》)的感觉。无论我们心理上对历史上的日本有怎样的看法,却不得不承认这个民族在困境和危难方面有着让人钦佩的危机感和使命感,它在对待资源匮乏、地震和火山等自然灾害以及各种人为灾难方面都具有强烈的忧患意识和自救本领,日本人是所有民族中逃生技能最高的。遗憾的是,人们大都缺乏最起码的忧患意识,有时甚至不如动物,动物尚能有忧患意识使自己免于灭顶之灾,"鸟高飞以避矰弋之害,鼷鼠深穴乎神丘之下,以避熏凿之患,而曾二虫之无知!"(《应帝王》)如果现代人有足够的忧患和危机意识,就会预见到人类现在面临的种种危机,从而免受其害。事实上,人类的可悲之处不仅在于"无知",更在于"知而不行"。现代社会,稍有常识的人或许都知道环境保护、资源保护的危急和迫切,但是,真正在做或已经做到的却寥寥无几,这其中的深刻根源还在于并没有达到真正的"知",没有形成危机意识,缺乏庄子所具有的那种感同身受、痛彻肺腑的困境意识和悲剧情怀。

总之,庄子的困境意识是非常全面的,涉及人与自然、人与社会、人与人、人与自身等与人有关的各个方面,其目的是如何使人和物摆脱困境、惬意生存,其中的"人"既包括统治者也包括普通民众,"物"既包括生物也包括非生物。也就是说,庄子所热切关注的是世间万物的自由而快乐的生存和发展,这使庄子对人生困境的探讨具有了最广泛而深厚的道德基础。

(五)人生之悲

庄子认为,人们面临的上述种种无可逃避的困境造成了人生很多不可逃避的痛苦,所以人生是可悲的。庄子批判和抨击给人们带来很多困境和悲苦的现实,但又不屑于更无力改变现实,只好采取独善其身的逃避态度。但鸵鸟政策并不能真正解决问题,这种想作壁上观却又无法做到的境况,导致庄子及其后学的思想始终带有强烈的愤世嫉俗、强颜欢笑的悲情色彩。所以,庄子的"悲苦"具有双重含义:一是庄子认为人生本身是可悲的;二是庄子对可悲的人生怀有一种深深的悲悯之情。由于庄子太过清醒和卓越,因而对人生困境和悲苦的感受非同一般,其潇洒飘逸下掩藏着的是深深的苦楚、无奈与悲哀,庄子之悲是真悲,"真悲无声而哀"(《渔父》)。清人胡文英在比较庄子和屈原时曾说:"盖三闾之哀怨在一国,而漆园之哀怨在天下;三闾之哀怨在一时,而漆园之哀怨在万世"①。

庄子的悲怨弥漫在整部《庄子》书中,《庄子》中"悲"字共出现 38 次,大致看来,庄子的"悲"主要集中在以下几个方面:

---

① (清)胡文英:《庄子独见》,载于谢祥皓、李思乐:《庄子序跋论评辑要》,湖北教育出版社 2001 年版,第 337 页。

1. 以身殉物之悲

庄子在《至乐》中以天下人"所尊、所乐、所下、所苦"的东西来说明依此对待自己的生命是愚蠢和可悲的。拿人所尊的"富贵寿善"来看，"夫富者，苦身疾作，多积财而不得尽用，其为形也亦外矣。夫贵者，夜以继日，思虑善否，其为形也亦疏矣。人之生也，与忧俱生，寿者惛惛，久忧不死，何苦也！其为形也亦远矣。烈士为天下见善矣，未足以活身。吾未知善之诚善邪，诚不善邪？若以为善矣，不足活身；以为不善矣，足以活人。"（《至乐》）所以，"今世俗之君子，多危身弃生以殉物，岂不悲哉！"（《让王》）这就好比"以随侯之珠弹千仞之雀，世必笑之。是何也？则其所用者重而所要者轻也。"（同上）"悲夫，世人以形色名声为足以得彼之情！"（《天道》）"与物相刃相靡，其行尽如驰，而莫之能止，不亦悲乎！"（《齐物论》）"钱财不积则贪者忧，权势不尤则夸者悲。势物之徒乐变，遭时有所用，不能无为也。此皆顺比于岁，不易于物者也。驰其形性，潜之万物，终身不反，悲夫！"（《徐无鬼》）"以富为是者，不能让禄；以显为是者，不能让名；亲权者，不能与人柄。操之则慄，舍之则悲。"（《天运》）"合则离，成则毁；廉则挫，尊则议，有为则亏，贤则谋，不肖则欺，胡可得而必乎哉！悲夫！"（《山木》）曾子说："吾及亲仕，三釜而心乐；后仕，三千钟而不洎亲，吾心悲。"（《寓言》）庄子认为，人们逐万物而不返的行为是很愚蠢的，因为身外之物是非常不确定的，"外物不可必。……人亲莫不欲其子之孝，而孝未必爱，故孝己忧而曾参悲。"（《外物》）庄子觉得更可悲的是，天下人处于迷惑当中而不自知："其存人之国也，无万分之一；而丧人之国也，一不成而万有余丧矣。悲夫，有土者之不知也。"（《在宥》）庄子虽然给世人公开昭示了方向，也帮不了大家，这才是大悲，"而今也以天下惑，予虽有祈向，不可得也。不亦悲乎!"(《天地》)这才是终身不解的"大惑"、终身不灵的"大愚"(同上)。不被人理解也是可悲的,"悲夫,子之不知余也!"(《让王》)最终,庄子借南伯子綦之口说:"我悲人之自丧者,吾又悲夫悲人者,吾又悲夫悲人之悲者,其后而日远矣。"(《徐无鬼》)推而广之,或许应该说,庄子悲人之悲本身也是一件可悲的事情。

2. 悦生恶死之悲

在庄子看来,死亡之悲表现在两个方面:一是世俗之人认为死亡本身是一种悲哀:"已化而生,又化而死,生物哀之,人类悲之。"(《知北游》)"而彭祖乃今以久特闻,众人匹之,不亦悲乎!"(《逍遥游》)墨子的俭而难为也是一种悲,"其生也勤,其死也薄,其道大觳;使人忧,使人悲,其行难为也"(《天下》)。二是庄子认为,"世人之悲"是可悲的,认为世人为生死这些人无能为力的事情所累实在是不通道情:"哀乐之来,吾不能御,其去弗能止。悲夫,世人直为物逆旅耳!夫知遇而不知所不遇,能能而不能所不能。无知无能者,固人之所不免也。夫务免乎人之所不免者,岂不亦悲哉!"(《知北游》)"生之来不能却,其去不能止。悲夫!世之人以为养形足以存生;而养形果不足以存生,则世奚足为哉!"(《达生》)

3. 逆物之性之悲

庄子反对人为,认为违背物的自然天性是可悲的。庄子常以鸟为例,主要有:"鸟乃始忧悲眩视,不敢饮食。此之谓以己养养鸟也。"(《达生》)"鹤胫虽长,断之则悲。"(《骈拇》)"鸟乃眩视忧悲,不敢食一脔,不敢饮一杯,三日而死。"(《至乐》)"鸱目有所适,鹤胫有所节,解之也悲。"(《徐无鬼》)庄子认为,由于统治者的好知,才有了伯乐善治马、陶匠善治埴的残生害性的做法,这对物和人都是悲剧,使人丧失了本真之性,也违背了物的自然天性。常常感动于庄子对马的自然之性的描述："马，蹄可以践霜雪，毛可以御风寒，龁草饮水，翘足而陆，此马之真性也。"（《马蹄》）可悲的是，这种壮美的自然景象从人类进入文明社会以后就越来越少了。

4. 好知离道之悲

在庄子看来，知识和智慧是对本真之"道"的遮蔽，此种"好知"之弊是可悲的，"悲哉乎！汝为知在毫毛，而不知大宁！"（《列御寇》）是说，可悲啊，你的智巧拘泥于琐碎的小事，而未能理解至为宁静的大道。"夫明之不胜神也久矣，而愚者恃其所见入于人，其功外也，不亦悲乎！"（同上）"悲夫，百家往而不反，必不合矣！"（《天下》）"惜乎！惠施之才，骀荡而不得，逐万物而不反，是穷响以声，形与影竞走也。悲夫！"（同上）"不明于道者，悲夫！"（《在宥》）"凡能其于府也殆，殆之成也不给改。祸之长也兹萃，其反也缘功，其果也待久。而人以为己宝，不亦悲乎？"（《徐无鬼》）庄子认为，从深层来看，背离大道而去好知是一种悲哀；从表层来看，好知、求知本身就是一种悲苦，有知又会增添人生的悲苦，"巧者劳而智者忧"（《列御寇》）。受庄子影响很深的苏轼也曾说"人生识字忧患始"，可谓道尽了读书求智者的辛酸和悲哀。

5. 感官情感之悲

这是"悲"字最原始的含义。"悲乐者，德之邪；喜怒者，道之过；好恶者，心之失。"（《刻意》）"故强哭者虽悲不哀，强怒者虽严不威，强亲者虽笑不和。真悲无声而哀，真怒未发而威，真亲未笑而和。真在内者，神动于外，是所以贵真也。其用于人理也，事亲则慈孝，事君则忠贞，饮酒则欢乐，处丧则悲哀。"（《渔父》）

庄子对人生悲困的理解，对于现代人正确认识人生价值和意义具有启发意义。面对人生悲困，不同的人会有不同的理解和作为。法国哲学家阿尔贝·加缪（Albert Camus）曾借"西绪弗斯"的故事说明生命是没有意义的。西绪弗斯是希腊神话中的一个人物，他因为卓尔不凡的智慧惹恼了众神，作为惩罚，他被判要将一块永远都会在最后一刻滚进山谷的大石头推上山顶，他将永远重复着这单一的动作，这是一个永远没有成功的悲剧。加缪认为，现代社会的劳动和西绪弗斯的推石活动一样是永不停息而又毫无意义的，在这样一个琐细的世界上自杀是唯一的出路。与加缪的结论不同，庄子虽然看到了人生面临的无限困境和悲苦，但庄子本人和整部《庄子》都看不出有自杀的迹象。这是因为道家思想充满了辩证的理性和智慧，一句"反者道之动"（《老子》第 40 章）①就给了人们宠辱不惊、苦乐不惧以充分的理由。悲苦并不可怕，此时需要的是隐忍和坚持，积极地去寻求超越困境和悲苦，或许在悲苦和困境的极致之处也正是发现人生意义和价值的地方，犹如西绪弗斯本人面对自己悲剧式的命运并没有选择自杀，而是淡然处之、安之若素，以此表现他对命运的一种态度、体现他人生的价值。事实上，从中国历史来看，庄子对后人的影响正是如此，它让国人在面临民族危难、自然灾害、人生困境和痛苦时更多表现出的是忍辱负重的坚忍态度和坦然面对的潇洒情怀，而不是自暴自弃、怨天尤人。从个体生命来看，由于人的欲望无止境、人心的复杂性造成了人生中有很多不如意，理想和现实总是有很大落差，这是生活中的常态，正确认识人生的痛苦和不幸对于保持良好的逆境心理具有十分积极的作用。

有人说，道家思想让人的性格变得柔弱、逃避而不够坚强，它让人消极无为，甚至游戏人生，后世名士的隐遁之风、狂妄狷介的个性、及时行乐的风气都和庄子不无关系，如"生年不满百，常怀

---

① 陈鼓应:《老子今注今译》，商务印书馆 2003 年版，第 226 页。

千载忧。昼短苦夜长,何不秉烛游?"①从中就可以看到庄子的影子。这种评价是有道理的,但不可否认的是,有时隐忍却是坚强的表现,"勇敢"和"勇于不敢"都需要一种勇气和胸怀,正如自杀并不就是勇敢的表现,坚强地活下去更需要勇气和力量。所以,读《庄子》时虽不免伤感和消极,却并不是满怀悲观绝望,反而常常会让人对如何使人生更具意义和价值、更加审美和惬意进行理性思索。崔大华在评述大公任所说的意怠鸟(《山木》)的中庸隐遁的存身之道时曾指出:"庄子在这里总结的是在一个悲惨世界里的悲惨的经验,一种渗透着悲凉凄苦的智慧。但并不是悲观的经验和智慧。悲观是认为苦难不可被克服、被战胜的观点,这在《庄子》中是不存在的。《庄子》中有苦难、困境,但它们是可以被克服、被超越的。"②

三、庄子的人生境界论

冯友兰认为,人生境界从低到高的四个等级依次是自然境界、功利境界、道德境界、天地境界。自然境界犹如小孩或原始人,无知无欲,只是顺着本能或社会的风俗习惯做事。功利境界是自觉求取功名以利己的境界。道德境界是自觉有益于社会的境界,具有道德价值。天地境界也可以称之为"哲学境界",是自觉有益于整个宇宙的境界,具有超道德价值,用现在的话来说,这应该是一个生态境界。在这四种人生境界中,前两种是人的自然状态,来自

①　(清)沈德潜:《古诗源》,中华书局 1963 年版,第 91 页。
②　崔大华:《庄学研究》,人民出版社 1992 年版,第 187—188 页。

天然;后两种是人应有的生命状态,是人自己的心灵所创造的。如何使人达到道德境界尤其是天地境界是哲学的崇高任务。① 既然道生万物,所以人也禀道而生。以冯友兰对人生境界的划分作为参考,我们也可以把庄子所描述的人按照其对道的体悟程度及其所受的困境和悲苦的不同从低到高分为四类:

(一)自然之人

自然之人是不懂道也不用努力修为却完全合道的人,是人的最初状态,主要是指"婴儿"和"古之人"。《老子》中多次提到"婴儿"或"赤子"的概念,如"专气致柔,能如婴儿乎"(《老子》第 10 章)、②"我独泊兮,其未兆,如婴儿之未孩"(《老子》第 20 章)③、"常德不离,复归于婴儿"(《老子》第 28 章)④、"含德之厚,比于赤子"(《老子》第 55 章)⑤。庄子指出"卫生之经"是这样一种状态:"儿子动不知所为,行不知所之,身若槁木之枝而心若死灰。若是者,祸亦不至,福亦不来。祸福无有,恶有人灾也!"(《庚桑楚》)这里的"儿子"也是指"婴儿"。庄子在其"至德之世"的社会理想中多次提到"古之人":"古之人,在混芒之中,与一世而得澹漠焉。……当是时也,莫之为而常自然。"(《缮性》)严格说来,婴儿或古之人或自然之人还不算真正的人,他们虽然处于社会之中,但却只有生物本能,心智还没有受到世俗社会的污染,完全保留着道

---

① 参见冯友兰:《中国哲学简史》,新世界出版社 2004 年版,第 298—299 页。
② 陈鼓应:《老子今注今译》,商务印书馆 2003 年版,第 108 页。
③ 陈鼓应:《老子今注今译》,商务印书馆 2003 年版,第 150 页。
④ 陈鼓应:《老子今注今译》,商务印书馆 2003 年版,第 183 页。
⑤ 陈鼓应:《老子今注今译》,商务印书馆 2003 年版,第 274 页。

所赋予的天然本性,与道处于混冥一体的状态,虽无知无欲却完全与道相合。这是老庄都很推崇的人生状态。

不过,这种本初自然状态还谈不上真正意义上的"境界",更说不上是"自由"。这种自然状态只停留在个人的幼年即婴儿时期,或人类的幼年即上古时期,伴随着个人的成长和人类的进步,这种无知无欲的状态就会被打破,会由自然之人变成社会之人。事实上,自然状态的人并不是理想形态,犹如婴儿的幼稚无知最多是可爱或可笑,不会对他人和社会造成大的危害,但成人的幼稚无知可能会给社会带来危害甚至灾难。人们虽然常常留恋儿童时的天真无邪,但又都承认儿童是最需要受到教育并尽快成熟的,这也说明这一时期或这种人生状态并不是最理想的。老庄的本意也只是推崇这样一种无知无欲、保有淳朴本性的完美无缺状态,并不是真要回到婴儿时期,所以,这一时期只是人生的初始阶段或幼儿时期。这是冯友兰所说的处于自然境界的人。

(二)世俗之人

世俗之人是不仅不遵循道,反而会违背道的人,是社会中的大多数。庄子认为,当人从婴儿时期慢慢长大、人类从上古时期进入到文明时期以后就开始受到世俗社会的影响,从而开始脱离道、忘却道、违逆道,变成了"以物易其性"(《骈拇》)、"丧己于物,失性于俗"的"倒置之民"(《缮性》)、"蔽蒙之民"(同上)、"天之戮民"(《大宗师》),也可称之为"风波之民"(《天地》),成玄英疏:"水性虽澄,逢风波起,我心不定,类似风波,故谓之风波之民"[1]。庄

---

[1] (清)郭庆藩撰,王孝鱼点校:《庄子集释》(中),中华书局1961年版,第437页。

子有时也用中性意义上的"横目之民"(《天地》)。这些人大都是
"于利甚勤"(《庚桑楚》)的追名逐利之人,即"小人则以身殉利,
士则以身殉名,大夫则以身殉家,圣人则以身殉天下"(《骈拇》)。
这部分人完全没有自由,面临着、经历着所有的人生困境和悲苦,
也给他人、社会和自然带来了困境和危害,这部分人的人生困境主
要是因其道性被遮蔽,正因如此,庄子才认为人生是悲哀的、需要
隐遁和出世的。这是庄子最反对的人生存在状态。这部分人绝大
多数是争名夺利的世俗之人,其中一小部分也可以通过自身的努
力变成合道之人或被得道之人提携以达于道境,所谓"挈汝适复
之挠挠,以游无端;出入无旁,与日无始"(《在宥》)。这是冯友兰
所说的处于功利境界的人。

(三)修道之人

修道之人也可称之为合道之人。这是通过实践锻炼和内心修
炼而接近于道或合于道的部分世俗之人。这部分人获得的是有待
的自由。这些人可以是社会下层的普通民众,如庖丁、梓庆等,也
可以是一些知识分子,如南郭子綦、颜回等。他们或通过顺应规律
而获得了相对自由,如庖丁通过苦练解牛达到"游刃有余",梓庆
通过"齐以静心"做到"以天合天";或是通过不断摆脱世俗困扰而
获得了一定的自由,如南郭子綦的"吾丧我"、颜回的"坐忘"。这
些人最大的特点是有心于道,并处于合于道的状态。

和世俗之人相比,修道之人的境界达到了一个较高的层次,但
和体道之人相比,这部分人的境界还是偏低的。他们虽然经历许
多人为的挣扎和努力,但并没有真正地体道。当颜回告诉孔子他
忘掉什么的时候,其实说明他并没有真正的"忘";当南郭子綦说
"吾丧我"时恰好也说明了他既没有忘记"我"也没有忘记"吾"。

执著于"有"固然不自由，但如果执著于"无"其实也是一种不自由，只有既忘却"有"同时也忘却"无"才是真正的"忘"。正如《知北游》中的光耀所言："予能有无矣，而未能无无也；及为无有矣，何从至此哉！"光耀认为自己可以做到"有无"，即体认到一切皆无；抑或也可以做到"无有"，即体认到无有一切；但却不能做到"无无"，即从根本上排除一切思虑。也就是说，真正的"忘"是不执著于"忘"或"不忘"，连"忘"本身都忘记才是真正的"忘"，人也才能获得真正的自由。庄子说："人不忘其所忘，而忘其所不忘，此谓诚忘"（《德充符》）。如果一个人念念不忘地去寻找"坐忘"的体道境界，本身就是一种被奴役、被驱使的不自由状态，真正的"忘"是在天下中忘记天下、在生死中忘记生死、在是非中忘记是非、在古今中忘记古今，是自然而然地忘而不是有意识地去忘，这样才是真正的自由境界，即忘"忘"之"忘"才是真正的"忘"，犹如"忘适之适"才是真正的"适"。这或许也可以从庄子富有哲理的"致道者忘心矣"（《让王》）、"无私焉，乃私也"（《天道》）的话语中来进一步予以体会。

总之，颜回、南郭子綦、光耀等人都没有达到忘"忘"之"忘"或"无无"的体道境界。所以，这部分人不是真正意义上的体道，只是修道或合道的人。这和冯友兰所说的偏于儒家的道德境界不同，儒家的道德境界是通过不断强化和内化仁义礼智信的过程达到的。庄子是从道家的休道境界来讲的，是通过弱化和外化（即抛却所有外物）的过程达到的。两者到底哪一个更适合现代社会，是一个很难回答的问题，一个推崇仁义礼智信的加法，一个追求自然无为的减法，或许两者根本就不矛盾，该加的加、该减的减，该加的时候加、该减的时候减，才是最明智的方法。

（四）体道之人

体道之人或称之为通道之人。这是无心于道却完全通道的人，是一种绝对无待的自由境界，是人的最高境界，主要包括体道的"至人"、"真人"、"神人"、"天人"、"王德之人"、"全德之人"、"独有之人"或道家意义上的"圣人"，如女偊、无名人、连叔、子舆、子祀、鸿蒙、混沌等。庄子借弇堈吊之口指出了什么是"体道者"："夫体道者，天下之君子所系焉。……视之无形，听之无声，于人之论者，谓之冥冥，所以论道，而非道也。"（《知北游》）按照弇堈吊的观点，颜回等都属于"所以论道，而非道"的尚未"体道"的人。傅佩荣说："悟道与否，像是一道门槛，只有门内门外之别，而没有谁比较接近门槛的问题。"①庄子从未交代过这些人是如何达到这种境界的，从一出场就能够与道同体、与物同游，似乎是一种天生的悟性和天赋的能力，或者是道在周遍万物时对这些人情有独钟，使其道性未加任何遮蔽而完全体现了出来，所谓"天生丽质（道性）难自弃"。这与冯友兰所说的天地境界有同有异，相同之处在于，都是以整个宇宙为背景来谈论人；不同之处在于，冯友兰是站在人类的立场、从有益于宇宙的角度来谈，带有很人为的性质，需要人去通过哲学上的高度修养才能够达到，而庄子的体道之人是一种自然而然的状态，它既不会站在大自然的立场也不会站在人的立场，既不会去破坏宇宙自然但也不会去人为地有益于宇宙自然，完全是在一种无意识状态下自然而然地与宇宙自然合为一体。

修道之人与体道之人的共同之处在于，两者都经历了一个从出生时内在地具有道性的自然之人阶段到道性被世俗外物所遮蔽的世俗之人阶段，再到通过修养而祛除遮蔽使得道性重新显现出

---

① 傅佩荣：《解读庄子》，上海三联书店，2007年版，第263页。

来的三段论式的曲折过程;其不同之处在于修道之人的"道"性还没有从世俗的遮蔽中完全体现出来,尚带有人为的挣扎和努力,犹如庄子所言的"兼忘天下者"(《天运》),而体道之人的"道"性则完全从世俗的遮蔽中显现了出来,不再带有任何人为的挣扎和努力,达到了与道同体的境界,犹如庄子所言的"使天下兼忘我"(同上)者。自然之人和体道之人的唯一区别是前者处于蒙昧阶段而后者处于智慧阶段,但从自由的性质来看,处于自然境界和体道境界的人的自由并没有质的区别,都是一种不为外物所累的绝对无待的自由。这种玄妙高远、可遇不可求的自由境界不是世俗之人所能够理解或企及的,如庄子所说:"以圣人之道告圣人之才,亦易矣。"(《大宗师》)如果把至人之德告诉普通人就"譬之若载鼷以车马,乐鴳以钟鼓也。彼又恶能无惊乎哉!"(《达生》)就好像用车马来载老鼠、用钟鼓来取悦麻雀,不仅不会理解或获得这种自由,反而还会受到惊吓。

从对人生境界的分类来看,庄子应该是哪类人呢? 有人认为庄子是体道之人,这恐怕不太恰当。客观来看,庄子只能是世俗之人,这既符合事实也符合理论。人都是生活在当下的世俗之人,庄子也不例外。但庄子还是有很多的与众不同之处,可以用庄子《逍遥游》中的人物做一个比方:假如一般人是小鸟的话,庄子应该是鲲鹏或鹏,其背"不知其几千里也"、其翼"若垂天之云",能够"水击三千里,抟扶摇而上者九万里"(《逍遥游》),庄子也像大鹏一样孤独、高傲,他虽然清贫,却拒绝高官厚禄。但这并不是真正的逍遥之游,因为大鹏还是有所待,要靠风来飞行,海风起的时候才能"徙于南冥",正如庄子也有待于衣食来保障自己的生存和生活,为此也不得不放下姿态去借粟于监河侯。或者细分一下,把庄子的心和形区别来看,庄子的人格似乎是分裂的,他的"形"是世俗的,是对于人生困境的被动接受,是事实上的"世俗之人";而他的"心"是超越的,有着对精神逍遥的主动追求,欣赏和向往的是"体道之人"。

虽然在现实的层面上庄子承认人生境界有高低之分,并表现出了对大鹏与海龟的褒扬,对小鸟与井蛙的贬抑,但从道的角度看,把人生境界人为地分为三六九等或许并不符合庄子的本意。因为庄子从根本上反对的是世俗社会对人的本真之性或道性的遮蔽,而不是反对某个具体的人,所以,庄子以道为基础的人生境界论体现出的是一以贯之的人人平等的思想。其意义在于:

一是给予了所有人以平等的希望和光明。虽然在现实的层面上,由于道性被遮蔽,使得太多的人以及由此导致很多的物都不能尽其性、尽其能,但体道、悟道的境界并非高不可攀,人只要符合道的自然法则,各安其性、各尽其能、祛除人为,就能够合于大道,就可以有快乐的人生。所以体道、悟道是不需太多努力就可实现的,这和深受道家思想影响的禅宗的"一阐提人皆可成佛"、"心中有佛就是佛"的主张是相似的。这说明,人生境界的提高以及幸福生活的获得是简便易行的,人们不必有畏难情绪。

二是给予了所有人和所有物以平等的地位和价值。① 庄子认

---

① 《读者》杂志 2009 年第 19 期上有一篇文章,题目为《读大学要多高的智商》,作者薛涌,也许仅代表一家之言,但其所述道理也是有理有据,希望能对庄子的人生平等观念作一个注脚。文章中提到的一个重要问题是:真是有那么多人都适合或者需要上大学吗?这是由 1994 年出版的轰动一时的智商研究名著《钟曲线:在美国社会中的智力和阶层》的作者之一Charles Murray 提出的,他的结论是:一个人读大学,智商低于 110 就很成问题,而这种智商只有 25% 的人能够达到。如果你要在大学表现出色,就得至少要 115 的智商,也就是人口中 15% 的顶尖水平。这并不是说智商低的人不配享受良好的教育。相反,社会有责任给他们提供教育机会,只是必须因材施教。Charles Murray 提出,这些智商达不到 110 或 115的学生,应该接受两年制的社区学院的教育,不要挤到四年制的大学中来。

为,"以道观之,物无贵贱"(《秋水》),大鹏之逍遥并不贵于小鸟"翱翔于蓬蒿之间"、海龟之乐也不贵于井蛙的"坎井之乐"。庄子这种建立在道论基础上的"平等"的人生观和价值观,为人们在做人生选择时提供了非常有益的理论参考。这种思想在我国目前升学、择业都千篇一律挤独木桥的情况下就显得更为可贵。庄子的人生境界概括了人生百态,他所赞美和推崇的人,既有体道的"藐姑射之山"的"神人"(《逍遥游》),有修道的颜回等一般的知识分

这些人,通过文字这种过于抽象的媒介来接受知识很慢,但叮以通过音响和图像来模仿,可以跟着师傅迅速掌握某些具体的技艺。他们对超出自己直接生活经验的东西很难产生兴趣,但对身边具体的生活经验却很能领悟。比如,木匠、泥瓦匠、管道工、电工、油漆匠等等,在当今的白领社会仍然有大量的需求。一个好的木匠,一年能挣十几万美元。许多所谓低智商的人,在木匠这行比高智商的人也许还灵巧多了。不让他们进技工学校学木匠,赶着他们进四年制大学不知所云地读柏拉图、中世纪史,受这么大罪花这么多钱,最后毕业连个4万的工作也找不到,这岂不是误人子弟? 文章指出:放眼世界,美国的高等教育之所以还在全球领先,一大原因就是大学还强调竞争性,美国适龄青年上大学的比例,比欧洲几个国家还略低,而且大部分集中在社区学院等低端大学中,常青藤等精英大学则一直选择智商极高的学生。在欧洲,高等教育过于大众化,乃至一些昔日的世界一流大学因为严重超载、学生平均智商下降而失去了竞争力。中国过去几年的大学"扩招",后果更加恶劣,学院改大学,大专、中专也升级为大学,最后造成了许多低智商的学生进入大学,毕业也找不到工作。21世纪高等教育普及是个不可阻挡的趋势。但是,良性的普及,要求大学本身份出层级,在高端保持精英教育的品质,在低端扩张社区学院等等大众化的教育机会。人人平等仍然是人类社会的核心理想。但是,只有承认智商上事实上的不平等,才能设计出相应的政策,使每个人都能"天生我才必有用"地贡献于社会。这也许才是更深刻的平等。这篇文章的观点可能不乏偏颇之处,但对我们现在的高等教育或人才培养理念却极具科学的启发意义,和庄子建立在自然本性基础上的平等观更为一致。其实,勉强地都去走上大学的道路既是对社会资源的浪费,更是对人性的摧残。

子,也有合道的工匠、屠夫、渔夫、农夫等从事普通职业的人,这些人都顺从自己的本真之性生活,因此也非常平静和快乐。而现代社会,人为地把不同职业和从事不同职业的人分出高低贵贱,这既是社会的悲哀,也是个体人生的悲哀。如果按照庄子的观点,一个人可以当科学家、公务员,也可以做园丁、厨师,可以上大学也可以不上大学,就像可以做大鹏也可以做小鸟、可以当海龟也可以做井蛙,或者说能做、该做大鹏的就去做大鹏,能做、该做小鸟的就去做小鸟。只要不违背人的本真之性,只要过得自由快乐就是最好的人生选择。现在那些强迫孩子去学他并不喜欢也没有天分的钢琴、舞蹈、绘画、奥数的家长实在应该认真学学《庄子》,以便还给孩子一个自由快乐的童年,长大后依照自己的天性去选择自己喜欢的职业从而有一个快乐的人生。

第六章 逍遥之游——庄子人生哲学的生态学解读(二)

　　庄子的人生哲学在中国哲学中别具特色,学界对庄子的人生哲学历来也是褒贬不一。有学者认为,庄子采取的是一种悲观的、退隐的、独善其身的态度,如以陈独秀、胡适、吴虞、鲁迅、沈德鸿、范寿康、曹受坤等为代表的思想家就对庄子虚无、退隐、乐天安命以至颓废的人生观持否定和批判的态度,认为这是中华民族积贫积弱的原因。但也有学者对庄子的人生哲学智慧给予了极高的评价,如苏甲荣、叶国庆、支伟成、张贻惠、王治心、郎擎霄、胡哲敷以及宗白华、林语堂、郭沫若、陈鼓应、徐复观等都对庄子的人生哲学进行了多方面的肯定和赞扬。①

　　庄子是中国思想史上最早提出自由思想的人。如何摆脱命运之困、社会之困、自身之困和环境之困等似乎无法逃脱的困境,解除人类的悲苦,获得真正的逍遥之游是整部《庄子》都在探寻的问题。需要指出的是,由于庄子对社会现实持否定态度,所以,庄子摆脱人生困境的方法就不会从社会内部而是从社会外部和边缘去寻找,符合这一条件的只能是既外在于人又内在于人、既是人的对

---

① 参见熊铁基主编,李宝红、康庆著:《二十世纪中国庄学》,湖南人民出版社 2006 年版,第 180—205 页。

立面又是人的生存基础的自然。所以,在庄子看来,人只有消除主体和客体的对立,才能在"道通为一"、"道法自然"基础上达到"人与天一"的主客相融的逍遥之游。

本书试图从生态学的角度诠释庄子的人生哲学在处世方式、生命价值探求、理想社会追求、理想人格塑造等方面为现代社会所提供的启示。

一、命运之困的解脱

庄子对命运之困的解脱方法可以概括为一个基本原则和三个具体策略。一个基本原则即认命安命,三个具体途径即安于死生存亡、穷达贫富和是非毁誉。

(一)认命安命

这是庄子摆脱命运之困的一般原则。庄子认为,命运之困是由于人类不能做到认命、安命而导致的人生困境,人们总想获取超出命运许可范围的东西来满足自己无法遏止的欲望,如想长生不死而导致悦生恶死的烦恼、想要显达富贵而导致人为物役的困扰、想要流芳百世而陷入以身殉名的绝境,这些困境都是人的非分(命)之想造成的。不认命、不安命不仅导致了人本身的困境,而且带来了社会的纷乱和生态的失衡。所以,摆脱命运之困的最好办法就是认命安命。庄子说:"死生存亡,穷达贫富,贤与不肖毁誉,饥渴寒暑,是事之变,命之行;日夜相代乎前,而知不能规乎其始者也。故不足以滑和,不可入于灵府。使之和豫通而不失于兑;使日夜无郤而与物为春,是接而生时于心者也。"(《德充符》)即命或命运是人类无能为力的外在必然性，就像昼夜相互交替，而我们的智力却无法测知其缘由，那么，人们就该采取认命安命的态度，"无以人灭天，无以故灭命"（《秋水》），顺其自然且安于自然，不做非分之想、不做无谓挣扎，做到一切际遇都不足以扰乱和谐，也不要让其扰乱内心世界，保持内心的愉悦，通达万物而不失其真实，从而保持心态的平和。庄子认为，君子"藏金于山，沉珠于渊，不利货财，不近贵富；不乐寿，不哀夭；不荣通，不丑穷；不拘一世之利以为己私分，不以王天下为己处显。显则明，万物一府，死生同状。"（《天地》）"达生之情者，不务生之所无以为；达命之情者，不务命之所无奈何"（《达生》），能够认命和安命是一种最高的智慧和德行，"知其不可奈何而安之若命，德之至也"（《人间世》）①、"知不可奈何，而安之若命，唯有德者能之"（《德充符》）、"知命不能规乎其前，丘以是日徂"（《田子方》）。"日徂"是指一天天地随顺自然的变化。"达大命者随，达小命者遭"（《列御寇》），是指明白大命运即人的自然命运的人会随顺一切，明白小命运即人的世间遭遇的人只能忍受一切。

在庄子的这些表述中，更多地从道的角度出发强调了顺应命运的方面，让人听天由命、无所作为，因此显得过于消极。但从积极的方面来看，庄子认命安命的顺其自然思想会让人以一种平静

---

① 郭象注："知不可奈何者也而安之，则无哀无乐，何易施之有哉！故冥然以所遇为命而不施心于其间，泯然与至当为一而无休戚于其中，虽事凡人，犹无往而不适，而况于君亲哉！"成玄英疏："夫为道之士而自安其心智者，体违顺之不殊，达得丧之为一，故能涉哀乐之前境，不轻易施，知穷达之必然，岂人情之能制！是以安心顺命，不乖天理。自非至人玄德，孰能如兹也！"（清·郭庆藩撰，王孝鱼点校：《庄子集释》上，中华书局1961年版，第156页。）

达观、隐忍坚持的心态去面对人生困境或苦难,解除人们对困境的焦虑和恐惧,进而养成乐天安命的思想,提高人们的生活质量。常言道,人生之不如意十有八九,人生当中确实有很多人力无可奈何的事情,在人还不能把握自己命运的情况下,如果对这些事情去强力强为就会导致人与物、人与人、人与自身的相刃相靡,是几败俱伤的结果。事实上,当人用尽心力却无能为力时,采取顺应即认命安命的方式反而不失为一种人生智慧。这种认命安命的态度是一种对命运的精神超越,它可以给自己以安慰,给他物以自由,从而活得多一些自由和快乐、平静和安适。白居易有诗曰:

> 我无奈命何,委顺以待终。命无奈我何,方寸如虚空。①

这种人生态度被白居易概括为:"无情水任方圆器,不系舟随去住风。"②从这种人生态度中我们看到的并不全是命运带给生命的沉重和无奈,而更多的是人面对不可改变的命运时的轻松和随意,仿佛让可以决定人生的"命运"这个"英雄"失去了用武之地。这种认命安命的态度产生了"四两拨千斤"的效果,它化解了命运带给人的困境和束缚,有效地提高了人们生活的质量。正如李振纲所言:"当心灵忘掉'名'的虚荣,'功'的矜持,同时也忘掉了'己'之形体本身,顿时就从那沉重僵硬的躯壳中解放出来,化作一片空灵,消融在天地大化中。这就是'游',真正的'逍遥游'。"③也就是说,当一个人忘却生死、名利或做到认命安命的时候,生活质量

---

① (唐)白居易撰,顾学颉点校:《白居易集》第 1 册,中华书局 1979 年版,第146 页。

② (唐)白居易撰,顾学颉点校:《白居易集》第 3 册,中华书局 1979 年版,第832 页。

③ 李振纲:《生命哲学——〈庄子〉文本的另一种解读》,中华书局 2009 年版,第12 页。

自然就会提升。

　　与传统的消极悲观宿命论相比较,庄子是消极中的积极、悲观中的乐观。说其消极是因为庄子主张顺应这种不确定性、安于这种无可奈何性;说其积极是因为庄子主张人应该积极追求精神上的修养和超越,通过"心斋"、"坐忘"等手段达到一种不受限制的、无待的自由。《庄子》中有很多关于"求道"的寓言故事,大多表现了为世俗所累之人对于现状和命运的不安,以及改变现状和命运的焦虑与渴望。这又具有很积极、主动的意味。当然,庄子的这种矛盾并不难理解,他对现实的不满和对理想的追求构成了其思想的矛盾,既然客观现实中的命运难以改变,那么,也只有去精神的世界里寻求解脱,这或许是让人在厄运中坚守生命的理由。施韦泽甚至认为深刻地顺从命运的人才是敬畏生命意志、摆脱命运束缚的人,它可以让人的人生观升华:"伦理就是敬畏我自身和我之外的生命意志。由于敬畏生命意志,我内心才能深刻地顺从命运、肯定人生。我的生命意志不仅由于幸运而任意发展,而且体验着自己,但愿我不要让这种自我体验消失在无思想中,而是充分认识它的价值,这样我就能领悟到精神自我肯定的奥秘。我意外地摆脱了命运的束缚。在我以为被击垮的瞬间,我觉得自己上升到一种摆脱世界束缚的幸福,它是不可言说,又意外遇到的,我由此体验自己人生观的升华。顺从命运是一座前厅,经过它我们进入了伦理的殿堂。只有在深沉的为自己的生命意志奉献的过程中,经历了内在自由的人,才能深沉持续地为其他生命奉献。"①当今心理学界一致认为,21 世纪解决人类心理问题的唯一有效方法只能

----

　　① ［法］阿尔贝特·施韦泽著,陈泽环译:《敬畏生命》,上海社会科学院出版社 2003 年版,第 26 页。

去东方的道家思想中寻找,如果人人深得道家精髓,那么,患心理疾病的人就会大大减少,这也是人的生命质量提高的一种表现。

(二)安于死生存亡

安于死生存亡主要是指安于"死"。生老病死是一切人都回避不了的问题,也是一切哲学都无法回避的问题。有史以来,死亡都是人的宿命,如何摆脱死亡之惑,战胜对死亡的恐惧,是哲学的责任。假如人们对生老病还算接受的话,对死亡却心怀恐惧。为了消除死亡对人的困扰,思想家可谓殚精竭虑,宗教认为死亡是通往极乐世界之旅,儒家对死亡采取了"未知生,焉知死"(《论语·先进》)[1]的回避态度,有人否认有"死",认为死亡只是对活着的人而言的"非"存在等,不一而足。庄子对死亡则采取了直面的态度,对生老病死从道的角度给出了自己的理性解释。我们都说人生哲学,但有学者认为庄子是"人死哲学"[2]。庄子认为,活着的人乐生恶死,而死去的人又乐死恶生,这两种态度都不足取。

庄子对待死亡表现出了智者的超脱和旷达,用生死命定来说明人不必乐生恶死。人是应时而生、顺命而死,"安时而处顺,哀乐不能入也,古者谓是帝之县解"(《养生主》)。郭象注"县(悬)解"为:"以有系者为县,则无系者县解也,县解而性命之情得矣。此养生之要也。"[3]

　　　　夫大块载我以形,劳我以生,佚我以老,息我以死。故善

---

①　杨伯峻:《论语译注》,中华书局2006年版,第129页。

②　胡哲敷:《老庄哲学·自序》,中华书局1935年版,第184—220页。

③　(清)郭庆藩撰,王孝鱼点校:《庄子集释》(上),中华书局1961年版,第129页。

> 吾生者,乃所以善吾死也。今之大冶铸金,金踊跃曰"我且必
> 为镆铘",大冶必以为不祥之金。今一犯人之形,而曰"人耳
> 人耳",夫造化者必以为不祥之人。今一以天地为大炉,以造
> 化为大冶,恶乎往而不可哉!(《大宗师》)

生死是自然规律,生死自然、生死必然,甚至认为生存是一种劳苦、
死亡是一种休息。如果一个人不能顺应自然,一旦获得人形就大
喊"我是人,我是人",造物者一定认为这是不吉利的人,就如铁匠
炼铁,铁块跳起来说一定要做镆铘剑,铁匠一定认为这是不吉祥的
铁。所以,人死而哭是"遁天之刑"(《养生主》),即逃避自然变化
而受到的刑罚,"临尸而歌"并非不妥的方式。在《人间世》中,庄
子以一个极其怪异的人物支离疏(喻忘形去智)来说明人如果能
够顺应命运,即使残疾也可以生活安适、终养天年。庄子认为:
"生者,假借也,假之而生生者,尘垢也。"(《至乐》)"以生为附赘
县疣,以死为决疣溃痈"(《大宗师》)。甚至认为死亡比生存更幸
福和快乐,庄子借髑髅之口说:"死,无君于上,无臣于下;亦无四
时之事,纵然以天地为春秋,虽南面王乐,不能过也",所以髑髅不
愿"弃南面王乐而复为人间之劳"(《至乐》)。列子对百岁髑髅
说:"唯予与汝知而未尝死,未尝生也。若果养乎? 予果欢乎?"
(同上)意思是说,人最后会发现自己未曾死也未曾生,死与生都
只是同一变化中的不同阶段,所以,死了不必忧伤,活着也毋需
高兴。

在《庚桑楚》中,庄子通过逻辑论证的方式对"齐生死"的境界
进行了说明:

> 古之人,其知有所至矣。恶乎至? 有以为未始有物者,至
> 矣,尽矣,弗可以加矣。其次以为有物矣,将以生为丧也,以死
> 为反也,是以分已。其次曰始无有,既而有生,生俄而死;以无

有为首,以生为体,以死为尻;孰知有无死生之一守者,吾与之
为友。是三者虽异,公族也;昭景也,著戴也,甲氏也,著封也,
非一也。

李振纲认为,这段话所言"齐生死"的境界似有递减的关系,"古之
人,洞见'未始有物'之先,所以心如混沌,不知有生死之可说,此
为最高境界。其次一等,以生为丧,视死如归,虽然超越了固执死
生的流俗观念,但已有生与死的区分;等而下之的是贵生贱死,却
能够理智地对待生和死。由不知生死到反观生死,再到理智地对
待生死,属于不同的境界。就像昭氏、景氏、甲氏三者族望之
不同。"①

总体上,庄子用"死生为一条"(《德充符》)、"死生存亡之一
体"(《大宗师》)、"万物一府,死生同状"(《天地》)来消除人们对
生的欢喜尤其是对死亡的恐惧。认为不论生死寿夭,只要是符合
道性及其自然本性的东西,都应欣欣然接受,正所谓"不知所以
生,不知所以死"(《大宗师》)、"生而不说,死而不祸"(《秋水》)。
认为人之生死犹如薪尽火传是无限转化的,人"方生方死,方死方
生"(《齐物论》)、"生也死之徒,死也生之始,孰知其纪!人之生,
气之聚也;聚则为生,散则为死"(《知北游》),生生死死,循环往
复,永不停息,这是一种自然的和谐与均衡即"天均"。所以,死亡
仅仅是个体生命的有限性向宇宙生命的无限性回归,是归根、归
家,既意味着生命的终结,又意味着新生命的开始。庄子还用得道
的真人作为世俗之人学习的榜样:"古之真人,不知说生,不知恶
死;其出不䜣,其入不距;翛然而往,翛然而来而已矣。"(《大宗

---

① 李振纲:《生命哲学——〈庄子〉文本的另一种解读》,中华书局 2009 年
版,第 266—267 页。

师》)庄子不仅这么说,而且也这么做,庄子妻死会"鼓盆而歌",将死时会决定"以天地为棺椁,以日月为连璧,星辰为珠玑,万物为赍送"(《列御寇》),至于是被乌鸢还是蝼蚁吃掉是无所谓的事情,顺其自然即可。总之,庄子对死亡采取了以理化情、甚至以理化理的达观态度。既然死生是无变于己的自然规律(命),性、命就如时间的流逝和大道的运行一样不可阻止,既然从道的角度看死生如一,"苟得于道,无自而不可;失焉者,无自而可"(《天运》),所以人应坦然面对生死,恐惧、回避、哀伤都是不通于道的表现。正如李振纲所指出:"如果人仅仅把自己有限的生命存在看成'意义的核心'而与万物对立起来,那就远离了生命的本性。只有因顺自然'藏天下于天下',才能体现'道'作为万物生命本真之境的自然性、绝对性。"①斯宾诺莎说:"只要心灵理解一切事物都是必然的,那么它控制情感的力量便愈大,而感受情感的痛苦便少。"②

　　庄子安于生死存亡的思想具有很积极的意义,它是对人更具根本意义的"临终关怀"。"贪生怕死"可说是人之本性,人生之时欢呼雀跃,人死之时痛苦悲伤。死亡是人生的归宿,但人对这个归宿却充满了恐惧和厌恶。现实生活中人们都很忌讳说"死"甚至波及"四",也不愿说"没命"、"没气"等话,而是说"老"或"走"等,但又太不注重"生",活着的时候或健康的时候为了功名利禄而不惜以命相搏,身为物役而不知返,即使生病也不能阻挡其追逐名利的热情,只有面临死亡时才会幡然醒悟,但为时已晚;老人活着的

---

① 李振纲:《生命哲学——〈庄子〉文本的另一种解读》,中华书局 2009 年版,第 93 页。

② [荷兰]斯宾诺莎著,贺麟译:《伦理学》第五部分,商务印书馆 1981 年版,第 226 页。

时候不会好好赡养,人死之后家人却号啕大哭,一分的真诚幻化成了十分的虚伪。这都是庄子所批判的不通命,而且是双重的不通命,既不善生又没善死。庄子主张生死自然、生死必然,生死齐一、生死超然。庄子这种对待生老病死的态度,对后世影响巨大。和宗教虚幻而美好的天堂相比,庄子的生死自然思想或许没有宗教的美丽传说,但却是一种对生命更具根本性意义的、更具理性精神的临终关怀,或者说是一种既具初始关怀又具终极关怀意义的人生哲学。它不主张人们抱有什么天堂般的幻想,而是主张人们像顺应春夏秋冬的季节变化一样来对待生死。人的生命要顺其自然地发展,春天的时候要灿烂,夏天的时候要热烈,秋天的时候要收获,冬天的时候就安息,不要放弃或忽视哪个季节也不要留恋或迷恋哪个季节,既重生爱生但也不厌死恶死,生死都欣然面对,善老善夭、善生善死。这虽然有些太冷静、太理智抑或太无情,但却非常客观而实用。这会让人们尊重生命、爱惜生命,而不是人为物役地去戕害生命,也不是用自杀来人为地让生命消失。这也会让人死得更加体面、从容,与现在的临终关怀是一个道理,只是殊途同归。而庄子的"临终关怀"更具有本根的意义,它有助于破除人们对生的执著、尤其是对死亡的恐惧,可以让人坦然面对无可奈何的死亡规律,明确死亡也是人生的一部分,让人的生命尊严得以贯彻始终。它可以让人们活得自由快乐、死得从容坦然,进而有助于让人摆脱对功名利禄、穷达毁誉的执著,使人的心性更加自由平和,从而使社会得以和谐稳定、人能够颐养天年。总之,庄子善生善死的现实品格和超越境界是更富理性精神的临终关怀。

不过,在这里也有一个理论和现实的矛盾:虽然从道的角度、理性的态度看,人的哀乐是没有意义的;但从人的角度、从感性的态度看,生死对人具有初始和终极的意义,生之喜悦和死之悲伤是人之常情，无人能免其俗。当人面临自身或亲人之死时如何释怀，春夏秋冬四时是交替的，可以去而复返，"春去春会来，花谢还会再开"，而人的消逝却是一种去而不返的过程。所以，庄子这种齐同生死的观念在现实的层面很难做到，即使庄子本人在其妻死时也会"独何能无概然"，而后明白生死是"相与为春秋冬夏四时行"（《至乐》）；滑介叔也会在"俄而柳生其左肘，其意蹶蹶然恶之"，而后明白"死生为昼夜"（同上）。所以，超越生死是人生最难达到的境界，如果真能勘破生死，那么人生的所有困境似乎都可化解。

（三）安于穷达贫富

安于穷达贫富主要是指安于"利"。庄子认为，既然人的穷达贫富是命，所以要认同，人应有"不荣通，不丑穷"（《天地》）、"穷亦乐，通亦乐"（《让王》）的心态，"所乐非穷通也，道德于此，则穷通为寒暑风雨之序矣"（同上），即不是因为穷困与通达本身而快乐，而是因为这是道德所限定，穷困与通达只是寒暑风雨的固有循环而已。在这一点上孔子做得非常好，当被宋人围困时，仍然能安然地弦歌不辍，认为自己被宋人围困是命运使然，不必愁眉苦脸、怨天尤人，会坦然而言："我讳穷久矣，而不免，命也；求通久矣，而不得，时也。……知穷之有命，知通之有时，临大难而不惧者，圣人之勇也。"（《秋水》）孔子被围于陈蔡之间时会说："饥渴寒暑，穷桎不行，天地之行也，运物之泄也，言与之偕逝之谓也。"（《山木》）不过，一般人只有"渔父之勇"、"猎夫之勇"或"烈士之勇"，只有具有大智慧的人才能具有"圣人之勇"，聪明勇敢如子路似乎也只能达到"烈士之勇"，所以会求教于孔子问其身处困境为什么还能如此快乐。

当然，安于穷达贫富也是不容易的。虽然一切都是命运，人力只能无可奈何地被动接受,但是,人真的能够做到心甘情愿地接受贫困吗? 其实很难,这或许可以从饱受饥寒的子桑那"父邪! 母邪! 天乎! 人乎"的"若歌若哭"(《大宗师》)的情绪表达中窥见其对命运的怨尤。正如王博所说:"我们从中读出的是绝望的情绪以及绝望之后的抗议。但抗议又如何,世界仍然是这样的一个世界,我仍然处在这样一个贫困的境域中,我知道这不是父母的愿望,也不是天地的罪过,这是命运。正是对于不可抗拒的命运的肯定才可以最终安顿敏感而疲惫的心灵,才让心灵有了想回家的想法,以及对回家的路的追求。于是才有了宗和师,也就是天和道。"①即最终只有从道的角度才能真正安于穷达贫富的命运。

(四)安于是非毁誉

安于是非毁誉主要是指安于"名"。庄子认为,世俗之人不安于自己的名分,认为名代表着一个人的身份、地位和品格,所以会导致"德荡乎名"(《人间世》)、"以物易性"、"以身殉名"(《骈拇》)的结果,这是不通于道、不安于命(名)的表现,违背了人的自然本性。在道的意义上,是非毁誉都是相对的,应该以清明的心去观照一切,正所谓:

> 是亦彼也,彼亦是也。彼亦一是非,此亦一是非。果且有彼是乎哉? 果且无彼是乎哉? 彼是莫得其偶,谓之道枢。枢始得其环中,以应无穷。是亦一无穷,非亦一无穷也。故曰莫若以明。(《齐物论》)

庄子认为"圣人无名"(《逍遥游》),这是说圣人不求名分、有名分也不自居,一个人如果能够安于自然的名位就不会受世俗的是非

---

① 王博:《庄子哲学》,北京大学出版社 2004 年版,第 110 页。

毁誉的困扰。宋荣子可以做到"且举世而誉之而不加劝,举世而非之而不加沮,定乎内外之分,辩乎荣辱之境"(《逍遥游》),许由认为"名者实之宾也"(同上),即名义只是实物的表征,天下只是一个名义,所以尧让天下于许由却无所用之。有道之人不会在乎"名","子呼我牛也而谓之牛,呼我马也而谓之马"(《天道》),甚至可以做到"一以己为马,一以己为牛"(《应帝王》),认为如果真有其实,别人给自己相符的名称却不接受,反而是一种罪过,即"苟有其实,人与之名而弗受,再受其殃。吾服也恒服,吾非以服有服"(《天道》)。在这里,其实表达了两层含义:一是没有是非毁誉之心,是"恒服",即无心而服;而不是"服有服",即有心于服。二是没有尊卑贵贱之念,不执著于马或牛以及人的区别。所以,最尊贵者会摒弃国家的爵位,最富有者会摒弃国家的财富,最显赫的人会摒弃名誉,只有大"道"是永恒不变的,正所谓"至贵,国爵并焉;至富,国财并焉;至愿,名誉并焉。是以道不渝。"(《天运》)

　　真正得道的人不是拒绝名而是根本就没有名,如东汉时的严子陵,隐遁不仕,反穿皮袄垂钓于富春江上,结果被光武帝找到,后人都称之为高人,但也有人反对,认为:

　　　　一袭羊裘便有心,虚名传送到如今。当时若着蓑衣去,烟水茫茫何处寻。①

如果真是这样的评价标准,许由名声在外被尧得知而欲让天下于他,就说明许由不是真正的得道之人,正如许由的朋友巢父所说:"子若处高岸深谷,人道不通,谁能见子? 子故浮游欲闻,求其名誉。"②真正的得道之人是没有一点"名"的,有如巢父。不过,严

　　① 南怀瑾:《庄子南华》(下),上海人民出版社2007年版,第105页。
　　② 转引自张松辉:《庄子疑义考辨》,中华书局2007年版,第20页。

格来说,巢父的名字既然能流传于世就已经着迹了,和许由只是"五十步笑百步"而已,正如陆放翁所说:

> 志士栖山恨不深,人知已是负初心。不须更说严光辈,直由巢由错到今。

总之,真正的得道之人采取的是一种不受言语等外在东西所左右的认命(名)、安命(名)的态度,借以保持人的自然本性。

庄子安于穷达贫富、是非毁誉的思想有助于生态、世态和心态的和谐。从整部《庄子》来看,庄子认命安命的着眼点并不是认命、安命本身,其根本的意旨其实是希望人们做任何事情都要顺其自然,认命是承认自然的秩序和规则,安命是安于自然的本性。但是,人类往往为了自身的名利而不择手段,被欲望驱使而去违拗大自然的意志,贪得无厌地去向社会、自然以及他人索取甚至掠夺,导致人类的生存环境包括自然环境和社会环境无限恶化以至难以为继。在这样的背景下,庄子要人们安于是非毁誉、穷达贫富等思想,对现在"争名于朝、争利于市"的人欲横流、物欲横流的社会就有了很深的启示意义。穷达贫富、是非毁誉等本来就是一种可遇或许也可求但却不能由人来决定的事情,这是常识,应该是人人都知道但却未必能够真正实行的,正如老子所说:"吾言甚易知,甚易行。天下莫能知,莫能行"(《老子》第 70 章)①。庄子对这一问题有理有据、情深意切的劝导或许可以让人们醒悟从而真正去践行,做到生命的真正通达,这对建构一个生态、世态和心态都和谐的生存环境是非常有帮助的,也为自由逍遥的最高精神境界准备了必要的前提条件。

总之,庄子认命安命思想无疑具有消极避世的因素,不利于社

---

① 陈鼓应:《老子今注今译》,商务印书馆 2003 年版,第 318 页。

会的发展,也使得人情过于冷漠。但这一思想对社会、人生和生态的积极意义都是不容忽视的。

二、社会之困的解脱

庄子摆脱社会之困主要采取了顺其自然的方法,其摆脱时势之困不是去改变社会和时势,其摆脱仁义之害也不是去实际地消除仁义礼智等道德规范。

(一)时困之解

庄子对摆脱时势之困采取了安时处顺、无为而治的态度,概括起来也可称之为"内圣外王"。

1. 安时处顺

对于时势之困的摆脱,庄子采取了安时处顺的态度。人作为社会的人,不可能完全脱离现实社会而离群索居,事实上,庄子的"无何有之乡"或"广漠之野"只能存在于人们的理想或幻想之中。人既然生活在社会当中,总有许多的不得已、无奈何,就如"臣之事君,义也,无适而非君也,无所逃于天地之间"(《人间世》)。庄子或许有大鹏之志,但面对"仅免刑焉"(同上)的时势,人只能改变"临人以德"和"画地而趋"(同上)的出世态度,学会在危险的崎岖之路上行走,"先存诸己而后存诸人"(同上),而后再"入其俗,从其令"(《山木》),"当时命而大行乎天下,则反一无迹;不当时命而大穷乎天下,则深根宁极而待"(《缮性》)。"若能入游其樊而无感其名,入则鸣,不入则止。"(《人间世》)要学会"不谴是非,以与世俗处"(《天下》),就像哀骀它一样从不倡导什么,"常和人而已矣"(《德充符》),古之真人会"不逆寡、不雄成"(《大宗师》),这些都是自然随顺的态度。告诫人们要学会"与时俱化"(《山木》),做合乎时机、顺应民情的"义之徒",而不是不合时机、违逆民情的"篡夫"(《秋水》),以保身全生。

严格说来,庄子并没有做到真正的安时处顺。他对人生困境的描写敏锐而深刻,在否定诸子百家理论、批判世俗之人以及高扬"道法自然"理论、推崇至人境界等方面都不遗余力,但庄子安时处顺的处世原则却是非常客观实用的生存方式,时势犹如大海、譬如洪流,总是有自己必然的方向,人是无能为力的。人能做的只有顺势而为、借力用力,既不要做螳臂挡车的螳螂,也不要一味地怨天尤人,要像河流一样既可以滚滚东逝,也可以千回百转,以使自己可以到达大海,对人来说就是可以养生和尽天年。所以,安时处顺还可以有效减少各种人际关系中的矛盾和摩擦。当然,庄子也有过度保护自己的消极保守心理。

需要注意的是,庄子的安时处顺并不是简单的混世。庄子虽然力主以安时处顺来解时势之困,但一味地随波逐流、忍辱负重并不能解除时势带给人的困境,还是会给人带来心理上的压抑和束缚,这并不符合庄子高傲的个性。要摆脱这种困境需要一个精神上的支点,这就是庄子在坚持顺世、游世的同时所强调的"审乎无假而不与物迁,命物之化而守其宗"(《德充符》)、"游于世而不僻,顺人而不失己"(《外物》)、"草食之兽不疾易薮,水生之虫不疾易水,行小变而不失其大常也,喜怒哀乐不入于胸次。……贵在于我而不失于变。且万化而未始有极也,夫孰足以患心!"(《田子方》)概括起来说就是"外化而内不化"(同上)。所谓"外化而内不化",是指形体上随顺外物变化而内心保持自然原则和自身原则的不变。庄子认为,要做到这一点是很难的,只有内心坚持纯真本性的人才能做到既能随顺外物的变化也能随顺外物而内心不变,这是处世的高境界。"外化"可以避免人与物、人与人以及人与自身之间的摩擦和冲突,"内不化"可以保守自己内心的纯净和高贵、人格的独立和尊严、精神的无待和自由。"外化"和"内不化"是获得自由的不可缺少的两个方面,因为自由是对必然(如时势)的认识。"外化"为"内不化"提供了前提和保证,因为在一种人为物役、命运多舛的时势下,正是外在的随顺而使内在的东西得以坚持下来,即人只有保有生命才能谈得上精神及其自由,犹如庖丁的刀一样,不会由于割和折而导致刀刃的损害,可以"十九年而刀刃若新发于硎"(《养生主》)。而"内不化"则为"外化"提供了一个充足的理由,因为人如果只有外在的随顺而没有内心的坚守是不符合庄子所说的真正的"人"的,客观地说,其实也不符合一般人对人之为人的价值判断。庄子还用形象的寓言故事来说明人的内外之别,在《应帝王》中,壶子为神巫季咸显示一种"未始出吾宗"即完全不离本源的状态,"吾与之虚而委蛇,不知其谁何,因以为弟靡,因以为波流",这里的"虚而委蛇"是指壶子以空虚之心去随顺季咸,使季咸不知道壶子到底是谁,或以为是顺风而倒,或以为是随波逐流。此外,在《大宗师》中,孟孙才"以善处丧盖鲁国"也是一种外化而内不化的做法,既能够做到随顺世俗的"人哭亦哭",但因内心不屑于虚情假意的虚礼而"哭泣无涕,中心不戚,居丧不哀",颜回不理解孟孙才的做法表明他未达于道境。这些都说明人的表象可以千变万化但内在真我却可以安然不动。庄子的这种在退让中还有内心坚守的思想既实用又充满人生的智慧,可以说是一种生存的艺术。对于我们来说,既可以保持自己的人格、尊严和个性,也可以化解各种不必要的矛盾和冲突。如此的处世态度,无论对锐意进取的人还是对个性恬淡的人都不乏启迪作用。

庄子的安时处顺也不是简单的避世、隐世。庄子并不主张隐迹山林,"隐,故不自隐。古之所谓隐士者,非伏身而弗见也,非闭其言而不出也,非藏其知而不发也,时命大谬也。"(《缮性》)在《刻意》中,庄子描述了社会中人的五种类型:有"刻意尚行,离世异俗,高论怨诽"的"山谷之士";有"语仁义忠信,恭俭推让"的"平世之士";有"语大功,立大名,礼君臣,正上下"的"朝廷之士";有"就薮泽,处闲旷,钓鱼闲处"的"江海之士";有"吹呴呼吸,吐故纳新,熊经鸟申"的"道引之士"。这五种人追求的"亢、修、治、无、寿"都不是庄子所要的,庄子所推崇的是"不刻意而高,无仁义而修,无功名而治,无江海而闲,不道引而寿,无不忘也,无不有也,澹然无极而众美从之"的"天地之道,圣人之德"(《刻意》)。这是一种几乎不依赖于任何外在及有形条件的最高的精神境界,在精神上拥有超然于世外的独立人格和绝对自由但形体却浪迹于世间,无所作为却实现了人格的高尚、道德的完善、治世的责任、身心的闲适、寿命的长久,什么都没有却什么都有,这是天地的大道和圣人之道。庄子认为,人能否顺适取决于人能否顺应事物的本性,流荡隐遁的志向、决绝弃世的行为不是高智能和禀赋深的人会采用的,即"流遁之志,决绝之行,其非至知厚德之任与!"(《外物》)所以,庄子虽然用自身的实际行动表达了他对出世为官的不屑,但是,庄子的这种避世思想却源于他积极救世的情怀,在出世中尚有救世的热忱。这一方面是由于他对人生境界的完美追求有赖于世态的和谐,另一方面也源于其对社会人生的深切关怀。庄子指出了很多处世应世或救世的方法,渗透的都是积极救世的情怀。如《人间世》中的"先存诸己而后存诸人"、"形就心和"、"内直而外曲,成而上比"、"无迁令,无劝成"、"传其常情,无传其溢言"等方法,通过教化和引导使残暴的当政者回归大道,这说明庄子对世态有非常彻悟的了解,对如何和统治者打交道可谓深思熟虑。另外,还有很多关于圣人之治的言论,圣人之治只是"正而后行,确乎能其事者而已矣"(《应帝王》),圣人"泽及天下"(《徐无鬼》),圣人"利泽施乎万世"(《大宗师》),"天乐者,圣人之心,以畜天下也"(《天道》),庄子推崇的"圣人之德"是"无仁义而修,无功名而治"(《刻意》)。庄子还告诫当时的统治者如何治天下,这也显示了庄子对现实社会的关注。所以,庄子是一个身隐心显的"狂士"或隐身于朝市又关注社会人生的"自埋于民,自藏于畔。其声销,其志无穷,其口虽言,其心未尝言,方且与世违而心不屑与之俱"(《则阳》)的"陆沉"之人。

不过,庄子的著作中也带有一个隐者的心态特征,正如尼采所说:"在一个隐居者的著作中,人们总是可以听到某种旷野的回声,某种孤独的窃窃私语和怯生生的警觉。他最激烈的言辞中,甚至在他的哭泣中,发出的是一种新的、较为危险的沉默的隐藏之声。他孤独地日日夜夜、年复一年地坐在那里,灵魂陷于常见的冲突和对话中,他已变成了洞熊,变成了寻宝者,和其洞中的一条龙。他的洞穴可能是个迷宫,也可能是个金矿。"①庄子正是这样一条孤独、高傲、警觉且喜欢广袤旷野的龙,而《庄子》是吸引无数人去探索的一座迷宫、去挖掘的一座金矿,是我们用之不竭的宝贵财富。人们可以不认同庄子的某些观点,但没有人会不受其影响、不被其魅力所吸引,这大概也正是古今中外无数思想家包括现在的生态学家十分关注老庄思想的原因。

---

① [德]尼采著,杨恒达译:《尼采生存哲学》,九州出版社2003年版,第210页。

2. 无为而治

庄子反对"治",认为"治,乱之率也,北面之祸也,南面之贼也"(《天地》)。在无为而治方面,老庄的观点既有区别又有传承。老子主张无为而无不为,这一主张正是目前所说的维护生态、世态和心态的最基本原则。庄子则主张更加彻底的无为。在庄子看来,要摆脱时势之困,对普通人来讲要安时处顺、游世不僻,但这只是"扬汤止沸",并不是根本的摆脱方法,最好的办法是"釜底抽薪",消除造成这种时艰的根源,即当时统治者的专制暴政。庄子其实并不笼统地反对所有的帝王,既然"臣之事君,义也,无适而非君也,无所逃于天地之间"(《人间世》),所以,庄子认为能够遵循"道法自然"原则进行"无为而治"的帝王是理想的帝王,所谓"调而应之,德也;偶而应之,道也;帝之所兴,王之所起也"(《知北游》)。即帝王兴起是因为顺应自然,或者把握了道与德。如果统治者采取无为而治的方法,就可以更有效地摆脱由于暴政而导致的时势艰难和困苦。无为而治可以让人们保有自然本性、安适惬意:"君子不得已而临莅天下,莫若无为。无为也而后安其性命之情。"(《在宥》)"游心于淡,合气于漠,顺物自然而无容私焉,而天下治矣。"(《应帝王》)即无为可以治天下。主张"至人无为,大圣不作"(《知北游》),即其理想中的"至人"、"圣人"是永远"无为"、"不作"的。"天不产而万物化,地不长而万物育,帝王无为而天下功。"(《天道》)"明王之治,功盖天下而似不自己,化贷万物而民弗恃;有莫举名,使物自喜;立乎不测,而游于无有者也。"(《应帝王》)庄子还举例说明无为而天下可治、有为而天下大乱,即"昔尧治天下,不赏而民劝,不罚而民畏。今子赏罚而民且不仁,德自此衰,刑自此立,后世之乱自此始矣。"(《天地》)这种顺其自然的治世方法,要求为上者不要违背自然和人类的天然本性或者说规律,果真如此就可以免除彼此之间的摩擦和冲突。庄子的这些治世方法虽然是自然无为的做法,但这毕竟是在治世而不是避世。

不过,庄子的这种"无为而治"比较抽象也有些自相矛盾。人很难做到彻底无为,因为人的智识、情感、欲望是"日夜相代乎前,而莫知其所萌"(《齐物论》)、"哀乐之来,吾不能御,其去弗能止"(《知北游》)的天生的命中注定的东西,也就是说"有为"是人的一种"天然本性"。庄子的矛盾之处在于:一方面,庄子通篇肯定的都是自然而然的东西;另一方面,又要否定或祛除这些自然而然的东西,这实际上违背了人的自然本性。这种矛盾很难化解。总体看来,相对于儒家的家国天下的入世原则甚至相比于老子的"无为而无不为",庄子的这种无为而治思想带有非常消极的因素,但却是庄子现实和智慧的一面。因为,绝对无待的自由只存在于抽象的精神领域,如果一个人沉浸在这样的抽象自由中,只能是两种结果:一是本身有精神和心理的问题;二是导致精神和心理上的问题,这样的结果并不是人们所追求的。事实上,现实可享的自由只能从现实生活中去寻找。因为,现实社会是人必须依凭的地方,是人们一切物质和精神活动的出发点和归结点,困境产生于现实也只能在现实中解决,无论人们多么想摆脱都无济于事,正如人们不能拽着自己的头发而把自己提升起来一样,庄子也不例外,再热衷于追求"逍遥游"也还得站在现实的人地上。庄子的无为而治为治理社会提供了一个良好的法则,无论何时,让老百姓"休养生息"或"与民休息"都是统治者所应该倡导的。

3. 内圣外王

如果把"安时处顺"和"无为而治"概括起来,可以表述为"内圣外王"。中国思想史上的"内圣外王"一词源于《庄子·天下》,

认为：

> 判天地之美，析万物之理，察古人之全，寡能备于天地之
> 美，称神明之容。是故内圣外王之道，闇而不明，郁而不发，天
> 下之人各为其所欲焉以自为方。悲夫，百家往而不反，必不合
> 矣！后世之学者，不幸不见天地之纯，古人之大体，道术将为
> 天下裂。

后世以"内圣外王"作为儒家的人格理想，其实和庄子及其后
学的本意并不是一回事。郭象注曰：

> 夫圣人虽在庙堂之上，然其心无异于山林之中，世岂识之
> 哉！徒见其戴黄屋，佩玉玺，便谓足以缨绂其心矣；见其历山
> 川，同民事，便谓足以憔悴其神矣；岂知至至者之不亏哉！①

可见，庄学的"内圣外王"是一种处世之道，"内圣"是指内心的修
为，人处于现实世界中，内心要像镜子一样，不被外物的发展和变
化所影响和干扰，达到"不动心"，即虚己待物、不将不迎、胜物不
伤，正所谓"至人之用心若镜，不将不迎，应而不藏，故能胜物而不
伤"（《应帝王》）。"外王"是指外在的作为，人处于现实世界中，
外在作为也要像镜子一样，即"用物"也"若镜"，不影响和干扰外
物的自然发展和变化，达到"不害物"，即随顺自然、无为而治、处
物不伤，正所谓"圣人处物而不伤物，不伤物者，物亦不能伤也。
唯无伤者，为能与人相将迎。"（《知北游》）总之，"内圣外王"是一
种类似于"外化而内不化"（《知北游》）的处世之道，它可以使主
客体摆脱对立和冲突的状态，使主客体各得其所，所谓"圣人和之
以是非而休乎天钧，是之谓两行"（《齐物论》）。让是非安顿于自

---

① （清）郭庆藩撰，王孝鱼点校：《庄子集释》（上），中华书局1961年版，第
28页。

然之分,这就是"两行":是非并行而不冲突。李振纲在解读《应帝王》的主题时指出,庄子哲学与老子不同,老子哲学很容易被解读为帝王之术,而"庄子却对政治意义上的帝王没有任何兴趣,他所关怀的是生命本身。政治意义上的'帝'或'王'只有一个,但在生命意义上,每个人都可以是自己的帝王。此种意义上的'帝王'就是让自己成为生命的'真宰'。在庄子的精神世界里,无论做'外王'意义上的'帝王',还是生命意义上的'帝王',都需要一种相同的态度或思维方式,那就是'应',亦即应任自然,故云'应帝王'。"①

"内圣外王"是现实人生中最高的一种智慧或境界,只有"圣人"或"至人"等可以企及,即使是第一个提出这一观点的庄子也没有达到。庄子的人生和《庄子》书中具有太多的刻意和人为,如为保全自己而拒绝出仕,而不是顺其自然地该做官就去做官、该隐遁就去隐遁;《庄子》书中抨击诸子各家,并没有做到真正的"两行"。虽然如此,"内圣外王"的理论价值还是非常高的,它较好地化解了主体和客体、出世和入世的对立冲突,可以让人在艰难的时势之困中获得身心的安顿和适意。由于"内圣外王"在实践上或现实中的难以实现,所以更确切地说,应是给予了人们调试自我身心的一种理论上的凭借和精神上的依托。

(二)仁害之除

庄子尤其是庄子后学,认为仁义礼智是对人性的扭曲和束缚,在物质的层面会导致"残朴以为器"(《马蹄》),在精神的层面会

---

① 李振纲:《生命哲学——〈庄子〉文本的另一种解读》,中华书局 2009 年版,第 109—110 页。

导致"毁道德以为仁义"(《马蹄》),最终导致人类的自然本性甚至人类自身的灭亡。为免除仁义之害,庄子采取了法天贵真、掊击圣人、以道释儒的方法。

1. 法天贵真

在《渔父》中,庄子借渔父之口指出,孔子为仁义所累而不知觉悟,犹如人害怕影子、厌恶足迹,想要摆脱影子和足迹而拼命奔跑,结果却是"举足愈数而迹愈多,走愈疾而影不离身,自以为尚迟,疾走不休,绝力而死",这是一个极端愚蠢的方法导致了一个十分悲惨的结局。庄子认为,影子和身体本来就是相连的,所谓"如影随形";人的行走和其足迹也是一种必然的联系,要想消解两者的"对抗"其实很简单,只需"处阴以休影,处静以息迹",不需要采取"举足"、"疾走"(《渔父》)的人为方式。即孔子不需要"累累若丧家之犬"般去推广仁义,只要处静修身,谨慎地保持真性,让物与人回到原状就可以摆脱仁义的负累。正如庄子所指出:

> 真在内者,神动于外,是所以贵真也。其用于人理也,事亲则慈孝,事君则忠贞,饮酒则欢乐,处丧则悲哀。忠贞以功为主,饮酒以乐为主,处丧以哀为主,事亲以适为主,功成之美,无一其迹矣。事亲以适,不论所以矣;饮酒以乐,不选其具矣;处丧以哀,无问其礼矣。礼者,世俗之所为也;真者,所以受于天也,自然不可易也。故圣人法天贵真,不拘于俗。(同上)

即取法于自然,重视真实,不受世俗的拘束。这是一种最自然、最简洁的方法。按照庄子的观点,人一生只需做两件事:一是养生以"终其天年而不中道夭"(《大宗师》);二是养性以"任其性命之情"(《骈拇》),即注重人的自然本性的养护,不受外在的名利欲望等的侵扰和诱惑,犹如不要让自己的身体和影子、行走和足迹相对立。

2. 掊击圣人

庄子认为,圣人是仁义的始作俑者,圣人消失就可以消除仁义之害,为此,庄子提出了很多抨击圣人的主张:"掊击圣人,纵舍盗贼,而天下始治矣! ……圣人已死,则大盗不起,天下平而无故矣。圣人不死,大盗不止。"(《胠箧》)"绝圣弃知而天下大治"(《在宥》)。混沌开窍无疑是有了智慧但却无法保全生命。庄子"坐忘"的前提是首先忘掉"礼乐"和"仁义",其次才是形体和智慧,最后体悟大道,这也是一种休形息影的"减"的方法。为了消除儒家太过矫饰和人为的仁义礼智等的危害,庄子甚至提出了一种无法实现的"无"或"归零"的方法,即回归上古之时的无知无欲、天然淳朴的"至德之世"。从人类历史上看,一个时代或一个社会越是迫切和频繁地提倡和推崇的东西,往往是这个时代和社会缺失的东西。推崇的力度越大,存在的问题越多。在一个人人老有所养的时代或社会,没有人会去"数数然"地提倡孝或高扬孝子的行为以标榜于人。所以,仁义礼智被过分地提倡反而显示了一个社会在这个方面的缺失,何况这些方面本身犹如"盗亦有道"一样具有两面性,事实也确实如此。所以,我们应该提倡一种随顺自然的个人生活、社会生活,并让自然以自然的状态存在和发展。

3. 以道释儒

庄子尤其是庄子后学想要废弃的是利用仁义来做坏事的盗跖、愚弄人民的君主,而不是完全反对顺其自然的仁义道德,具有明显的援儒入道、以道释儒的倾向,也有人据此认为儒道本一家,或道源于儒(南怀瑾)。《大宗师》曰:"以刑为体,以礼为翼,以知为时,以德为循"。陈鼓应认为这一段不是庄子的思想,应该删掉。不过,如果从老庄的思想脉络看,这并不违背老庄的一贯主张。老庄也经常会提到仁义等儒家词语,但并不是儒家思想,而是在道家意义上、道家语境下讲的,是比儒家的道德境界高出一筹的天地境界。如老子曾说:"上仁为之而无以为"(《老子》第38章)①,庄子也说:"大仁不仁,……仁常而不周"(《齐物论》),"相爱而不知以为仁"(《天地》),"至仁无亲"(《庚桑楚》)。《让王》篇中借瞀光之口说:"废上,非义也;杀民,非仁也;人犯其难,我享其利,非廉也。"瞀光虽是不务名利权势的道家人士却带有很浓的儒家意味。此外,庄子也有对于儒家思想的借鉴,如"夫虚静恬淡寂漠无为者,万物之本也。明此以南乡,尧之为君也;明此以北面,舜之为臣也"(《天道》)、"宗庙尚亲,朝廷尚尊,乡党尚齿,行事尚贤,大道之序也"(同上),这些话是对"以道观之,物无贵贱"的一种否定,对儒家上下尊卑观念的一种认同,当然,并未脱离道家的"虚静恬淡寂漠无为"、"大道"等话语范畴。既然可以用儒家的话语来体现道家的原则,所以有时就不需要完全废除仁义礼智信等儒家话语,可以拿来为庄子及其后学充分利用,这样既可以免除儒家本身之害,又可以为道家服务,可谓一举两得。

> 仁义,先王之蘧庐也,止可以一宿而不可久处,觏而多责。古之至人,假道于仁,托宿于义,以游逍遥之墟,食于苟简之田,立于不贷之圃。……古者谓是采真之游。(《天运》)

即仁义是先王的旅舍,是可以暂时住一住的,当然不可以久留,如果多用仁义必多受责难。古代得道的至人可以借路于仁、寄宿于义,以遨游于逍遥的境界,取食于简陋的天地,处身于不施予的园圃,古代称这种做法是保持真性的遨游。这无疑是一种体道的境界,但这种境界是可以假托于仁义在世俗社会中实现的,是一种偷

梁换柱之术。这种做法也可以在儒家仁义的外衣下表达道家自然之本意，进而消除儒家仁义种种人为性的弊端。这是一种很有智慧的策略，可以让人在世俗中体味超世的精神境界。当然，也可以说这是道家对儒家的一种妥协、退让或沉沦于俗世的一种"托辞"。这种对儒家仁义采取缓和与容忍的态度和做法，虽然化解了批判的力度，但却更加可行。

三、自我之困的解脱

清代学者胡文英在《庄子独见》中写道："庄子眼极冷，心肠极热。眼冷，故是非不管；心肠热，故悲慨万端。虽知无用，而未能忘情，到底是热肠挂住；虽不能忘情，而终不下手，到底是冷眼看穿。"①读《庄子》，给人的一个感觉是，庄子似乎一直在苦口婆心地的劝导人们如何避免"人为物役"、如何获得"逍遥游"，虽然给出的方法和得出的结论未免消极悲观，但他的热忱总是在不经意中显露出来。庄子虽然家贫却因害怕丧失生命和自由而拒绝做官，他酷爱自由、珍惜生命，不会人为物役，也不会以身殉天下。庄子追求的自由包括身的自由和心的自由，由于人生在世总有许多的身不由己、无能为力，所以，庄子追求地自由更多的是心的自由，即人类如何以"逍遥游"的姿态存在于天地之间，达到一种"忘适之适"（《达生》）的真正的内心舒适和自在。

---

① （清）胡文英《庄子独见》，载于谢祥皓、李思乐：《庄子序跋论评辑要》，湖北教育出版社 2001 年版，第 337 页。

（一）形体自由或身之游的实现

庄子让人们免于形体之困,获得形体自由或身之游的方法主要有:

1. 身与物化

庄子面临的是一个人人"莫不以物易其性"(《骈拇》)、"物于物"(《山木》)的社会,为避免这种人的异化现象,庄子提出了身与物化以保全个体生命的方法,即让人们随顺自然的存在和发展,以减少人和自然之间的冲突和对立。认为人若能"与时俱化"(同上)而不做任何坚持就不会受外物拖累。人应配合天地的灵妙精纯,顺遂天地的千变万化,即"百化"(《知北游》)。庄子借孔子之口说,饥渴寒暑、穷困不通、生死存亡都是天地的运行、万物的流转,人只能感受万物的作用而变化,即"与之偕逝"(《山木》),人一旦禀受形体,就会不分昼夜地随物而变却不知何时会终结,知道命运是不能预先测度的,所以只能是一天天地随顺自然的变化即"日徂"(《田子方》)。庄子强调"形莫若缘"(《山木》),是指保养形体最好的办法就是随顺,养护生命的"卫生之经"就是要像婴儿般地处于"行不知所之,据不知所为,与物委蛇,而同其波"(《庚桑楚》)的自然状态,那样才能避免天灾人祸,得以保养生命。庄子甚至认为,即使是对自己的欲望也不要勉强克制,要顺其自然,如果不能克制却强力强为,就是对生命的双重伤害即"重伤",而"重伤之人,无寿类矣"(《让王》)。这些都是一种为了避免人与物的摩擦而采取的保全自身同时也保全物的安化随顺的态度。庄子这种身与物化、随顺自然的方法虽然主要是指如何保护个体生命、让生命获取一定程度的或遵循规律基础上的自由,但对于保护自然资源、保持生态平衡也具有非常积极的意义,可以有效地减少对自然的掠夺和戕害,当然也就可以减少自然对人的可怕的报复。

2. 重生乐生

庄子虽然认为人生有诸多困境和悲苦,死亡是一种快乐和休息,但并没有轻视或否定生命的倾向,《庄子》全篇都贯穿着一个思想,即在面临各种困境时如何养护生命,后来发展起来的道教甚至追求一种长生不老的境界。

在乐生重生的问题上,庄子与其后学是有一定差异的。庄子主张"保身"、"全生"、"养亲"、"尽年"(《养生主》)。泽雉也懂得形体自由的重要,不希望被养在笼中,"神虽王,不善也"(同上)。但庄子认为养形只是工具,养神才是目的,"形"不全但却可以"德全"。庄子似乎把形体看做是体道的障碍,其最终目的是达到绝对自由的精神境界。庄子后学对养生有不同的看法,或认为保存形体最重要,"林回弃千金之璧,负赤子而趋"(《山木》)表达的是生命高于财物的价值观念。《让王》中反复表达了人的生命高于一切的观念,如"天下至重也,而不以害其生,又况他物乎"、"不以所用养害其所养"、"能尊生者,虽贵富不以养伤身,虽贫贱不以利累形"、"两臂重于天下也,身又重于两臂"、"重生则利轻"、"帝王之功,圣人之余事也,非所以完身养生也"等,"贵以身于为天下,则可以托天下;爱以身于为天下,则可以寄天下"(《在宥》)。认为盛德就是"存形穷生,立德明道"(《天地》),"形全者神全"(同上)。或主张形神兼养,如《达生》中的单豹和张毅,一个注重养神却被饿虎吃掉,一个注重养形却得病而死,这是说明人应该心神兼养。庄子认为,人要想保养生命并获得自由,"莫如弃世"(《达生》),抛却世事、遗忘生命就可以"形全精复、与天为一"(同上),形体健全、精神充足才能与自然相合。或追求形神兼养基础上的"长生"和"乐生",如"必静必清,无劳汝形,无摇汝精,乃可以长生"(《在宥》),希望获得"得至美而游乎至乐"(《田子方》)、"至乐活身"(《至乐》)、"其生可乐,其死可葬"(《山木》)的快乐人生。也就是说,庄子后学强调的是形全德全的统一,把是否善于养形看做能否体道和是否体道的一个表现,认为只有体道的人才知道养生,如"天下大器也,而不以易生,此有道者之所以异乎俗者也"(《让王》);反之,也只有知道养生的人才能体道,如"不能说其志意,养其寿命者,皆非通道者也"(《盗跖》)。与庄子注重精神的逍遥相比,庄子后学更加注重现世生活的安适自得。这种形神兼养、养形和体道相联的做法,其本体论的根据也很充分,那就是形体本源于道且体现道。

从总体上看,无论是注重养形、养神还是形神兼养,在重生这一点上,庄子和其后学是完全一致的。虽然庄子追求的人生最高境界是逍遥之游,但其终极目的却是"养生",即养护生命,包括"养形(身)"和"养神(心)",认为没有比活着、活得好更优先的事情。由此看来,那些因为被让王而寻死的北人无择、卞随、瞀光、伯夷、叔齐(《让王》)等人并不符合庄子"身重于天下"的精神,反倒是另外一种方式的"以身殉天下"。在这个意义上,庄子的养形是达到养生目的的手段,只是一个最低级和最基本的手段,为了活下来,甚至在必要的时候可以放弃"形"的完整而求生命的保存;庄子的养神也是达到养生目的的手段,只是一个非常高级而美妙的手段而已,为了活得好。总之,庄子的养心和养形都是养生的手段,其目的就是为了让人们如何能够生存下来、如何更好地生活下去,而不是单纯地去追求形体的完整或逍遥游的神秘境界。

庄子重生乐生的观点有助于现代人树立尊重生命的理念。老庄的这种长生久视之道也是古往今来的人们所锲而不舍、孜孜以求的,这表现了人们对生命的极端关注。它告诫我们:人首先是一个生命,生命的保存是人生价值和人生意义得以实现的最基本的条件。如果一个人、一个社会乃至整个世界都这样不遗余力地去关注人的生命乃至所有的生命，那么，这个世界会是一个和谐的生存世界。但遗憾的是，我们的教育过分地注重了人的社会性存在，而忽视了人的自然性存在，对人的生命本身缺乏应有的重视和保养。当个体生命和社会利益发生矛盾时，人们会有意识地拿自己的生命去换取社会的利益，不懂得生命只有一次，而物质利益却可以去而复返。在这里，并不是想要宣扬一种极端自私利己的思想，而是说明人要"明哲保身"，如果不是面临"你死我活"的极端选择，首先需要保护的是人而不是物，"以人为本"的最基本含义应是"以人的生命为本"。我们的舆论经常宣传某人为工作而不顾重病在身直到生命结束，实际上这并不是很理性的舆论导向：一是社会及其本人对生命的忽视，不符合以人为本的观念；二是既浪费了社会的医疗资源，又给家人带来了痛苦和不幸；三是以生命为代价去做任何人在保有健康的同时也可以做的工作非常不理智，即使是以工作为乐趣和生命价值的人，这种做法也只值得尊重而不宜提倡，因为养好身体可以更好、更多地奉献社会；四是未必起到榜样的作用，抑或有人以此为戒，认为这种用工作来伤害身体的做法不可取。在这一点上，反而是国外一些公司对健康员工的奖励制度更值得借鉴。社会如此，个人也如此。人对自己生命的关注也是远远不够的，一些人面对外力对自己的伤害时首先选择的是保护财产而不是保护生命；平时不遗余力地去追名逐利而自以为在追求更好的生存状态，却不知这其实是对生命本身的损害，这非常符合《庄子》文本的最后一句话："逐万物而不反，是穷响以声，形与影竞走也。悲夫！"（《天下》）庄子的这种批判是非常中肯的。值得庆幸的是，现代社会的人也越来越注重身心健康，这是一种社会进步的标志，庄子注重养生的思想也更加具有借鉴意义。

3. 无用之用

庄子认为,人和物之所以受到伤害而不能保全自己是因为太追求有用于人,这是最低层次但却最常见的生存状态,正所谓:

> 夫柤梨橘柚,果蓏之属,实熟则剥,剥则辱;大枝折,小枝泄。此以其能苦其生者也,故不终其天年而中道夭,自掊击于世俗者也。物莫不若是。(《人间世》)

> 直木先伐,甘井先竭。……自伐者无功,功成者堕,名成者亏。(《山木》)

> 宋有荆氏者,宜楸柏桑。其拱把而上者,求狙猴之杙者斩之;三围四围,求高名之丽者斩之;七围八围,贵人富商之家求樿傍者斩之。故未终其天年,而中道之夭于斧斤,此材之患也。(《人间世》)

> 山木自寇也,膏火自煎也。桂可食,故伐之;漆可用,故割之。人皆知有用之用,而莫知无用之用也。(同上)

人要想避免伤害、获得自由就要懂得无用之用的道理,世人之无用是自己的大用,无用于人却有用于保全自己。庄子用了一系列的故事来说明无用之用的存身之道。在《逍遥游》中,庄子认为,无用的"大瓠"可以"虑以为大樽而浮乎江湖"以避免被惠施"为其无用而掊之",大而无用的樗树可以"树之于无何有之乡,广莫之野,彷徨乎无为其侧,逍遥乎寝卧其下。不夭斤斧,物无害者。"在《人间世》中,匠石不顾的"栎社树"、商丘的大树以及支离疏等都因其所谓世俗价值的"无用"而尽享天年,"故解之以牛之白颡者与豚之亢鼻者,与人有痔病者不可以适河。此皆巫祝以知之矣,所以为不祥也。此乃神人之所以为大祥也。"(同上)

客观来看,栎社树所谓的"求无所可用久矣"(同上),并不是一种顺其自然的态度。如果按照庄子的"道法自然"的观点,栎社树不会去追求有用但也不会刻意、人为地去追求无用,这种追求无用本身就是不自然的。真正的道的观点和现在的深层生态学的观点应该是顺物自然。此外,庄子所倡导的"无用之用"的存身之道也不乏消极之意。不过,考虑到庄子所处的人为物役、民不聊生的社会现实,采取"无用之用"策略作为存身之道还是非常明智和有效的,使人和物都得以自由生存,免于落得"中道夭折"的下场。

4. 中庸隐遁

庄子认为,对于养生来说,有用于人固然最差,但无用之用也有缺陷,会像鹅因不会叫而被杀掉,所以,比无用之用更高的人生状态是处于有用和无用之间即中庸隐遁,这一方法主要表现为:

(1)缘督为经。庄子认为:"为善无近名,为恶无近刑。缘督以为经。"(《养生主》)从根本上来看,这是一种走中间路线的处世方法,要游走于善恶(或扬名和惩罚)之间,即善恶之间恰到好处,就可以"全生"、"养亲"、"尽年"。在《骈拇》中,庄子表达了同样的思想:"余愧乎道德,是以上不敢为仁义之操,而下不敢为淫僻之行也。"庄子还用"庖丁解牛"(同上)的寓言故事形象地说明了这个道理,在这个故事中,刀代表了个人的生命,牛代表的就是这个社会,说明的是人如何在这个"枝经肯綮"的世间游走而避免被伤害。与《人间世》被动地强调命运和无奈不同,《养生主》表现出了积极主动地去把握生命的意味,正如王博所言:"庄子的确是一个匠心独运的人,生命的主题被他用屠杀的故事加以演绎。他把屠杀的过程表现的充满着美感和艺术精神。……这种美妙的屠杀甚至让人忘掉了屠杀本身,而完全沉浸在艺术的气氛之中。也许他是在暗示人间世就好比是个大屠场吧。我们不是在操刀,我们实际上是在躲避着挥舞的屠刀。我们当然不能期望挥舞着刀的人可以放下屠刀,立地成佛,但我们可以躲避。"①

（2）材与不材之间。为了说明如何养护生命,在《山木》中庄子讲了有用之树和无用之鹅的寓言故事,提出"周将处乎材与不材之间",以避免像有用之树那样被砍伐和不会鸣叫的鹅那样被煮食。不过,庄子认为这也是有弊端的,"材与不材之间,似之而非也,故未免乎累",只有"乘道德而浮游"才能"无誉无訾,一龙一蛇,与时俱化",不为物累而"浮游乎万物之祖",这就是后面要谈到的逍遥游的境界。这种最高境界固然很高很完美,但却很难把握,所以不免失之抽象。

（3）柴立中央。在《达生》中谈到养生之道时,庄子认为,人应该做到"无入而藏,无出而阳,柴立其中央。三者若得,其名必极",即人不要深入荒山野林去隐藏自己,也不要在世间行走到处显扬自己,要像枯木一样静处于两者之间,如果能够做到这三点,他的养生之名就达到了。"入而藏"和"出而阳"都是极端的行为,最好的办法应是身处人世却不显山露水,从而达到养生的目的。这也是一种中庸隐遁的办法。

（4）形就心和。在《人间世》中,庄子借蘧伯玉之口论述了"形就心和"的处事方法。指出给"其德天杀"的未来执政者做老师,最好的相处办法就是"形莫若就,心莫若和",但要"就不欲入,和不欲出",类似于"君子和而不同"（《论语·子路》)②。也就是说:"表面行为最好要对太子亲近顺从,内心却最好要有自己的主见。即使如此,这两种做法仍会带来灾难。与他亲近但不要同流合污,

---

① 王博:《庄子哲学》,北京大学出版社 2004 年版,第 53 页。

② 杨伯峻:《论语译注》,中华书局 2006 年版,第 159 页。

心有主见但不能显露出来。"①要顺而化之，"彼且为婴儿，亦与之为婴儿；彼且为无町畦，亦与之为无町畦；彼且为无崖，亦与之为无崖"(《人间世》)，这是一种身处乱世时非常有智慧的处世之道，既可以有效地保全自己又不会失去自我，既不会给社会造成灾难也不会给自己招致祸患。在《山木》中庄子用"东海之鸟"的寓言故事来说明"自伐者无功，功成者堕，名成者亏"的道理。这只鸟的不死之道在于其"进不敢为前，退不敢为后；食不敢先尝，必取其绪"的中庸隐遁的存身之法。中庸隐遁的方法，固然显得有些消极，但也不乏积极的一面，因为这种处世方法也需要有为而成，它要求在一个复杂的社会条件下，在诸多可供选择的可能性中，充分利用自己的智慧去审时度势，把握好有用和无用之间的度，作出最合适的选择，才能保证自己的平安抑或某些快乐。

中庸隐遁的方法虽然不如"乘道德而浮游"更高一筹，但却是在现实社会中安身立命最实用的方法，它既可以如庄子所说有效地保存自己，也有助于避免人和自然、人与社会的许多冲突和对立。在现实社会中，人总是面临很多的困扰和束缚，现实和理想相距甚远，但却无法摆脱或不愿摆脱。而中庸隐遁的处世原则让人们去随顺社会与他人的存在和发展，缘督以为经、材与不材之间、形就心和、柴立中央都足以避免和他人、社会的矛盾与摩擦，保持人与人、人与社会的和谐。现代市场经济社会崇尚进取和竞争，这无疑是社会发展的动力，但是，任何事物都有两面性，一味地进取和竞争也造成了生态、世态和心态的紧张与对立，使人的身心、社会的发展、生态的维持都少了必要的弹性和韧性，这也是人际关系紧张、人们心力交瘁、人和自然相互伤害的主要原因。现代人更为

---

① 张松辉：《庄子疑义考辨》，中华书局2007年版，第75页。

需要的不是竞争,而是"挫其锐,解其纷,和其光,同其尘"(《老子》第 56 章)①的中庸隐遁的生存方式,给自己也给他人以及自然以和缓、舒适、自由的生存空间。

5. 虚己游世

在《山木》中,庄子讲了鲁侯的故事进而说明养生的最好办法是"虚己以游世"。鲁侯不愿放弃统治者的地位去游于无人之野,不愿去国捐俗、与道相辅而行,所以找了很多的借口,诸如道远而险、山高水深、无人相伴、无舟车钱粮等。庄子借市南宜僚之口劝说鲁侯说:统治百姓就会有负累,受制于百姓就会有忧烦,所以应该像尧一样既不治人也不要受制于人,独自与大道游于杳无人迹的旷野中就会摆脱一切羁绊和负累。人能够虚己以游世就不会受到任何的伤害,庄子举了实船和虚船的故事来说明如何养生,很是独到精辟。

> 方舟而济于河,有虚船来触舟,虽有惼心之人不怒;有一人在其上,则呼张歙之;一呼而不闻,再呼而不闻,于是三呼邪,则必以恶声随之。向也不怒而今也怒,向也虚而今也实。人能虚己以游世,其孰能害之!(《山木》)

如果两船相并渡河,被一艘空船撞上,就算是性情暴躁的人也不会发怒;假如被一艘有人的船撞上,就会大声呼喝甚至出言不逊。之所以有发怒和不发怒的反差,只在于船上是有人还是无人。人如果能够无心而处世,那么谁能伤害他呢!此外,类似的说法还有"复仇者不折镆干,虽有忮心者不怨飘瓦"(《达生》),是说复仇者不会迁怒于宝剑(镆铘、干将),虽有忌恨之心却不会怪罪于飘落

---

① 陈鼓应:《老子今注今译》,商务印书馆 2003 年版,第 277 页。

的瓦片。郭象注:"飘落之瓦,虽复中人,人莫之怨者,由其无情"①,成玄英疏:"飘落之瓦,偶尔伤人,虽忮逆褊心之夫,终不怨恨,为瓦是无心之物。"②

鲁侯的问题其实很有代表性,生活中很多人处于这样一种境况:受某一事情所累但又不愿放手,并为自己找很多的借口来说明为何不能放手,结果是,虽然经常面有忧色却还是一如既往地去从事某项工作。在庄子看来,这是不通道的表现,人应该有"送君者皆自崖而反,君自此远矣"(《山木》)的决绝和潇洒。当然,这句话在一般人看来都会很怅然,也难以做到,还好庄子只是比喻。现代社会的人可以不必远行天涯、离群索居,但"虚己以游世"的道理还是应该懂得和尽力践行的,这样可以减少很多负累,轻装前行。

(二)精神自由或心之游的实现

从现实的角度看,一个人要想完全超越命运、社会、形体等困境而获得自由是不可能的,真正的自由只能存在于人的主观精神领域。庄子也正是在精神领域实现了对困境的完全超越,获得了无待的精神自由。庄子认为,"养形之人"(《刻意》)和刻意尚行的人都属不通于道的人,真正的养生不是养形而是养心或养神,养神高于养形,"形德仁义,神之末也"(《天道》)、"神全者,圣人之道也"(《天地》)。

在《德充符》中,庄子通过兀者王骀、申徒嘉、叔山无趾以及极丑之人哀骀它、闉跂支离无脤、瓮㼜大瘿等一系列形残神全的人说

---

① (清)郭庆藩撰,王孝鱼点校:《庄子集释》(中),中华书局1961年版,第637页。

② (清)郭庆藩撰,王孝鱼点校:《庄子集释》(中),中华书局1961年版,第637页。

明了"神"或"德"高于"形"的道理。这些人虽然外形残疾，"以恶骇天下"且"无君人之位以济乎人之死，无聚禄以望人之腹"，但却有着"雌雄合乎前"、"未言而信，无功而亲，使人授己国，唯恐其不受"的人格魅力，正所谓"德有所长而形有所忘"。就像小猪喜欢它的母亲并不是喜欢其母亲的形体，而是"爱使其形者也"，这也是说明精神高于形体。

庄子认为，精神之困主要是哀乐之情、利害之欲、毁誉之心等对人造成的束缚。如何超脱这些束缚以获得精神自由，庄子提出了一系列的方法，从低到高来看，主要有：

1. 去知与故、全性保真

庄子认为，虚伪矫饰、穿凿机巧、机谋权术等都会使人丧失自然之性，要想获得心灵的自由，就要忘却智慧和机心即"去知与故"（《刻意》），保持自然本真之性。要做到这一点，就不能以人灭天，一切都要遵从法自然的原则：一是保持人的本初真性。要杜绝所有违背人类本性的做法，只有"顺物自然而无容私"（《应帝王》）、"常因自然而不益生"（《德充符》），才能"平易恬惔，则忧患不能入，邪气不能袭，故其德全而神不亏。……其神纯粹，其魂不罢。虚无恬淡，乃合天德"（《刻意》）。二是尊重物的自然本性。"不开人之天，而开天之天"（《达生》），"凫胫虽短，续之则忧；鹤胫虽长，断之则悲。故性长非所断，性短非所续，无所去忧也"（《骈拇》）。在《达生》篇中，庄子讲述了几个顺其自然的故事，呼吁人们要"以鸟养养鸟"而不是"以己养养鸟"，去追求"鱼相忘于江湖"的自由而不是"相呴以湿"的无奈。当今人类面对生存困境而呼唤关爱生命、关心生态实是类似于庄子笔下的泉涸之鱼。三是尊重自然的秩序。庄子认为，尊重自然秩序的基本做法就是抛却人为、效法天地，以无为的方式对待天地自然，任由万物自然发展,就可以达到"无不为":"天无为以之清,地无为以之宁,故两无为相合,万物皆化生。"(《至乐》)"徒处无为,而物自化。"(《在宥》)

在《则阳》中,庄子用种地来比喻人的颐养身心。庄子认为,人们在调理身体、修养内心时,会"离其性,灭其情,亡其神,以众为。故卤莽其性者,欲恶之孽,为性萑苇蒹葭"。即人们逃避自然、脱离本性、消除真情、丧失心神以迎合众人,这种粗疏地对待自然本性的做法,会导致各种欲求与好恶如野草般遮蔽人的自然本性,就像草率地耕种而稻谷也会以草率的收成来回报一样。正确的做法应是注重保养自己的自然本性以免除一切身心之患,犹如耕种时"深其耕而熟耰之",以使禾苗繁茂滋润、五谷丰登。

2. 解心释神、物我两忘

庄子认为,养神之道在于"纯粹而不杂,静一而不变,惔而无为,动而天行"(《刻意》),"心不忧乐,德之至也"(同上)。只有"自事其心者"才能做到"哀乐不易施乎前"(《人间世》)、"喜怒哀乐不入于胸次"(《田子方》)。所以,要养心就要做到"解心释神,莫然无魂"(《在宥》)、"吾丧我"(《齐物论》)、"除日无岁,无内无外"(《则阳》)的境界,这是一种形如槁木、心如死灰的无心无情的状态。刘笑敢认为:"无心即无思无虑,无情即无好无恶,无心于万化之无常,无情于万物之盛衰;无心无情就是超然于世外,也就是绝对的不动心。"①而要摆脱各种情感和欲望的束缚,达到"与道为一"的绝对不动心,需要经过一个修炼的过程。

庄子认为体道的方法主要是"心斋"、"坐忘"。这是一种"物

---

① 刘笑敢:《庄子哲学及其演变》,中国社会科学出版社 1988 年版,第 158 页。

我两忘"的境界,即"忘乎物,忘乎天,其名为忘己"(《天地》),郭象注:"人之所不能忘者,己也,己犹忘之,又奚识哉!斯乃不识不知而冥于自然。"①成玄英疏:"凡天下难忘者,己也,而己尚能忘,则天下有何物足存哉!是知物我兼忘者,故冥会自然之道也。"②

在《人间世》中,庄子借孔子之口说明了"心斋"的含义:

> 若一志,无听之以耳而听之以心,无听之以心而听之以气。耳止于听,心止于符。气也者,虚而待物者也。唯道集虚。虚者,心斋也。

在《大宗师》中,庄子通过颜回的"忘礼乐"、"忘仁义"说明,只有达到忘我、忘人、忘物、忘名利、忘是非直至无所不忘,才是"坐忘":

> 堕肢体,黜聪明,离形去知,同于大通,此谓坐忘。

在《天运》中,庄子通过谈论道家意义上的"孝",进一步指出了比"心斋"、"坐忘"更彻底的彼此相"忘",但却是非常难以达到的境界:

> 以敬孝易,以爱孝难;以爱孝易,以忘亲难;忘亲易,使亲忘我难;使亲忘我易,兼忘天下难;兼忘天下易,使天下兼忘我难。

在《大宗师》中,庄子借女偊之口、通过"见独"的过程说明了闻道的具体步骤:

> 吾犹告而守之,三日而后能外天下;已外天下矣,吾又守

---

① (清)郭庆藩撰,王孝鱼点校:《庄子集释》(中),中华书局1961年版,第429页。

② (清)郭庆藩撰,王孝鱼点校:《庄子集释》(中),中华书局1961年版,第429页。

之，七日而后能外物；已外物矣，吾又守之，九日而后能外生；已外生矣，而后能朝彻；朝彻，而后能见独；见独，而后能无古今；无古今，而后能入于不死不生。杀生者不死，生生者不生。其为物，无不将也，无不迎也；无不毁也，无不成也。其名为撄宁。撄宁也者，撄而后成者也。

即"闻道"需要经过一个"外天下"、"外物"、"外生"的准备阶段，然后才能朝彻和见独（即道），最后达到"无古今"和"入于不死不生"，这也称之为"撄宁"（《大宗师》），即在一切变化纷扰中保持心境的淡泊宁静。

"心斋"、"坐忘"、"见独"等都是一个做"减法"的过程，通过"减损"外物对自己的限制而获得精神上的绝对自由。在这种自由状态下，"自我"由社会"自我"变成了生态"自我"，人可以充分体验"天地有大美而不言"的自然天籁的美妙，进达于"与物为春"（《德充符》）、与道同游的审美人生境界。或者说，体道、闻道是一个从"有"通过"忘"达到"无"的过程，即忘却天下、外物、生死等"有"，达到"见独"、"无古今"、"入于不死不生"的"无"的过程。

但是，"心斋"、"坐忘"、"见独"的状态并不是人生的最高境界，其中还有物我的分别性，人要努力去忘却物，所以带有很多刻意人为的成分，犹如颜回刻意地去"忘"，其念念不忘的就是"忘"。[①] 如果用自在、自为、自足来比喻人生的三重境界，那么这个阶段是处在自为阶段，而不是最圆满的自足阶段。所以，人要解除精神之困，还必须达到"逍遥游"的阶段。

3. 乘物游心、逍遥无待

李振纲认为："《庄子》内七篇是一个逻辑整体。内七篇的篇

[①] 参见本书第六章关于修道之人的评述。

章结构中《逍遥游》虽放在篇首,但却不是庄子哲学的逻辑起点,毋宁说倒是之中生命哲学的终点。庄子哲学的本质或理想是'游','游'意味着'心'对'形'的超越,亦即心灵在超越外在存在形态之后对内在生命本性的复归。庄子哲学之'游'的精神苦旅是经过一系列艰难苦涩的精神超越完成的。此种'超越'先后经过了'世'的迷茫、'知'的遗忘、'形'的消解、'德'的内化、'道'的复归,最终获得'心'的'逍遥',成为自己生命世界的'帝'和'王'。"①杨国荣认为,虽然在《庄子》的文本之序上《逍遥游》是首篇,"但在思想内在脉络上,逍遥则展开为庄子哲学系统的逻辑终点"②。

在《逍遥游》中,庄子把自由分为有待自由和无待自由。庄子认为,人即使通过努力获得了一定的自由,但还只是"有待"的相对自由,大鹏、小鸟、"知效一官,行比一乡,德合一君而徵一国者"、不受世俗影响的宋荣子、可以御风而行的列子,获得的都是有待自由。不过,这毕竟也是一种自由,只要各足其性,其自由就没有什么本质的区别。郭象注曰:"苟足于其性,则虽大鹏无以自贵于小鸟,小鸟无羡于天地,而荣愿有余矣。故小大虽殊,逍遥一也。"③无待自由是不受时空限制的绝对自由,即"乘物以游心"(《人间世》)的心灵的"逍遥游",是庄子自由理想的最高境界,也是庄子人生的最高境界。在这种境界中物我之分完全泯灭,主体客体彻底相融,一切都回归自然本性。李振纲认为:"与欧洲哲学

---

① 李振纲:《生命哲学——〈庄子〉文本的另一种解读》,中华书局2009年版,第119页。

② 杨国荣:《庄子的思想世界》,北京大学出版社2006年版,第19页。

③ (清)郭庆藩撰,王孝鱼点校:《庄子集释》(上),中华书局1961年版,第9页。

史上的自由形态相比,如果把卢梭、伏尔泰建立在天赋人权论上的自由观称做'政治自由',把康德作为实践理性原则的最高'悬设'的意志自由称做'道德自由',把斯宾诺莎、黑格尔以认识'必然性'为前提的自由观称做'理性自由',把马克思的自由与必然、自在与自为、理论与实践辩证统一,由'必然王国'走向'自由王国'的理论称做'实践自由',那么庄子'逍遥'无待的自由观则可以称作'审美自由'或情态自由。它是人类自由进程中的早期形态,也将成为人类精神的终极归属。"①这是说庄子的自由形态或境界既是原生态的自由也将是自由的最高形态。庄子认为,只有至人、神人、圣人才能获得这种自由,这是一种比较神秘的人生体验。

《庄子》中"游"字出现 113 次,其中作为姓名出现了 4 次,即"颜成子游"(《齐物论》中 3 次,《寓言》中 1 次)。庄子的"游"主要有以下四种不同的含义。

一是"走"或"游走"、"闲逛"、"游玩"。这是"游"字的最原始的含义。"在郭象之前,'逍遥'基本是用做游荡、徘徊之意,类似今天讲的散步,而且大多是带有散步消愁的含义。这种用法一直到郭象注《庄子》时开始有所改变。"②如"南伯子綦游乎商之丘","支离攘臂而游于其间","楚狂接舆游其门"(《人间世》)、"游于羿之彀中"(《德充符》)、"天根游于殷阳"(《应帝王》)、"博塞以游"(《骈拇》)、"故禽兽可系羁而游"(《马蹄》)、"含哺而熙,鼓腹而游"(《马蹄》)、"云将东游……鸿蒙方将拊脾雀跃而游"(《在宥》)、"黄帝游乎赤水之北"(《天地》)、"子贡南游于楚"(同上)、

① 李振纲:《生命哲学——〈庄子〉文本的另一种解读》,中华书局 2009 年版,第 18 页。
② 张松辉:《庄子疑义考辨》,中华书局 2007 年版,第 7 页。

"退居而闲游"（《天道》）、"孔子西游于卫"，"游居寝卧其下……聚弟子游居寝卧其下"（《天运》）、"孔子游于匡"，"庄子与惠子游于濠梁之上"（《秋水》）、"庄周游于雕陵之樊"，"吾游于雕陵而忘吾身……游于栗林而忘真"（《山木》）、"知北游于玄水之上"（《知北游》）、"游于六合之内"（《徐无鬼》）、"则阳游于楚"（《则阳》）、"南游吴越之土"（《外物》）、"老聃西游于秦"（《寓言》）、"居于畎亩之中而游尧之门"（《让王》）、"孔子游乎缁帷之林"（《渔父》）、"与汝游者又莫汝告也，……饱食而敖游，汎若不系之舟，虚而敖（遨）游者也"（《列御寇》）等。此外，还有一些是在"游走"和"游玩"基础上的引申运用，如"以无厚入有间，恢恢乎其于游刃必有余地矣"（《养生主》）、"若能入游其樊而无感其名，入则鸣，不入则止"（《人间世》）、"仁义又奚连连如胶漆绳索而游乎道德之间为哉"（《骈拇》）、"游方之外者也……游方之内者也"（《大宗师》）、"体性抱神，以游世俗之间"（《天地》）、"虚己以游世"（《山木》）、"人有能游，且得不游乎？人而不能游，且得游乎？……唯至人乃能游于世而不僻"（《外物》）、"辞其交游"（《山木》）等，则是指辞别朋友或玩伴。

二是游泳。如"鯈与鱼游"（《齐物论》）、"冯夷得之，以游大川"（《大宗师》）、"儵鱼出游从容"（《秋水》）、"游之坛陆"（《至乐》）、"善游者数能"（《达生》）、"鼋鼍鱼鳖之所不能游也。见一丈夫游之……数百步而出，被发行歌而游于塘下"（《达生》）等。

三是"游学"。如"鲁有兀者王骀，从之游者，与仲尼相若……从之游者，与夫子中分鲁"（《德充符》）、"吾与夫子游十九年矣，而未尝知吾兀者也。今子与我游于形骸之内，而子索我于形骸之外，不亦过乎"（同上）、"游心于坚白同异之间"（《骈拇》）、"游居学者之所好也"（《刻意》）等。

四是体道的"心之游"。如"若夫乘天地之正,而御六气之辩,以游无穷者,彼且恶乎待哉","乘云气,御飞龙,而游乎四海之外"(《逍遥游》)、"乘云气,骑日月,而游乎四海之外","游乎尘垢之外"(《齐物论》)、"乘物以游心"(《人间世》)、"不知耳目之所宜而游心乎德之和","圣人有所游"(《德充符》)、"圣人将游于物之所不得遁而皆存","登天游雾","游乎天地之一气","游夫遥荡恣睢转徙之涂"(《大宗师》)、"游心于淡,合气于漠","游无何有之乡","游于无有者","游无朕"(《应帝王》)、"以游无端","浮游,不知所求。猖狂,不知所往。游者鞅掌,以观无妄","游无极之野","游乎九州",(《在宥》)、"游逍遥之墟,食于苟简之田,立于不贷之圃……古者谓是采真之游"(《天运》)、"游乎万物之所终始"(《达生》)、"乘道德而浮游。……浮游乎万物之祖"(《山木》)、"游于无人之野","独与道游于大莫之国"(同上)、"游心于物之初"(《田子方》)、"得至美而游乎至乐"(同上)、"尝相与游乎无何有之宫","游乎太虚"(《知北游》)、"游于天地"(《徐无鬼》)、"游心于无穷"(《则阳》)、"心有天游。……心无天游"(《外物》)、"上与造物者游"(《天下》)。

总体上看,逍遥"游"是指得道之人内心绝对无待的自由,是合乎人性的存在,它超脱生死、名利、智识、感官欲望等尘世的喧嚣和困扰,完全顺应自然的终始和变化,与万物共存。

4. 体悟大道、回归自然

"逍遥游"是庄子的最高精神追求,其核心是解除功名利禄、权势尊位等带给人的困境和束缚,恢复世间万物的自然本性,使人获得人格上的独立和精神上的自由。但是,庄子并没有停留在"逍遥游"这样一个比较抽象的精神层面。因为庄子关注的是现实的社会和人生,为人类寻找一个现实的出路,才是庄子人生哲学的最终归结点。心的超越和形的委顺在庄子生命哲学里是统一的。或者说,庄子的"逍遥游"其实是心游万仞却形寄红尘,心游万仞是因为现实的黑暗和无望,形寄红尘是因为子之爱亲、臣之事君的无所逃于天地之间,所以,庄子真正得到的是在世俗污泥中嬉戏的精神快乐。要想真正获得现实的自由只能是回归自然,回归自然才是现实的出路。回归自然,既是一种精神意义上的回归,是纯洁素朴的精神状态,如庄子所说的至人、真人境界;也可以是一种物质意义上的回归,是原始淳朴的生活状态,如庄子所说的至德之世、建德之国。这里的逻辑思路是:道生万物并周遍万物,道法自然,所以,人要遵循道也就是遵循自然,最终回归自然才是真正完成了对道的体认。所以,在现实的层面庄子提出的回归自然的途径是认识上的"齐物",由此达到"道通为一"、"人与天一"。因此,学界普遍认为《逍遥游》是庄子哲学的逻辑终点、"逍遥游"是庄子最终追求的说法似乎也可作别种解释,如回归自然才是庄子的逻辑终点。拥有"静水流深"的人生智慧而"坐看庭前花开花落,笑看天边云卷云舒"应是老庄主张的一种人生境界。当然,也可以把回归自然理解为"逍遥"的现实存在形式。

不可否认,庄子解除精神之困而获得的绝对自由有其凌空蹈虚的一面,带有掩耳盗铃的意味。从形体上看,绝对无待的自由是不存在的。庄子所说的真人、至人其实还是有所依、有所待、有所求的,只是不着人为的痕迹而已,是对天然自然的自然而然的依傍,如云气、日月、风露等。即使在精神和观念的层面,也不存在绝对无待的自由,对客观现实的外在随顺经过努力是可以做到的,但要达到内心和精神上的绝对自由就必须承认客观现实的制约和束缚,并且要能够做到舍弃改变这种制约和束缚的任何欲望。这种自由只存在于人们的想象中,在现实社会中是不可能完全存在的,所以带有很大的理想或幻想成分。鲁迅评价庄子说,庄子有着婴儿吵着要天上月亮般的天真,要不到则会对整个天空由爱生恨,进而视朗夜为黑暗,视星空为虚无。①

但是,庄子这一思想的现实意义也是不容忽视的,即使是乌托邦本身也是有意义的。瓦尔德说:"世界地图如果少了乌托邦这个国度,整个地图就不堪一击。"②鲁枢元援引德国哲学家布洛赫的观点指出:"乌托邦即人所渴求的对象在现实世界中的空缺。'空缺'决不是什么都没有,空缺处总是弥漫着最强的希望张力。空缺,是一个以'渴求'与'失落'为两极的'场'。因此,空缺处就凝聚了更多人性的东西。'空缺'由此成了人的本质性存在,即'乌托邦'存在。'应在而不在',乌托邦由此获得了对于现实的永远饱满的批判力量,批判中却又含隐了几多'应在而不在'的无奈。"③更何况,庄子的思想虽然是针对两千多年前的农业文明而言,但他所揭露和批判的现象依然如故且变本加厉。现代社会人们所面临的精神和心理困境较之庄子时代更加繁多和复杂,人们追名逐利、日以心斗的程度更深、范围更广甚至达到无所不用其极的程度。现代化所带来的是生存环境的日趋狭小和恶化,生活节奏的日益紧张,消费世界的五光十色,信息世界的大爆炸,科技世界的人为物役,这些使人们感到极大的压抑甚至窒息。为了发泄心中的郁闷,就出现了更多现代病症,人和人的关系日益紧张和冷漠,孤独症、抑郁症等精神疾病日益增加,部分人痴迷于虚幻的网

---

① 参见魏义霞:《七子视界——先秦哲学研究》,中国社会科学出版社 2005 年版,第 149 页。

② 转引自董学文、荣伟:《现代美学新维度:西方马克思主义美学论文精选》,北京大学出版社 1990 年版,第 198 页。

③ 鲁枢元:《精神守望》,东方出版中心 1998 年版,第 249 页。

络而不能自拔,如此等等。庄子解除精神之困的种种方法如全性保真、物我两忘、逍遥无待和回归自然等也因此具有了超越时代的意义,庄子所主张的彻底摆脱人欲物欲束缚的生存状态正是现代人所缺乏的。从根本上来说,庄子解除精神之困的种种方法,就是要达到"道境"。在道的关照下,人们可以参与到宇宙的大化流行中而忘却有限的自我,人们的精神才能摆脱所有的欲望、情感、虚幻感的纠缠和挣扎等困境,从而达到精神上的自由和超越、心灵上的平静和闲适、生命上的安顿和适意,获得良好的自然生存状态。它可以使人保持一种良好的心态,而心态可以影响以人和人的关系为主的世态,也可以影响以人与自然的关系为主的生态。如果人的内在精神中缺乏一种人与自然自由平等的生态智慧,那么人类文明的生态学转向就会遥遥无期。因为,生态危机从表面上看是人类违背自然规律而导致的生存困境,"而深层意蕴表达的则是人在自然界面前迷失了自己的本性,丧失了人之为人的本质。生态危机的实质是人性危机,人的异化是生态危机的深层原因。人性陷入危机的原因则是现代性将人的'欲望'合理化为人的本质,使人沦落为欲望的奴隶。……将生态从危机中拯救出来,必须首先将人从'欲望'的枷锁中解放出来,重新确认人是什么。重新确认人性的基本途径是:人向自然生成。"①

此外,这种获得精神自由的方法也满足了一定境遇下的人们内心深处对淳朴、安宁、明净的自然生活的向往,这已为道家思想对后世的影响所证明。它为无数失意的文人、政客或普通的民众尤其是知识分子提供了一个心灵的栖息地。知识分子的"治国去

---

① 曹孟勤:《人性与自然:生态伦理哲学的基础反思》,南京师范大学出版社2006年版,第17页。

之,乱国就之"(《人间世》)的救世情怀固然可贵,但也让他们更易遭受困境和挫折,而庄子的人格理想可以让他们在困境中获得心灵的慰藉,从而保持良好的心态得以悠游地生存。李白的《蜀道难》《将进酒》等给人的感觉并不消沉,反而是一种向上的进取精神。苏轼的达观和豪放或也得益于庄子,他曾说:"吾昔有见于中,口未能言,今见《庄子》,得吾心矣。"①

再者,庄子执著追求绝对自由的精神,有助于提高人们的思想境界。现代社会,人们的物质享受日益丰富,但精神生活愈益匮乏,海德格尔称现代人是"脚下没有大地,头顶没有天空,心中没有灵魂"。人们没有真正的理想和信仰,除了不断地追逐名利之外,不知道人生的意义是什么。马斯洛的需要层次理论指出,人的需要按顺序可分为五大类:生理需要、安全需要、爱的需要、尊重的需要和自我实现的需要,即在满足人们的基本的生活需求以后,最终会导致对精神生活的追求,精神生活的纯洁和高尚才是人生的最高境界。如果不能满足人们的这种精神上的需求,即使物质生活条件在逐步提高,也不会提高甚至会降低人的幸福感和满足感。"生活在90年代的人们比生活在上一个世纪之交的他们的祖父们平均富裕四倍半,但是他们并没有比他们的祖父们幸福四倍半……这样在消费社会中的许多人感到我们充足的社会莫名其妙的空虚——由于被消费主义文化所蒙蔽,我们一直在徒劳地企图用物质的东西来满足不可缺少的社会、心理和精神的需要。"②有

① (宋)苏辙:《苏辙散文全集·亡兄子瞻端明墓志铭》,今日中国出版社1996年版,第306页。
② [美]艾伦·杜宁著,毕聿译:《多少算够——消费社会与地球未来》,吉林出版社1997年版,第7页;转引自李培超:《伦理拓展主义的颠覆——西方环境伦理思潮研究》,湖南师范大学出版社2004年版,第165页。

鉴于此,庄子在"仅免刑焉"的动荡乱世还能够保持"顺人而不失己"的内心高贵和对逍遥游的人生理想的坚定追求,是非常值得现代人在人生理想和信仰的层面予以参考的。

四、生态之困的摆脱

如果把人和自然的共生、共存、共荣作为生态学的一般特征,那么,庄子所追求和向往的至德之世就是生态社会理想,所推崇和高扬的至人、真人、圣人境界就是生态人格理想。这样的社会理想和人格理想如果能够实现,那么摆脱生态之困就成了顺理成章的事情。

(一)"至德之世"、"建德之国"的生态社会理想

庄子追求和向往的是"至德之世"、"建德之国"的生态社会理想,这是一种理想的社会存在状态。庄子在他向往的"至德之世"中,充分展示出了人与自然在生态权利上的平等,"夫至德之世,同与禽兽居,族与万物并"(《马蹄》)。"古之人,在混芒之中,与一世而得澹漠焉。当是时也,阴阳和静,鬼神不扰,四时得节,万物不伤,群生不夭,人虽有知,无所用之,此之谓至一。当是时也,莫之为而常自然。"(《缮性》)在《山木》中,庄子描述了"建德之国":"南越有邑焉,名为建德之国。其民愚而朴,少私而寡欲;知作而不知藏,与而不求其报;不知义之所适,不知礼之所将;猖狂妄行,乃蹈乎大方;其生可乐,其死可葬。"庄子认为只有在否定一切人类文明成就的基础上,才能达到人与自然和谐统一的"至德之世",要做到"不尚贤,不使能;上如标枝,民如野鹿,端正而不知以

为义,相爱而不知以为仁,实而不知以为忠,当而不知以为信"
(《天地》)。庄子至德之世的社会理想最突出的特点是没有智巧,
人与自然、人与人是一种天然的和谐。确切地说,应该是没有和谐
也没有不和谐,因为和谐和不和谐是相互依存的矛盾的两个方面,
在上古之时没有不和谐所以也谈不到和谐,说其和谐是相对于庄
子之时的不和谐以及当今社会不和谐的日益加剧而言的。

　　庄子的社会理想对人类低级生存状态的美化,无疑具有否定
和批判人类文明的用意,表现出了一种反文明的倾向,但却是对其
所处时代的自然、社会和个人的自然本性被人类文明所异化的状
况的一种反思、批判和觉醒。庄子思想也反映了一个不争的事实,
即人类文明的进步都或多或少伴随着对自然的破坏。庄子所指出
的生态困境和现今的生态困境非常相似,其"千世之后,其必有人
与人相食者"(《庚桑楚》)的预言已变成了现实,而且比庄子预测
的更加复杂和严重,庄子所指出的科学技术的异化现象也愈演愈
烈。以庄子的智慧,其真实思想一定不会真是想回到远古时代,只
是想表达他心目中理想社会的景象而已。至德之世是一个实在形
态,更是一种精神境界,因为时光不会倒流,人类也永远无法回到
从前,正所谓"古今不代"(《徐无鬼》),成玄英疏:"古自在古,不
从古以来今;今自在今,亦不从今以生古;物各有性,新故不相代换
也。"①庄子只是通过对人与自然、人与人、人与社会没有对立的上
古社会的憧憬,表达对当时社会的各种对立的强烈不满和对于人
类生存的社会与自然环境的注重。

　　庄子摆脱环境之困的"至德之世"、"建德之国"的社会理想是

---

① 　(清)郭庆藩撰,王孝鱼点校:《庄子集释》(下),中华书局1961年版,第
875页。

一种生态社会理想,如果现代社会人们能够做到人和自然、人和社会、人和人等和谐相处,也就无所谓生态环境的破坏或治理,而且保护环境、维护生态平衡等也就成了无意义的话题。自从 20 世纪 80 年代以来,愈益占据主流的深层生态学对日益严重的生态危机进行了"深层"的追问和反思。概括地说,这种"深层"的追问和反思主要体现在两个方面:"其一是它提出生态危机的深层根源除了人的价值观和世界观上的失误外,还有深刻的社会根源;其二是它提出生态危机的解决必须通过在价值观、生活方式、技术使用方式和社会制度等方面做出深刻的变革才能实现。"①以往我们过多地关注了经济增长带来的物质利益的满足,而"从深层生态学的角度我们会追问当今的社会是否能够满足诸如爱、安全和接近自然等这些人的基本需要,我们在进行这种追问的时候也会对社会的根本职能提出质疑"②。不可否认,深层生态学与庄子所表现出来的生态意蕴的出发点是不同的,深层生态学是要探讨造成生态危机的形而上层面和社会层面的根源,考虑的是诸如爱、安全和接近自然等人的基本需要,而庄子把爱、安全等人为的因素都化解了,认为"大仁不仁"(《齐物论》)、大爱无亲,至德之世和至人不是接近自然而是融于自然。在这里,庄子只考虑了自然的因素即人的自然(或生态)本性和自然的自然(或生态)本性,从这个角度看,庄子的社会哲学比深层生态学的生态学意义更彻底,对维护生态和谐具有更深刻的意义。此外,庄子还看到了世态对生态的破

---

① 李培超:《伦理拓展主义的颠覆——西方环境伦理思潮研究》,湖南师范大学出版社 2004 年版,第 140 页。

② 李培超:《伦理拓展主义的颠覆——西方环境伦理思潮研究》,湖南师范大学出版社 2004 年版,第 141 页。

坏,这与现代一些环境伦理学家的观点是一致的。他们认为:"造成生态破坏的根本原因不是哲学和世界观方面的问题,而是社会方面的问题,是社会制度和社会结构的问题。具体来说就是,支配自然和贬黜自然导源于存在着特权等级制度和支配制度的社会结构模式,在这样的社会结构中一部分人总是享有支配和统治另一部分人的权利,而'正是这种带有压迫性的社会结构依次产生了强化统治一切的思维方式和生活方式,包括对自然界的统治。'"①庄子在两千多年前就能够预见生态环境的破坏,深刻认识到产生这些危机的思想和社会根源,其实是很了不起的,不仅超越了当时的思想水平,而且在某些方面(如生态平等)处于现代生态哲学的前沿,这使得庄子的思想具有了超越时空的现实意义。

此外,庄子的社会理想对文明的全面发展具有启示意义。以往的人类文明往往只强调物质、精神方面,后来才提到政治和生态方面,其实四者结合才是文明的全面形态。一般来讲,传统观点过分注重了人类生活的物质方面,而忽视了精神、政治尤其是生态方面,而庄子正好相反,他更多地关注了精神和生态方面,对政治文明也多有论及,而轻视或蔑视物质方面,表现出了对人与自然和谐发展的强烈追求和向往。庄子这种对精神自由与生态和谐的注重,不仅与现代社会对人类精神世界和生态环境的破坏及忽视形成了巨大反差,而且应该是医治现代社会弊病的一剂良方,因而对现代社会的和谐发展具有非常有价值的借鉴意义。

---

① 李培超:《伦理拓展主义的颠覆——西方环境伦理思潮研究》,湖南师范大学出版社 2004 年版,第 162 页。

（二）至人、神人、圣人的生态人格理想

庄子的至德之世只是对"古之时"的一种甜蜜回忆，是一种"旧国旧都，望之畅然；虽使丘陵草木之缗，人之者十九，犹之畅然"（《则阳》）的怀旧情绪，并不能真正地回归过去。因此，庄子提出了主要表现在精神领域的人格理想。庄子所推崇和高扬的是至人、神人、圣人的生态人格理想，这是一种理想的人生存在状态或人生境界。按照庄子论述的内容，从低到高可依次分为"圣人"（道家意义上）、"天人"和"全人"、"真人"和"至人"、"神人"四个层次。

1."圣人"

庄子谈及最多的是"圣人"。《庄子》书中的"圣人"有两种完全相反的含义：一是庄子及其后学所批判的儒家意义上的"圣人"。认为圣人"毁道德以为仁义"、"屈折礼乐以匡天下之形，县跂仁义以慰天下之心，而民乃始踶跂好知，争归于利，不可止也"（《马蹄》）；"善人不得圣人之道不立，跖不得圣人之道不行；天下之善人少而不善人多，则圣人之利天下也少而害天下也多。……圣人不死，大盗不止。"（《胠箧》）二是庄子及其后学所推崇的道家意义上的"圣人"。其特征主要有：

一是超脱功名。"圣人无名"（《逍遥游》），圣人不仅不追求名声，而且做任何事都不留名，"圣人并包天地，泽及天下，而不知其谁氏"（《徐无鬼》），如果乐于与物相接就不是圣人。

二是自然无为。圣人一切本于自然、顺于自然，"圣人安其所安，不安其所不安；众人安其所不安，不安其所安"（《列御寇》）、"以天为宗"（《天下》）、"观于天而不助"（《在宥》）、"原天地之美而达万物之理"（《知北游》）、"处物不伤物"（同上）。圣人处于无为状态，"虚静恬淡寂漠无为"（《天道》）、"不从事于务，不就利，

不违害,不喜求,不缘道"(《齐物论》)。庄子认为,一切违背自然的人为都不是圣人行为,如墨家的"其生也勤,其死也薄"(《天下》)、"孝子操药以修慈父"(《天地》)、尧认为"多男子则多惧,富则多事,寿则多辱"(同上)、三皇之知使得世间万物"莫得安其性命之情者"(《天运》)等,都不符合圣人之道。而行"不言之教,无形而心成"(《德充符》)的兀者王骀是"圣人"。

三是不论是非。圣人拒绝是非争辩,"和之以是非而休乎天钧"(《齐物论》),"六合之外,圣人存而不论;六合之内,圣人论而不议。春秋经世先王之志,圣人议而不辩。……圣人怀之,众人辩之以相示也。"(同上)坚持于"离坚白"之辩的人不是圣人,而是"胥易技系,劳形怵心者也"(《天地》)。

四是达情遂命。圣人能够做到认命安命,"达于情而遂于命"(《天运》)、"知穷之有命;知通之有时"(《秋水》),神人能够做到"致命尽情"(《天地》),以安时处顺的方式来保全自己。庄子说:"天下有道,圣人成焉;天下无道,圣人生焉。"(《人间世》)"道无以兴乎世,世无以兴乎道,虽圣人不在山林之中,其德隐矣。"(《缮性》)

五是无待境界。圣人能够达到一种无待的审美的精神境界:"不刻意而高,无仁义而修,无功名而治,无江海而闲,不道引而寿,无不忘也,无不有也,澹然无极而众美从之。"(《刻意》)圣人重视的是精神境界,精神圆满才是圣人之道,"圣人贵精"(同上),"神全者,圣人之道"(《天地》)。圣人是与道一体的境界,"圣人故贵一"(《知北游》),"道之所在,圣人尊之"(《渔父》)。但是,圣人境界不是人人可以达到,只能是"以圣人之道告圣人之才"(《大宗师》)。

2."天人"和"全人"

《庄子》中有两处提到"天人",是指具备自然之性的人。"夫复谂不馈而忘人,忘人,因以为天人矣。故敬之而不喜,侮之而不怒者,唯同乎天和者为然。"(《庚桑楚》)这里的天人是指与自然完全融合的自然之人,受到尊敬不会欢喜,受到侮辱也不会生气。《天下》篇说"不离于宗,谓之天人",即不脱离大道的自然本质的人就是天人。

《庄子》中有两处提到"全人":一是指形体完整的人。这不是人格理想意义上的"全人","阐跂支离无脤说卫灵公,灵公说之;而视全人,其脰肩肩。瓮瓷大瘿说齐桓公,桓公说之;而视全人,其脰肩肩。"(《德充符》)二是指境界最高的人。"圣人工乎天而拙乎人。夫工乎天而俍乎人者,唯全人能之。唯虫能虫,唯虫能天。全人恶天?恶人之天?而况吾天乎人乎!"(《庚桑楚》)在这里,全人的境界比圣人要高,因为圣人只是契合自然而不善于配合人为,而全人既善于契合自然又长于配合人为,在全人眼里没有自然和人为之分,就如只有虫类能够安于虫类的生活,顺应自然的变化、保有自然的天性。

3. "真人"和"至人"

关于真人,内篇只有《大宗师》进行了集中论述,其余散见于外杂篇。真人的主要特征有:

一是体道之人。真人是获得"真知"即关于"道"的知识的人,"有真人而后有真知"(《大宗师》),"能体纯素,谓之真人"(《刻意》)。

二是超越欲望。真人能够超越生理和情绪上的欲望,做到"不逆寡,不雄成,不谟士","其寝不梦,其觉无忧,其食不甘,其息深深"(《大宗师》)、"知者不得说,美人不得滥,盗人不得劫,伏戏黄帝不得友。死生亦大矣,而无变乎己,况爵禄乎!"(《田子方》)"夫免乎外内之刑者,唯真人能之。"(《列御寇》)

三是超脱生死。真人能够超越生死、顺应天道,"不知说生,不知恶死"，"过而弗悔，当而不自得；……登高不慄，入水不濡，入火不热"（《大宗师》）。

四是天人合一。真人能够顺应自然，"凄然似秋，煖然似春，喜怒通四时，与物有宜而莫知其极"（同上），做到"天与人不相胜"（同上）、"以天待人，不以人入天"（《徐无鬼》）。真人所做的一切都只可意会不可言传，在《大宗师》中庄子只好用了如"若、乎、似"等模糊的词语来描述真人言谈举止的完美和恰到好处。

此外，还有两处提到"真人"：一是孔子儒家意义上的真人，孔子认为"仁义，真人之性也"（《天道》）。二是指真实的言语，不是庄子意义上的真人，"久矣夫，莫以真人之言謦欬吾君之侧乎！"（《徐无鬼》）

《庄子》中关于至人的论述较多。至人的特征主要有：

一是体道之人。庄子说："唯至人乃能游于世而不僻，顺人而不失己。"（《外物》）"不离于真，谓之至人。"（《天下》）"彼非至人，不能下人，下人不精，不得其真，故长伤身。"（《渔父》）

二是超越自我。"至人无己"（《逍遥游》），至人能够超越自我，不执著于自身以及一己之见，"审乎无假而不与利迁，极物之真，能守其本，故外天地，遗万物，而神未尝有所困也"（《天道》）。至人不喜好名声即"至人不闻"（《山木》），能够做到"才全而德不形"（《德充符》），"忘其肝胆，遗其耳目，芒然彷徨乎尘垢之外，逍遥乎无事之业"（《达生》），"相与交食乎地而交乐乎天，不以人物利害相撄"（《庚桑楚》）。至人能享受遨游于物之初的美妙和快乐，"得至美而游乎至乐，谓之至人"（《田子方》）。孔子由于不能免于名声之累而不能达到至人的境界，"孔丘之于至人，其未邪？"（《德充符》）

三是超越生死。至人能够"大泽焚而不能热，河汉沍而不能寒，疾雷破山而不能伤，飘风振海而不能惊。若然者，乘云气，骑日月，而游乎四海之外。死生无变于己,而况利害之端乎!"(《齐物论》)"至人潜行不窒,蹈火不热,行乎万物之上而不慄。"(《达生》)"夫至人者,上窥青天,下潜黄泉,挥斥八极,神气不变。"(《田子方》)

四是自然无为。"古之至人,天而不人。"(《列御寇》)"至人无为"(《知北游》)。"至人之用心若镜,不将不迎,应而不藏,故能胜物而不伤。"(《应帝王》)"至人之于德也,不修而物不能离焉,若天之自高,地之自厚,日月之自明。"(《田子方》)"彼至人者,归精神乎无始而甘暝乎无何有之乡。"(《列御寇》)"吾闻至人,尸居环堵之室,而百姓猖狂不知所如往。"(《庚桑楚》)

此外,孔子曾以带有儒道两家意义上的"至人"教育颜回:"古之至人,先存诸己而后存诸人。"(《人间世》)盗跖讽刺至人说:"夫富之于人,无所不利,穷美究势,至人之所不得逮"(《盗跖》)。

4."神人"

《庄子》中关于神人的论述较多。综合起来,神人的主要特征有:

一是有道之人。神人不是通过体悟来获得道,而是本身就是道的化身。神人不离于纯粹不杂的自然之理,即"不离于精"(《天下》),至高的神人可以达到"上神乘光,与形灭亡"(《天地》)的与天地同乐、与道相融的境界。

二是超越功利。在《逍遥游》中,庄子说"神人无功",这里的无功是指不人为地去建功,而是顺物自然,无心建功也不会居功自傲,神人不会"以天下为事",更不会"以物为事",甚至可以使尧"窅然丧其天下",但却可以"使物不疵疠而年谷熟"、"其尘垢秕糠,将犹陶铸尧舜者"(《逍遥游》)。此外,神人厌恶因有功于人而被别人依附,认为这会导致不周全进而无法和睦相处,"是以神人恶众至,众至则不比,不比则不利也"(《徐无鬼》),主张一种"于鱼得计"

（《徐无鬼》）的鱼游于水的悠游自得。神人也不会去过问圣人治理天下的事情，"圣人之所以骇天下，神人未尝过而问焉"（《外物》）。

三是超越生死。"藐姑射之山，有神人居焉，肌肤若冰雪，淖约若处子；不食五谷，吸风饮露；乘云气，御飞龙，而游乎四海之外"（《逍遥游》），也不会被物所伤害，"大浸稽天而不溺，大旱金石流、土山焦而不热"（同上）。神人能够摆脱人类功利主义的判断标准，追求能够"终其天年"的无用之用、不祥之祥，认为不才之木和巫祝以为不祥的猪、牛和人是最好的，所谓"嗟乎神人，以此不材"（《人间世》），"此乃神人之所以为大祥也"（同上）。

庄子所设计的四类理想人格在很多方面是相同或相近的，庄子经常会在同一意义上使用这些词语，其共同特征是顺物自然、与道同体，这是一种超越时空限制的无待的绝对自由境界。郭象注释"天人"、"至人"、"神人"、"圣人"说："凡此四名，一人耳，所自言之异"①。张松辉也认为："虽然名称不同，但所指的是同一种人。同一种人而使用不同的名称，只是为了增添行文的灵活性，避免呆滞。"②不过，如果一定要分高低上下，那么圣人的境界有时会显得稍稍偏低。和全人相比，"圣人工乎天而拙乎人"（《庚桑楚》）；和神人相比，"圣人之所以骇天下，神人未尝过而问焉"（《外物》）。即圣人处于现实的世俗世界，在世间游走寻求治世的机会，有道则现，无道则隐，但也有着"出污泥而不染"的与道同体的境界。最高的应该是"神人"，因为神人的身心都处在神话或童话世界，不和世俗社会打交道，也不食人间烟火，具有超越世人生理和心理的无限能力，其个体生命天生就和宇宙自然、和大道直接合

---

① 转引自张松辉：《庄子疑义考辨》，中华书局 2007 年版，第 18 页。
② 张松辉：《庄子疑义考辨》，中华书局 2007 年版，第 18 页。

一,可谓是"天生丽质"。但是,这是缺乏现实基础的神仙境界,只存在于人们的理想观念、童话或幻想之中,不属于现实的人生理想。"全人"、"天人"、"至人"、"真人"则处于中间层次即介于神(人)与(圣)人之间,他们身处世俗世界,心在童话世界,既超然又不离现实,都是或通过自我修养的方式、或通过回归自然的方式而达到对个体生命有限性的超越,从而体悟大道和与道同体。关于"全人"和"天人",庄子论述的不多,大体是顺从自然之道的人,但"至人"和"真人"则描述较多,与其他理想人格不同的地方是这些人和神人一样也有不会被火烧水淹的超凡能力,所以应该是离神人更近一些。《天地》篇对"圣治"、"德人"、"神人"做了一个从低到高的层次的描述,认为"圣治"是"官施而不失其宜,拔举而不失其能,毕见情事而行其所为,行言自为而天下化,手挠顾指,四方之民莫不俱至",这里的"圣治"是指圣人之治,其作为仍是一种人为的求治;"德人"是"居无思,行无虑,不藏是非美恶。四海之内共利之之谓悦,共给之之谓安;怊乎若婴儿之失其母也,傥乎若行而失其道也。财用有余而不知其所自来,饮食取足而不知其所从",这是一种让一切安处于自然所得的状态;"神人"是"上神乘光,与形灭亡,此谓照旷。致命尽情,天地乐而万事销亡,万物复情,此之谓混冥",这是一种与道完全相合的状态。这或可作为笔者对生态人格理想之区分的一种文本支持。当然,无论有什么样的差别,庄子人格理想的共同点都是"人与天一",这是一种生态人格理想。

庄子人格理想的最大特点是人的自由和自然的内在联结。庄子认为,人的自由依赖于自然,不能与自然和谐依存的人是谈不到自由的。正如霍尔姆斯·罗尔斯顿所说:"人们不可能脱离他们的环境而自由,而只能在他们的环境中获得自由。除非人们能时时地遵循大自然,否则他们将失去大自然的许多精美绝伦的价值。

他们将无法知晓自己是谁,身在何方。"①庄子推崇的达到绝对自由的"至人"、"真人"等都处于"乘云气,骑日月,而游乎四海之外"(《齐物论》)、"乘物以游心"(《人间世》)的人和自然自由相伴的与道合一的状态。在这样的道性情境中,人和物都恢复了其本真的人性和物性,这是道性、人性、物性三者合一的状态,是在道性自然的状态下人的自由自然和物的自由自然的浑然一体的境界。这是道的最完美体现,同时也是人与物的最完美存在,或者说是在生态环境完美基础上的个体生命的最完美形态。在这种形态中,完全超越了一切有害于人和自然的不利因素的困扰,"工乎天而俍乎人"(《庚桑楚》),消除了人与自然、人与人的对立和冲突,自然是不受人为影响的天然自然,人也是不受世俗影响的天然之人,物顺其自然的发展,人按照本真之性生存,两者都处于完全自然的状态。而自然和美是同一的。自然是美的,所谓"天地有大美而不言"(《知北游》);美是自然的,所谓"澹然无极而众美从之"(《刻意》)。因此,审美作为人类最高的生存状态一定是人和自然亲近或相融的"至美至乐"境界。这是人与自然相融和亲近的主客一体的观点,而不是人与自然对立和疏远的主客二分。它超越了把自然仅仅看做人类存在和发展的基础的工具主义态度,而是把人的自由和自然等量齐观,甚至有生态中心主义的倾向,因为这些理想中的真人需要依凭云气、日月等自然物才能"游心",而不是相反。本书第二章谈到过深层生态学有两个最高准则:一是"自我实现";二是"生物中心的平等"。这里的"自我"是一个能够包容万物的生态学意义上的"大我",或者是一种精神上达到

---

① [美]霍尔姆斯·罗尔斯顿著,杨通进译:《环境伦理学:大自然的价值以及人对大自然的义务》,中国科学出版社 2000 年版,第 454 页。

至高境界的人格的象征。自我实现的结果,是把个体融入到所有生命的生死荣辱的自然过程中,在这种融入的过程中,自我得到了真正的实现。深层生态学家奈斯认为,这个"自我"与中国传统文化中的"道"这一概念是相通的,即也可以把"自我"理解成为一个创生性的精神本体,那么,自我实现也就是道的流布过程。① 我们说,奈斯的说法还是太过抽象,其实深层生态学的自我实现或"生态大我"的实现,就是一种体道的"至人"或"真人"的理想人格境界。这种理想人格的境界本身也是一种物我两忘、天人一体的"生物中心的平等"状态。这是一种"自然向人生成"和"人向自然生成"的辩证统一的生态伦理学观点。②

道家人格理想和儒家人格理想相互补充,为中华民族健康心态的培养、良好世态的维护以及生态的保护提供了非常重要的思想资源。总体来看,庄子的理想人格是出世(确切说应是超世)的,儒家的理想人格是入世的;庄子认为基于"道"的先天人性自然而美好,是后天世俗的物欲和人欲的影响以及仁义礼智的教育破坏了人的淳朴天性,儒家认为人性中只存在着"善端",这种"善端"需要后天仁义礼智的培育和发展;庄子把人的价值放在了宏

---

① 参见李培超:《伦理拓展主义的颠覆——西方环境伦理思潮研究》,湖南师范大学出版社 2004 年版,第 147—150 页。

② 曹孟勤认为,现代性只强调"人是目的"和"自然向人的生成",把谋求人自身(个人的和类的)的幸福作为人们追求的终极目的。实际上,人不仅是目的,自然也是目的;不仅自然向人生成,人也应该向自然生成;自然界不仅被人化,人也应该被自然化。所谓人向自然生成,即是人在与自然界的相互作用中领悟自然界的本性,并将这一本性纳入到自我意识中,使人成为拥有自然本性(非自然而然本性)的人。(参见曹孟勤:《人性与自然:生态伦理哲学的基础反思》,南京师范大学出版社 2006 年版,第 17 页。)

阔的宇宙自然背景下,儒家把人的价值置于狭隘的人文道德情境中。俗语说"相反相成",儒道两家对中国社会的影响正是如此。儒家忧国忧民的家国天下情怀给予了国人以自强不息的阳刚之美;道家的安时处顺的天地自然情怀给予了国人厚德载物的阴柔之美。一阴一阳、一柔一刚、一天一地,形成了有益的互补,因为一阴一阳之谓道、刚柔相济谓之和,天地交融万物生。庄子"知其不可而不为"与孔子"知其不可而为之"的精神作为一个天平的两端,保持了中华民族人格精神的平衡与和谐,给了个体人身自由转换的空间和余地,让人无论身处顺境还是逆境都可以自适其适、逍遥其心。正如李振纲所指出:"儒家站在人生之内逆觉体证宇宙万物之生命本源,并据此体证追寻人在宇宙中的地位,审视人生的意义、命运及人对天地万物的伦理义务和道德责任。其立教宗旨是道德人本主义和道德理想主义。……道家站在人生边缘,带着自然情感和超越眼光审视人生现实的矛盾与荒谬,批判人类理智的浅薄和愚蠢。其立教的宗旨是要人懂得超越自身的有限性,用自然和无限的观点去理解万物存在的合理性、必然性。"①南怀瑾曾经用一个有趣的比方来说明儒、释、道在中国社会中的作用:认为儒、释、道三家对唐宋以后中国文化的作用就好比三个大店:佛学像百货店,里面百货杂陈,可逛可不逛、可买可不买,但社会需要它;道家像药店,不生病可以不去,生了病则非去不可;儒家的孔孟思想是粮店,是天天要吃的。② 这个比方说明儒道都是社会生活

---

① 李振纲:《智者的叮咛》,河北大学出版社 2001 年版,《引言:回省诸子时代》第 4 页。

② 参见南怀瑾:《论语别裁》,《南怀瑾选集》第 1 卷,复旦大学出版社 2006 年版,第 11 页。

中不可或缺的存在,人(或社会)固然离不开"粮店",所谓民以食为天;但人难免会生病,所以也离不开"药店"。不过,庄子的道家人格理想比儒家的人格理想更能保持心态的舒适和平和,更有利于人的身心健康。

当然,儒道两家也有其共通性,具体表现为:一是儒道两家都有淡泊名利、安贫乐道的一面。庄子固不用说,孔子对贫而好学乐道的颜回赞赏有加,自己也是甘于贫困并能弦歌不辍,这应是庄子对孔子虽多讽刺批评却也不无欣赏的原因。二是儒道两家都有浓郁的生态意识。庄子有"人与天一"、乐天安命、相忘于江湖、顺物自然、知足知止等主张;孔子也有天人合一、乐天知命、乐山乐水、弋不射宿等思想。三是儒道两家都有"避世"情绪。庄子认为,"天下有道,圣人成焉;天下无道,圣人生焉"(《人间世》);而孔子在晚年也有"道不行,乘桴浮于海"(《论语·公冶长》)①的避世情绪。四是儒道两家都有对大自然的热爱和向往。庄子主张"浮游,不知所求。猖狂,不知所往。游者鞅掌,以观无妄"(《在宥》),其最高追求就是"逍遥游";孔子也有对"暮春者,春服既成,冠者五六人,童子六七人,浴乎沂,风乎舞雩,咏而归"(《论语·先进》)②的自然情怀的向往。五是儒道两家都把人生的着眼点放在了现实人生而不是宗教的天堂来世,其中渗透的是哲学理性而不是神学信仰。庄子认为生命的终极根源是"道",并以气之聚散来说明生命的生死机制,人的死亡是回归自然而不是信仰中的天堂;孔子也会说:"未能事人,焉能事鬼?……未知生,焉知死?"(同上)③

---

① 杨伯峻:《论语译注》,中华书局 2006 年版,第 48 页。
② 杨伯峻:《论语译注》,中华书局 2006 年版,第 135 页。
③ 杨伯峻:《论语译注》,中华书局 2006 年版,第 129 页。

"子不语怪、力、乱、神。"(《论语·述而》)①

　　总之,庄子的人生哲学对于调节现代社会中人与自然、人与社会、人与人、人与自身的关系都极具价值。

　　不过,庄子人生哲学的不足之处也是显而易见的:一是过分强调个体自身的修为,忽视了个体在现实社会的拓展。庄子的人生哲学虽然也讲"外王",但更多的是"内圣",与儒墨相比,更多表现为置身事外的冷眼相看,缺乏"入世"、"救世"的情怀。二是缺乏一种自强不息、刚健有为的精神。庄子人生哲学更多地表现为安时处顺、阴柔处下、自然无为,强调的是对外部世界的顺应和保全,而不是无畏无惧、积极进取、正道直行。三是其"逍遥游"的人生最高境界过于抽象,缺乏现实性和可操作性。四是"蔽于天而不知人"(《荀子·解蔽》)②的倾向。③ 庄子确实有"消人入天"的倾

---

① 杨伯峻:《论语译注》,中华书局2006年版,第82页。

② (战国)荀况,张觉校注:《荀子校注》,岳麓社2006年版,第266页。

③ 荀子批评庄子"蔽于天而不知人"(《荀子·解蔽》)是有值得商榷之处的。说庄子"蔽于天"是有道理的,但认为庄子"不知人"实在有些冤枉。纵观《庄子》全书,庄子对人的心理、对社会的了解都不是简单的"知",而是深入骨髓、入木三分,有时让人觉得无可遁形。如在《齐物论》中对人际互动的复杂情态的描写堪称一绝,"其寐也魂交,其觉也形开,与接为构,日以心斗"的状态让人触目惊心。《列御寇》中提到观人的"九征"之术(忠、敬、能、知、信、仁、节、色)也表明了庄子对人的深刻了解,等等。也许恰恰是因为"知人"太深,庄子才会对人或人为的弊端进行无情而犀利地批判。此外,在人生观部分,庄子及其后学强调的一直是人优先于物的观念,其谆谆告诫人们的是:作为人要保持自己的自然之性,要"物物而不物于物"(《山木》),而不要"以物害己"(《秋水》)、"以物易己"(《徐无鬼》)、"以物易其性"(《骈拇》)、"行名失己"(《大宗师》),而且深情厚谊地给人们指出来很多养形养心的方式和方法。当然,这也使庄子表现出了某种思想观念上的矛盾或复杂之处。不过,这种对天与人侧重不同的矛盾或复杂之处在庄子的"人与天一"的逍遥之境中得到了某种程度的化解。

向,在自然观上一再强调"人与天一"(《山木》)、"不以人助天"(《大宗师》)、"无以人灭天"(《秋水》)、"天而不人"(《列御寇》)等。

结　语

关于生态语境下的庄子哲学研究,本书主要从本体论、天人论、认识论、道技论、人生观几个方面对庄子的生态智慧及其现代生态学价值进行了探讨。根据以上的比较和分析,在这里对本书涉及的几个基本问题做一总结性思考。

一、如何看待道家或庄子哲学中的生态智慧

道家哲学中确实包含着十分丰富、深刻的生态智慧,有些思想甚至非常具有前瞻性和超越性,这从它和生态哲学发展前沿的深层生态学的契合可见一斑。俗语说:"风水轮流转"。用哲学的语言说就是:事物的发展是一个正反合或否定之否定的过程。生活最终要经历一个简单——复杂——简单的过程,人的境界会经历见山是山、见水是水——见山不是山、见水不是水——见山只是山、见水只是水三个阶段而达到最高境界。庄子作为古代思想家,其倡导的思想是早期的肯定阶段,经过近代哲学的否定阶段,到达现代哲学的否定之否定阶段,因此,现代哲学表现出了对庄子思想的明显"回复"。从生态学的角度,尝试用正反合的公式来看,庄子哲学中的生态学思想与生态哲学中的深层生态学有许多"重

复"或相通、契合之处,在本体论、认识论、价值观、方法论、科技观、社会观、精神上、人生境界等方面表现为:

庄子哲学(深层生态学)——近代哲学(非生态学和浅层生态学)——现代哲学(深层生态学);

本体论:道本体论(庄子:自然至上,广漠之野)——理性本体论(近代:理性至上)——荒野本体论(深层生态学:自然至上、荒野);

认识论:整体(庄子:天人合一、非线性思维)——分析(近代主客二分、线性思维)——整体(深层生态学:生态整体、非线性思维);

价值观:非人类中心主义的内在价值论(庄子)——人类中心主义的工具价值论(近代)——非人类中心主义的内在价值论(深层生态学);

方法论:顺应(庄子:顺物自然、知足知止)——强求(近代:予取予求、贪得无厌)——顺应(深层生态学:让河流尽情地流淌、有限度的生存);

科技观:反对工具科技(庄子)——技术至上(近代)——反对工具科技(深层生态学:生态技术);

社会观:至德之世(庄子:人与自然和谐)——现代社会(人与自然对抗)——生态之世(深层生态学:人与自然和谐);

精神上:追求精神上的卓越(庄子:简单生活)——追求物质上的享受(现代社会:忽视精神)——追求一定物质基础上的精神卓越(深层生态学:简单生活);

人生境界:内在体验(庄子:心斋、坐忘、见独等)——理性分析(因果分析、主客二分)——内在体验(深层生态学:诗意地栖居、审美地生存)。

当然,庄子生态智慧与深层生态学的相异之处也是不言而喻的,如庄子的道本体和深层生态学的荒野本体具有形上和形下的不同。此外,两者的重复只能是在更高阶段上的重复,而不是回到"原点"。因为:(1)两者所处的时代背景不同。庄子处于农业文明时期,深层生态学产生于工业文明时期,他们所面临的生态问题无论从广度还是深度上都是不可同日而语的。(2)两者产生的科学基础不同。庄子的生态智慧更多地建立在对自然宇宙的睿智思考或天才的直觉上,深层生态学建立在控制论、信息论和系统论(老三论),耗散结构、协同学和突变论(新三论),以混沌、分形和孤立波为主干的非线性科学等现代科学基础上。(3)两者的理论严密程度不同。庄子的生态智慧虽然境界高远、深刻丰富而弥足珍贵,但并不系统,当然也不是现代生态学的理念,而深层生态学却有相对完整的理论体系和自己的话语系统。(4)两者关注的问题不同。由于时代的局限,庄子主要关注的是人与人、人与社会的矛盾,是人的生命在乱世之中的安顿,而深层生态学更关注的是人与自然、人与科技的矛盾,着眼于生态危机的缓解和解决。(5)两者的理论效果不同。包括深层生态学在内的整个生态伦理学和生态哲学都具有强烈的实践性特征,它不是单纯满足人们求知欲的冷漠知识,而是要求人们情感、精神和行动上的切实投入,总是会让人产生去为这个陷入重重危机的世界做些什么的冲动:改变自己的思维方式、生活方式或直接去参加社会的环保活动等。而庄子的生态智慧更多地停留在观念领域,有时更多地表现为一种审美的意境,缺乏实践性和可操作性。我们只能说庄子的生态智慧是环境伦理学发展以及解决环境危机的可资借鉴和参考的思想资源,或者说更多的是精神动力和哲学理论的支持,如果要把它变成可操作性的理论去解决现实问题还需要一个复杂而艰苦地努力过程。

总之,对庄子的生态智慧要客观对待,既不能全盘肯定也不能全盘否定,要采取"扬弃"的态度,汲取其精华,克服其不足,以使其在生态文明的发展中发挥应有的作用。

二、如何认识西方哲学中的人类 中心主义和非人类中心主义

这是一个关系到如何客观评价庄子非人类中心主义立场的理论尺度问题。在生态语境中,人类中心主义和非人类中心主义是一个核心话题,庄子哲学的生态智慧与非人类中心主义是一致的,如何认识人类中心主义和非人类中心主义是一个非常基本的问题。

20世纪70年代以前,人类中心主义是人们讨论环境伦理的基本框架,70年代以后,各种非人类中心主义观点日益盛行,并对人类中心主义进行探讨和批评。人类中心主义以及科技理性的确是产生现代生态危机的重要原因,这说明了其面临的现实和理论困境。但人类中心主义和科技理性在人类文明的发展中也确实起过非常积极的作用,既然不可能回到原始文明,那么人类现在克服环境危机仍需依赖于科技理性的适当运用。现代人类中心主义(区别于古代的宇宙人类中心主义和中世纪的神学人类中心主义)认为:"导致环境危机的主要原因不是只把人类的利益当做行为的最高准则,而是大多数人、大多数民族都没有真正把人类利益当做其行为的指针。……因此,人类目前面临的窘境,主要不是只

以人类为中心,而是还没有真正以全人类的利益为中心。……要实现真正的人类中心主义,我们还有很长的一段路要走。"①所以,对人类中心主义予以简单肯定或者否定都是片面的,应该站在历史和逻辑相统一的立场对它们做一种客观评价和分析。作为对人类中心主义的反动,非人类中心主义不再对自然持工具价值的态度,而是坚持内在价值论立场,这对于维持人和自然的和谐、缓解环境危机、保护生态环境起到了非常积极的作用,目前人们所具有的环保思维方式和行为方式无不与此有关。但是,非人类中心主义也面临一系列现实和哲学的困境,其中根本的困境在于:既然非人类中心主义涉及的是人与自然的关系问题,那么如何在这一问题的探讨中撇开人而单独谈论环境,而且究竟"谁"在"谈论"也是不能回避的问题。也就是说,人类自身能否确立真正的非人类中心主义是一个需要斟酌的问题,人类有可能完全超越自己的身心局限来确立非人类中心主义吗? 如果以生态为中心也是为了人类自身更好地生存和发展,其实只是一种变相的人类中心主义观念。由上可知,人类中心主义和非人类中心主义各有其现实和理论的积极作用以及相关困境,应对其进行客观评价,以避免陷入简单化和片面化,否则仍然是落入了西方传统的非此即彼的线性思维的窠臼,也不符合反映生态多样性的文化多样性的要求。事实上,目前无论是现代人类中心主义还是非人类中心主义,都有其生态保护的共识,只是采取的方式、方法或手段尤其是理论出发点不同。两者之间也应是一个相互对话和交流的过程。

庄子的生态智慧和非人类中心主义是一致的,上述分析同样

① 何怀宏:《生态伦理——精神资源与哲学基础》,河北大学出版社2002年版,第364页。

适用于对庄子的非人类中心主义进行客观评价。

三、如何评价西方环境伦理学的"东方转向"

这是如何看待东方文化主要是道家文化在现代文明的"生态转向"和"东方转向"中的作用问题。环境问题的日益严重导致了现代文明的"生态学转向",西方文明的弊端导致了西方生态伦理学的"东方转向"。在这样的时代背景和理论背景下,东方传统文化中的生态智慧受到了前所未有的追捧,尤其是道家思想中的生态智慧受到了更多的关注和肯定。叶舒宪曾指出:"东方转向现象不仅发生在西方的现代生态伦理学领域,而且早已从最初的东方学领域中溢出,在相当程度上渗透了西方发达社会中人的思维方式、感知方式和生活方式之中……这场'东方转向'运动在整个西方社会的普及和流行程度已经超出了国内人的想象"①。这既显示了包括道家思想在内的东方文化在世界文明中的地位,也充分显示了其现代价值和魅力,为现代生态哲学的发展提供了丰富的思想资源和全新的视角,进而为解决生态环境问题做了理论的铺垫。能够为世界文化的发展以及现代文明的生态学转向有所贡献是值得我们自豪和骄傲的事情,不过,我们也不能盲目地认为世界文化已经进入"东方文化"或中国文化的世纪了,我们对环境伦理学的"生态学转向"尤其是"东方转向"既要乐观更要客观。首先,不能简单地认为西方环境伦理学就是完全的异质文化。客观

①　叶舒宪:《20世纪西方思想的"东方转向"问题》,《文艺理论与批评》2003年第2期。

地看,从古希腊到近代的西方文化中也不乏自然人文主义传统,这从生态伦理学首先创立和发展于西方可以得到证明。在西方,生态伦理学的产生和发展固然是解决现实环境危机的需要,但也不能否认其文化上的传承关系,哪怕是对同一问题的对立性思维,如始于西方的人类中心主义和非人类中心主义都是对人与自然关系的思考。其次,现代文明确实存在也非常有必要进行"生态学转向",但并不是所有伦理学派都主张向"东方转向"。比如,坚持强人类中心主义的伦理学派就不主张"东方转向"甚至不主张"生态学转向";弱人类中心主义的浅生态学派主张"生态学转向",但依据的主要是西方的文化传统和科技理性,认为技术引起的环境问题可以依赖于技术本身来解决,而"东方思想是神秘的,反科学的,它将削弱西方的科学和技术,从而危及西方文明的未来。因而,在解决西方的环境危机时,毫无必要寻求东方哲学和东方宗教的帮助。"[①]只有非人类中心主义的深层生态学等流派才极力主张必须寻求一种异质的东方文化来消解西方人类中心主义的强势地位,其中道家文化尤其受到重视,也就是说,所谓的"东方转向"并不是绝对主流的趋向。

因此,我们对环境伦理学的"东方转向"不必沾沾自喜,这应是一个中西交融共同服务于现代社会发展的过程,西方从古老的东方文化或中国文化中汲取生态智慧,东方从西方文化中吸取有益成分,在世界各种文明的相互对话、沟通和取长补短的过程中完成现代文明的生态转向,因为全球性生态危机的解决需要全球性的精神文化资源的支持,或许,东方需要向西方学习的具体东西

[①]　何怀宏:《生态伦理——精神资源与哲学基础》,河北大学出版社 2002 年版,第 326 页。

更多一些,毕竟西方发达国家的环保意识是觉醒较早的,其环保行动也是很有成效的;当然更无须妄自菲薄,因为中国传统文化的地位和价值也是一种"内在价值",不依赖于其他文化的认同和需要。

四、如何看待生态环境问题的根源和解决途径

这是如何看待生态语境下的庄学研究的实际作用问题。在生态语境下探讨庄子的生态智慧,只是为生态哲学的发展和生态危机的缓解或解决提供一种理论上的支持。

生态问题不是一个单纯的环境问题。因为,生态危机和世态、心态危机有着不可割舍的内在联系,只是致力于改善环境、保护资源并不能解决生态危机。生态危机的解决是一个系统而复杂的社会工程,需要经济、政治、文化等各方面的共同努力,其中对现代工业文明的经济运行方式、政治理念、价值理念以及科技进步的"双刃剑"性质等都应该进行反思和批判。

生态问题也不是一个简单的理论问题。这可以从两个方面来理解:一是生态理论的目的是为生态现实服务。歌德说:理论是灰色的,而生活之树是常青的。生态理论的完善无误并不意味着生态现实的完美无瑕,我们的着眼点是现实。而理论和现实总是不同步的,在环境伦理层面,人们大都认可非人类中心主义的立场,但在现实层面却往往又不自觉地坚持着人类中心主义的立场,有些地区、有些人甚至还缺乏起码的环保意识,而我们的目的或任务是要让这种生态理论最终服务于现实生态问题的解决。二是生态问题最终是一个物质利益问题。世界观、方法论和价值观等的生

态转向只是为解决生态危机提供了一个理论前提。事实上，环境危机的产生和解决最终的决定性因素都是一个现实"利益"问题，是不同利益集团之间的"利益"角逐和博弈。2009 年 12 月初的哥本哈根气候峰会中论争的激烈、谈判的艰难就是一个例证。此次会议最终达成了不具有法律约束力的《哥本哈根协议》，这一协议维护了《联合国气候变化框架公约》及其《京都议定书》确立的"共同但有区别的责任"原则，就发达国家实行强制减排和发展中国家采取自主减缓行动作出了安排，并就全球长期目标、资金和技术支持、透明度等焦点问题达成广泛共识，但这次会议却没有达成一项具有法律约束力的协议。由此可见，环境问题的产生及解决绝不是一个简单的西方文化或东方文化、人类中心还是非人类中心的理论问题，而是一个涉及不同发展程度国家的各种物质利益以及政治、社会、观念制度等诸多实际矛盾的问题。发达国家应承担起保护环境的历史责任和现实义务，发展中国家需要解决经济发展和保护环境的矛盾，不发达国家的各种权益如何得到切实保障等，都是现实而非理论的问题。温家宝总理在丹麦哥本哈根气候变化会议领导人会议上发表的题为《凝聚共识，加强合作，推进应对气候变化历史进程》的重要讲话或许可以给我们一些启示，这一讲话除了强调"保持成果的一致性"和"注重目标的合理性"外，还强调了"坚持规则的公平性"和"确保机制的有效性"，认为"共同但有区别的责任"原则是国际合作应对气候变化的核心和基石，发达国家必须率先大幅量化减排并向发展中国家提供资金和技术支持，这是不可推卸的道义责任，也是必须履行的法律义务；认为应对气候变化，贵在落实行动，重在机制保障，国际社会要在公约框架下作出切实有效的制度安排，促使发达国家兑现承诺，向发展中国家持续提供充足的资金支持，加快转让气候友好技术，有

结语

效帮助发展中国家、特别是小岛屿国家、最不发达国家、内陆国家、非洲国家加强应对气候变化的能力建设。这些主张和建议强调的都是责任和义务等现实利益层面的东西。

主要参考文献

庄子哲学相关资料(按出版时间)

一、论著

1. 原著

[1] 刘文典:《庄子补正》,上海商务印书馆 1947 年版。

[2] 梁启雄:《韩子浅注》,中华书局 1960 年版。

[3] (晋)郭象:《庄子注》,中华书局 1961 年版。

[4] (清)郭庆藩撰,王孝鱼点校:《庄子集释》(全 3 册),中华书局 1961 年版。

[5] (清)沈德潜:《古诗源》,中华书局 1963 年版。

[6] 杨伯峻:《列子集释》,中华书局 1979 年版。

[7] (唐)白居易撰,顾学颉点校:《白居易集》,中华书局 1979 年版。

[8] (魏)王弼:《王弼集校释》,中华书局 1980 年版。

[9] 杨伯峻:《春秋左传注》,中华书局 1981 年版。

[10] (汉)许慎撰,(清)段玉裁注,《说文解字注》,上海古籍出版社 1981 年版。

[11] [荷兰]斯宾诺莎著,贺麟译:《伦理学》第五部分,商务印书馆 1981 年版。

[12] [德]黑格尔著,贺麟、王太庆译:《哲学史讲演录》第 1 卷,商务印书馆 1981 年版。

[13] (唐)陆德明:《经典释文》,中华书局 1983 年版。

[14] 陈鼓应:《庄子今注今译》(全 3 册),中华书局 1983 年版。

[15] (宋)朱熹:《四书集注》,中华书局 2011 年版。

[16] 老子《道德经》(王弼注本),《诸子集成》本(三),中华书局 1986 年版。

[17] 钟泰:《庄子发微》,上海古籍出版社 1988 年版。

[18] 陈启天:《韩非子校释》,《民国丛书》第五编(8),中华书局 1940 年版影印本,上海书店 1989 年版。

[19] 支伟成:《管子通释》,《民国丛书》第五编(12),据泰东图书馆 1942 年版影印,上海书店 1989 年版。

[20] 《吕氏春秋》,上海古籍出版社 1987 年影印文渊阁本《四库全书》。

[21] 苗力田主编:《亚里士多德全集》第 2 卷,中国人民大学出版社 1991 年版。

[22] (宋)苏辙:《苏辙散文全集·亡兄子瞻端明墓志铭》,今日中国出版社 1996 年版。

[23] (宋)张载撰,(清)王夫之注:《张子正蒙》,上海古籍出版社 2000 年版。

[24] 陈鼓应:《老子今注今译》,商务印书馆 2003 年版。

[25] 陆永品:《庄子通释》,经济管理出版社 2004 年版。

[26] 马恒君:《庄子正宗》,华夏出版社 2005 年版。

[27] (战国)荀况,张觉校注:《荀子校注》,岳麓书社 2006 年版。

[28] 杨柳桥:《庄子译注》(上下),上海古籍出版社 2007 年版。

[29] 南怀瑾:《庄子南华》(上下),上海人民出版社 2007 年版。

[30] 傅佩荣:《解读庄子》,上海三联书店 2007 年版。

2. 研究性著作

［1］胡哲敷：《老庄哲学》,中华书局1935年版。

［2］唐庆增：《中国经济思想史》上卷,商务印书馆1935年版。

［3］范文澜：《中国通史》第1册,人民出版社1949年版。

［4］郭沫若：《十批判书》,人民出版社1954年版。

［5］［法］柏格森著,刘放桐译：《形而上学导言》,商务印书馆1963年版。

［6］张岱年：《中国哲学大纲》,中国社会科学出版社1982年版。

［7］张恒寿：《庄子新探》,湖北人民出版社1983年版。

［8］李泽厚：《中国古代思想史论》,人民出版社1985年版。

［9］金岳霖：《论道》,商务印书馆1987年版。

［10］上海师范大学古籍整理研究所点校：《国语》,上海古籍出版社1988年版。

［11］［英］罗素著,马元德译：《西方哲学史》下册,商务印书馆1988年版。

［12］冯友兰：《中国哲学史》上册,《三松堂全集》第2卷,河南人民出版社1988年版。

［13］崔大华：《庄学歧解》,中州古籍出版社1988年版。

［14］刘笑敢：《庄子哲学及其演变》,中国社会科学出版社1988年版。

［15］李景源：《史前认识研究》,湖南教育出版社1989年版。

［16］董学文、荣伟：《现代美学新维度:西方马克思主义美学论文精选》,北京大学出版社1990年版。

［17］江灏、钱宗武：《尚书全译》,贵州人民出版社1990年版。

［18］黄山文化书院编：《庄子与中国文化》,安徽人民出版社1990年版。

［19］葛荣晋：《道家文化与现代文明》,中国人民大学出版社1991

年版。

[20] 台震林:《宇宙全息统一论与中国传统文化》,山东人民出版社 1991 年版。

[21] 董光璧:《当代新道家》,华夏出版社 1991 年版。

[22] 崔大华:《庄学研究》,人民出版社 1992 年版。

[23] 冯达文:《回归自然:道家的主调与变奏》,广东人民出版社 1992 年版。

[24] [美]约翰·赫德著,伍雨前译:《一个美国人眼中的"道"》,上海文化出版社 1992 年版。

[25] 白本松、王利锁:《逍遥之祖——〈庄子〉与中国文化》,河南大学出版社 1995 年版。

[26] 陶东风:《从超迈到随俗——庄子与中国美学》,首都师范大学出版社 1995 年版。

[27] 张世英:《天人之际——中西哲学的困惑与选择》,人民出版社 1995 年版。

[28] 张汝伦:《海德格尔与现代哲学》,复旦大学出版社 1995 年版。

[29] [德]海德格尔著,熊伟、王庆节译:《形而上学导论》,商务印书馆 1996 年版。

[30] 梁启超:《先秦政治思想史》,东方出版社 1996 年版。

[31] 吕锡琛:《道家与民族性格》,湖南大学出版社 1996 年版。

[32] 崔宜明:《生存与智慧——庄子哲学的现代阐释》,上海人民出版社 1996 年版。

[33] 李牧恒、郭道荣:《自事其心——重读庄子》,四川人民出版社 1996 年版。

[34] 吕锡琛:《道家与民族性格》,湖南大学出版社 1996 年版。

[35] 张松辉:《庄子考辨》,岳麓书社 1997 年版。

[36] 舒金诚:《中国古代智慧的殿堂——深宏奇特的〈庄子〉哲学》,

民族出版社 1998 年版。

[37] 王德有:《以道观之——庄子哲学的视角》,人民出版社 1998
年版。

[38] 龚建平:《自救与放达——道家的人生智慧》,武汉出版社 1998
年版。

[39] 曹顺庆:《中外比较文论史·上古时期》,山东教育出版社 1998
年版。

[40] 欧阳哲生主编:《胡适文集》,北京大学出版社 1998 年版。

[41] 颜世安:《庄子评传》,南京大学出版社 1999 年版。

[42] 李振纲:《智者的叮咛》,河北大学出版社 2001 年版。

[43] 谢祥皓、李思乐:《庄子序跋论评辑要》,湖北教育出版社 2001
年版。

[44] 徐复观:《中国艺术精神》,华东师范大学出版社 2001 年版。

[45] [德]尼采著,杨恒达译:《尼采生存哲学》,九州出版社 2003
年版。

[46] [德]叔本华著,范进、柯锦华译:《劝诫与格言》,西苑出版社
2003 年版。

[47] 李振纲:《中国古代哲学史论》,中国社会科学出版社 2004
年版。

[48] 胡道静:《十家论庄》,上海人民出版社 2004 年版。

[49] [美]爱莲心:《向往心灵转化的庄子》,江苏人民出版社 2004
年版。

[50] [美]安乐哲等著,何金俐译:《道不远人——比较哲学视野中的
〈老子〉》,学苑出版社 2004 年版。

[51] 胡孚琛:《道学通论:道家、道教、丹道》,社会科学文献出版社
2004 年版。

[52] 王博:《庄子哲学》,北京大学出版社 2004 年版。

[53] 冯友兰:《中国哲学简史》,新世界出版社 2004 年版。

[54] 李霞:《生死智慧——道家生命观研究》,人民出版社 2004 年版。

[55] 徐克谦:《庄子哲学新探》,中华书局 2005 年版。

[56] 魏义霞:《七子视界——先秦哲学研究》,中国社会科学出版社 2005 年版。

[57] 唐雄山:《老庄人性思想的现代诠释与重构》,中山大学出版社 2005 年版。

[58] 刘韶军:《日本现代老子研究》,福建人民出版社 2006 年版。

[59] 韩林合:《虚己以游世——〈庄子〉哲学研究》,北京大学出版社 2006 年版。

[60] 熊铁基主编,李宝红、康庆著:《二十世纪中国庄学》,湖南人民出版社 2006 年版。

[61] 杨国荣:《庄子的思想世界》,北京大学出版社 2006 年版。

[62] 余英时:《中国思想传统的现代诠释》,江苏人民出版社 2006 年版。

[63] 蒋朝君:《道教生态伦理思想研究》,东方出版社 2006 年版。

[64] 夏显泽:《天人合一与环境问题》,云南大学出版社 2006 年版。

[65] 南怀瑾:《论语别裁》,《南怀瑾选集》第 1 卷,复旦大学出版社 2006 年版。

[66] 王建疆:《澹然无极——老庄人生境界的审美生成》,人民出版社 2006 年版。

[67] 孙克强、耿继平:《庄子文学研究》,中国文联出版社 2006 年版。

[68] 王治河:《后现代哲学思潮研究》,北京大学出版社 2006 年版。

[69] 惠吉兴:《中国哲学精神》,广东人民出版社 2007 年版。

[70] [美]本杰明·史华兹著,程钢译:《古代中国的思想世界》,江苏人民出版社 2007 年版。

［71］刁生虎:《庄子的生存哲学》,中国传媒大学出版社 2007 年版。

［72］张松辉:《庄子疑义考辨》,中华书局 2007 年版。

［73］陈鼓应:《老庄新论》,商务印书馆 2008 年版。

［74］方勇:《庄学史略》,四川出版集团 2008 年版。

［75］姚曼波:《庄子探奥》,人民出版社 2008 年版。

［76］田文棠等著:《东方智慧的现代魅力》,陕西人民出版社 2008 年版。

［77］［美］N. J. Girardot、James Miller、刘笑敢编,陈霞等译:《道教与生态——宇宙景观的内在之道》,凤凰出版传媒集团 2008 年版。

［78］刘笑敢著,陈静译:《道教》,上海古籍出版社 2008 年版。

［79］陈绍燕、孙玫进:《庄子哲学的批判》,山东大学出版社 2009 年版。

［80］程志华:《牟宗三哲学研究——道德的形而上学之可能》,人民出版社 2009 年版。

［81］李振纲:《生命哲学——〈庄子〉文本的另一种解读》,中华书局 2009 年版。

［82］程志华:《中国近现代儒学史》,人民出版社 2010 年版。

二、论文

1. 期刊论文

［1］萧萐父:《"道家(道教)文化与当代文化建设"学术讨论会开幕词》,《武汉大学学报》1991 年第 1 期。

［2］佘正荣:《老庄生态思想及其对当代启示》,《青海社会科学》1994 年第 2 期。

［3］康中乾:《"天人合一"之"合"的特点》,《人文杂志》1995 年第 4 期。

［4］崔大华:《道家思想及其现代意义》,《文史哲》1995年第1期。

［5］朱晓鹏:《生命的自由与审美的超越——论道家的人生观和审美观》,《社会科学》1996年第10期。

［6］李振纲:《现代中国人面临的道德困境及其补救》,《新华文摘》1997年第6期。

［7］孔令宏:《建设性的后现代主义与庄子思想》,《求是学刊》1998年第3期。

［8］李振纲:《珍惜生命 热爱和谐——21世纪的文化价值观》,《现代哲学》1999年第4期。

［9］肖巍:《"技术"批判:海德格尔和庄子》,《复旦学报》(社科版)1999年第1期。

［10］程潮:《庄子的生态环境新探索》,《嘉应大学学报》1999年第1期。

［11］刁生富等:《庄子的直觉思维方式及其对现代科技的方法论价值》,《科学技术与辩证法》2000年第6期。

［12］刁生富:《庄子的二元性科技观及其哲学依据》,《科学技术与辩证法》2001年第3期。

［13］潘世东、林玲:《论"道"与中国文化自然观的逻辑起点》,《广西社会科学》2001年第1期。

［14］佘正荣:《"自然之道"的深层生态学诠释》,《江汉论坛》2001年第1期。

［15］李振纲:《自然的德性与无为的智慧》,《哲学研究》2002年第7期。

［16］王丰年、李正风:《道家消费观的生态伦理意义》,《清华大学学报》(哲社版)2002年第6期。

［17］白才儒:《试析〈庄子〉深层生态学思想》,《宗教学研究》2003年第4期。

［18］杨叔子、刘克明:《庄子技术思想初探》,《煤炭高等教育》2003
年第 6 期。

［19］叶舒宪:《20 世纪西方思想的"东方转向"问题》,《文艺理论与
批评》2003 年第 2 期。

［20］张京华:《评近十余年出版的四部庄子研究博士论文》,《河南科
技大学学报》2003 年第 9 期。

［21］李翔海、金珠:《道家思想与建设性后现代主义》,《天津师范大
学学报》(社科版)2004 年第 5 期。

［22］苏双平等:《道家生态智慧与现代生态文明的契合》,《内蒙古农
业大学学报》(社科版)2004 年第 4 期。

［23］李振纲:《解读"天人合一"哲学的四重内涵》,《新华文摘》2006
年第 10 期。

［24］雷毅:《整合与超越:道家深层生态学的现代解读》,《思想战线》
2007 年第 6 期。

［25］张玮仪:《论庄子出入世的精神——兼评陈鼓应与刘笑敢先生
之诠释》,《北京理工大学学报》(社科版)2007 年第 2 期。

［26］肖海燕:《全真道与老庄学国际学术研讨会综述》,《华中师范大
学学报》(人文社会科学版)2008 年第 4 期。

［27］李振纲:《庄子之"道"与现代生态反思》,《哲学研究》2008 年第
12 期。

［28］李振纲:《庄子对知性与逻辑思维的责难》,《河北大学学报》
(哲社版)2008 年第 2 期。

［29］季羡林:《谈东学西渐与"东化"》,《光明日报》2009 年 7 月 12 日。

［30］李振纲:《化解"成心"对生命的遮蔽》,《河北师范大学学报》
(哲社版)2009 年第 2 期。

［31］王素芬:《庄子道性思维的生态诠释》,《河北大学学报》(哲社
版)2010 年第 1 期。

[32] 王素芬:《庄子"人与天一"的生态解读》,《河北学刊》2010 年第
    2 期。

[33] 李振纲:《畸人之美——生命之美的内在性》,《哲学研究》2010
    年第 4 期。

2.硕士、博士论文

[1] 张清:《论道家哲学的环境伦理意蕴》,华中师范大学硕士论文,
    2002 年。

[2] 方洪波:《从环境哲学的视角看庄子思想》,西北大学硕士论文,
    2003 年。

[3] 郑旭文:《庄子哲学的现代生态伦理学意蕴》,杭州师范大学硕
    士论文,2007 年。

[4] 石荣霞:《论道家的生态伦理观及其现代价值》,曲阜师范大学
    硕士学位论文,2007 年。

[5] 许晓华:《论庄子崇尚自然的审美理想》,苏州大学硕士论文,
    2007 年。

[6] 时晓丽:《庄子审美生存思想研究》,西北大学博士论文,
    2003 年。

[7] 万勇华:《庄子的理想世界》,华东师范大学博士论文,2007 年。

[8] 傅粉鸽:《自然与自由——老庄生命哲学研究》,西北大学博士
    论文,2007 年。

生态哲学相关资料(按出版时间)

一、论著

[1] 刘仲林:《波兰尼及其个体知识》,《现代外国哲学》第 5 辑,人民

出版社 1984 年版。

[2] [美]L. R. 布朗:《建设一个持续发展的社会》,科学技术文献出版社 1984 年版。

[3] [比]伊·普里戈金著,曾庆宏、沈小峰译:《从混沌到有序》,上海译文出版社 1987 年版。

[4] [日]汤川秀树著,周林东译:《创造力和直觉——一个物理学家对东西方的考察》,复旦大学出版社 1987 年版。

[5] [美]弗·卡特、汤姆·戴尔著,庄棱、鱼姗玲译:《表土与人类文明》,中国环境科学出版社 1987 年版。

[6] [美]A. H. 马斯洛著,林方译:《人性能达的境界》,云南人民出版社 1987 年版。

[7] [美]埃利希·弗洛姆著,蒋重跃等译:《健全的社会》,中国文联出版公司 1988 年版。

[8] [英]李约瑟著,汪受琪等译:《中国科学技术史》,科学出版社 1990 年版。

[9] 余谋昌:《生态哲学》,云南人民出版社 1991 年版。

[10] 台震林:《宇宙全息统一论与中国传统文化》,山东人民出版社 1991 年版。

[11] [加]威廉·莱斯著,岳长岭、李建华译:《自然的控制》,重庆出版社 1993 年版。

[12] 刘大椿:《互补方法论》,世界知识出版社 1994 年版。

[13] 魏宏森、曾国屏:《系统论——系统科学哲学》,清华大学出版社 1995 年版。

[14] 佘正荣:《生态智慧论》,中国社会科学出版社 1995 年版。

[15] [美]奥尔多·利奥波德著,侯文蕙译:《沙乡年鉴》,吉林人民出版社 1997 年版。

[16] [美]亨利·梭罗著,徐迟译:《瓦尔登湖》,吉林人民出版社

1997 年版。

[17]［美］艾伦·杜宁著,毕聿译:《多少算够——消费社会与地球未来》,吉林出版社 1997 年版。

[18]［美］巴里·康芒纳著,侯文蕙译:《封闭的循环——自然、人和技术》,吉林人民出版社 1997 年版。

[19]［美］阿尔·戈尔著,陈嘉映译:《濒临失衡的地球:生态与人类精神》,中央编译局出版社 1997 年版。

[20]［美］蕾切尔·卡逊著,吕瑞兰、李长生译:《寂静的春天》,吉林人民出版社 1997 年版。

[21] 鲁枢元:《精神守望》,东方出版中心 1998 年版。

[22]［美］大卫·雷·格里芬编,王成兵译:《后现代精神》,中央编译出版社 1998 年版。

[23]［美］唐纳德·沃斯特著,侯文蕙译:《自然的经济体系——生态思想史》,商务印书馆 1999 年版。

[24]［美］纳什著,杨通进译:《大自然的权利》,青岛出版社 1999 年版。

[25]［日］岸根卓郎著,何鉴译:《环境论——人类最终的选择》,南京大学出版社 1999 年版。

[26] 王泽应:《自然与道德:道家伦理精神精粹》,湖南大学出版社 1999 年版。

[27] 刘湘溶:《生态文明论》,湖南教育出版社 1999 年版。

[28] 徐嵩龄:《环境伦理学进展:评论与阐释》,社会科学文献出版社 1999 年版。

[29]［美］霍尔姆斯·罗尔斯顿著,刘耳、叶平译:《哲学走向荒野》,吉林人民出版社 2001 年版。

[30] 余谋昌:《生态哲学》,陕西人民教育出版社 2000 年版。

[31]［美］霍尔姆斯·罗尔斯顿著,杨通进译:《环境伦理学:大自然

的价值以及人对大自然的义务》,中国社会科学出版社 2000 年版。

[32] 李博:《生态学》,高等教育出版社 2000 年版。

[33] 余谋昌:《生态文化论》,河北教育出版社 2001 年版。

[34] 雷毅:《深层生态学思想研究》,清华大学出版社 2001 年版。

[35] 周鸿:《人类生态学》,高等教育出版社 2001 年版。

[36] 何怀宏:《生态伦理——精神资源与哲学基础》,河北大学出版社 2002 年版。

[37] 甘绍平:《应用伦理学前沿问题研究》,江西人民出版社 2002 年版。

[38] [英]齐格蒙特·鲍曼著,张成岗译:《后现代伦理学》,江苏人民出版社 2003 年版。

[39] [法]阿尔贝特·施韦泽著,陈泽环译:《敬畏生命》,上海社会科学院出版社 2003 年版。

[40] 周海林、谢高地:《人类生存困境:发展的悖论》,社会科学文献出版社 2003 年版。

[41] 王正平:《环境哲学》,上海人民出版社 2004 年版。

[42] 任俊华等:《环境伦理的文化阐释——中国古代生态智慧探考》,湖南师范大学出版社 2004 年版。

[43] 蒙培元:《人与自然——中国哲学生态观》,人民出版社 2004 年版。

[44] 李培超:《伦理拓展主义的颠覆——西方环境伦理思潮研究》,湖南师范大学出版社 2004 年版。

[45] 唐代兴:《生态理性哲学导论》,北京大学出版社 2005 年版。

[46] 彭锋:《完美的自然》,北京大学出版社 2005 年版。

[47] [英]李约瑟著,陈立夫译:《中国古代科学思想史》,江西人民出版社 2006 年版。

[48] 夏显泽:《天人合一与环境问题》,云南大学出版社2006年版。

[49] 曹孟勤:《人性与自然:生态伦理哲学基础反思》,南京师范大学出版社2006年版。

[50] 杨通进、高予远编:《现代文明的生态转向》,重庆出版社2007年版。

[51] 刘本矩:《论实践生态主义》,中国社会科学出版社2007年版。

[52] 孙道进:《环境伦理学的哲学困境——一个反拨》,中国社会科学出版社2007年版。

[53] 朱晓鹏:《道家哲学精神及其价值视域》,中国社会科学出版社2007年版。

[54] 赵安启、胡柱志:《中国古代环境文化概论》,中国环境科学出版社2008年版。

[55] 王耘:《复杂性生态哲学》,社会科学文献出版社2008年版。

二、论文

[1] [英]M.波兰尼:《人类的意会认识》,《自然科学哲学问题丛刊》1984年第3期。

[2] 余谋昌:《走出人类中心主义》,《自然辩证法研究》1994年第7期。

[3] 叶平:《"人类中心主义"的生态伦理》,《哲学研究》1995年第1期。

[4] 王建明:《"人类中心主义"之我见》,《哲学研究》1995年第1期。

[5] 刘湘溶、李培超:《论自然的权力——关于生态伦理学的一个理论支点》,《求索》1997年第4期。

[6] 包庆德:《绿色化浪潮:经济生态一体论》,《内蒙古大学学报》1997年第5期。

［7］李火林、李大兴:《试论人的主体性思想与天人合一思想的整合》,《浙江社会科学》1998 年第 4 期。

［8］李清良:《"天人合一"与中国哲学的基本问题》,《社会科学家》1998 年第 2 期。

［9］孙显元:《关于"人类中心主义"的争论》,《安徽大学学报》1998 年第 5 期。

［10］李培超:《自然与人文的和解:关于生态伦理学的理论性质》,《自然辩证法研究》1998 年第 8 期。

［11］刘耳:《当代西方环境哲学述评》,《国外社会科学》1999 年第 6 期。

［12］李曙华:《信息时代的科学精神与科学教育》,《教育研究》2000 年第 11 期。

［13］任春晓:《关于生态伦理的若干哲学论证》,《复旦学报》(社科版)2000 年第 2 期。

［14］徐嵩龄:《论现代环境伦理观的恰当性——从"生态中心主义"到"可持续发展"到"制度转型期"》,《清华大学学报》(哲学社会科学版)2001 年第 2 期。

［15］许冬香:《生态伦理学关于人类中心主义研究的综述》,《湖南师范大学社会科学学报》2001 年第 5 期。

［16］甘绍平:《我们需要何种生态伦理》,《哲学研究》2002 年第 8 期。

［17］王彩云、马兆明:《非人类中心主义生态伦理学的困境》,《齐鲁学刊》2003 年第 6 期。

［18］祁海文:《生态美学·传统资源·美育》,《美学》2004 年第 2 期。

［19］胡孝权:《走出西方生态伦理学的困境》,《北京航空航天大学学报》(社科版)2004 年第 6 期。

［20］刘晓华:《天人合一论的生命哲学与环境伦理》,《自然辩证法研究》2004 年第 5 期。

［21］杨曾宪:《论自然价值两重性》,《学术研究》2005 年第 8 期。

［22］包庆德:《生态哲学十大范畴论评》,《内蒙古大学学报》(人文社科版)2005 年第 7 期。

［23］朱晓鹏:《论西方现代生态伦理学的"东方转向"》,《社会科学》2006 年第 3 期。

附录一　浅层生态学与深层生态学
主要观点比较

从生态哲学的历史发展来看,生态学经历了一个由浅层生态学向深层生态学逐步扩展和深化的过程,其区别主要表现在人类中心主义和非人类中心主义或弱人类中心主义和非人类中心主义的话语体系。浅层生态学与深层生态学的主要观点及其比较可以参见下表①:

浅层生态学与深层生态学主要观点比较

	浅层生态学	深层生态学
自然观	1.人与自然是分离的。 2.我们能够支配自然使它为人的利益服务。 3.我们能够也应该用自然规律(即科学定律)来开发利用自然。	1.人是自然界的一部分。 2.我们必须尊重和保护自然,是为它自身而不是为它对我们有价值,我们应该与它和谐相处。 3.我们必须服从自然规律(如承载能力规律,它意味着地球支撑人口的数量有限)。
价值观	1.自然界的多样性作为一种资源对我们是有价值的。 2.离开人类谈价值都是胡话。	1.自然的多样性具有自身(内在)价值。 2.把价值等同于对人类的价值是极大的偏见。

---

① 转引自雷毅:《深层生态学思想研究》,清华大学出版社2001年版,第31—34页。

续表

	浅层生态学	深层生态学
价值观	3. 植物物种由于对农业和医药有遗传资源的价值,因而应当受到保护。 4. 人类社会天生具有侵略性和竞争性。 5. 人类社会天生就是等级社会,也必须如此。 6. 以可用物质财富衡量社会地位。社会的进步主要体现在人们拥有更多的财富和发明更复杂的技术上。 7. 逻辑与理性比情感和直觉更有效、更可靠。你只能相信事实和科学证据。	3. 植物物种由于具有内在价值而应受到保护。 4. 人天生具有合作性。 5. 社会等级是反自然的、令人厌恶的和可避免的。 6. 生活中精神质量和爱的关系比物质财富更重要。我们拒斥后者,主张简朴的生活。 7. 情感和直觉至少与其他知识同等重要和有效。无论怎样都不可能有客观的"事实"。
经济观	1. "资源"是人类的资源。 2. 如果威胁到经济增长,那么污染应当减少。 3. 生产与服务的主要目的是使资源投向更多的产品生产和服务中,最终使每个人受益。 4. 降低产品和服务成本,提高生产过程和经济"效益"。 5. 经济增长就是好的,永远如此。它未必会影响环境。 6. 为了增长的最大化,你必须对物质循环和控制污染的程度加以限制。 7. 经济计划通常不超过5—10年,因为投资者要看到合理的回报,否则工业将是非竞争性的。 8. 国家和地区通过建立贸易而发展进步 9. 用中央控制和生产线技术大规模制造产品是更好更有效的方式。 10. 摆脱单调工作的机械化、自动化生产,是更好更有效的方式。 11. 充分就业是一种理想。	1. "资源"是生物的资源。 2. 减少污染优先于经济增长。 3. 我们为社会需要生产和服务,而不看它们是否获利。 4. 经济"效益"应当以提供多少充分的环境、良好的工作和用少的资源满足多少适度的物质需要(如衣食、交通、交流和娱乐)为标准。社会和环境遭破坏经济就没有效益。 5. 不加区别的经济增长是不好的,会因耗尽了有限的资源和产生污染而不能持续。 6. 所有生产应当是最小的物质消耗和循环利用。从长远来看这是最有效的。如果有地方经济,我们就能减少竞争的担心。 7. 经济计划的时间跨度应该是几百年。 8. 国家和地区间的贸易应当减少:全球应当是自给自足的地区和共同体。 9. 用小规模、局部控制的和手工生产制造产品是更好更有效的方式。 10. 让劳动者返回工作岗位,使他们消除厌恶心理,为了满足生活需要我们需要干活,是更好更有效的方式。 11. 每个人都应当有活干,但不一定非是常规工作。

	浅层生态学	深层生态学
技术观	1.科学技术能够解决环境问题,我们必须不断完善它。 2.在很大程度上决定着社会和经济变革的是技术的进步,而我们控制它的能力却是十分有限的。 3.大规模的高技术(如核动力)是进步的标志。 4.通过分析——把问题分解成若干个部分来解决它。	1.不能依赖科学技术:我们必须寻找解决环境问题的其他途径。 2.我们能够按我们的要求改变社会和经济:技术应该是仆人而不是主人。我们绝不是必须拥有伤害我们的技术。 3.中间的、适宜的和民主的技术(如可再生能源技术——太阳能、风能等等)是进步的标志。 4.通过综合——把所有部分看做一个整体,相互之间是关联的。人们应当持有一种整体观念,它对自然和社会的认识比部分之和的观念更深刻。
社会观	1.人们不能忍受生活标准的大幅度下降。 2.消费主义。 3.第三世界的人口增长威胁到生态平衡。	1.人们不应当忍受生活质量的大幅度下降,而可以忍受高度发达国家生活标准的大幅度下降。 2.适度消费和再生利用。 3.世界人口增长到目前水平威胁到生态系统,但工业化国家的人口与行为比其他国家更具有威胁,当今人口是过剩的。
政治观	1.民族国家是最重要的政治实体。 2.我们能够在不改变社会、经济、政治体制的情况下解决环境问题:通过对该体制做些调整和干预自由市场。 3.绿色分子要我们退回到前工业的石器时代,或浪漫的乡村形式。 4.最终我们必须把环境决定权交给最适合的专家:接受科学家建议的政治家。 5.通过议会民主决定行动方案。 6.强大的集权国家需要国家和全球经济社会体制的支持,并在民主的基础上保证法律与秩序。	1.区域共同体是最重要的,但它是全球共同体的部分。 2.解决环境问题的唯一方式是社会、经济、政治体制的全盘变革——我们必须摆脱工业化的生活方式。 3.为建立一个"非工业化"社会,注意力应集中在与区域经济和社会需求,以及更多地与自然接触相适应的小规模生产上。 4.我们应尽可能地自己作决定,"专家"只给我们提供建议,而不是用权威或权力下命令。 5.通过直接民主,即通过对话协商决定行动方案。 6.国家的影响应尽可能的小,它的主要功能是帮助区域共同体做它们要做的事。在绿色社会,人们应当有强有力的法律来保护环境。

附录二　深层生态学与庄子生态
智慧主要观点比较

　　国内外众多学者都认同道家哲学与深层生态学的契合和一致。所以,本书尝试对深层生态学与庄子生态智慧的主要观点做一比较,作为对"生态语境下的庄学研究"这一问题的具体总结。参见下表:

深层生态学与庄子生态智慧主要观点比较

	深层生态学	庄子的生态智慧
自然观	1. 人是自然界的一部分。 2. 我们必须尊重和保护自然,是为它自身而不是为它对我们有价值,我们应该与它和谐相处。 3. 我们必须服从自然规律(如承载能力规律,它意味着地球支撑人口的数量有限)。	1. "故道大,天大,地大,人亦大。域中有四大,而人居其一焉。"(《老子》第25章)"号物之数谓之万,人处一焉;……此其比万物也,不似豪末之在于马体乎?"(《秋水》) 2. 人类应"以鸟养养鸟"(《达生》),反对伯乐治马等违背自然物天性的做法。"禽兽可系羁而游,鸟鹊之巢可攀援而窥"(《马蹄》)的人与自然和谐相处的至德之世是最理想社会。 3. 人类应遵从自然规律,"从水之道"、"以天合天"、"不开人之天,而开天之天"(《达生》)。"天无为以之清,地无为以之宁,故两无为相合,万物皆化生。"(《至乐》)
价值观	1. 自然的多样性具有自身(内在)价值。 2. 把价值等同于对人类的价值是极大的偏见。 3. 植物物种由于具有内在价值而应受到保护。	1. 万物各有其内在价值:"梁丽可以冲城,而不可以窒穴,言殊器也;骐骥骅骝,一日而驰千里,捕鼠不如狸狌,言殊技也;鸱鸺夜撮蚤,察豪末,昼出瞋目而不见丘山,言殊性也。"(《秋水》) 2. "埴木之性,岂欲中规矩钩绳哉?"(《马蹄》)不能把价值等同于对人类有用,"而不知无用之用"

	深层生态学	庄子的生态智慧
价值观	4. 人天生具有合作性。 5. 社会等级是反自然的、令人厌恶的和可避免的。 6. 生活中精神质量和爱的关系比物质财富更重要。我们拒斥后者，主张简朴的生活。 7. 情感和直觉至少与其他知识同等重要和有效。无论怎样都不可能有客观的"事实"。	(《人间世》)，大瓠可以考虑"为大樽而浮乎江湖"、大树可以"树之于无何有之乡，广莫之野，彷徨乎无为其侧，逍遥乎寝卧其下"(《逍遥游》)，"天地非不广且大也，人之所用容足耳。然则厕足而垫之致黄泉，人尚有用乎?"(《外物》)。 3. 道无所不在，"夫道，于大不终，于小不遗"(《天道》)，而"以道观之，物无贵贱"(《秋水》)，所以，不仅植物而且世间万物都具有同等价值。 4. 人在古之时就"同与禽兽居，族与万物并"(《马蹄》)，并且可以做到"兼怀万物"(《秋水》)。 5. "天地与我并生，而万物与我为一"(《齐物论》)，且"以道观之，物无贵贱"(《秋水》)，世间万物无高低贵贱之分。 6. 庄子宁要"曳尾于涂中"(《秋水》)、"相忘于江湖"(《大宗师》)的自由，而不要高官厚禄，主张"乘物以游心"(《人间世》)，主张简朴生活，"平为福，有余为害者，物莫不然，而财其甚者也"(《盗跖》)、"食于苟简之田，立于不贷之圃"(《天运》)。 7. 推崇直觉，"无思无虑始知道"(《知北游》)、"以神遇而不以目视"(《养生主》)、"堕肢体，黜聪明，离形去知，同于大通"(《大宗师》)、"得之于手而应于心"(《天道》)、"指与物化而不以心稽"(《达生》)。知识是相对的，"计人之所知，不若其所不知;其生之时，不若未生之时;以其至小求穷其至大之域，是故迷乱而不能自得也。"(《秋水》)
经济观	1. "资源"是生物的资源。 2. 减少污染优先于经济增长。 3. 我们为社会需要生产和服务，而不看它们是否获利。 4. 经济"效益"应当以提供多少充分的环境、良好的工作和多少的资源满足多少适度的物质需要(如衣食、交通、交流和娱乐)为标准。社会和环境遭破坏经济就没有效益。 5. 不加区别的经济增长是不好的，会消耗尽了有限的资源和产生污染而不能持续。 6. 所有生产应当是最小的物质消耗和循环利用。从长远来看这是最有效的。如果有地方经济，我们就能减少竞争的担心。	1. "马，蹄可以践霜雪，毛可以御风寒，龁草饮水，翘足而陆，此马之真性也。"(《马蹄》)"凫胫虽短，续之则忧;鹤胫虽长，断之则悲。"(《骈拇》) 2. 为减少对自然的自然天性的戕害即环境破坏，庄子主张放弃可以提高生产效率的"用力甚寡而见功多"的"桔槔"(《天地》)等人为技术。 3. 汉阴丈人"抱瓮而灌"以免"机心"作祟(《天地》)。 4. "鹪鹩巢于深林，不过一枝;偃鼠饮河，不过满腹。"(《逍遥游》)"冬日衣皮毛，夏日衣葛絺;春耕种，形足以劳动;秋收敛，身足以休食;日出而作，日入而息，逍遥于天地之间而心意自得。"(《让王》) 5. 羞于用"用力甚寡而见功多"的"桔槔"(《天地》)，否则"千世之后，其必有人与人相食者也!"(《庚桑楚》) 6. "水行莫如用舟，而陆行莫如用车。以舟之可行于水也而求推之于陆，则没世不行寻常。"(《天运》)

	深层生态学	庄子的生态智慧
经济观	7.经济计划的时间跨度应该是几百年。 8.国家和地区间的贸易应当减少:全球应当是自给自足的地区和共同体。 9.用小规模、局部控制的和手工生产制造产品是更好更有效的方式。 10.让劳动者返回工作岗位,使他们消除厌恶心理,为了满足生活需要我们需要干活,是更好更有效的方式。 11.每个人都应当有活干,但不一定非是常规工作。	7.庄子时代尚未涉及长期和短期经济计划问题。 8.老子主张小国寡民,使"邻国相望,鸡犬之声相闻,民至老死,不相往来"(《老子》第80章)。庄子更是拒斥文明,主张物人不分的"至德之世"(《马蹄》)、"建德之国"(《山木》)。 9.庄子欣赏的庖丁解牛(《养生主》)、轮扁斫轮(《天道》)、大马捶钩(《知北游》)以及《达生》中的梓庆削鐻、佝偻承蜩、津人操舟、东野御车、工倕之巧等都是小规模的手工劳动。 10.上述活动都是为了生活需要的有效而愉快的劳作。 11.庄子所欣赏的有为而治的统治者、修道的读书人如颜回、再如上述的各种劳作方式,其中有些并非常规工作。认为只要在道的基础上,人尽人性、物尽物性就是最好。
技术观	1.不能依赖科学技术:我们必须寻找解决环境问题的其他途径。 2.我们能够按我们的要求改变社会和经济:技术应该是仆人而不是主人。我们绝不是必须拥有伤害我们的技术。 3.中间的、适宜的和民主的技术(如可再生能源技术——太阳能、风能等等)是进步的标志。 4.通过综合——把所有部分看做一个整体,相互之间是关联念。人们应当持有一种整体观念,它对自然和社会的认识比部分之和的观念更深刻。	1.坚决反对"工具之技",主张"绝圣弃智"(《胠箧》)。认为技术是环境破坏的原因,"弓弩毕弋机辟之知多,则鸟乱于上矣;钩饵罔罟罾笱之知多,则鱼乱于水矣;削格罗落罝罘之知多,则兽乱于泽矣"(《胠箧》)。 2.庖丁"游刃有余"(《养生主》)的解牛、梓庆"以天合天"(《达生》)的削鐻等技术都是为人服务而不是奴役人的。 3.庄子推崇的庖丁解牛(《养生主》)、轮扁斫轮(《天道》)、大马捶钩(《知北游》)以及《达生》中的梓庆削鐻、津人操舟、东野御车、工倕之巧等技术都是合于自然的"生态技术"。 4.世间万物是一个进化而来的有机整体,"万物皆出于机,皆入于机"(《至乐》),且"道通为一"(《齐物论》)、"万物殊理,道不私"(《则阳》)。
社会观	1.人们不应当忍受生活质量的大幅度下降,而可以忍受高度发达国家生活标准的大幅度下降。 2.适度消费和再生利用。 3.世界人口增长到目前水平威胁到生态系统,但工业化国家的人口与行为比其他国家更具有威胁,当今人口是过剩的。	1.庄子没有谈到不同国家,但却谈到了不同阶层的人的生活质量问题。认为国君阶层的人的生活可以回归简单,"吾愿君刳形去皮,洒心去欲,而游于无人之野。……少君之费,寡君之欲,虽无粮而乃足"(《山木》)。 2."咎莫大于欲得;祸莫大于不知足"(《老子》第46章)、"知足不辱,知止不殆"(《老子》第44章)。"人之所取畏者,衽席之上,饮食之间;而不知为之戒者,过也。"(《达生》) 3.庄子时代虽然有人口增多现象,但尚不涉及人口过剩的问题。

	深层生态学	庄子的生态智慧
政治观	1.区域共同体是最重要的,但它是全球共同体的部分。 2.解决环境问题的唯一方式是社会、经济、政治体制的全盘变革——我们必须摆脱工业化的生活方式。 3.为建立一个"非工业化"社会,注意力应集中在与区域经济和社会需求,以及更多地与自然接触相适应的小规模生产上。 4.我们应尽可能地自己作决定,"专家"只给我们提供建议,而不是用权威或权力下命令。 5.通过直接民主,即通过对话协商决定行动方案。 6.国家的影响应尽可能的小,它的主要功能是帮助区域共同体做它们要做的事。在绿色社会,人们应当有强有力的法律来保护环境。	1.庄子时代不涉及区域共同体和全球化问题。 2.主张通过摆脱暴政之困、仁义之害、工具之技、人性贪欲等实现回归自然的人与自然相融相适的生产和生活方式。 3.理想社会是"至德之世"(《马蹄》)、"建德之国"(《山木》),这是没有任何"人为"而一任自然的"原生态"社会。 4.所有人的一切都应该遵从"道法自然"原则,若如此就根本不会有环境问题。 5.与先秦诸子相比,庄子具有极为丰富的"物无贵贱"的平等思想和酷爱"逍遥"的自由思想。 6.庄子极力主张无为为益,认为圣君无为,"则任事者责矣"(《天道》)、"至人无为,大圣不作,观于天地之谓也"(《知北游》)、"顺物自然而无容私焉,而天下治矣"(《应帝王》)。不过,庄子反对法律,主张依靠人的自然天性来维持正常秩序:"且夫待钩绳规矩而正者,是削其性者也;待绳约胶漆而固者,是侵其德者也;屈折礼乐,呴俞仁义,以慰天下之心者,此失其常然也。"(《骈拇》)

后 记

　　本书是我 2008 年承担的河北省社会科学基金项目（项目编号：HB08BZX007）的最终成果，也是我博士学位论文的研究内容。

　　本书是在我的博士学位论文基础上修改完善而成的。我于2007 年 9 月至 2010 年 6 月，在河北大学哲学系攻读博士学位，师从李振纲教授研读先秦哲学。在即将付梓之际，想要感谢的很多很多。

　　感谢导师李振纲教授。李老师帮我精心选定了论文题目"生态语境下的庄学研究"，这是一个内涵厚重值得不断发掘的课题。自从选定了这个题目，虽然时时处于需要"饮冰"的焦虑状态，但内心却充满了欢喜。在论文的写作过程中，无论在论文的构架、思考和写作方式以及具体内容上，李老师都给了我极大的启发和帮助，这些帮助本身也构成了对我的一种激励。李老师做人、做学问的态度和渊博的学识对我影响最大。对所有这些，我只有无法言说的深深敬意与感激！

　　感谢惠吉兴教授和程志华教授。无论是在平时的学习还是在博士论文开题和写作中，我曾多次向两位老师请教，不论工作多忙，两位老师都给予了我不厌其烦的指导和帮助。借此机会在表达我对两位老师人品和学问敬仰的同时，对给予我的帮助表示衷心的感谢！

感谢所有参加我博士论文评审和答辩的各位专家、教授,他们是黑龙江大学的柴文华教授、中央民族大学刘成有教授、上海师范大学陈卫平教授、北京师范大学李祥俊教授、中国人民大学罗安宪教授、华东师范大学贡华南教授、河北大学的宫敬才教授和姜剑云教授。是各位老师的宝贵意见和建议使我的论文不断完善,是你们的辛勤劳动帮助我最终圆满完成了攻博这段神圣的学业,对此我也心存不尽的感激!

三年同窗挚情同样令我铭记难忘。感谢我的同学吕宏平老师、邢文祥老师、刘燕飞和崔宇,他们在学习过程中给予我的鼓励和帮助使我受益匪浅,此间结下的兄弟姐妹般的情谊是我终身的财富。由于他们的相伴使我的学习生活平添了很多的快乐和幸福!

感谢我的家人。我的爱人和儿子在我上学期间给予了我很多精神上的鼓励和支持,并默默为我分担了许多家务,使我可以专心地进行论文写作,对此我只有无言地感激。在此,尤其要感谢我已届耄耋之年的老母亲,她时时记挂着我的学业,几乎每天都会问我论文的进展情况。虽然一字不识,却坐在我家沙发上一页一页"看"完了导师李振纲教授帮我修改过的博士论文,看到李老师批注的红字就会很担心地说这个得改,看到没有红字的部分就笑逐颜开地说这个不用改。此情此景总是历历在目,每忆及此常常泪流满面。此恩此情衔草难报。

感谢人民出版社方国根先生,是方先生的不吝赐教和艰辛劳动促成了本书的最终出版。这份无私帮助让我心中常常存有暖意,感觉到人情的美好。

诚如庄子所说,言不尽意! 有表达就会有疏漏。需要感谢的还有很多,言语没能表达出来的谢意,我会永久地把它留在心底作为美好的记忆!

当然,作为生态哲学和庄子哲学研究的初涉者,尽管我已竭尽所能,但我深知,自己的研究尚有很多的不足之处:一是自己中国哲学的底子比较薄,缺乏对中国哲学的总体把握,所以本书只局限在了《庄子》文本,缺乏对庄子哲学在哲学史意义上融会贯通的理解和把握。二是对《庄子》文本也缺乏具体细致的研究,主观原因在于自己的底蕴不够,客观原因是时间比较紧张以及《庄子》本身的复杂和奇特。三是对生态哲学的了解也很肤浅,虽然阅读了不少相关著作,但由于生态学流派的复杂多变以及普遍面临的理论和现实困境,导致无论是引用还是评价生态哲学或生态伦理学的观点都很困难。所以,在运用生态哲学的观点解释庄子的生态智慧时,难免会有实用主义的嫌疑。四是自己对庄子思想所做的具有一定创新性的理解还需要进一步的推敲,限于自己对庄子思想认识的肤浅可能会有不少错误之处。因此,还恳请学界前辈和同仁不吝赐教,以助我进步。

王素芬

2010 年 10 月

责任编辑:方国根
装帧设计:曹　春
版式设计:顾杰珍

图书在版编目(CIP)数据

顺物自然——生态语境下的庄学研究/王素芬 著.
　-北京:人民出版社,2011.7
(中国哲学青年学术文库)
ISBN 978－7－01－009921－7

Ⅰ.①顺…　Ⅱ.①王…　Ⅲ.①庄周(前369～前286)-哲学思想-
研究　Ⅳ.①B223.55

中国版本图书馆 CIP 数据核字(2011)第 095655 号

顺 物 自 然
SHUNWU ZIRAN
——生态语境下的庄学研究

王素芬　著

人民出版社 出版发行
(100706　北京朝阳门内大街166号)

北京集惠印刷有限责任公司印刷　新华书店经销

2011 年 7 月第 1 版　2011 年 7 月北京第 1 次印刷
开本:880 毫米×1230 毫米 1/32　印张:12.5
字数:290 千字　印数:0,001-3,000 册

ISBN 978－7－01－009921－7　定价:35.00 元

邮购地址 100706　北京朝阳门内大街 166 号
人民东方图书销售中心　电话 (010)65250042　65289539